한반도주둔일본군 사료총서 ②

군대 해산과 한국주차군의 독립운동 탄압

한반도주둔일본군 사료총서 ②

김영숙 편역

군대 해산과 한국주차군의 독립운동 탄압

역사공간

발간사

이 책은 한국학중앙연구원 한국학진흥사업의 지원을 받아 2016년 12월부터 수행한 토대연구지원사업 '한반도주둔일본군(1875~1945) 관계 기초 사료 수집 및 번역총서 발간' 연구팀의 학술적 성과를 집대성한 것이다. 총 3년에 걸친 연구를 바탕으로 '한반도주둔일본군 관계 기초 사료 번역집' 8권과 '한반도주둔일본군 기초 사료 해제집' 1권을 간행할 예정이며, 이 책은 그 일환이다.

이 연구는 군사지배에 기반을 둔 일본제국주의의 전면(全面)을 드러내기 위해 일본군의 역할과 실상을 규명해야 한다는 문제의식에서 출발했다. 근대 격변기 열강의 각축 사이에서 한국의 자주적 변혁은 제약되었고, 국권은 강탈되었다. 감성적 민족주의 차원을 넘어 근대 한국의 국권 상실 과정을 냉철하게 직시하기 위해서는 이에 대한 실증적 고찰이 이뤄져야 한다. 약육강식이 엄존하던 격변기의 현실과 이에 대한 우리의 대응을 성찰하는 것은 침핍(侵逼)으로 얼룩진 수난의 역사를 되풀이하지 않기 위함이자, 동북아 평화를 위한 역사 정립의 길이기 때문이다.

그중에서도 운요호사건 이래 한국강점의 선봉에 섰던 일본군에 대한 연구는 필수적이다. 공사관수비대에서 시작해 한국주차대·한국주차군·조선주차군·조선군·제17방면군 등으로 변모한 일본군은 의병 탄압 및 독립운동 억압에 앞장섰으며, 강점 이후에는 식민지 민중의 삶을 통제하고 군사적으로 지배하는 주역이었다. 나아가 간도침략, 만주사변, 중일전쟁으로 이어지는 시기에는 일본의 대륙침략의 선봉에서 활동한 주체였다. 요컨대 일제의 한국 강점과 식민지배, 대륙침략을 규명하기 위해서는 한반도주둔일본군에 대한 이해가 선결되어야 한다.

연구팀은 관련 사료를 수집하고 번역 및 해제하는 과정에서 콜로키움과 학술회의를 매년 각 2회씩 개최하며 수집한 성과를 학계 일반에 공개하고 의견을 나누는 작업도 진행했다. 이를 통해 한반도주둔일본군 연구의 심화를 위한 학문 후속세대 양성과 학제 간 융합 연구의 활성화 등 미래지향적인 연구환경을 구축하고자 했다.

끝으로 3년에 걸친 본 연구를 지원해준 한국학중앙연구원과 이 책의 간행을 맡아주신 역사공간에 진심으로 감사드린다.

2019. 12.
연구책임자 정태헌

차례

발간사 ··· 4

일러두기 ··· 8

해제 ··· 9

사료 01 한국주차군 각지에서의 전투상보 건(1907. 9. 28) ······················ 20
사료 02 한국주차군 각지에서의 전투상보 건(1907. 10. 9) ······················ 35
사료 03 한국주차군 전투상보 건(1907. 10. 25) ·· 53
사료 04 한국주차군 전투상보 건(1907. 11. 1) ·· 80
사료 05 한국주차군 전투상보 건(1907. 11. 8) ·· 106
사료 06 한국주차군 전투상보 건(1907. 11. 18) ·· 126
사료 07 한주군(韓駐軍) 각지에서의 전투상보 제출 건(1907. 12. 6) ········ 142
사료 08 한국주차군 각지에서의 전투상보 제출 건(1907. 12. 17) ·········· 161
사료 09 한주군 각지에서의 전투상보 제출 건(1908. 1. 11) ···················· 183
사료 10 한주군 각지에서의 전투상보 제출 건(1908. 1. 17) ···················· 213
사료 11 한주군 각지에서의 전투상보 제출 건(1908. 1. 23) ···················· 222

사료 12　한국주차군 전투상보 제출 건(1908. 2. 8) ······················· **229**
사료 13　한주군 각지에서의 전투상보 제출 건(1908. 2. 13) ················ **238**
사료 14　한주군 각지에서의 전투상보 건(1908. 3. 7) ···················· **246**
사료 15　한주군 각지에서의 전투상보 건(1908. 3. 18) ··················· **262**
사료 16　한주군 각지에서의 전투상보 건(1908. 3. 25) ··················· **270**
사료 17　한주군 각지에서의 전투상보 건(1908. 3. 30) ··················· **286**
사료 18　한주군 각지에서의 전투상보 건(1908. 4. 10) ··················· **297**
사료 19　한국 내 각지에서의 전투상보 제19(1908. 4. 23) ················· **307**
사료 20　제1호 한주군 전투상보 제20호 제출 건(1908. 5. 12) ·············· **320**
사료 21　제5호 한주군 전투상보 제21호, 제22호 제출 건(1908. 5. 15) ········ **330**
사료 22　제7호 한주군 전투상보 제23호 제출 건(1908. 6. 11) ·············· **349**
사료 23　한국 내 각지에서의 전투상보 제출 건(1908. 7. 2) ················ **364**
사료 24　제6호 한주군 전투상보(제25호) 제출 건(1908. 7. 17) ············· **377**

찾아보기 ··· **384**

일러두기

1. 인명과 지명 등은 일본어 자료 원문에 표기된 것을 그대로 따랐다.
2. 인명과 지명 등 고유명사는 각 자료마다 처음 나올 때만 한글과 원문을 병기하고 이후에는 한글만 표기했다.
3. 경성(京城)과 경성(鏡城)과 같이 음이 같은 고유 명사의 경우 혼돈을 피하기 위해 상대적으로 덜 쓰인 것의 원문을 항상 병기했다.
4. 일본 인명의 경우 한글과 원문을 병기하되 정확한 발음을 알 수 없을 때는 일반적으로 상용하는 성씨만을 한글로 기재했다.
5. 사료 문서정보란의 문헌코드(예. C00000000000)는 일본공문서관의 아시아역사자료센터에서 부여한 것으로 온라인 확인이 가능한 자료이다. 문헌코드가 없는 것은 연구팀이 직접 수집한 자료이다.
6. 본문의 주석은 모두 편역자가 작성한 것이다.

해제

작성 주체와 구성 현황

한반도주둔일본군 사료총서 제2권에 수록된 사료는 일본군의 전투보고서 「전투상보(戰鬪詳報)」이다. 일반적으로 「전투상보」는 부대 단위로 작성된 전투보고서이다. 일본 육해군은 각급 부대 단위별로 전투보고서를 생산했기 때문에 다양한 종류의 「전투상보」가 존재한다. 이 책에서 번역하여 소개하는 『각지의 전투상보(各地ニ於ケル戰鬪詳報)』(이하 「전투상보」)는 1907년 8월 제1호를 시작으로 1908년 7월 제25호까지 순차적으로 작성된 것이다. 이들 사료는 일본 방위성 방위연구소 자료인 '육군성(陸軍省) 대일기(大日記)' 중 『밀대일기(密大日記)』와 『조선사건(朝鮮事件)』 자료 안에 포함되어 있다. 『밀대일기』와 『조선사건』 자료군은 한국 관련 기밀문서가 집중적으로 속해 있는 문서군인데, 25호 중 24건은 『밀대일기』에, 1건은 『조선사건』에 포함되어, 호수에 관계없이 뒤섞여 편철되어 있다.[1] 연구팀은 한국 관련 일본군 자료를 전수 조사하는 과정에서 육군성 공문서 중 해당 자료를 발견하여 수집했고, 자료의 중요성을 감안하여 번역 대상으로 선정했다.

「전투상보」는 한국주차군사령부 참모장 명의로 수합된 후 일본 육군성에 정기적으로(평균 10일 간격) 제출된 것으로, 보병 소대, 소대급 분견대, 소대급 수비대가 작성한 것을 한국주차군사령부(韓國駐箚軍司令部, 이하 주차군 혹은 주차군사령부)가 수합한 것이다. 즉 「전투상보」의 실질적 생산주체는 소대 단위 하급부대이지만, 보고 주체는 한국주차군이다. 한국주차군이 예하 부대

---

[1] 이 자료들은 일본 공문서관이 운용하는 아시아역사자료센터를 통해 공개하고 있어 온라인으로도 열람이 가능하다. 이 자료에 대해서는 金相奎·黃善翼, 「대한제국 군대해산 후 일본군의 의병 탄압 기록, 韓國駐箚軍司令部의 '戰鬪詳報'(1907. 8~1908. 7)」(『한국학논총』 46집, 2017)를 통해 소개된 바 있다.

[표 1] 한국주차군사령부의「전투상보」편철 시기와 소장 현황(시기순)

호수	제출 시기	문서철명	고유번호
1	1907. 9. 28	密大日記-M40-5-12	C03022887000
2	1907. 10. 9	密大日記-M40-5-12	C03022887600
3	1907. 10. 25	密大日記-M40-6-13	C03022894600
4	1907. 11. 1	密大日記-M40-6-13	C03022895300
5	1907. 11. 8	密大日記-M40-6-13	C03022894700
6	1907. 11. 18	密大日記-M40-6-13	C03022895000
7	1907. 12. 6	密大日記-M41-3-6	C03022909000
8	1907. 12. 17	密大日記-M41-2-5	C03022901800
9	1908. 1. 11	密大日記-M41-3-6	C03022908900
10	1908. 1. 17	密大日記-M41-3-6	C03022908800
11	1908. 1. 23	密大日記-M41-3-6	C03022908700
12	1908. 2. 8	密大日記-M41-2-5	C03022902800
13	1908. 2. 13	密大日記-M41-3-6	C03022908600
14	1908. 3. 7	密大日記-M41-3-6	C03022910700
15	1908. 3. 18	密大日記-M41-3-6	C03022910800
16	1908. 3. 25	密大日記-M41-3-6	C03022911200
17	1908. 3. 30	密大日記-M41-3-6	C03022911300
18	1908. 4. 10	密大日記-M41-3-6	C03022910900
19	1908. 4. 23	密大日記-M41-4-7	C03022918100
20	1908. 5. 12	密大日記-M41-5-8	C03022925300
21	1908. 5. 15	密大日記-M41-6-9	C03022933900
22	1908. 5. 15	密大日記-M41-6-9	C03022933900
23	1908. 6. 11	密大日記-M41-5-8	C03022925900
24	1908. 7. 2	朝鮮事件-M42 1-80	C06031077200
25	1908. 7. 17	密大日記-M41-5-8	C03022925800

의 「전투상보」를 전부 수합하여 편철한 자료는 찾아보기 어렵다는 점에서 완결적이며, 소대 단위로 작성되었기 때문에 내용이 구체적이다.[2] 이처럼 주차군이 편철한 「전투상보」는 현재 제25호까지 확인된다. 호별 작성 시기와 문서정보를 정리하면 표 1과 같다.

자료적 의미

「전투상보」가 다루고 있는 시기는 대한제국 군대 해산 이후 의병전쟁이 가장 치열했던 1년간이다. 「전투상보」 작성이 시작된 1907년 8월은 헤이그 특사를 파견했다는 빌미로 광무 황제가 강제 퇴위를 당하고 이어 정미조약으로 인해 통감부가 내정간섭권을 대폭 강화하던 시기였다. 한편, 대한제국 군대가 강제로 해산당하자 이에 항거하려는 군인들이 의병진에 가세하면서 대일항전이 확대되는 시기였다. 해산 군인의 항전은 서울의 시위대로부터 시작되어 원주·강화·홍주·진주 진위대로 확대되었고, 이들은 각기 의병에 가담하여 전력을 강화시켰다. 「전투상보」는 후기의병전쟁이 고조되던 시기부터 소위 '남한대토벌'이 진행되는 사이에 일본군과 의병 간의 전투가 어떻게 전개되었는지를 극명하게 보여주는 자료라고 할 수 있다.

「전투상보」는 제목 그대로 한국주차군의 각 연대·중대·소대·지대 및 전투 단위별로 전투의 상황을 상세하게 보고한 자료이다. 각 부대는 훗날의 전

---

[2] 현재까지 일본군 관련 자료로는 한국주차군 혹은 '조선군' 단위의 역사서(『韓國駐箚軍歷史』, 『朝鮮軍歷史』 등)나 『진중일지(陣中日誌)』 등이 활용되었다. 특히 일본 육군 보병 제14연대 『진중일지』가 발굴되어 3권의 자료집으로 발간되었는데, 이 자료는 1907년 7월부터 1909년 6월까지의 의병진압작전을 구체적으로 보여주고 있어 주목을 받았다(LH토지주택박물관, 2010). 이에 관해서는 김상기, 「'제14연대 진중일지'를 통해 본 일본군의 의병탄압」(『한국독립운동사연구』 44, 2013)과 자료집 해제 등을 참고할 것.

사 기록과 전형에 참고하기 위하여 날마다 일지를 작성했으며, 이 「전투상보」는 그러한 기록을 토대로 정서한 것으로 보인다. 이는 같은 내용을 베껴서 중복되는 부분을 지우거나 인명 또는 부대명을 고친 흔적을 통해 알 수 있다. 「전투상보」는 군 문서의 특성상 일정한 기술 패턴이 존재한다. 소속 부대와 전투 지역, 행군 및 숙영지, 전투 지역의 지형 특성, 날씨, 적의 규모와 적장의 이름 등을 기록 지침에 의거하여 작성했다.

「전투상보」에는 각 지역에서의 전투 상황과 적(한국 의병)에 대한 정보가 기록되었다. 전투는 한 지역 단위로 기술되었으나 경우에 따라서는 특정 지역에서 다른 지역으로 이동하는 의병의 흐름도 찾아볼 수 있다. 또한 구체적으로 의병장의 이름과 의병부대의 규모도 기술되었다. 의병장 이름에 오기가 많고 한자 표기 오류(예를 들면 李康秊은 李康年으로 표기된 경우가 많았다)도 많으므로 확인할 필요가 있다. 또한 활동 지역과 사망 지역이 기존 기록과 다른 경우도 있어서 면밀히 확인할 필요가 있다. 한국 측의 의병활동 기록과는 다른 관점, 다른 내용의 사료라는 점에서 대조 자료군으로서도 큰 의미가 있다.

다음으로 주목할 부분은 「전투상보」를 통해 의병장들의 이름 및 관련 정보를 구체적으로 확인할 수 있다는 점이다. 예를 들면 1907년 9월 19일 보병 제14연대 제5중대 나카우마(中馬) 소대의 「전투상보」에서는 신돌석의 활동 상황이 보고되었다(제3호, 1907년 10월 25일). 이에 따르면, 일본군은 신돌석이 부하 150여 명을 이끌고 영양 읍내 분파소로 온다는 정보를 입수했다. 이에 영양 군수는 안동으로 피난했고, 일단 나카우마 소대가 분파소 지원을 위해 급파되었으나 '신돌석 정보'는 허위보고였다. 1908년 2월 8일 작성된 제12호 「전투상보」에서도 신돌석 의병진의 활약상을 확인할 수 있다. 1908년 1월 9일 안동 수비 보병 제47연대 1중대 니나가와(蜷川) 소대는 신돌석이 독곡[獨谷, 평해(平海) 서남쪽 약 3리]에 있다는 정보를 입수하고, 영양을 출발하여 장판(長坂)에 이르렀다가 다른 의병진과 조우하여 전투를 벌였다. 이때 일본군은 의병 16명을 살해하고 총 20정을 노획했으며, 신돌석이 180명의 부하를 이끌고 검마산(劍磨山)에 있다는 정보를 입수했다. 이에 신돌석 의병진을 공격하여 추격전을 폈지만 산악지형 등으로 인해 종적을 찾지 못하게 되었다. 이처럼 일본군이 작성한「전투상보」에는 신돌석의 신출귀몰함이 상세히 기록되어 있다.

한편 정환직(鄭煥直)에 관해서는 1908년 1월 보병 제14연대 11중대의『진중일지』에 관련 내용이 수록되어 있다(제9호, 1908년 1월 11일). 당시 스나모토 특무조장 이하 15명은 동이 트기 전에 골짜기를 추격하여 정환직을 생포하게 된다.「전투상보」에는 이후 정환직 심문조사한 결과로 이력사항, 가족사항, 관직 이력, 상세한 의병활동 기록, 소견, 옥중술회 및 서간을 수록하고 있다. 이와 같이「전투상보」는 일본군이 파악했던 의병장 기록이 수록되어 있으며 기존 의병 측 기록을 구체적으로 보완하는 자료로서의 의의를 가지고 있다.

「전투상보」에는 김창호(金昌鎬), 임성준(任成準), 김군심(金君心), 장태순(張泰順), 민급신(閔及申), 김선유(金善有), 양봉규[梁鳳奎, 양봉익(梁鳳翊)], 박태원(朴泰援), 장종태(張宗泰), 이진왕(李振王), 이명상(李明相), 박봉래(朴鳳來), 김태원(金泰元), 이운선(李云善), 문태익(文泰翼), 김태근(金泰根), 최돈호(崔敦鎬), 이두순(李斗順), 이순진(李舜珍), 최덕일(崔德一), 김보을(金甫乙), 이봉관(李鳳觀), 송호영(宋鎬榮), '박처사'[朴處土, 박인화(朴仁和)로 추정] 등의 의병장이 확인되며, 이 외에도 윤정오(尹正五), 박춘왕(朴春尢), 박하사(朴下土) 등의 의병 이름을 확인할 수 있다.

각「전투상보」에는 한국주차군의 활동 범위 및 세부 전투 내역의 전반적인 내용이 나타나 있다. 개별「전투상보」는 각 지역에서 약 2주 단위로 전투

상황을 기술한다. 따라서 연속되는 전투가 있는 경우도 있지만 대부분 해당 전투 단위를 기준으로 서술된다. 하지만 각 「전투상보」를 이어 보면 해당 전투에 참여한 연대, 중대의 활동 변화를 파악할 수 있다는 점에서 매우 가치 있는 사료이다.

연구상 활용

「전투상보」는 일제가 한국의 국권을 점차 피탈해갔던 시기에 기술되었다. 일본군은 1882년 공사관 수비대를 시작으로 한반도에 주둔했고, 청일전쟁 이후에는 서울과 인천 요충지에 수비대를 배치했다. 이후 일본군은 러일전쟁을 전후하며 한국주차대, 한국주차군으로 확대 증편되어 무력 점령의 주체가 되었다.

연구팀이 번역하여 소개하는 한국주차군사령부의 『전투상보(1907. 9~1908. 7)』는 무력강점 과정에서 자행된 일본군의 의병 탄압을 구체적으로 보여준다. 「전투상보」의 자료적 의의는 다음과 같다.

첫째, 한국에 주둔한 모든 일본군 부대의 전투기록이 수합되어 있다. 각급 부대의 전투기록이 부대 계통별로 보고된 후, 주차군사령부에 의해 정리되었기 때문에 한국주차군의 군사활동 상황을 전반적으로 보여준다. 「전투상보」에 기록된 전투는 대부분 의병 탄압에 관련된 것으로 소위 '폭도 진압' 등으로 기록되어 있다. 방위연구소 자료 중 의병 관계 자료는 「폭도 토벌대 행동 약도 및 사상표(暴徒討伐隊行動略圖並死傷表)」, 「한국 내 적도 토벌대 행동 약도(韓国内賊徒討伐隊行動略圖)」, 「적도 토벌대도 동 약도(賊徒討伐隊徒動略圖)」, 「강원도 북부 토벌계획도(江原道北部討伐計劃圖)」 등의 문건 등을 통해서도 확인할 수 있다. 하지만 이 자료군은 특정 지역, 부대의 기록만을 다루고 있거나, 개략적인 지도로 내용을 대신하는 경우도 적지 않다.³ 이에 반해 「전투상보」는 의병 탄압의 전모를 비교적 완결적으로 알려준다는 점에서 가치가 있다.

둘째, 각급 부대에 대한 다양한 정보를 담고 있어 활용 가치가 높다. 「전투상보」는 단순히 전투 상황만을 기술하지 않고, 각 부대들의 정보 취득 및 전투의 개시 과정, 이동과 숙영, 전투 등 각종 상황을 구체적으로 보고하고 있다. 그 외 전투 지역의 지형적 특성, 주민 거주상의 특징 등도 담겨 있어 당시 상황을 생생하게 알려준다.

셋째, 대한제국 군대 해산 후 격렬해진 후기의병의 활동 시기에 작성되어 연구사적으로 활용가치가 있다. 실제로 전투 보고의 대부분은 의병 탄압 작전 관련 내용들로 채워져 있다. 각 부대는 자신들의 전과(戰果)를 적극적으로 보고하기 위해 전투 경과와 의병진의 규모·구성·주도자에 대한 정보를 상세하게 기록했다. 대체로 의병 탄압과 관련한 기존 연구는 의병 측에서 작성한『진중일지』류와 일본 측의『폭도사 편집자료』와『폭도에 관한 편책』·『조선 폭도 토벌지』, 그리고 일본의 외교사료관과 방위연구소 도서실 등에 있는 각종 보고서를 토대로 이루어졌다. 이 자료들은 일본군의 활동 양상을 담고 있지만, 대부분이 외무성과 조선총독부 내무국 자료들이다. 토지박물관이 확보한 일본군 보병 제14연대의『진중일지』를 기반으로 일본군의

---

3 이 외에도 일본군은 대본영 각 부대, 각 병참감부를 비롯하여 대대급 이상 부대와 독립 중대에게『진중일지』를 작성하도록 했다. 작성 기간은 동원령을 받은 날부터 귀대 날까지였다.『진중일지』를 작성하는 것은 추후 이를 전사 자료로 이용하고 병사들의 전형에도 참고함은 물론, 무기·탄약·피복·위생·교육 등 군사에 관한 사항을 기록하여 장래 개량 자료로 이용하기 위한 것이었다.『진중일지』원본은 각 부대에서 보관하고 부본을 육군성에 보내며, 육군성에서는 이 중 필요한 사항을 초록하여 보관하고 기타는 참모본부에 보내 육군문고에 보관했다. 그러나 현재『진중일지』는 부대 사정에 따라, 그리고 일본 방위성의 자료 이관 상황에 따라 존재 유무에 차이가 있다.

의병 탄압에 대한 연구가 진전되었지만,[4] 일본군이 직접 생산하거나 소장하고 있는 관련 자료에 대한 조사와 활용은 아직 미진하다. 이런 점을 감안하면 「전투상보」는 일본군 관계 사료에 대한 학계의 관심과 활용을 유도하는 매개가 될 수 있을 것이다. 한편 일본군에 의한 의병 학살에 대해서는 '남한대토벌작전' 시기를 대상으로 학살의 실태를 규명하는 차원에서 주로 이루어졌다. 이 「전투상보」를 통해서는 그 이전 시기의 의병 탄압과 학살 양상도 확인할 수 있다.[5]

넷째, 「전투상보」는 의병의 항전과 일본군의 탄압이 이어지는 상황에 처해 있던 주민들의 현실을 가늠할 수 있는 자료이다. 일본군은 의병에 대한 첩보를 수집하고자 주민들을 회유하거나 겁박했다. 그 과정에서 나타나는 다양한 군상을 「전투상보」를 통해 들여다볼 수 있다. 러일전쟁 이후 대한제국 정부는 일본 측의 종용으로 의병 진압에 협조해야 했다. 이런 가운데 의병을 회유하기 위한 '면죄 문빙', '폭도 귀순'을 추진하는가 하면, 한국인 헌병보조원 활용과 밀고를 통한 첩보 수집 등도 활발해졌다. 「전투상보」는 이렇듯 국권이 흔들리던 시기에 대한제국 민중들이 어떤 현실에 처해 있는지를 알려준다는 점에서도 주목할 자료라고 할 수 있다.

감수자 황선익

---

4 김상기, 「'제14연대 진중일지'를 통해 본 일본군의 의병탄압」, 『한국독립운동사연구』 44, 2013.
5 홍순권, 「한말 일본군의 의병학살」, 『제노사이드연구』 3, 한국제노사이드연구회, 2008; 김상기, 「한말 일제의 침략과 의병학살」, 『역사와 담론』 52, 2009.

사료

사료 01

한국주차군 각지에서의 전투상보 건 (1907. 9. 28)

자료명	韓国駐箚軍 各地に於ける戦闘詳報の件
생산자	韓国駐箚軍参謀長 牟田敬九郎
생산시기	1907年 9月 28日
소장기관	日本 防衛省 防衛研究所
문서정보	陸軍省-密大日記-M40-5-12(C03022887000)

軍事密 제250호

육군성 密受 제352호   韓三報 제98호

1907년 9월 28일

한국주차군 참모장 무타 게이쿠로(牟田敬九郎)

육군 차관 남작 이시모토 신로쿠(石本新六)

별책 각지에서의 전투상보를 전달한다.

보병 제51연대 제11중대 군조(軍曹) 이시와키 미조(岩脇未造)
이포(梨浦) 부근 전투

8월 20일 충주 수비대로 가는 화물을 수호하기 위하여 장호원 남쪽 약 1리 반에 있는 부락에 도착했을 때 돌연히 폭도 약 300명에게 포위된 채로 충격을 당했다. 부하 6명을 말과 함께 부락 끝으로 퇴각시켜 폭도를 향해 일제히 사격을 가하자 폭도는 퇴각했다. 이에 따라 무사히 군량과 마초를 충주 수비대에 전달할 수 있었다.

23일 돌아가는 길에 충주를 떠나 약 1리 반인 부락에서 용산으로 가는 작은 배를 타고 한강을 따라 내려가는데, 같은 날 정오 보병 제47연대 제10중대가 여주에 숙영하고 있다는 소식을 들었다. 상륙하여 지방 상황을 들으니 평온하다고 하여 다시 승선하여 한강을 따라 흘러갔다. 여주를 떠나 약 4리 정도 하류인 이포를 통과하려고 할 때 강 양쪽 기슭 높은 곳에서 돌연히 맹렬한 일제사격을 받아 모리타(森田) 1등졸이 전사했다. 이에 곧 응전하여 배를 오른쪽 기슭에 대고 강을 건너 상륙하니 약 40명의 폭도가 우리에게 육박하여 돌격해왔다. 그런데 적은 총검이 없으므로 곧 공세로 전환했고, 격투 20분만에 적 10여 명을 죽이고 부상을 입혔다. 그러자 적은 약간 동요하면서도 속속 증가했고, 부득이하게 한 줄의 혈로를 돌파하여 약 200m를 퇴각했다. 도중에 나카타(中田) 1등졸에게 이 상황을 여주에 있는 수비대에게 통보하게 하고 한강을 따라 약 1리 반을 퇴각했다. 이 사이에 폭도의 추격이 더 급박해졌으므로 포통(甫通)의 고지를 점령하여 사격을 가하고 마침내 격퇴했다.

적의 사상자가 약 40, 우리 손해와 전사자 1, 탄약 소모가 52.

이 전투에서 1등졸 나카타, 도우키치(藤吉)가 용감하게 4리가 넘는 적지를 통과하여 사명을 잘 완수한 것은 다른 병사들의 모범이 될 만하다.

아다치(足達) 지대(支隊) 제천 부근 전투

지대는 제천 부근의 폭도를 소멸할 목적으로 8월 22일 다음 명령을 내렸다.

지대 명령 8월 22일 오전 8시 충부지대 본부에서
1. 적의 주력은 제천 부근에 있는 듯함.

2. 지대는 내일 제천의 폭도를 일거에 초멸(剿滅)시키려 함.

3. 보병 제51연대 제2대대(2중대와 1소대 결), 공병 1소대(1분대 결), 기관총 2정은 가토리(鹿取) 소좌의 지휘로 오늘 오후 3시에 당지를 출발하여 제천 부근에 이르러 내일인 23일 오전 5시를 기하여 폭도를 초멸시켜야 할 전기(傳騎)[1] 2, 통역 2를 포함한다.

4. 보병 제51연대 제2대대로부터 1소대를 당지에 잔류시켜 수비대장의 지휘를 받게 하라.

5. 보병 제52연대 제2중대 공병 1분대, 기관총 2문은 오늘 오후 3시 이곳을 출발하여 충주에서 곧장 제천에 이르는 도로를 취하여 제천 부근에 가서 내일인 23일 오전 5시를 기하여 보병 제51연대 제2대대와 공동으로 제천의 폭도를 초멸하라. 전기 2, 통역 2를 포함한다.

6. 제천의 폭도를 초멸시킨 후에는 보병 제2대대의 주력 공병 1소대(1분대 결)는 단양, 영춘(永春)을 거쳐 26일 영월의 폭도를 초토하고, 그 일부(기관총 2문을 부여)는 제천에서 양소(楊勦)를 거쳐 그 주력에 책응(策應)하여 영월의 폭도를 초토화시키도록 할 것.

보병 제52연대의 제2중대는 주천(酒泉)을 점령하여 폭도의 퇴로를 차단할 것.

7. 각 대는 7일분의 양식을 휴대할 것.

8. 나는 우선 해당 지역에 가서 27일에 주천(酒泉)에 도달한다.

위의 명령에 의거하여 각 대는 예정대로 충주를 출발했다. 지대장은 장래 지휘관계상 직접 제천에 가서 지대를 지휘할 결심을 하고 오후 7시에 전기 약간과 더불어 그곳을 출발하여 청풍(淸風)에서 가토리 대대를 따라 잡았다.

---

[1] 전령(傳令)의 임무를 맡아보던 기병(騎兵)을 의미함.

보병 제51연대 제2대대는 제5중대의 1소대를 전위로 하여 제5·제8 중대 공병 소대 기관총대를 본대로 하여 8월 22일 오후 10시 30분 청풍 서쪽 약 3,500m 지점에 도달했다. 그때 제5중대의 이토(伊藤) 소대를 청풍에서 단양으로 통하는 도로 부근에 파견하여 해당 도로에서 퇴거하는 적을 저지했다. 오후 11시 50분 본대가 청풍의 서쪽 끝을 떠나서 200m에 도착했을 때 아사노(浅野) 특무조장에게 1분대를 맡겨서 청풍 서쪽에서 진입시켜 전위의 북쪽 끝에서 진입하는 쪽과 협력하여 청풍 읍내를 수색시켰다. 읍내에는 폭도가 없다는 보고에 따라 본대도 이어서 진입했는데, 장교에 약간의 병졸을 같이 보내 수색했지만 적은 이미 도주하고 인민들도 피난해서 잔류자는 겨우 노약자 6~7명에 지나지 않았다. 23일 오전 1시 20분 남쪽에서 총성을 들었다. 단양 가도상에 파견된 이토 소대가 도주하는 적을 사격하는 것이었다. 적은 사방으로 흩어져 도주하여 전혀 그 종적을 찾을 수 없었다.

적의 사상·즉사 3, 부상자 불명. 우리 쪽 사상자 없음. 소모탄 26.

보병 제52연대 제2중대가 8월 22일 오후 8시 산척면 자가동리에 도착했을 때 적의 하사 보초인 듯한 자에게 사격을 당했다. 첨병은 이에 대해 응사하여 그 3명(그중 2명은 한국군 병사)을 사살하고 계속 전진하다가 오후 9시 도로 남쪽 마을 끝 및 산기슭에서 맹렬한 사격을 당했다. 1소대를 산개하여 전진을 계속하여 폭도 3명을 찔러죽이고 그들의 무기를 파괴했다. 좀 더 전진했을 때 오후 10시경 약 60명의 폭도가 박달령 및 그 부근 촌락에 들러서 우리에게 사격을 가했다. 중대는 이를 격퇴하고 그 촌락에 모여 있는 적의 양식을 불대우고, 노중에 우리에게 저항하는 폭도를 추격하여 폭도 몇 명을 사살하고 23일 오전 5시 제천에 도착했다. 그 마을에 약간 있던 한국군 병사 및 촌민이 우리에게 저항했지만 이를 격퇴하고 그 마을을 점령했다.

적은 사망자 한국군 병사 20명, 폭도 10명, 부상자 불명.

우리 측 사상 졸 1 미상. 획득한 물품은 구식총 15개(전부 파손, 폐기함). 소모탄 보병 785, 공병 55, 기병 40, 황색약 1정 600개.

보병 제1연대 제9중대 충주 수비대 충주 부근 전투

8월 23일 오전 11시 30분 폭도(그 대부분은 한국군 병사) 약 200명이 제천 가도에서 충주를 향해 공격해온다는 보고를 접하고 즉시 부뇨(豊饒) 소대에게 북문을 점령하게 하고 니노미야(二宮) 소대에게 성벽 동북 구석을 점령하게 했다. 그리고 척후를 교동의 고지 및 남부(南府) 고지로 내보내 응전하여 조장에게 위병, 전령 및 환자를 지휘하여 직접 병사(兵舍)를 수비하게 했다. 오후 0시 35분 적이 동요하는 기색이 있기에 니노미야 소대에게 논을 지나 치현(治峴)의 고지를 점령하도록 했다. 적이 수차 퇴각하는 모양이어서 부뇨 소대에게 제천 가도를 돌격하게 했다. 적은 이를 저지하려고 애썼으나 잠시 후 전부 패퇴했다. 오후 0시 40분 부뇨 소대에게 이들을 급히 추격하게 했다. 오후 2시 30분에 교동에 보내던 척후에게서 적 약 50명이 청풍 가도상 약 1,200m의 고지 중턱에 산개하여 그 후방 800m 지점에 구식 야포 같은 것을 두어 계속 우세하게 사격하고 있다는 보고를 접했다. 이에 따라 니노미야 소대를 교동에 있는 척후와 합류시켰다. 오후 3시 30분 제천과 충주 사이의 체보초(遞步哨)[2]인 미쓰이(三井) 분대가 돌아와 보고하기를, "충주에서 약 3리 반 떨어진 험한 길을 통과했을 때 적은 그 동쪽 및 서북 일대의 고지에서 우리를 사격했다. 우리는 이에 응사했으나 적이 점점 증가하는 추세여서 후방의 고지를 점령하고 1시간 정도 교전한 후 돌아왔다. 이 전투에서 졸 한 명

---

2 전달병을 의미함.

이 부상당했다"라고 했다. 같은 날 오후 3시 55분 니노미야 소대는 "적은 약 100명이고 청풍 가도를 왼쪽 날개로 삼아 북쪽 약 1,500m에 걸쳐 이 고지로부터 1,200m의 거리에 있다. 또한 10여 명의 폭도가 500m 부근까지 전진해 와서 약 10명의 우리 좌익을 우회하는 듯했다"라고 보고했다. 따라서 니노미야 소위에게 그 위치를 고수하도록 명령하고, 승마 헌병을 시켜 부뇨 소대에게 적의 추격을 멈추고 즉시 돌아오라는 명령을 전하게 했다. 이 소대는 오후 4시 40분에 귀환했다. 오후 5시에 우리 동쪽의 적이 점차 접근하여 완강히 저항했으므로 충주성의 수비를 부뇨 소위에게 명하고, 세리자와(芹澤) 대위는 병졸 40명을 지휘하여 적의 좌익을 향해 전진하여 공격했다. 니노미야 소대 역시 협동 전진하여 어림(御林)마을 끝 약 500m 지점에 도착했을 때 적은 이 마을에 불을 지르고 일부는 계족산(鷄足山) 위로, 일부는 청풍가도 쪽으로 퇴각했다. 따라서 1분대를 보내 청풍 가도상으로 추격하게 했다. 수비대는 엄격한 수비를 하면서 밤을 새웠다. 이날 우리에게 대항한 폭도는 반란병 도망자가 중심이고 여기에 약간의 토착민이 가담했으며, 모두 총기를 휴대하고 약간의 전술적인 동작도 갖추었다. 그렇지만 일반적으로 탄약이 부족한 듯하다.

적의 시체 6, 부상자가 다수인데 인민들이 그들을 운반했다고 한다(약 20명). 우리 부상자 1, 소모탄 5,017. 노획품은 모젤총 5, 동 탄약 27, 외투 1.

보병 제51연대 가토리(鹿取) 소좌
단양군 북일면 삼곡리 부근 전투

8월 24일 오후 6시 40분경 전위[제8중대의 요코에(橫江) 소대]가 단양군 북일면 삼곡리 남단에 도착했을 때 폭도 14~15명(한국군 병사 5명 포함)과 약 200m 거리에서 조우하여 즉시 총격전을 개시하여 격퇴했다. 적은 동북 고지로 도주했다. 오후 6시 50분에 가노(加納) 소위에게 1분대를 맡겨 적이 퇴각한 방향으로 파견하여 적의 상황을 수색하고 우리 좌측의 경계를 담당하게 했다. 같은 가도상에서 동시에 온 척후의 보고에 따르면 삼곡리 동남쪽 약 600m 지점에 있는 도로 양측 고지 위에 망보는 초소 같은 것이 있으며, 도로상에는 약 10명의 폭도가 정지해 있다고 한다. 그래서 제8중대에게 그곳에 사격을 하도록 하고 오후 7시에 퇴각했다.

적의 사상자는 사망 1, 기타 불명, 우리 쪽 사상자 없음. 사격 소모탄 192.

보병 제14연대 제3중대 다자네(田實) 소대
오산 부근 전투

8월 26일 보병 제14연대 제3중대 다자네 소대는 순사 일행과 대죽동(大竹洞) 진천(鎭川) 북방 약 3리에서 오산(대죽동 동쪽 약 2km)을 향해 전진하던 중 오산촌(梧山村) 끝에서 폭도 약 70명(그중 한국군 병사 14~15명 있음)과 충돌하여 그들을 야대(野垈) 방향으로 격퇴했다. 적의 사상자는 적어도 20명 이상이다.

노획품은 화승총 6정, 탄약 약간. 우리 쪽 사상자 없음.

보병 제14연대 후와(不破) 대대
이증포(梨增浦) 부근 전투

적의 정세를 정찰하기 위해 용산에서 파견된 보병 제14연대 후와 대대는 8월 26일 장호원을 출발하여 한강을 따라 북진하는 중에 폭도 약 100여 명이 25일 여주 방면으로 행진한다는 정보를 접했다. 우선 여주로 향하여 그 마을에서 일본 거류민을 참살한 폭도와 관계 있는 한인 6명을 잡아서 총살했다.

29일에 이포(梨浦)로 향하여 그 마을 부근을 정찰하고 30일 이천으로 향했다.

30일 오전 10시 이증포(이천 동북쪽 약 2km)에 도착했을 때 폭도 약 100여 명이 이천 북방 및 그 서쪽 고지를 점령하는 것을 목격했다. 대대는 곧 공격하여 그들을 서쪽으로 격퇴했다. 적의 사상자는 알 수 없지만 2명을 포획했다.

오후 5시 이천에 도착했다.

보병 제14연대 니시오카(西岡) 중대 풍기 부근 전투

8월 27일 오후 6시 30분 영천에 있는 제14연대 니시오카 중대는 한국군 병사 약 300이 풍기 분파소를 습격하여 현재 가산(可山, 영천에서 서쪽 2km) 부근에 있다는 풍기 경무 보조원의 급보를 듣고 즉시 공격 목적으로 전진했다. 우선 가산에 이르렀으나 적을 한 명도 발견하지 못하고 이어서 풍기로 향했다.

오후 8시 우리 장교 척후는 풍기 남쪽 소나무숲에서 적의 척후 10명과 충돌하여 격퇴하고 적 한 명을 죽이고 '스나이들'총 1자루를 포획했다.

오후 10시 풍기를 점령했다. 적의 주력은 죽령 방향으로, 일부는 홍정령(洪井嶺, 풍기 서쪽 고지) 방향으로 퇴각했다.

오후 11시 적은 역습으로 전환하여 홍정령에서 맹렬하게 우리를 사격했다. 중대는 즉시 응전하여 전투 약 1시간 후 서로 교전을 중지하고 밤 전투 준비 대형으로 야영했다.

28일 오전 5시 홍성령을 점령하는 적을 향해 공격을 개시하여, 오전 7시 40분에 적을 격퇴하고 고지를 확실하게 점령했다. 적은 죽령 방향으로 퇴각하여 오후 9시 영천으로 돌아갔다.

이날 우리와 싸운 적 대부분은 진위대 해산병인 듯했는데, 지역민 말에 따르면 300~400명이라 한다. 그러나 목격된 총 숫자로 판단하면 그 실체는 150명 내외인 듯하다. 적의 사상자는 불명확하지만 고지 위에 시체 1구와 피가 묻은 흰 천이 많이 산재하는 것을 보았다.

이날 노획한 물품은 쌀 37가마(약 4말들이), 총 6정, 검 2자루, 탄약, 기타 잡품 약간.

보병 제51연대 제11중대 나카무라(中村) 소위 이천 부근 전투

8월 30일 경성-충주 간 전신선 수리를 엄호하고 동시에 연도 부근의 폭도를 진압할 임무를 띤 나카무라 소대는 오전 8시에 숙영지인 이천에서 장호원을 향해 출발 준비를 하고 있었다. 그때 약 100명의 폭도가 이천 북방 약 650m 고지(표고 182)에 나타나 우리를 향해 맹렬히 사격했다. 소대는 즉시 군위(郡衙)의 북쪽 회벽을 점령하여 공부(工夫) 및 일본 인부를 지휘하여 서둘러 디딤돌을 쌓아, 그것을 거점으로 응전했다. 나아가 공병 상등병에게 공부 및 인부를 지휘하게 하여 주위의 흙벽에 서둘러 디딤돌을 쌓게 하여 각 방면에 대해 사격 설비를 했다. 이때 쓰보이(坪井) 기수(技手)에게 전화선을 수비지까지 가설하게 했다. 오전 8시 50분에 폭도는 이천 서북방 500m에 있는 삼헌옥(三軒屋) 고지에 약 50명을 증가시켜 우리의 좌익을 위협하려는 듯했으며, 동시에 이천 서쪽 약 1,500m에 있는 설봉산(雪峯山) 위에 약 150명의 지역민이 모여 엽총을 발사하거나 소리를 질러서 폭도를 지원했다. 그러나 우리 우익은 지형상 적에게 근접하기 쉬웠으므로 다니하라(谷原) 오장에게 병 8명을 딸려 보내서 이천 동북방 약 600m의 삼거리 부근으로 나가 우익을 경계함과 동시에 적의 좌측을 위협했으며, 소대는 응사하지 않고 적이 근접해 오기를 기다렸다. 오전 9시 20분에 적은 더욱 맹렬히 사격하고 지휘관이 가장 용감하게 산정에 올라 지휘하는 것을 보고서 2회 분대의 일제사격을 퍼부었더니 그가 쓰러지는 것을 보았다. 그 후 적의 사기가 약간 꺾인듯하며 사격도 또한 느슨해졌다. 오전 10시 30분에 돌연히 적이 점령한 고지의 동북에서 맹렬한 기관총 소리가 나서 하사 척후를 파견했더니 그 척후는 우리 일본병이라는 신호를 보냈다. 이어서 우리 보병 제14연대의 후와(不破) 대대가 이포 방면에서 전진하는 중에 총성을 듣고 이포 방면에서 적의 좌측 배후를 공격했음이 판명되었다. 오전 10시 50분에 적은 점차 퇴각을 시작하여, 일부는 광주 가도로, 주력은 설봉산을 거쳐 서남쪽으로 퇴각했다. 소대는 잠시 추격한 후 이천으로 돌아갔으며, 후와 대대는 부대 일부를 보내서 추격했다.

적의 사망 2, 부상자 10여 명. 노획품은 군도 1, 한도(韓刀) 5, 10연발 총검 5이다. 우리 쪽 사상자는 없고, 소모탄은 592발.

보병 제14연대 제9중대 보은 부근 전투

8월 30일 오후 1시 보병 제14연대 제9중대장 고야나기(小柳) 대위는 1소대 반을 이끌고 옥천을 출발하여 보은으로 향하여, 31일 오전 2시 30분 옥천에 도착했다.

31일 오후 0시 40분에 보은 북방 향교동 고지에서 공자묘 부근에 걸쳐 적 약 30명, 부근 일대의 고지에 적 약 70명, 삼등성 서북 모퉁이에 적 약 70명이 나타나 빈번히 난사했다. 중대는 즉시 응전하여 교전 5시간 후 이를 격퇴했다.

적이 버리고 간 사상자가 향교동 방면에 13명, 삼등성 방면에 9명, 부근 고지 위에 8명. 노획품은 총 4, 화살촉 기타 탄약 약간.

보병 제47연대 제6중대 괴산 전투

8월 30일 오후 5시 30분 충주에 있는 아다치(足達) 지대장은 다음 명령을 내렸다.

1. 괴산에 있는 우리 분대는 폭도 약 400명에게 습격당하여 현재 철수 귀환했다.
2. 기도사키(城戸崎) 대위는 즉시 급히 가서 폭도를 쫓아내고 괴산을 회복한 후 수비를 위하여 그 지역에 1소대를 남기고 충주로 철수할 것.

위 명령에 의거하여 기도사키 대위는 하사 이하 54명의 중대 외에 안내자로서 병졸 6명, 전기(傳騎), 기타 순사 약간을 인솔하여 오후 6시 30분 가벼운 무장으로 충주를 출발했다. 이튿날인 31일 오전 3시 대덕리(大德里) 서쪽 산마루에 도착했을 때 한인의 부르는 소리를 2번 들었다(일본병이 온다고 부르는 것으로 보초인 듯했음). 중대는 계속해서 전진하여 괴산 동쪽 산마루에 도달했을 때 보아 첨병장 미나미(南) 소위에게서 괴산에 야영하는 크고 작은 불이 5개소가 있는데, 폭도가 야영하고 있는 것 같다는 보고를 접했다. 그래서 즉시 중대장이 첨병 위치로 급히 가서 시찰해보니 폭도는 아직 우리의 접근을 모르는 듯 모닥불을 둘러싸고 모여 있었다. 이에 오가타(緒方) 분대에게 산마루 남쪽 고지에 가서 괴산 중앙에 있는 야영 불에 사격하도록 했으며, 미나미 소대가 괴산 북쪽에서, 신조(新莊) 소대에게 괴산 동쪽에서 모두 해당 부락 중앙에 있는 적의 야영불을 목표로 맹렬히 돌격하게 하고 중대장은 미나미 소대와 함께 돌입했다. 각 소대는 그때 함성을 지르며 돌입했으며 병사는 사기충천하여 40명 이상을 사살하거나 총살했다. 적은 낭패하여 흩어지며 한 발의 응사도 못했으며, 병기 탄약을 버리고 일부는 음성 방면으로, 일부는 청안(淸安) 방면으로 도주했다. 이에 곧 미나미 부대를 음성 방면으로, 신임(新荏) 소대를 청안 방면으로 추격시켰다. 이윽고 날이 밝아서 각 소대에게 이 마을 안에 잠복하고 있는 잔당을 토벌하고 버리고 간 병기와 탄약의 수집에 착수하도록 했다. 때는 오전 5시 10분이 되었으며, 오전 7시에 신임 소대에게 괴산을 수비하도록 남기고 나머지는 충주로 철수했다.

잡힌 폭도들의 말에 따르면, 적은 처음에 장호원 부근에서 결기하여 단장 김, 박 아무개의 두 단으로 나뉘어 각 단 70~80명으로 구성되었으며, 청주 방면의 한국군 병사 36명이 나뉘어 소속되고 지역민도 이에 가담하여 점차 각 150명 이상이 되어 각지에서 폭행을 행했다.

적 사망자 40, 우리 쪽 사상자 없음. 발사 소모탄 150, 노획품은 다음과 같음.

30년식 총 탄약 1만 7,136, 동 탄두 1,213, 동 약피 8,000, 화약 약간, 군용총 8, 엽총 38, 칼 3, 총검 9, 나무총 40, 장구, 무기 약간, 양식 약간.

보병 제51연대 제5중대 밀동(密洞) 부근 전투

9월 3일 오전 7시 중대는 영월로 돌아갈 목적으로 주문리(영월까지 6리)를 출발했다. 도중에 하천을 많이 건너고 도로가 험악하여 주로 통로를 개수할 목적으로 가지카와(梶川) 소위에게 하사 이하 18명을 붙여 먼저 보냈다. 오전 8시 5분 전위인 가지카와 소대가 밀동 서쪽 도보점에 도착하여 개축에 착수하려 하고, 본대 및 행리는 그 후방 좁은 길을 행진 중에 오른쪽 기슭 절벽 위에서 갑자기 전위 및 본대를 향해 폭도에게 난사를 당했다. 이에 본대는 당장 흩어지면서 응사하고 전위는 곧 뒤쪽을 향해 흩어져 적의 오른쪽을 공격했다. 적은 전위의 공격으로 부너져 동북쪽 연중리 방면으로 산을 넘어 패주했다. 오전 8시 밀동 및 그 동쪽 고지 기슭에 집합하여 1분대가 그 동북쪽 고지에서 나와 추격하며 사격하게 했다. 주문리 및 밀동의 인민은 폭도에 가담한 흔적이 분명하기 때문에 그 주모자 15명을 죽이고 양 마을에 불을 질렀다.

적의 사망자 2(그중 한 명은 한국군 병사), 부상자 4, 우리 사상자 없음.

소모탄 1,872.

보병 제14연대 구시노(櫛野) 중대
옥정리(玉井里) 부근 전투

9월 7일 오후 2시 진천 부근 정찰을 목적으로 보병 제14연대 제2중대장 구시노 대위는 하사 이하 40명에 기관총 1정을 가지고 천안을 출발하여 오후 5시 30분 진천에 도착했다. 이날 밤 진천 서북단 고지 기슭에 노영하여 부근의 적의 상황을 정찰했는데, 이 지역은 폭도의 소굴임에 의심의 여지가 없고 잔류하는 주민도 매우 거칠고 거만한 분위기로 말을 이리저리 돌리고 진실을 말하지 않았다. 몰래 폭도를 돕는 듯한 정황이 이와 같았으므로 가택을 수색했다. 그 결과 탄환을 소지하고 폭도라는 증거가 확실한 자의 가옥 몇 채에 불을 질렀다. 이튿날 하루 동안 부근 정찰에 힘쓰고 9일 오전 8시 30분 진천을 출발하여 역산(力山)을 거쳐 장양리(長楊里)로 향했다. 도중에 옥정리에 폭도가 집합했다는 정보를 접하고, 안성 방면으로 진출하기로 결정하고 상신동을 넘어 옥정동으로 향했다.

오후 0시 20분 옥정리 북방 이름 없는 부락에서 돌연 몇 발의 사격을 당했다. 중대는 즉시 공격하여 그들을 사기(沙器), 도령(島嶺) 방면으로 격퇴했다.

적의 손해는 사망 1, 부상 불명, 노획품은 화승총 2.

이날 우리에 대항한 적은 약 20명이며, 오후 8시 30분에 안성에 도착했다.

보병 제14연대 사카이자와(境澤) 중대
홍천 부근 전투

며칠간 노천리 및 내외 삼포 부근에 집합해 있던 폭도 약 600~700명은 9월 7일 새벽에 홍천을 습격했다. 홍천에 있던 보병 제14연대 사카이자와 중대는 즉시 응전하여 약 6시간의 전투 후 그들을 동북방 인제(麟蹄) 가도를 따라 산악 안으로 격퇴했다. 적의 사망자는 10명인데, 포로의 말에 따르면 그 밖에도 많은 손해가 있었던 듯하다.

보병 제51연대 다나베(田辺) 대위
가라비리(加羅非里) 부근 전투

양주 부근의 폭도를 토벌할 목적으로 보병 제52연대 제1중대장 다나베 보병 대위에게 보병 제52연대 제1중대(106명) 기병 5, 산포 1소대(40명, 마 23), 공병 6, 안내 한인 1, 경찰관 약간 및 마에타니(前谷) 소위가 이끄는 보병 반소대로 이뤄진 한 부대를 지휘하게 하여 양주로 파견했다. 9월 8일 오후 4시 중대 가라비리 서북방 고지에 오르자 석적리(石積里) 방향에서 한인 2~3명씩 연속하여 동쪽으로 오는데 그중에 여장한 자가 있어서 매우 의심스러웠다. 때마침 아니나 다를까 폭도 일행으로서 그중에 무기를 가진 자가 있어서 즉시 총포탄으로 추격하고 그중 10여 명을 죽였다. 이 전투에서 우리 쪽 부상자가 1명 있었다.

보병 제51연대 제8중대에서 나온 청안수비대 반탄(盤灘) 부근 전투

9월 11일 오후 9시 약 500명의 폭도가 구정(九鼎)에서 동쪽으로 가서 반탄에 이르러 이날 밤 청안을 습격한다는 정보를 접했다. 이에 수비대 전부 및 화물 호위를 위해 온 제10중대의 소우코(相古) 오장 이하 15명을 집합시켜 다음과 같이 배치했다.

청안 서쪽에 있는 사자동(四字洞) 서쪽 고지에 하사초(下士哨)를, 음성으로 통하는 도로 위에 복초(複哨), 청주 가도와 괴산 가도에 복초를 배치하고 주력은 병사 앞에 집합했다.

한밤중에 폭도가 내습할 것 같지는 않아서 상등병 이하 10명을 남겨 물품 감시를 맡기고 잔여 하사 이하 26명을 이끌고 13일 오전 1시 청안을 출발하여 반탄으로 출발했다. 오전 3시 10분에 반탄 남쪽 이름 없는 강에 도착했을 때 북쪽에 불빛을 발견했으며 사람 소리를 들었다. 이에 착검을 명하고 반탄에 접근했다. 오전 3시 30분 반탄까지 100m 지점에 이르렀을 때 동네 사람이 화승총을 손에 들고 휘두르는 것을 확인함과 동시에 촌락 안에서 사람의 말소리가 시끄러운 것을 듣고 즉시 촌락 안으로 돌입했다. 폭도들은 아침밥을 먹고 있다가 낭패하여 서쪽으로 흩어져 도주했다. 그런데 일부는 반탄 북쪽 약 300m의 고지에 주둔하고 나머지는 오근장(梧根場) 방면으로 패하여 도주했다. 이에 우리는 일부를 반탄 북쪽 약 300m 고지의 폭도를 맡게 하고, 다른 사람들은 가택 수색을 했다. 약 1시간 후 완전히 적을 격퇴했을 때가 오전 5시였다.

적의 사망자 5(나중에 마을 사람 말에 따르면 20명이 있었다고 함), 부상이 적어도 15~16명. 우리는 사상자 없음. 발사 소모탄 924, 노획품 소총 21, 칼 3, 탄약 약간, 피복 장신구 약간.

사료 02
한국주차군 각지에서의 전투상보 건(1907. 10. 9)

자료명	韓國駐箚軍 各地に於ける戰鬪詳報の件
생산자	韓國駐箚軍參謀長 牟田敬九郎
생산시기	1907年 10月 9日
소장기관	日本 防衛省 防衛研究所
문서정보	陸軍省-密大日記-M40-5-12(C03022887600)

人受 제62호 軍事密 제261호 密受 제373호

10월 14일 軍事密 제250호

육군성 수령 密受 제353호 韓參報 제109호

1907년 10월 9일

한국주차군 참모장 무타 게이쿠로(牟田敬九郎)

육군 차관 남작 이시모토 신로쿠(石本新六)

별책 각지에서의 전투상보를 전달한다.

제2

보병 세52연대 제9중대

양근(楊根) 부근 전투

8월 24일 오후 0시 20분 백동(白洞)에서 돌아와서 양식배낭을 학동(鶴洞)

에 모아 특무조장 이하 20명을 잔류시키고 제2소대를 먼저 파견하여 장수동·연안막·상원사·용문사를 거쳐 용문동 방향으로 전진시켜 행방불명된 졸 2명의 수색을 맡겼다. 이 소대는 장수동과 연안막을 근거지로 하는 폭도를 격퇴하면서 상원사를 향해 전진했다. 오후 3시 중대는 지원으로 학동 동쪽 1,500m의 고지 기슭에 산개하여 폭도를 사격하고 제1소대에게 장수동 마을 안에 잠복한 폭도의 소탕을 맡겼다. 오후 4시 중대는 연안막을 향해 전진하고 그 마을 및 그 서쪽 고지를 근거로 하는 폭도를 격퇴했다. 오후 6시 제3소대에게 연안막 동쪽 고개 북쪽 약 1,000m에 있는 고지를 점령하게 하고 제2소대는 상원사·용문사 계곡을 향하게 했다. 이 사이에 중대는 상원사, 용문사를 향해 원호사격을 했다. 제2소대는 용문동을 향해 더욱 전진하는 중에 어제 행방불명된 졸 2명을 길 옆 개울 안에서 발견했다. 그 보고에 따르면, 폭도 약 100명이 24일 미명에 10명씩 줄을 지어 거리 약 50m를 두고 용문동에서 마동(麻洞)으로 전진했다 한다.

이에 따라 제2소대에게 즉시 폭도를 추격하게 하고 중대는 용문사 남쪽 약 1,500m 고지에서 야영했다. 제2소대는 폭도를 추격하여 마동에서 운현(雲峴)으로 나가 오후 8시 반 광탄에 이르러 그곳에서 숙영했다.

이튿날인 25일 제2소대에게 지평(砥平)에서 신대(新垈)·흑천(黑川)·맥현(百峴)을 거쳐 양근을 향해 전진하게 했다. 도중에 백현 북쪽 고지에서 폭도 약 10명을 모두 죽였다. 중대는 용문동 간촌 부근에 잠복한 적을 소탕하고 적의 근거지인 상원사 및 용문사(적이 모아둔 다량의 양식도 함께)를 불태웠으며, 학동에 남은 양식배낭을 보내고 6시에 양근으로 돌아갔다.

적의 사상자 약 50명, 우리 쪽 사상자 없음.

사격 소모탄 1,131, 황색약 3캔 200, 뇌관 3, 도화삭 50cm.

보병 제52연대 제9중대
산지동(山地洞) 부근 전투[광탄(廣灘) 서북방]

8월 29일 아카시(明石) 중대는 광탄에서 간첩의 보고에 따라 폭도 약 500명이 산지동 서북방 약 3,000m에 있는 이름 없는 부락[동네 사람은 삼곡(三谷)이라 칭함] 및 고비리(古非里)에 있다는 것을 탐지하고 한밤중인 12시에 광탄을 출발하여 미륵동 소정리, 비율동을 거쳐 다음 날인 30일 오전 6시 반에 비율현에 도착했다. 첨병은 이곳에서 폭도의 소초인 듯한 자를 발견하고 이를 포위해 전멸시켰다. 중대는 즉시 산지동을 향해 전진했다. 마침 아침을 먹고 있던 폭도들은 우리가 접근하는 것을 알자 낭패하여 그 주력은 산지동 서북쪽 고지로, 그 일부는 고비리를 거쳐 혜현(慧峴) 방향으로 도주했다. 즉시 첨병인 스즈키(鈴木) 소대에게 고비리 방향의 폭도를 추격하게 하고, 삼곡에서 퇴각하는 폭도의 퇴로를 끊는 임무를 부여하여 전진시켰다. 중대는 폭도의 주력을 추격하면서 오전 7시 북부 산지동 서쪽 고지를 점령했다. 폭도 약 30명은 고개를 넘었고 아직 30~40명은 고개의 양쪽 고지를 근거로 우리를 향해 맹렬한 사격을 했다. 중대는 다카하시(高橋) 소대를 고개에서, 다가와(田川) 소대를 그 좌익에서 전진하게 했으며, 격전 후 오전 8시 30분에 적진을 점령했다. 폭도는 삼곡을 거쳐 서남쪽으로 퇴각했다. 그래서 다카하시 소대를 도로에서, 다가와 소대를 오른쪽 고지 위에서 추격하게 하고 오전 11시에 삼곡 남쪽 고지를 점령했다. 이보다 앞서 스즈키 소대는 오전 7시 20분에 고비리에서 폭도를 쫓아 격전을 치러 쫓아내고 이어서 혜현 서북쪽 약 2,000m의 삼거리에서 오른쪽으로 꺾어 계곡을 따라 전진했다. 오전 11시 반 폭도 약 100명을 만나 맹렬한 전투를 치렀는데, 그 대부분을 죽였으므로 도주한 것은 일부분에 지나지 않았다. 오후 0시 30분 중대는 집합하여 패잔병을 소탕하면서 고비리, 산지동을 거쳐 오후 7시에 광탄으로 귀환했다.

이날 전투에서 우리에게 대항한 폭도는 약 200명인데 포로의 말에 따르면, 이 중 100명은 용문사에서 퇴각한 사람으로 춘천 부근의 폭도 약 100명과 합쳐 지난 28일에 산지동에 도착했다고 한다.

적의 사상자는 약 100명, 우리 쪽은 경상 1, 사격 소모탄 1,174.

보병 제50연대 사이토(齊藤) 소대
석경(石頸) 부근 전투

9월 5일 사이토 소대는 연상리(蓮上里) 방면 적의 상황을 정찰하는 임무를 띠고 오전 3시에 영월을 출발하여 오전 10시에 연상리에 도착했으나 폭도를 보지 못했다. 더욱 전진하여 석경(영월 동쪽 5리) 전방 약 300m 지점에 도착했을 때 이곳 마을 끝에서 수십 발의 사격을 당했다. 소대는 즉시 이를 공격하여 점령했다. 적은 그 숫자가 약 50명(그중 한국군 병사 5명)이고 그 반수는 총을 든 자로서 억곡(億谷) 방향 및 동쪽 산속으로 달아나 행방을 감추었다.

적의 사망자 3, 부상자 불명, 우리 쪽 사망자 1, 사격 소모탄 108.

보병 제14연대 제5중대 니시하라(西原) 소대
장극리(長亟里) 부근 전투[함창(咸昌) 북쪽]

9월 6일 니시하라 소대는 진남관(鎭南關) 부근에 대한 정찰 임무를 띠고 오전 6시에 함창을 출발했다. 함창 및 문경의 경찰관 5명, 거류민 6명을 데리고 유곡(幽谷)에서 남쪽 방향인 장극리에 도착했을 때 이 마을 북쪽 고지에서 10여 명의 폭도를 발견했다. 그중 3명이 말을 타고 총을 휴대하고 있어서 즉시 하사 이하 6명을 그 고지의 동남쪽 700m 고지로 내보내 사격하게 했는데 적은 북쪽 교장리(橋長里) 방향으로 달아났다.

사격 소모탄 8.

보병 제51연대 제1중대 다나베(田邊) 대위
양주 부근 전투

9월 7일 양주 부근에서 폭도 약 300명이 봉기했다는 정보를 접하고 이를 토벌하기 위하여 보병 제51연대 제1중대 마에타니(前谷) 소위가 이끄는 반소대 전기(傳騎) 5기와 공병 6명을 다나베 대위가 지휘하도록 하고, 여기에 임시 산포중대(1소대 결)를 붙여 파견했다. 토벌대는 이날 오후 5시 30분 경성을 출발하여 동소문, 장수원을 거쳐 양주로 향했으며, 이튿날인 8일 오전 1시 누원(樓院)에 도착했다. 오노(小野) 중위에게 부하 소대 및 마에타니 소대를 이끌고 의정부를 거쳐 양주 동남쪽 고지를 향해 전진하게 하고, 다른 여러 부대는 전좌동(殿座洞) 부근에서 남쪽으로 꺾어 직동(直洞) 류감리(柳監里)를 지나 양주 서남쪽 고지를 향해 오전 4시에 다음과 같이 양주를 전적으로 포위했다.

양주 동쪽 약 1,000m 삼차로 부근		마에타니 소대
동	동남쪽 고지	오노 소대
동	서남쪽 고지·동남쪽 사면	포병대
동	서남쪽 고지	다케무라(武村) 소대
동	서북 삼사로 부근	야마모토(山本) 소대

오전 5시 30분경부터 적이 곳곳의 민가에 불을 지르고 도주를 꾀하는 등 불온한 거동을 하는 것을 목격했기 때문에 포격을 시작했다. 동시에 적은 유유히 도주하기 시작하여 동쪽 및 북쪽 산골짜기를 향하여 흩어지면서 도주했다. 오노 소대 및 마에타니 소대는 사격하면서 추격했다. 오전 6시 30분 야마모토 소대를 양주에 침입시켜 가택 수색과 무기 압수를 하게 했다. 이윽고 포화가 멎고 점차 양주에 가까워졌으나 패한 적이 도망쳐서 사격이 그치지 않았다. 오전 9시 30분 사격을 멈추고 양주를 모두 점령했다. 적은 약 60~70명으로서 대체로 무기를 휴대하고 있으며, 전좌동 부근에 있던 집단이 일시 양주에 왔다가 다시 양근 지방으로 간 사람들의 일부인 듯했다.

노획품 소총 1, 창 같은 것 9, 화살촉 약간.

사격 소모탄 소총 353, 포탄 32.

보병 제47연대 제10중대
평창 부근 전투

9월 8일 정오 원주 지대장 시모바야시(下林) 소좌로부터 다음 명령을 받았다.

구쓰노야(沓谷) 대위는 미기타(右田) 소대를 이끌고 도원(島原)·안흥(安興)을 거쳐 평창(平昌)에 가서 사쿠마(佐熊) 소대와 합쳐 지휘하고 강릉대의 도착을 기다려 교대하여 속히 원주로 귀환할 것. 또한 미기타 소대는 아다치(足達) 지대장이 강릉대장 다나카(田中) 대위 앞으로 보내는 서간을 횡계에 있는 하사초에 전달할 것.

9월 8일 오후 2시 원주 출발, 같은 날 도원역에서 숙영, 이튿날인 9일 그곳에서 출발. 오전 7시 30분 전진 중에 돌연히 안흥 남쪽 약 400m 고지에서 수십 발의 사격을 받아 즉시 흩어져 적의 상황을 시찰해보니 그 고지에 약 40명, 그 동쪽 고지에 약 10명의 폭도가 있었으며 우리를 향해 맹렬히 사격했다. 그러나 우리에게 의지할 지물이 없어서 적의 사격에 대해 위험 운운할 처지가 아니었다. 말의 반 이상을 잃고, 우선 안흥 남쪽 고지의 적을 공격하기로 결정, 미기타 소대에게 사격을 개시하게 했다. 적은 우리의 사격으로 동요하여 점차 서남쪽 고지로 이동했다. 이에 특무조장에게 졸 6명을 붙여 적의 진지로 전진하게 했다. 적이 더욱 동요하여 퇴각하기 시작했으며, 미기타 소대를 전진시켰을 때 적은 그 서남쪽 고지에 병력을 증가시켜 맹렬한 사격을 가했다. 그러나 용감하게 공격한 효과가 나타나서 오전 8시 30분에 적의 진지는 우리 손에 들어왔다. 적의 일부는 남쪽으로 퇴각했으며, 일부는 그 동쪽 고지의 적과 합치는 듯했다. 이 고지의 적을 공격할 준비를 하여 오전 9시 30분에 졸 6명을 점령한 고지에 남겨두고, 주력을 그 동남쪽 고지에서 적의 좌익을 향해 공격을 개시하게 했다. 오전 10시 30분경 돌연 전면에서 사격을 받자 먼저 이쪽 적을 공격했는데 오전 11시경 적은 혼란을 일으켜 동남쪽으로 퇴각했다. 이보다 앞서 가장 먼저 점령한 고지에 남았던 한 부대는 전면의 적이 동요하자 전진하여 마침내 이를 점령했다. 이로써 안흥 동남 일대의 고지를 점령했다. 오전 11시 30분 약 100명의 적이 안흥 서남쪽 약 2,000m의 고지에 나타나 우리를 향해 일제 사격을 했다. 이에 특무조장에게 졸 5명을 붙여 고지의 최고점을 점령하도록 명하고 나아가 하사에게 졸 5명을 붙여 적의 진지 좌익으로 파견했다. 특무조장이 맹렬하고 과감한 동작으로 적 진지의 최고점에 도달할 지점에 사격하여 이를 엄호했다. 오후 1시 30분에 마침내 적이 점거한 진지 일대를 점령했다. 적의 숫자는 약 150명으로서 그 3분의 1은 한국군 병사가 섞여 있었다. 그들 일부는 동남쪽, 대부분은 남쪽으로 퇴각했다.

적이 버리고 간 시체 19, 우리 쪽 부상자 1.

노획품은 단발총 11, 탄약 300, 휴대용 약주머니 5.

사격 소모탄 531발.

보병 제50연대 제11중대
울진(蔚珍) 부근 전투

9월 12일 삼척 수비대인 우쓰에(宇津江) 중대는 울진의 폭도를 토벌할 목적으로 제3 센카이호(扇海丸)에 타고 이튿날인 13일 동틀 무렵에 울진 앞바다에 도착했다. 1소대를 '세엔나이'동[1] 부근에 남기고 나머지는 기로동(耆老洞) 이름 없는 강의 남쪽에 상륙시켰다. 오전 6시 10분경 정탐한 적의 숙영지를 향해 맹렬한 사격을 개시했다. 적은 당황하여 그 마을 북쪽 고지로 흩어졌으며 일부는 그 능선을 근거지로 삼아 우리를 향해 완만하게 응사하다가 북쪽으로 퇴각했다. 중대는 즉시 이를 추격했으나 그 대부분은 삼척 방향 깊은 산속으로 사라졌다. 앞서 행방불명된 울진의 순검 3명 및 적에게 붙잡혔던 평해(平海) 순검 3명은 무사히 중대에 합류했다. 그날 우리와 싸운 적은 70명으로, 이 방면의 적장은 보병 참위(參尉) 박준성(朴準成)이라고 한다.

적 사망자 17, 부상 불명, 우리 쪽 손해 없음.

노획품 소총 18, 배낭 13, 칼 1, 잡품 약간.

사격 소모탄 331.

---

[1] 원문은 가타카나 표기. 정확한 마을 이름은 불명.

보병 제14연대 제5중대
적성(赤城) 부근 전투(문경 동쪽)

9월 14일 금무동(禁舞洞) 동쪽 약 1리에 있는 폭도의 근거지인 대승사(大乘寺)를 정찰했으나 이상은 없었다. 그래서 그 동쪽 약 1,000m 고지(표고 약 1,090)에 이르러 부근을 시찰했는데 오후 3시 30분 적성(赤城) 서북방 산기슭에 흰옷을 입은 한인 50~60명이 흩어져 있는 것을 확인했다. 잠시 후 그 한 무리가 장비현(長此峴)을 나와 적성을 향해 행진했다. 그 수는 약 100명으로, 일렬 측면종대로 행진했다. 폭도임을 의심할 여지가 없어 보였지만 그들은 중대가 이 지역에 있는 것을 모르는 듯 적성시장[적성과 동내다(東內多)의 중간 지점 삼차로 부근에 집단으로 있는 30~40호의 작은 부락임]으로 들어갔다. 중대는 골짜기를 내려가 장비현으로 나와서 적성시장으로 들어가서 왜 모여 있는지를 물었으나 동네 사람들은 쉽게 대답하지 않았다. 힐문한 결과 대답하기를, 그들은 대승사를 근거로 하는 이강년(李康年,[2] 작년에 안동 방면에서 의병을 일으킨 자)이 지휘하는 의병으로, 이강년도 여기에 가담해 있다고 한다. 이에 척후를 보내 숨어서 적성시장에 접근하게 했다. 적성시장에서 약 700m 떨어진 지점에서 시찰해보니, 시장의 동쪽 고지 위에 7~8명의 감시초가 있었지만 우리를 알아채지 못한 듯했다. 동네 사람들 말에 따르면, 폭도 대부분이 마을 안에서 음식을 먹는 중이라고 한다. 잠시 후 그 일부는 우리의 접근을 알아차린 듯 시장 북쪽 동내다에 이르는 골짜기 논에 흩어져 숨기 시작했으니 그 대부분은 여전히 마을 안에 있는 듯했다. 이에 니시하라(西原) 소대를 적성시장을 향해 전진시켰다. 오후 6시에 이 소대는 적성시장 서남쪽 약

---

[2] 李康秊의 오기로 보인다.

300m의 지점에서 산개하여 일부가 적성시장 북쪽 소강부(小江阜)를 점령하고 동서남 세 곳을 포위하듯이 전진하여 마을 안으로 돌입했다. 폭도는 낭패했으며, 소대는 두세 명의 저항자를 모두 찔러 죽였다. 남은 폭도는 동북쪽의 논을 지나 고지를 향해 도망쳤다. 약간의 적은 응사했지만 소대는 마을 끝으로 나와 추격하여 사격을 하여 이윽고 이를 격퇴했다. 중대가 이를 추격하자, 석곡(石谷)에 이른 적은 도묘(道苗) 방면으로 흩어지면서 퇴각했다. 적은 약 500명으로서 이강년이 그들을 지휘했다.

적의 시체 15, 부상 불명, 우리 쪽 사상자 없음.

노획품 화승총 4, 칼 1, 깃발 1.

보병 제50연대 제4중대 아이다(哀田) 소대
벽난(碧灘) 부근 전투(정선 서쪽)

9월 14일 오전 5시 반 정선에 있는 하사초소는 약 200명의 폭도에게 포위당하여 300~500m 거리까지 접근했지만 경찰관과 협력하여 교전에 크게 힘을 얻어 오후 2시에 마침내 격퇴했다. 적의 대부분은 깊은 골짜기 방면으로 퇴각했다.

같은 날 오후 4시 반에 영월에 있는 아이다 소대는 삼척으로 귀환하는 도중에 벽난(정선 서쪽)에서 그 동쪽 고지에 약 30~40명의 적이 있다는 것을 알게 되었다. 즉시 공격하여 전투 약 15분 만에 동북쪽으로 이를 격퇴했다. 오후 7시에 정선의 하사초와 합쳤다. 이날 정선을 습격한 적의 대부분은 한국군 병사였던 듯하다.

이튿날인 15일 오전 8시 반 정신 동쪽 고지에 적 약 50명이 있다는 것을 정탐하여 하사 척후를 파견했으며 하사초와 협력하여 이를 급습하여 그 반을 사살했다.

이 이틀간의 사상자는 다음과 같다.

적의 죽음

14일 한국군 병사 1, 동네 주민 3, 부상 1

15일 한국군 병사 2, 동네 주민 18, 부상 3

    우리 쪽 사상자 없음.

노획품

14일 단발총 1, 탄약 67, 잡품 약간.

15일 화승총 11, 칼 1, 흑색 화약 1상자, 서류 한 꾸러미, 배낭 13, 깃발 2.

사격 소모탄

14일 693.

15일 614.

보병 제51연대 제1중대 유아사(湯淺) 소대
사남(沙南), 구포(龜浦) 및 월곡 부근 전투(한강 연안)

9월 14일 유아사 소대는 충주 아다치(足達) 지대로가는 양식 수송의 호위임무를 띠고 용산을 출발하여 수로로 한강을 거슬러 올라갔다. 그 도중에 24일 사남, 25일 구포(龜浦), 27일 월곡에서 각각 200여 명의 총을 지닌 폭도아 충돌히여 마침내 그들을 격퇴했다. 적은 원주 및 광주(廣州) 방면에서 온 듯하다.

적의 사망 52(포로의 말에 따르면 64), 기타 미상.

우리 쪽 부상졸 1, 일본인 인부 1, 한인 인부 5.

보병 제47연대 제7중대 신조(新莊) 소위[광주(廣州) 수비대]
분원동(分院洞) 부근 전투

9월 16일 광주 군수에게서 다음 정보를 접했다.

그날 성내의 행상인 4명이 양근군(楊根郡) 우천(牛川)에서 폭도의 포로가 되었다가 한 명이 도망쳐 돌아왔는데, 그 상인의 말에 따르면 우천(광주 동북쪽 약 3리)에는 약 400~500명의 폭도가 모여 있으며 또한 산곡(山谷, 광주 동북쪽 약 2리)에는 12명의 폭도가 침입했다고 한다. 이 정보에 따라 소대는 오후 9시 보병 제51연대의 교대부대와 교대하여 이튿날인 17일 오전 1시 우천을 향하여 출발하여 오전 6시 분원동 동쪽 고지에 있는 폭도와 조우하여 약 3시간 교전한 후 이를 동북쪽으로 격퇴했다. 적은 약 450명으로, 그중에 50명의 한국군 병사가 섞여 있으며 포 1문을 가지고 있었다.

적의 사망자 20, 우리 쪽 사상자 없음.

노획품 총 3, 소라고둥(法螺貝) 1, 30년식 총 탄약 180.

보병 제51연대 제9중대 니노미야(二宮) 소대
노음면(老陰面) 및 사정리(沙亭里) 부근 전투(충주 서남쪽)

9월 17일 니노미야 소대는 노음면 및 음성(陰城) 부근 정찰 임무를 띠고 오후 4시 30분에 충주를 출발했다. 대초원(大蕉園)·우락리(佑樂里)를 거쳐 노음면을 향해 전진하는 중에 노음면에 폭도 약 400명이 집합했다는 정보를 얻고 이를 야습할 목적으로 계속 전진했다. 오후 8시 30분 중리(中里) 마을 끝에서 적의 보초를 포획하여 힐문했는데 그 말이 앞서 얻은 정보와 거의 일치했으므로 계속 전진했다. 오후 9시에 우락리 부락 안에서 북쪽에서 남진 중인 폭도 약 30명(모두 집총)과 지척에서 충돌하여 가까이에서 총이 불을 뿜었지만 폭도는 시체 5구를 남기고 북쪽 산속으로 도망쳤다. 이 마을 주민은 며칠 전에 대체로 피난한 듯하며 가재 등을 남기지 않았다. 일부 잔류한 자는 늙었거나 어리며, 장년의 남자는 폭도에 가담한 듯 이곳저곳 가옥에서 사격했다. 따라서 집을 불태우고 즉시 노음면을 향해 전진하여, 오후 10시 30분에 원대(院垈)에 도착했다. 적의 보초 한 명을 잡아 힐문하는 중에 폭도 약 30명이 돌연히 마을 구석에 나타나 사격하므로 선두에 있는 병사에게 수차례 사격을 하게 한 후 즉시 돌입하자 적은 시체 3구를 남기고 동북쪽 및 북쪽 산지로 퇴각하여 각지에서 사격했다. 그곳 부근의 마을 사람들은 평소 사금 채굴을 업으로 하는 무뢰한의 무리였다. 앞서 붙잡았던 적은 도주를 꾀하여 참살했다. 포로의 말에 따르면, 폭도는 그 수가 300명으로서 모두 총기를 휴대했으며 저전동(猪田洞)에도 100명의 폭도가 집합했다고 한다. 따라서 즉시 저전동을 수색했지만 적의 그림자도 없었다.

  적의 사망자 9, 부상자 미상, 우리 쪽 사상자 없음.

  노획품 소총 2, 배낭 1.

  사격 소모탄 70.

  18일 오전 10시 신의실(信義室)을 출발하여 오후 5시 음성에 도착하니 그 마을 주민 대부분은 피난하고 잔류자는 매우 소수였다. 이곳에서 주민 및 무극장(無極場) 방면에서 오는 동네 주민의 말을 들어보니, 현재 무극장에는 폭도 700명, 사정리[읍 위의 감우정(甘雨亭)]에는 300명이 모였으며, 사정리에 있는 자들은 군대 총 150, 화승총 150을 휴대하고 한국군 병사 100명이 섞여서 그날 밤 음성에 온다고 한다. 그래서 소대는 지난 밤 한숨도 자지 않고 경비를 엄격히 하며 음성 군위(軍衙)에서 경비하면서 묵고 이튿날인 19일 날이 새기 전에 숙영지를 출발하여 용최(龍最, 음성 북쪽 1,000m)를 지나 사정리로 통하는 길을 거쳐 사정리를 향해 전진했다. 오전 5시 30분 사정리 동남쪽 1,500m의 산등성이에 도착했을 때 폭도 약 50명이 우리를 향해 전진해 오는 것을 보았다. 더구나 적지 않은 숫자의 후속부대가 있는 것 같아서 이를 벗어나기 위하여 산등성이 왼쪽의 고지에 4명의 전투 척후를 보내 좌익을 경계하고 말은 두 명의 감시병을 붙여 뒤쪽 계곡에 숨겨두었다. 나머지는 하사 이하 21명으로 계곡 동쪽 산 뒤로 진출하여 진지를 점령하고 대부분이 통과하는 것을 기다렸는데 적의 선두가 산등성이에 도착하여 우리 말을 발견하고 퇴각하려 하므로 즉시 사격을 개시했다. 혼란을 일으킨 적은 사정리에 들어서 그곳 동쪽 고지를 점령했다. 그 숫자는 적어도 200명 이상이었다. 검고 흰 것이 섞여서 모의포(模擬砲)를 사용하여 소총 사격을 시작했다. 그중 20여 명은 처음부터 부용산정(芙蓉山頂)을 점령한 듯하여 동시에 산 위에서 우리를 향해 쏘았다. 그때 우리 왼쪽 전투 척후가 보고하기를, 좌익의 무극장으로 통하는 본도 부근은 이상이 없다 하므로 소대는 계곡 오른쪽의 산 위를 전진하여 우선 부용산정의 적을 격퇴하고 다음으로 사정리 동쪽 고지의 적을 쏘아 동요시켰다. 그 대부분은 무극장 방향으로 도망갔다.

적의 사망자 6, 부상자 적어도 10, 우리 쪽 사상자 없음.

노획품 소총 5, 배낭 8, 모포 1.

사격 소모탄 415.

보병 제47연대 제12중대 나카하라(中原) 소대
백암(白岩) 부근 전투

화물 수송 임무를 맡은 나카하라 소대는 9월 18일에 임무를 마치고 충주에 체재하던 중 여단장에게서 이튿날인 19일에 충주를 출발하여 음죽(陰

竹)·양지(陽智) 부근 적의 상황을 정찰하고 새로운 수비지인 수원에서 다음 명령을 기다리라는 명을 받았다. 따라서 이튿날인 19일 오전 7시에 충주를 출발했는데, 도중에 오늘 오후 1시 장호원에서 폭도 약 300명이 그 지역 수비대를 습격하고 부근의 전선을 파괴했지만, 수비대가 약 2시간 교전한 후 그들을 격퇴했다는 정보를 접했다. 그날은 그곳에서 숙영하고 이튿날인 20일 오전 3시 장호원을 출발하여 대덕리(大德里)를 향하는 도중에 전날의 패잔병 1명을 잡았다. 대덕리 부근을 정찰했으나 적은 그림자도 없기에 장호원으로 돌아갔다. 다음 날인 21일 오전 7시에 장호원을 출발하여 음죽 부근 적의 상황을 정찰하고 오후 5시 백암에 도착했는데 마을 사람을 보지 못했다. 이에 경계를 강화하고 행진 중 백암 서북쪽 노동(路洞) 고지의 소나무 숲에 폭도 약 100명이 있는 것을 알아채고 소대는 즉시 공격을 개시하여 교전 1시간 후에 이를 물리치고 패주하는 적을 추격하여 많은 손해를 입혔다. 건지산(乾芝山)을 넘어 우천(牛川) 방향으로 퇴각한 사람은 겨우 20여 명에 지나지 않았다.

적이 버리고 간 사상자 8, 우리 쪽 사상자 없음.

사격 소모탄 550.

22일 소대는 시모바야시 지대로부터 노획한 총기의 호위를 의뢰받고 가이(甲斐) 상등병 이하 9명을 금량(金良)을 향해 출발시켰으며, 소대 주력은 폭도가 집합했다는 소문이 있는 굴암[窟巖, 양지(陽智) 동남 약 1리 반] 정찰에 나섰다. 사카모토(酒本) 경부 이하 4명이 동행했다. 소대가 굴암 북쪽 부락에 도착했을 때 간첩 2명을 잡았으며, 계속 전진히여 굴암 북쪽 고지에서 적 9명을 발견하고 굴암 남쪽 고지에 있는 적을 공격하여 교전 2시간 후에 점령했다. 적은 죽산, 안성 방면으로 퇴각하는 듯했고 소대는 금량에 도착하여 야영했다.

적 사망자 15, 우리 쪽 사상자 없음.

노획품 소총, 탄약, 양식, 피복, 장구 약간.

보병 제52연대 제12중대 다무라(田村) 소위가 이끄는 2소대 장애리(長愛里) 부근 전투(춘천 부근)

9월 20일 춘천 수비대장 가마타(鎌田) 대위는 교대 이래 부근의 정황을 시찰했는데 폭도가 배회하여 매우 불온할 뿐 아니라 장애리 부근에 폭도가 집합하여 순검을 향해 사격한다는 정보를 접했다. 따라서 다무라 소위 및 무샤(武者) 특무조장에게 각 20명을 인솔하게 하여 적을 토벌하도록 명령했다. 다무라 소위는 제1소대장을 겸하여 2소대를 지휘하며 오후 3시 15분에 춘천을 출발하여 보안리(保安里)를 거쳐 장애리를 향해 그 선두에서 장애리 북쪽 고지에 도착했다. 그때 장애리 북단에 약 40~50명의 폭도를 발견하고 제1소대를 우익으로, 제2소대를 좌익으로 산개하고 오후 4시 10분에 사격을 개시했다. 폭도 또한 이에 응사했다. 중대가 신속히 전진해서 그들을 격파하려고 하니 적은 크게 낭패하여 일부는 홍천으로 통하는 본도 방향으로, 다른 대부분은 고은동(古隱洞) 및 내동 방향으로 도망쳤다. 따라서 고토(後藤) 분대에게 본도 위를 추격하게 했다. 중대는 전장에서 폭도의 십장으로 보이는 사람 한 명을 발견하여 죽이고 적장의 말 한 필을 노획했으며, 계속 고은동 방향을 향해 전진하는 중에 왼쪽에 맹렬한 총성을 듣고 곧장 제2소대를 파견했다. 폭도는 고은동 남쪽 산기슭 숲에서 산본리(山本里)에 걸쳐 진지를 점령하고 우리를 향해 빈번하게 사격했다. 중대가 이에 계속 응사하면서 전진하자, 적은 엄호 사격을 하면서 점차 퇴각하여 주력은 대룡산(大龍山) 산정으로, 일부는 감두현(甘頭峴) 방향으로 도망쳤다. 오후 7시에 고은동 및 산본리를 점령했다. 그날 우리에 맞선 적은 약 300명으로서 어느 정도 전술적 동작을 보였다.

적의 사망 5, 부상 미상, 우리 쪽 사상 없음.

노획품 소총 1, 탄약 13, 말 1.

사격 소모탄 2,089.

보병 제52연대 우에다(上田) 중대
시변리(市邊里) 및 안협(安狹) 부근 전투(황해도 남부)

9월 20일 토산(兎山) 부근의 폭도 토벌 목적을 띤 우에다 중대는 남천(南川)을 출발했다. 그보다 앞서 신계(新契) 방향으로 파견된 나카무라 소대는 시변리에서 폭도 약 60명과 조우하여 그중 몇 명을 사살했다. 폭도는 토사 방향으로 물러났다. 중대는 오후 5시 40분에 시변리에 도착하여 나카무라 소대와 합류했으며, 이천(伊川) 방향으로 파견된 무라카미(村上) 소대와 연락하여 이튿날인 21일 오전 9시 시변리를 출발하여 오후 0시 30분에 토산에 도착했다. 이날 얻은 정보에 따르면, 안협에는 폭도 약 150명이 남아 있고 나머지는 철원 방향으로 도망한 듯했다. 또한 안협 주민 다수는 이미 피난하고 폭도를 돕는 자만이 남아 있다고 한다. 이 정보에 따라 그날 밤 움직이기 시작하여 다음 날인 22일 오전 4시 무라카미·나카무라 양 소대, 하야시(林)·나카니시(中西) 경부 일행과 작전을 함께 했다. 주력이 거성(擧城) 방면에서 안협을 야습했을 때 적의 큰 저항을 받지 않고 오전 5시에 이 지역을 점령했다.

적의 사망 3, 우리 손해 없음, 노획품 화승총 30.

보병 제52연대 우에다(上田) 중대의 나카무라(中村) 소대
석교(石橋) 부근 전투

9월 24일 오전 6시에 얻은 정보에 따르면, 철원 서쪽 약 1리 반 신대에 폭도 경계대를 보내 왕래하는 인민들을 엄중하게 단속했다. 그 북쪽 숲속에 약

150~160명의 폭도가 쉬고 있는데 무기를 가지고 있다고 하여 토산에 있는 우에다 대위는 나카무라 소위에게 다리가 빠른 하사 이하 40명을 붙여 오전 6시에 철원으로 출발하여 급히 추격하게 했다. 또한 보병 제50연대 제7중대의 두 개 소대는 같은 날 나카무라 소대와 협력하여 철원으로 전진했다. 오전 11시에 추격대가 석교 서쪽 약 2,000m의 야령대(野嶺坮)에 도착하자 폭도의 감시초소에서 5~6명이 우리가 전진하는 것을 발견하고 도망치기 시작했다. 이를 급히 추격하면서 석교 서쪽 약 1,000m 고지 밑에 도착했다. 이때 의병과 폭민이 섞인 약 50~60명이 헌병 상등병(먼저 정찰 나선 자)을 살해하려고 돌을 던지면서 빠르게 쫓아오는 것을 보고, 추격대는 즉시 흩어져 맹렬히 사격하면서 전진했다. 오후 1시경에 마가지(馬架地) 부근에서 우리가 전진하는 것을 발견하고 도주하려는 폭도 수십 명을 추격하여 그중 7~8명을 죽였다. 나카무라(中村) 소대는 오후 4시에 나누어서 전진하여 하촌(下村)·용담(龍潭)·천황리(天皇里)를 거쳐 서원리(書院里)에서 적 퇴로에 육박했다(보병 제50연대 제7중대는 이 길 위에서 철원을 향해 진입하고 폭도 약 30명을 죽였다). 소대가 철원에 진입했을 때는 이미 도망한 후였다.

적의 사망 22~23명, 우리 쪽 사상자 없음.

사료 03
한국주차군 전투상보 건(1907. 10. 25)

자료명　　韓國駐箚軍 戰鬪詳報の件
생산자　　韓國駐箚軍參謀長 牟田敬九郎
생산시기　1907年 10月 25日
소장기관　日本 防衛省 防衛研究所
문서정보　陸軍省-密大日記-M40-6-13(C03022894600)

密人受 제75호　砲密 제281호　軍事密 제284호

密受 제397호　韓参報 제121호

1907년 10월 25일

한국주차군 참모장 무타 게이쿠로(牟田敬九郎)

육군 차관 남작 이시모토 신로쿠(石本新六)

별지 각지에서의 전투상보를 제출한다.

제3

보병 제51연대 제9중대 장호원 부근에서의 전투

 8월 18일 오후 4시 30분 세리자와(芹澤) 대위는 충주로 가는 도중에 장호원에서 약 150명의 폭도와 조우하여 즉시 이를 공격하여 짧은 시간 동안 전투 후 그들을 흩어지게 했다. 이 폭도는 오늘 아침에 여주 방면에서 와서 판요리(板要里), 장호원 간의 전선을 파괴하고 장호원의 물자 징발 중에 우리의 공격을 받았는데 30년식 총 약 15, 기타는 구식 총을 휴대했다.

적의 사상자는 미상, 우리 쪽 사상자 없음.

보병 제14연대 제3중대 노무라(能村) 대위
설봉산(雪峰山, 이천 동쪽 약 2,000m) 부근 전투

8월 23일 오전 8시 노무라 대위는 부하 중대 기병 소대[야마다(山田) 소위 이하 28명] 및 경부 이하 3명을 이끌고 추계리(秋溪里)를 출발하여 오전 8시 30분, 농부로 변장하여 그 마을 북쪽에서 총을 든 폭도 한 명을 사살하고 이어서 전진하여 우천에서 폭도의 수령 국영환(國永煥)의 집에 불을 지르고 폭도 4명을 사살했다. 오전 11시 30분 설봉산(이천 서쪽[1] 약 2,000m) 기슭에 도착하자마자 갑자기 기병이 사격을 당하여 기병과 협력하여 그들을 추격했다. 적은 한국군 병사가 지휘하는 약 30명인데 설봉산으로 도망쳐 종적을 알 수 없게 되었다.

적의 사망자 5, 우리 쪽 사상자 없음.

기병 제17연대 제3중대 이코타(伊古田) 소위
귀천(貴川, 경성 동쪽 6리) 부근 전투

8월 27일 오후 2시 이코타 소대는 수색 목적을 띠고 귀천 남쪽 도선장을

---

1 원문에는 제목은 동쪽 2,000m, 본문은 서쪽 2,000m로 적혀 있음.

향해 전진하는 중에 건너편 해안에서 약 50개의 총으로 갑자기 사격을 당해 소대는 이에 응전했으나 적은 점점 증가하는 추세였다. 또한 분원 방향에서 석본(石本)을 거쳐 한강의 오른쪽 강변을 따라 남하하는 모양이어서 소대는 오후 6시 귀천을 불태우고 야습을 틈타 팔당리(八堂里)로 퇴각했다.

적의 사상자 미상, 우리 쪽 사상자 없음.

보병 제51연대 제8중대, 제50연대 제4중대의 1소대
신천리(新川里, 영월 서북쪽 약 4리 반)에서의 전투

8월 30일 신천리 부근의 정찰을 목적으로 다가(多賀) 중대는 안도(安藤) 소대와 함께 밤에 영월을 출발하여 이튿날 31일 오전 6시에 신천리(영월에서 서북쪽으로 약 4리 반)에 도착했다. 촌락에 돌입하자 폭도는 크게 놀라 몇 발의 사격을 한 후 무너져 도주하기 시작했다. 이에 양 중대는 협동하여 이를 포위하고 그중 몇 명을 죽였다. 적은 그 숫자가 50~60명으로 지방 무뢰한인 듯 어딘가에 은둔했다. 이에 따라 양 중대는 즉시 폭도를 소집한 이경하(李兢夏)의 집을 포위하여 그를 체포하고 집을 불살랐다.

적의 사상자 몇 명, 우리 쪽 사상자 없음.

보병 제51연대 제11중대 나카무라(中村) 소위
신점막[新店幕, 이천(利川) 남쪽 2리] 부근 전투

9월 1일 오후 2시 이천(利川) 남쪽 약 2리의 신점막에서 전신 수리 작업 중 그 마을에 20~30명의 폭도가 모여 갑자기 우리를 향해 4~5발의 사격을 했다. 엄호 소대는 즉시 이를 격퇴했다.

적의 사상자 미상, 우리 쪽 사상자 없음.

보병 제14연대 오카무라(岡村) 소대
진천(鎭川, 청주 서북쪽) 전투

9월 4일 오후 0시 30분에 오카무라 소대는 진천에서 적의 보초를 습격하여 적이 숙영하는 군위(郡衛)를 포위하여 식사 중인 폭도 약 150명을 무찔렀다. 적은 죽산 방향으로 퇴각했다. 진천과 군위의 일부 및 분소는 약탈당하여 매우 참담한 상태였다.

적의 사상자 30명, 우리 쪽 사상자 없음.

노획품 소총 30, 소총탄 740, 피복, 음식 약간, 장교용 칼 1, 검 약간, 서류 약간, 말 1.

보병 제47연대 다자키(多崎) 소대
갈곡(葛谷, 원주 동쪽 2리) 전투

9월 7일 밤 원주에서 동쪽으로 약 2리 떨어진 갈곡 고지 위에서 밤 사이에 의심스러운 불빛을 확인했으므로, 8일 다자키 소대를 파견하여 정찰시켰다. 산 위에는 20명을 수용할 수 있는 청사 5간, 약 15m의 무릎사격용 산악호의 천연 요새가 구축되어 있었는데, 적은 우리 소대가 가는 것을 알고 이미 도주했다. 소대는 갈곡에서 폭도 2명을 사살하고 청사는 전부 불살랐다.

적의 사망자 2, 우리 쪽 사상자 없음.

보병 제51연대 부뇨(豊饒) 소대
도령관(鳥嶺關, 충주 동남쪽) 부근 전투

안보(安保)에 있는 부뇨 소대는 폭도 주력 약 30명이 문경에 머물고 있으며, 그 일부인 약 20명이 도령관에 있다는 보고를 접하고 9월 9일 오전 2시에 도령관의 적을 야습하여 거의 섬멸시켰다. 전투 후 수색했을 때 가옥 내에서 패잔병에게 사격을 당해 우리 병사 1명이 중상을 입었다.

적의 사망자 7, 부상 6, 우리 병사 중상 1.

노획품 화승총 7, 나팔 1, 잡품 약간.

보병 제51연대 제1중대의 1소대 장호원 수비대
장호원 부근 전투

9월 19일 오전 11시 장호원 수비소대는 이곳 동남쪽 고지에서 폭도의 습격을 받고 오후 1시에 이를 격퇴했다. 적은 동남쪽으로 퇴각하여 전봇대 7개를 부수었다. 소대가 이를 구인평(九忍枰)까지 추격하자 적은 나뉘어 도망쳤다. 이날 습격해온 적은 그 수가 약 400명으로 그중에 한국군 병사 20명이 섞여 있었던 듯하다.

적의 사상자 미상, 우리 쪽 사상자 없음.

보병 제50연대 제4중대
임계역 분견초소 임계(臨溪, 강릉 동쪽)에서의 전투

9월 19일 오후 2시 폭도 약 60명이 임계 남쪽 고지에, 그리고 그 동쪽 및 서쪽 고지에 약 80명이 나타나 집중적으로 초소를 향해 맹렬한 사격을 했다. 그때 초소에는 장 이하 겨우 3명만 있었다. 이에 따라 1명씩 각 방면을 담당하여 약 2시간을 고전한 후 5시에 북쪽 강릉 가도에서 약 80명의 폭도가 늘어났다. 임계역까지 약 150m 숲에 나타나 숲을 기지로 사격을 개시했다. 초소는 사면 모두 적을 맞아 매우 고전했지만 사력을 다하여 응전하여 폭도 약 30명(폭도는 시체를 들것으로 운반함)을 연달아 죽였다. 그 결과 적은 세력이 꺾인 듯하고 화력도 크게 떨어졌지만 오후 8시에 초소 약 100m까지 점점 전진하여 근접했다. 이튿날인 20일 오전 1시쯤 되자 짙은 안개가 사방을 덮어 거의 지척을 분간할 수 없었다. 그 틈을 타서 동서북 세 방향에 있었던 적은 촌락 안으로 침입해 와서 사방에 불을 질렀다. 잠시 후 불과 연기가 하늘을 밝히자 사람 그림자를 식별할 수 있게 되었다. 이에 맹렬한 사격을 가하자 적은 한때 흩어졌지만 오전 6시에 남쪽 및 동북쪽 고지에서 완만하게 사격을 시작했다. 오전 10시에 짙은 안개가 전부 개이자 사격을 중지하고 삼척 및 강릉 방향으로 퇴각했다. 내습한 폭도의 숫자는 약 300명으로서 대부분이 한국군 병사였으며, 그 반은 총을 들고 군복 위에 한복을 입고 각반을 둘렀다.

적이 버리고 간 시체 4(한국군 병사 2, 폭도 2), 부상 미상, 우리 쪽 사상자 없음, 사격 소모탄 720.

보병 제47연대 히라시마(平島) 중위
문창[安昌, 문막(文幕) 서쪽] 전투

9월 20일 원주에 있는 시모바야시(下林) 소대는 다음과 같은 명령을 내렸다.

밀정의 보고에 따르면, 적의 한 무리가 비두촌(飛頭村) 부근을 근거지로 하여 사흥(沙興) 부근에서 약탈을 하고 있는 듯하니 히라시마 중위는 하사 이하 15명을 이끌고 미촌(薇村)·귀래(貴來)를 거쳐 전진하여 비두촌 부근의 적도를 토벌하고 문막을 거쳐 그날 중으로 귀환할 것.

히라시마 중위는 위의 명령에 따라 하사 이하 15명을 이끌고 오전 10시 30분에 원주를 출발하여 도중에 적에게 습격당하는 일 없이 오후 5시에 비두촌에 도착했다. 이 지역 사람에게 얻은 정보에 따르면, 19일 저녁에 폭도 약 100명(그중 한국군 병사 20명)이 손곡(蓀谷) 방향에서 와서 1박 하고 20일 정오를 지나 문막 방향으로 갔다. 무장한 자는 약 60명이고 말을 탄 사람이 1명 있었다. 오후 7시에 비두촌을 출발하여 문막을 향하여 전진하는 중에 서곡(西石, 비두촌 북쪽 약 2,000m) 부근에서 만난 문막 방향에서 온 지역 사람을 통해 전날 비두촌을 출발하여 문막 방향으로 행진한 폭도가 현재 안창(安昌)에 숙영 중이라는 정보를 얻었다. 오후 9시에 문막에 도착하여 적 약 100명이 안창에서 숙영하고 있다는 것을 확인하고 그들을 야습하기로 결정했다. 계속 전진하여 오후 10시 30분에 안창 동남쪽 약 2,000m의 한 부락에 도착하여 얻은 정보에 따르면, 안창에는 현재 100명의 적도가 몇 집에 숙영 중이며, 섬강(蟾江)의 도선장에는 적의 감시초가 있다고 한다. 오후 11시에 안창 동쪽 약 1,500m의 부락에 도착하여 안창 피난민에게 상세한 정보를 얻고 정찰한 결과 다음과 같이 배치했다. 다카하시(高橋) 군조에게 졸 6명을 붙여 안창동(安昌洞)의 하류 약 1,000m 지점에서 섬강을 건너 안창동 서남쪽 고지를 점령하고 경성 가도를 도주하는 적을 사격할 수 있는 위치에 배치하고, 소대의 잔여(장교 이하 8명)는 안창동의 상류 약 1,000m의 지점에서 강을 건너 적의 숙영지에 접근했다. 우리 척후가 감시초소에 접근하자 적 2명이 전진해 와서 우리를 발견하고 도주하려는 것을 보고 그중 1명을 사살했다. 이어서 전진하자 폭도 약 25명이 감시초 위치에서 허둥지둥 낭패하여 도주하려 했으므로 그들을 사격했다. 더욱 전진하여 22일 오전 0시 30분에 안창동 북쪽 동북단을 점령하여 척후를 잠행시키고 적이 숙영하는 가옥에 방화했다. 적이 혼란을 일으켜 지평 방향으로 도주하기 시작했기 때문에 맹렬한 사격을 퍼부었다.

이보다 앞서 22일 오전 0시 10분에 다카하시 척후가 안창 서남쪽 고지를 점령하여 적의 상황을 정찰하는 중에 약 14~15명의 적은 남쪽으로, 약 20명은 서남쪽 고지를 넘어 도주하려는 것을 발견하고 척후는 즉시 사격했다(2~3명의 부상자를 목격했다). 적은 뜻하지 않게 우리에게 사격을 당하자 낭패하여 부락 안으로 철수하더니 지평 방향으로 도주했다.

적이 버리고 간 시체 5, 부상 미상, 우리 쪽 사상자 없음.

사격 소모탄 73.

보병 제14연대 제11중대 쥬마(中馬) 소대
근정동[根亭洞, 영양(英陽) 동북쪽] 전투

9월 19일 오후 5시에 쥬마 소대(장교 이하 12명)는 안동에서 곤도(近藤) 경부로부터 다음과 같은 통보를 받았다.

신돌석(申乭石)이 부하 150명을 이끌고 영양 읍내에 다시 왔다. 적은 진보(眞寶) 분파소를 습격한다고 호언장담하는 듯하다. 영양군수는 오늘 아침 안동으로 피난했다. 청송군(靑松郡) 화목동(花木洞)에는 폭도 70~80명이 봉기했다고 한다.

소대는 진보 분파소 구원을 목적으로 19일 오후 6시에 출발하여 진보로 향하는 도중에 망천리(網川里)에서 양반의 취조에 많은 시간을 들인 나머지 상등병 이하 3명의 척후에 보조원 3명을 붙여 진보에 선발대로 보내고 소대는 편심(鞭芯)에서 숙영했다. 이튿날인 20일 오전 7시에 그곳을 출발하여 진보로 향했다. 그곳에 도착하여 보조원의 말을 들으니 신돌석 건은 허위보고지만 영양군 개곡(開谷) 부근에 30~40명의 폭도가 있는 듯하다고 한다. 이에 따라 소대는 다음 날 21일 오전 9시에 그곳을 출발하여 영양으로 향했다. 이보다 앞서 오기와라(荻原) 보조원을 오전 1시에 먼저 파견하여 다음 내용을 의뢰했다.

개곡 부근의 적의 상황 정찰. 초왕리(屑王里)에서 헌병을 참살한 김흥보(金興浦)를 포박. 오후 8시부터 개곡 – 영양 사이의 왕래를 차단.

소대는 적에게 소식이 전해지는 것을 두려워하여 도중에 김흥보·김만주(金萬珠)의 가옥을 불태우고 연당(蓮堂)에서 전 도독이었던 3명을 총살한 후 오후 8시 30분 영양·군위에 도착하여 다음 정보를 얻었다. 박처사(朴處士)를 수령으로 하는 폭도는 80~90명으로, 그저께부터 개곡(영양에서 2리)에 있는 것 같다. 어제 박처사는 부하 11명을 이끌고 지수동(知水洞)에서 병사를 모집했다고 한다. 소대는 이튿날인 22일 오전 3시에 영양을 출발하여 개곡으로 급히 갔으나 그저께 개중(영양 읍내에서 동북쪽으로 3리)으로 갔다는 정보를 접하고 다시 개중으로 급히 갔다. 개중 동네 사람 말에 따르면, 박처사는 부하 100명을 이끌고 와서 이곳에서 1박 하고 어제 송정(松亭)으로 향했는데 그곳에는 형인 박모가 면장을 하고 있다고 한다. 오전 9시에 소대는 송정동 전방에 도착하여 하사 척후를 도로 위에 보내고 진여병들은 오른쪽 고지를 우회하여 적을 동쪽 오목한 곳으로 압박하고자 했다. 과연 적은 우리 척후를 보고 오전 9시 30분에 3~4발의 사격을 하고 즉시 동쪽 오목한 곳으로 도주했다. 소대는 이에 맹렬한 사격을 퍼붓고(300m) 하사 척후가 그 배후까지 접근하자 적은 허둥지둥 낭패하며 무너져 사방으로 흩어졌다. 그 대부분은 평해(平海) 방면으로, 일부는 영해(寧海) 방면으로 퇴각하는 듯했다. 오전 10시에 오목한 곳의 곳곳을 수색하자 부상을 입었거나 부상당하지 않고도 숨어 있던 약간의 사람들을 발견하여 적당히 처분했다. 적은 총 숫자가 92명으로 그중 52명이 총을 들었다고 한다. 이 전투에서 오기와라(荻原) 보조원이 가장 용감하게 움직여 교묘하게 정찰한 것은 큰 공이라고 인정한다.

적의 사망 118, 부상 5, 우리 쪽 사상자 없음.

노획품 화승총 12, 탄약 약간, 22년식 기병총탄 42, 기타 산탄 약간, 모집 도장 1, 수제 칼, 펜(다나베 보조원의 것).

사격 소모탄 217.

보병 제47연대 제3대대 오이시(大石) 조장
이십일동(二十日洞. 원주 서북쪽 5리) 부근 전투

9월 22일 원주 지대장 시모바야시(下林) 소좌는 다음 명령을 내렸다.

고모곡면(古毛谷面) 이십일동 일진회원이 와서 한 보고에 따르면, 자칭 대장이라는 김모 이하 폭도 약 20명이 이곳에 와서 격문을 붙이고 병사를 모집 중이라고 한다. 오이시(大石) 조장(曹長)은 졸 10명을 거느리고 경무 보조원 6명과 동행하여 이십일동 부근의 폭도를 토벌할 것.

이 명령에 따라 오이시 조장은 오후 11시 10분에 원주를 출발하여 구읍촌

(九邑村)을 거쳐 오전 4시 50분에 사절리(砂節里)에 도착하여 김대우(金大有, 자칭 대장)의 집을 습격했으나 집에 없어서 그 가족을 포박하여 심문했다. 그 전날인 21일에 이십일동에 갔고 전날 이십일동에서 의병 20명이 왔다고 하여 그 가족을 동행하고 이십일동으로 급히 갔다. 오전 6시에 그곳에 도착하여 동네 사람에게 의병 21명이 동장의 집과 그 부근에 숙영하고 있다는 보고를 접하고 즉시 이를 습격하려 하니 보초인 듯한 자가 "일본 병사가 왔다"고 보고하면서 동남쪽으로 도주했다. 이어서 폭도 약 18명이 구식총을 들고 도주하기 시작해서 이를 추격하여 횡성 방향으로 격퇴했다. 그 후 촌락을 수색하여 폭도 1명을 잡았으며 얼마 후 김대유와 폭도 1명이 돌아온 것을 발견하고 그들을 포박하여 귀환하는 도중에 도주를 꾀하여서 척살했다.

적의 사망 5, 우리 쪽 사상자 없음.

노획품 구식총 1, 배낭 1, 물통 1

사격 소모탄 17.

보병 제47연대 제11중대

중천면(中川面) 봉복사[鳳腹寺, 횡성(橫城) 동북쪽] 부근 전투

9월 22일 원주에 있는 시모바야시(下林) 소좌는 다음 명령을 내렸다.

횡성군 주사의 보고에 따르면, 수백 명의 적의 무리는 중천면 봉복사 부근에 있는 듯하다. 사토(佐藤) 대위는 부하 2소대 및 기관총대(2정 결손)를 이끌고 속히 출발하여 중천면 부근의 적도를 토벌하고 다음 날인 24일까지 귀환할 것.

위의 명령에 바탕을 두고 토벌대는 오후 2시 30분 원주를 출발하여 횡성에 도착하여 숙영했다. 이곳에서 얻은 정보에 따르면, 오늘 정오 폭도 60~70명이 조원(鳥原) 가도에서 이곳에 왔다. 군 주사의 형을 붙잡아 오후 4시를 넘어 동쪽으로 갔다. 또한 동평(洞坪) 부근에서 온 지역 사람의 말에 따르면, 한국군 병사 300명, 폭도 200명은 봉복사 부근에 있으면서 가끔 부근 부락에서 물자를 약탈하고 있다고 한다. 따라서 한 척후에게 밀정을 붙여 적을 쫓았지만 적 약 60~70명은 추동(鍬洞)에서 산길을 거쳐 산전리(山田里) 방향으로 갔다는 정보 외에는 얻은 것이 없었다. 23일 오전 5시 구리스(栗栖) 소위에게 1분대 및 기관총 1정을 붙여 동평 갑천리(甲川里)를 거쳐 봉복사를 향해 먼저 파견하고 중대는 오전 6시 횡성(橫城)을 출발하여 봉복사를 향해 전진했다. 도중에 선발대가 보내온 보고에 따르면, 그 수는 알 수 없지만 봉복사에 적이 현재 있는 것은 확실한 듯하다. 갑천리 부근에 약간의 적도가 있는 듯하며, 전날 횡성에서 동쪽으로 간 적도 봉복사로 향했다는 소문이 있다. 오후 0시 10분 선견대는 갑천리를 통과한 후 도중에 적의 감시초인 듯한 것을 발견하여 이를 몰아내면서 오후 1시 15분에 봉복사 서쪽 약 1,300m 지점에 달하자 돌연히 봉복사 남쪽 고지로부터 폭도 약 30~40명에게서 사격을 당했다. 선견대는 즉시 흩어져 적의 난사에 응전하면서 공격 전진하여 2시 15분에 그 일부를 점령했다. 이때 아직 20~30명의 적이 고지의 일부를 점령하여 우리에게 저항하거나 60~70명이 봉복사 골짜기로부터 사방으로 흩어져 동쪽 산기슭으로 오르는 것을 목격했다. 그러나 지형상 독립적으로 공격하는 것이 불가능하므로 현재지에서 주력이 도착하기를 기다렸다. 토벌대의 주력은 오후 1시 30분 선견대가 점령한 고지의 서쪽 약 2,000m의 산기슭을 행진하는 중에 돌연히 남쪽 고지 위에서 총 약 20~30정의 맹렬한 사격을 당하여 즉시 시노다(篠田) 소대에게 적이 점령한 고지의 동쪽 고지를 점령하게 하고 그들을 서남쪽으로 격퇴했다. 이보다 앞서 시노다 소대가 점령한 고지의 동쪽 800m 고지 위에 적의 감시초가 있으므로 나카무라(中村) 소대에게 이를 점령하게 했다. 중대장이 이 고지에 올라 시찰해보니 감시초가 약간 있으므로 이를 몰아내고 선견대와 합류했다. 이 엄호로 시노다 소대도 왔으며, 오후 4시에 중대 전부는 합쳤다. 이에 따라 나카무라 소대를 다시 봉복사 동북 고지로 파견했다. 소대는 오후 5시에 이 고지를 점령하고 봉복사를 점령했다. 그러나 봉복사의 남쪽 고지에 남은 적이 출몰해서 특무 조장에게 하사 이하 10명을 붙여 그들을 쫓아내게 했다. 여러 종류의 정보를 종합해보면 적 병력은 한국군 병사 약 200명, 폭도 약 160명인 듯하다.

적이 버리고 간 시체 15, 우리 쪽 사상자 없음.

노획품 모젤총 1, 모젤 탄약 40, 피복 약간.

백미 3석, 벼 3석, 보리 1석 5되, 간장 1석, 된장 8항아리, 김치 3~4통.

사격 소모탄 111.

보병 제50연대 제7중대
석교 및 철원[금화(金化) 서쪽] 전투

9월 23일 오후 10시 토산에 도착하여 보병 제52연대의 우에다(上田) 중대와 합류했는데, 적 약 200명이 철원에 집합하여 그 일부는 마을지(馬恕地)에서 통행인을 조사한다는 첩보를 접했다. 보병 제52연대 우에다 중대의 나카무라(中村) 소대와 협력하여 이를 몰아내기로 결정하고 24일 오전 6시 철원으로 향하여 토산을 출발했다. 오전 11시에 출병한 미우라(三浦) 소대가 석교 서쪽 1,000m에 도착하자 그 전전날 철원 방면 정찰에 계속 종사해온 한복을 입은 이시우치(石內) 헌병 상등병(우에다 중대 배속)이 석교 촌민 대부분과 적도의 추격을 받아 살해될 뻔한 것을 보고, 첨병은 즉시 사격을 개시했고 중대 주력은 이에 맞추어 석교에 돌입하여 그중 14명을 죽이고 석교 전부를 불살랐다. 중대는 더욱 전진하여 오후 1시 첨병이 마을지에 도착했을 때 고지에서 적의 감시초인 듯한 자 10여 명을 만나 이를 격퇴하고 그중 7명을 죽였다. 적은 덕산(德山) 방향으로 쫓겨 갔으므로 중대는 철원을 향해 급히 전진하여 오후 4시에 나카무라 소대는 용담 천황리, 사가라(相良) 소대는 참봉리(參峰里) 상구요(上九要)에서, 미우라 소대는 본도 위에서 철원을 포위했다. 적은 약간 저항했지만, 우리는 그들을 점령했다. 적의 사망자 16. 남은 사람들은 관음동(觀音洞) 방면으로 패주했는데 그 숫자는 약 40명이다.

적의 사망 37, 우리 쪽 사상자 없음.

노획품 구식총 4, 탄약 31.

사격 소모탄 563.

보병 제51연대 제11중대 오오키(大木) 중대
주천(酒泉, 평창 서남쪽) 부근 전투

9월 24일 오전 3시 30분에 오오키 소대[2]가 주천 동쪽 끝에서 적의 감시초를 발견하여 포획하려 하자 그들이 도망쳐서 우리가 접근한다는 급히 알렸기 때문에 적은 가옥을 근거로 부근의 보초와 함께 우리를 사격했다. 소대가 즉시 이를 공격하여 교전 약 15분 후 적이 있는 가옥에 돌입하여 적을 무찌르고 달빛을 이용하여 그들을 추격했다. 오전 3시에 주천을 전부 점령했다. 적은 그 숫자가 약 150명(그중 50명은 한국군 병사)으로서 그 반은 총을 들었으며 윤집(允集)이라는 자가 수괴로, 약 1주일 전부터 주천을 근거로 하여 부근

---

2 원문을 확인한 바에 따르면, 제목에는 '오오키 중대', 본문에는 '오오키 소대'라고 적혀 있다.

에서 활발하게 총기와 탄약, 물자를 징발했다. 대부분은 원주 방향으로, 일부는 서북쪽 산속으로 사방으로 흩어진 것 같다.

적의 사망자 15, 우리 쪽 사상자 없음.

노획품 소총11, 탄약 180, 납탄 2근, 화약 150근, 모포 2, 장구 약간.

사격 소모탄 624.

보병 제14연대 니시오카(西岡) 토벌대
영춘[永春, 영월(寧越) 남쪽] 전투

9월 25일 오전 7시에 니시오카 토벌대(보 14-11 장교 이하 29명, 보 14-12 장교 이하 24명)는 순흥(順興)을 출발하여 오전 11시에 고치령(古峙嶺) 남쪽 약 4m 지점에 도달했다. 영춘 방향에서 오는 한인 1명을 만나 심문해보니 서북쪽 2리에 있는 의풍(義豊)에 적의 감시병 몇 명이 있다는 것이다. 이에 따라 그 산기슭에서 음식을 먹고 11시 30분에 고치령을 넘어 의풍을 향해 서둘러 나아갔다. 도중의 연도에 있는 마을 주민들은 몹시 공포에 떨면서 황황히 영춘 방향으로 피난했다. 이 때문에 적의 감시초는 아군의 행동을 탐지하여 채전(遞傳)의 방법으로 영춘 방향으로 통지한 듯했다. 토벌대가 급행하여 도망하는 마을 사람 2~3명을 붙잡아 심문한 결과, 적의 주력은 영춘 읍내에 있으며, 그 숫자가 400~500명 이상이라는 정보를 얻었다. 이에 더 빨리 의풍 서남쪽의 산등성이를 넘어 전진했다. 때는 오후 2시 30분이었다. 지나가는 사람들마다 영춘 읍내에 다수의 한국군 병사를 포함한 폭도가 숙영하고 있다고 했다. 그래서 첨병으로 쓰지(辻) 소위가 이끄는 1분대를 영춘 동북방 고지로 급히 보내 영춘의 적의 사정을 정찰해보니, 그 숫자는 약 300명이며 이미 아군이 근거리에 도달한 것을 안 듯했다. 영춘 남쪽 고지의 이미 설치해둔 진지로 급히 가서 이를 근거지로 아군을 저지하려는 것을 발견하여 본대는 더욱 급히 나아가 적의 진지 점령에 앞서 이를 섬멸하려고 영춘 동쪽 고지를 점령하여 비탈면을 기어오르는 적도에 대해 맹렬한 총격을 퍼부었다. 시각은 오후 6시였는데 적은 매우 곤란한 상황에 빠져 싸우면서 한 발씩 퇴각했으나 마침내 무너져서 소백산 속으로 달아났다.

   적의 사망 17, 부상 38, 우리 쪽 사상자 없음.
   노획품 화승총 15, 탄환 5,000, 쌀 5석, 잡품 약간.
   사격 소모탄 1,097.

보병 제47연대 제1중대
문의[文義, 상주(尙州) 남쪽] 부근 전투

9월 24일 고토(後藤) 중대는 상주를 향해 행군하는 중에 문의·회인(懷仁) 부근의 폭도 수색을 목적으로 오전 7시에 대전을 출발하여 신탄진(新灘津)에 이르렀다. 역장 및 일본 상인의 말을 들으니, 전날인 23일에 이곳에서 약 200명의 폭도는 가메야마(龜山) 소위가 이끄는 12~13명에게 습격을 당한 뒤 퇴각해 서북쪽 산속에 숨어 있다고 한다. 그런데 일본 상인이 토벌의 길잡이가 되고 싶다 하여 이를 따라 신탄진 서북쪽 고지를 수색해가면서 문의를 향해 전진했지만 적이 통과한 후라서 얻은 것이 없었다. 다음 날인 25일, 문의에서 회인에 이르는 도중인 오전 9시 40분에 문의 동쪽 약 1리의 고지에서 중대가 통과한 후 산등성이 숲속에서 약 30명의 폭도인 듯한 자들이 빈번히 우리 배후를 살폈다. 그곳과 이어지는 고지 위에 한 명의 감시초인 듯한 자를 발견하여 중대 후미에 있는 고우노(河野) 중위가 정지하여 시찰했다. 산등성이 배후에 숨어서 총을 휴대한 3명을 확인하여 보고하자 고우노·곤도 두 소대를 고지 위로 산개시켰다. 그러자 적은 동쪽 산속으로 달아났고 양 소대 일부에게 사격을 시키자 모두 퇴각하여 종적을 감추었다.

적의 부상 1, 우리 쪽 사상자 없음.

사격 소모탄 32.

보병 제47연대 제1중대 마쓰모토(松本) 소위(양식 호위)
회인(문의 동쪽) 부근 전투

9월 25일 오가타(尾形) 중위를 따라 회인에서 보은에 이르는 사이를 양식 호위 도중 오후 4시 회인의 남쪽 약 4,000m 고지에 폭도로 보이는 3명이 나타났는데 점차 증가하여 15~16명이 되었다. 우리를 향해 한 발의 사격을 하여 하사 이하 20명이 산개하자 적은 낭패하여 서쪽으로 달아났다. 그들을 쫓아 고지를 점령하고 진격하여 사격한 후 척후를 파견하여 추격했으나 적은 멀리 서쪽 산속으로 달아났다.

적의 사상자 불명, 우리 쪽 사상자 없음.

사격 소모탄 74.

보병 제52연대 야마베(山邊) 소대
도동[桃洞, 남산점(南山店) 서쪽] 부근 전투

야마베 소대는 마산면, 도동 부근 토벌을 목적으로 9월 25일에 남산점(南山店)을 출발하여 오전 11시에 평산에 도착하여 그곳에서 하야시(林) 경부 이하 17명을 따라 편천(遍川), 평신(平山, 서북쪽 2리 반)을 향해 전진했다. 오후 6시에 편천에 도착하여 그곳에서 숙영했다. 전날 평산에서 파견된 밀정의 보고에 따르면, 적의 근거지는 도동(편천 서남쪽 약 3리)으로서 매화동, 고사동 및 연봉으로 통하는 험한 길에는 견고한 방비가 있고 도동 북쪽의 각이산(角耳山, 표고 617), 굴암산(379) 등의 각 고지에는 전망초가 있어 밤에는 횃불을 피운다 한다. 또한 폭도 400여 명은 청색 옷을 입었는데, 그들은 해산병들이거나 사격에 숙련된 사냥꾼이다. 그 밖에는 백의를 입는다. 그러나 양 3일 전부터 약 30~40명이 연안·백천 방면으로 약탈을 위해 출발하는 것 같다고 한다. 오후 8시에 이르러 멀리 각이산 산정에 횃불 두 개를 보았다. 이튿날인 26일 오전 0시 30분 야영지를 출발하여 마을 사람을 길잡이로 하여 먼저 고사동을 향해 전진했다. 도중에 부락을 피하여 산골짜기를 우회하여 오전 4시에 예정대로 고사동 북쪽 약 1,000m의 산등성이 매화동으로 통하는 도로에 도착했다. 여기서 다음과 같이 나누었다. 오미야(大宮) 상등병 이하 5명은 경관 14명과 함께 매화동 좁은 길에서 공격하고, 순사 3명을 고사동에 보내어 오전 5시 30분에 도착하면 그 마을에 방화하여 적을 위협하게 하며, 소대는 굴암산 남쪽 고지(표고 361)를 거쳐 전진한다. 그런데 길잡이가 공포를 느껴 도망쳤기 때문에 소대는 굴암산 산정의 횃불을 목표로 부락 중간을 잠행하여 험한 벼랑을 올라 굴암산 남쪽 고지에 도착했다. 적을 찾아 더욱 남쪽으로 이동하자 고지 위에 청색 옷을 입은 적 약 40명의 집단을 발견하여 사격을 개시했다. 이때 매화동 방향에서 총성을 듣고 전면의 적은 즉시 산개하여 약간의 응사를 했으나 시체 1구를 버리고 금강산 숲속으로 흩어져 도망쳤다. 이때 도동에서 청의·백의의 폭도 약 200명이 나와 그 남쪽 밭에 집합해오는 것을 발견하고 즉시 사격을 가하자 그 대부분은 각이산 남쪽 산등성이로, 일부는 우리의 사격을 받아 연봉 방향으로 도망쳤다. 추격하여 사격한 후 소대는 오전 6시에 도동에 침입하여 그 마을을 불살랐다. 이보다 앞서 오미야 분대는 경찰관과 함께 매화동 남쪽의 논을 건너 오전 5시 20분 굴암산 북쪽 기슭으로 산개했으며, 전방 약 200m 지점에 적의 감시병 10여 명이 불을 둘러싸고 앉아 있는 것을 보고 사격을 가하여 1명을 죽이고 나머지를 추격하여 도동에서 소대에 합류했다.

적은 매화동 좁은 길 강단면의 산병호(散兵壕)[3] 80m를 고사동의 좁은 길 산등성이에 기관총(화승총 10을 묶어서 급조한 것) 2정을 설치하여 연속사격의 설비로 삼았다. 또한 도동에는 6동의 급조한 숙사(60명이 들어갈 수 있는 곳)를 신축하여 사용했다. 그 밖에 염색공장, 총공장 설비가 있어 확실한 적의 근거지였다.

적의 사망자 3, 부상 7, 우리 쪽 사상자 없음.

노획품 소총 160, 화약 약간, 기관총 2, 정미 18석, 살아 있는 소 4, 석유 4두, 하얀 면 14, 기타 잡품.

사격 소모탄 240.

보병 제50연대 제6중대 포천(抱川) 수비대의 하사 척후 오곡(梧谷, 포천 동쪽) 전투

포천에 있는 수비대장은 현등사(懸燈寺)에서 폭도 수백 명이 모이고, 각처에서 1,000명 가까이 모였다는 정보를 접하고 이를 정찰하기 위해 하사 척후(하사 이하 16, 통역 1)를 파견했다. 그 척후가 9월 28일 오전 2시 30분 포천을 출발하여 현등사 산기슭에서 북쪽을 우회하여 오후 2시 30분 오곡 북쪽 약 400m 지점에 도착했을 때 갑자기 오곡 촌락에서 수발의 사격을 당했다. 따라서 척후는 즉시 응전하여 약 40분 후에 이를 격퇴했다. 적은 산을 넘

---

3 보병을 위한 호를 의미한다.

어 현등사 방향으로 퇴각했다. 정보에 따르면, 적의 주력은 오곡을 중심으로 약 1리 사방의 촌락으로 나뉘며, 그 숫자는 아무리 많게 잡아도 400~500명을 넘지 않는다. 현등사에서 화약이나 탄약을 제조하거나 그 부근에서 양식을 징발 중이라고 한다.

적의 사상자 약 30, 우리 쪽 사상자 없음.

사격 소모탄 438.

보병 제14연대 제5중대 이노우에(井上) 소대(진천 수비대)
의동(衣洞, 진천 서쪽) 부근 전투

우편물을 휴대하고 목천(木川)으로 향하는 상등병 이하 4명은 9월 28일 진천에 도착하여 다음과 같이 보고했다. 목천 경찰관에게서 얻은 정보에 따르면, 그저께인 26일 폭도 약 20명이 목천 동쪽 고지에 왔으나 일본병이 있는 걸 알고 퇴각했고 같은 날 천안에서 일본인 1명이 부상을 입고 어제인 27일 폭도 5명이 목천 북쪽 도로를 통과했으며, 목천과 진천 사이의 지름길에는 폭도가 항상 출몰한다는 것이다. 이러한 정보에 따라 진천 수비대장은 목천 및 진천 사이의 길을 정찰하기로 결정하고, 하사 이하 14명을 이끌고 9월 28일 오전 6시에 진천을 출발하여 오전 8시 50분 금성(錦城, 진천 서쪽 약 3리)에 도착했다. 여기서부터가 샛길로서 산악의 뒷면은 매우 험준하여 도로 이외의 행진이 거의 불가능했다. 오전 9시 50분에 내명성촌(內明星村)에 도착하자 촌민 모두가 사방으로 흩어져 산속으로 도망쳤다. 일부는 가옥을 수색했으나 수상한 상황은 없어서 오전 10시 5분에 그 마을을 나와 전진하는 가운데 10시 30분에 노상의 척후에게서 의동 서북쪽 고지에 연기가 오르는 것을 보았다는 보고를 접했다. 따라서 즉시 내명성촌 서쪽 산등성이에 정지하여 의동 서북쪽 고지를 시찰하자 약 30명의 폭도가 전면 약 180m의 고지 끝에 나타났다. 즉시 흩어져 적의 사격에 응하여 사격을 개시하자 적은 즉시 사방으로 흩어졌다. 우리는 즉시 적의 진지를 점령하고 추격 사격을 했다. 좌우 고지를 수색해가면서 전진하여 의동 남쪽 고지를 점령하고 척후 1명을 의동 서북쪽 고지로 파견했으나 적의 그림자도 찾지 못했다. 여기서부터 의동을 수색했으나 주민은 노약자로 이상을 발견하지 못했으므로 귀환 길에 올랐다.

적의 사망 4, 부상 3, 우리 쪽 사상자 없음.

노획품 창 1.

사격 소모탄 251.

보병 제47연대 제4중대 고미야(小宮) 소대
구두산(舊斗山, 회인과 청주의 중간에서 구두산 옆 마을) 전투

고미야 소대는 9월 29일 오전 4시 50분에 보은을 출발하여 회인을 거쳐 구두산에 도착했으며 더욱 전진하여 오후 1시 28분에 구두산 서쪽 약 600m의 이름 없는 강을 통과했을 때 구두산 서쪽 약 150m의 고지에서 5~6발의 사격을 당했다. 따라서 즉시 강 제방으로 건너 엄폐하고 그곳을 시찰했다. 적은 사격을 속행했으나 단지 넓이 약 30m의 폭연과 그 중앙에 검은 옷을 입은 한 명이 지휘하고 있는 것을 보았을 뿐이었다. 따라서 즉시 공격하기로 결정하고 적이 숨어 있는 고지 기슭에서 흩어져 적의 사격을 받으면서도 전진을 계속하자 고지 위에서 외침을 들음과 동시에 적의 총성이 멈추었다. 이에 척후를 보내어 전진하여 그 고지를 점령했다. 이때 약 30명의 적은 구두산 동쪽 고지 사면을 동쪽으로 향하여 도주하는 중이라서 추격 사격을 하여 그중 3명을 붙잡았다. 시각은 오후 1시 50분이었다.

이보다 앞서 소대가 구두산에서 멈추자 동네 사람이 과일이나 장작을 주면서 돈을 지불하려 해도 받지 않았다. 출발할 때는 마을 끝까지 배웅해주었다. 촌장 이하 우리를 크게 우대해주었으나 적의 상황을 물어도 제대로 대답하지 못했다. 또한 촌민 가운데 단발을 한 자 3~4명이 있는데 1명이 가고 1명이 왔다. 더욱이 가장 먼저 적이 사격을 한 지점은 도로까지 거리 100m로 우리가 구두산을 떠난 지 10분 정도도 지나지 않았다. 이 사실을 알아차렸는데 적은 구두산 부락에 잠복했고 촌민이 이를 감추어주었다고 단정하지 않을 수 없었다. 따라서 이 마을을 가택 수색하자 쌍안경 1, 총기 3을 얻었다.

적의 부상 3, 우리 쪽 사상자 없음.

노획품 소총 3, 쌍안경 1.

사격 소모탄 45.

보병 제14연대 이쿠타(生田) 소위
농하[農下, 금화(金化) 북쪽, 고산 동북쪽] 부근 전투

9월 29일 오전 10시 20분 고산(高山)에서 폭도 70~80명이 경천(庚川) 방향에서 와서 고산 동북쪽 약 반 리에 있는 농하에 멈춰 있다는 보고를 받고 오후 0시 30분에 출발하여 하사 이하 7명에게 순검 3명을 보태 농하 서쪽 고지에서 주력으로 마을 남쪽에서 이를 공격했다. 폭도는 농하 남쪽 고지에 약 40~50명이 멈춰 있었는데 우리가 전진하는 것을 발견하고 즉시 퇴각하기 시작했다(거리 1,200m). 이에 즉시 퇴각 방향을 수색했으나 고산군 경천 방향으로 퇴각하여 종적을 감추었다.

적의 사상자 미상, 우리 쪽 사상자 없음.

사격 소모탄 10.

보병 제51연대 제8중대 나이토(內藤) 소대
탈락(脫樂, 여주 동남쪽 6리 한강 연안) 부근 전투

9월 30일 나이토 소대는 오전 5시에 충주를 출발하여 남한강 오른쪽 기슭을 전진하여 오후 0시 30분 생천(生川, 탈락)으로부터 동남쪽 약 2리 부근에 도착했을 때 맞은편 기슭 덕리(德里)에서 북부 덕리로 마을 사람 3명이 뛰어갈 뿐 아니라 맞은편 기슭 각 고지 위에 여러 곳의 전망대가 있는 것을 발견했다. 계속 행진하여 오후 1시경 영죽(永竹)에 도착했을 때 맞은편 기슭 조기안(釣奇岸) 지역민이 가재도구를 운반하는 것을 발견하고 영죽에서 정지하여 시찰함과 동시에 마을 사람을 심문했으나 모두 적에 대해서 말하지 않았다. 이에 대해 소대장은 면장 이하를 모이게 하여 우리 군대의 본뜻을 이야기하고, 나아가 앞으로 연안에서 움직이거나 화물을 수송할 때 편의를 제공할 것을 명하고 더욱 전진했다. 오후 2시 20분 소대는 개호(炊湖)를 지나 그 북쪽 앙암면(仰岩面)에 도착했을 때 그곳 서쪽 고지에 적의 보초가 있는 것을 발견했다. 우리 척후가 이를 향해 발사하자 그쪽도 응사했다. 적은 그 좌익의 양포(良浦) 남쪽 고양산(高陽山)에서 계두(鷄頭), 탈락 서쪽 고지, 중방곡(中方谷)의 고지 및 그 남쪽 고지를 거쳐 앙암면 남쪽 고지를 우익으로 하여 진지를 점령했다. 그 주력은 중방곡에 있으며 병력은 약 600명, 백마를 탄 지휘관이 중방곡의 고지에 있었다. 오후 2시 50분 소대는 중방곡을 향해 돌격하여 그 고지를 점령했다. 이때 말을 탄 적 장수가 말에서 떨어졌으나 한국군 병사의 도움을 받아 남쪽으로 퇴각하는 것을 목격했다. 적의 일부는 남쪽으로, 일부는 앙암면 남쪽 고지로 도망쳤다. 그러나 적(장교 3, 한국군 병사 50~60)은 후방에 남아 우리 식량 호위대를 향해 앙암면 서남쪽 고지에서 함성을 지르며 전진하여 더욱 총을 쏴대는 것을 보았다. 이에 후루사와(古澤) 오장에게

1분대를 붙여 북쪽에서 이를 공격하게 하고 주력으로 동북쪽에서 공격했다. 오후 3시 30분에 이 고지를 점령하고 계속해서 중방곡 남쪽 고지의 적을 격퇴했다. 때는 오후 4시 30분이었는데 적의 일부는 남한강을 건너 정산(鼎山) 방향으로, 다른 일부는 수룡현(水龍峴) 방향으로 퇴각했다. 그러나 계두 및 고양산 부근의 적은 퇴각하지 않고 우리를 향해 발사했지만 탄환이 도달하지 못했다. 오후 7시 30분에 소대는 이들을 야습했으나 이미 1명의 병사도 없었다. 여기서 안평·도례(道禮)를 거쳐 백암(白巖)에 도착하여 그곳에 야영했다.

이 전투에서 스기노(杉野) 특무조장은 부하를 독려하며 행군의 피로 속에서도 성취를 얻었다.

적의 사망 5, 부상 20, 우리 쪽 사상자 없음.

노획품 총신 1, 총받침 1, 화승총 약간, 화약 약간, 총탄 100발분.

사격 소모탄 435.

보병 제47연대 제12중대 도요타(豊田) 소대
옥산(玉山, 평택 동남쪽) 부근 전투

9월 30일 수원에 있는 수비대장은 안성에 다수의 폭도가 집합해 있다는 정보를 접하고 도요타 소대에게 급히 가서 토벌하라는 명령을 내렸다. 이 소대(장 이하 37명, 순사와 순검 각 1명 수행)는 오후 6시 20분에 수원에서 열차를 타고 출발하여 오후 8시에 평택에 하차하여 안성으로 향했다. 여기에 일진회원 10명이 와서 합류했다. 이 중 7명에게 수색 임무를 부여하여 앞서 보내고 하사가 이끄는 1분대에 일진회원 3명을 붙여 첨병으로 삼았다. 소대는 계속 행군하여 이튿날인 10월 1일 오전 2시 30분에 옥산에서 한국군 병사 10명과 충돌하여 일진회원 1명이 부상을 입었다. 소대는 즉시 이를 격퇴하고 이어서 옥산 부락에 돌입했는데 적은 허둥지둥 낭패하여 무너졌다. 이때 적의 장교 이하 7명을 죽였다. 옥산 주민이 폭도에 가담하여 항상 폭도와 내통한 것이 분명하므로 이 부락을 불살랐는데 부락 안에 은닉해둔 탄약 및 화약이 엄청나서 굉장한 음향과 불빛을 내면서 타올랐다. 적은 장교가 지휘하는 70명으로 구성되었으며, 그중에 50명은 한국군 병사라고 한다.

적의 사망 7, 우리 쪽 일진회원 1명이 부상.

노획품 소총 6, 깃발 2, 모자 13, 피스톨 1, 칼집 1.

사격 소모탄 135.

보병 제47연대 마키(槇) 소대, 보병 제14연대 이노우에(井上) 소대 진천(죽산 남쪽) 부근 전투

9월 30일 오후 4시 20분에 제47연대 마키 소위 이하 25명은 교대를 위해 진천에 도착하여 오후 6시에 경계배치를 교대하고 총 앞에 단초(單哨)를, 서북쪽 고지에 복초(複哨)를 배치했다. 오후 10시에 목천 방면 정찰에 나선 이노우에 소위 이하 15명이 진천에 도착했다. 다음 날인 10월 1일 오전 4시 30분에 서북쪽 고지 위의 복초가 와서 보고하기를, 방금 폭도 약 200명이 북쪽 및 서북쪽에서 습격해왔다는 것이다. 이에 양 소대는 즉시 대열을 정비했는데 한참 후에 폭도 약 100명은 진천 서북쪽 고지를 점령하고 우리를 향해 사격을 시작했다. 위병(衛兵)은 흙담장을 이용하여 고지 위의 적과 싸웠다. 또한 진천 북쪽에서 여러 발의 총성과 함성을 듣고 이노우에 소대에서 하사 이하 7명을 보내 진천 북단을 점령하게 했다. 이보다 앞서 폭도가 진천 서북쪽 고지를 점령함과 동시에 양 소대는 가옥의 흙담장을 이용하여 맹렬한 사격을 퍼부었기 때문에 폭도는 동요하기 시작하여 곧 가옥을 엄폐물 삼아 전진하며 고지를 점령했는데 때는 오전 5시였다. 적은 고지 북쪽 소나무 숲을 거쳐 퇴각했으므로 고지 위에서 추격하며 사격을 했다. 마키 소대는 이를 추격했으며, 이노우에 소대는 진천 북단에서 하사 척후와 합류하여 북쪽을 시찰했는데 적은 약 1,000m에 있는 고지 위에서 정지하여 때때로 사격을 가했는데 그 숫자는 100여 명이었다. 따라서 이노우에 소대는 척후를 보내고 전진하여 오전 6시에 진천 북쪽 고지를 점령했다. 적은 광혜원(廣惠院) 방향으로 퇴각하는 듯했다.

적의 사망 4, 부상자 불명, 우리 쪽 사상자 없음.

노획품 소총 3.

사격 소모탄 이노우에 소대 116, 마키 소대 미상.

보병 제14연대 제5중대의 심천(深川) 정거장 파견대
당현(塘峴, 정거장의 동북쪽) 부근 전투

10월 3일 오후 10시경 청산에서 심천으로 돌아가는 마을 사람의 말에 따르면, 당현에는 폭도인 듯한 자가 14~15명 모여 있다고 한다. 이 정보를 들은 심천 파견대는 정거장에 복초를 남기고 나머지 병졸 4명 및 거류민 고우노 다마오(河野玉生)라는 자를 데리고 마쓰모토(松本) 오장이 오후 11시 30분에 심천을 출발하여 그 동북쪽 약 2,000m 고지를 점령했다. 오장은 졸 2명 및 고우노를 데리고 당현을 수색했는데 폭도 약 14~15명이 마을 안에 모여 있다가 우리를 보자 1발을 사격하고 즉시 퇴각했다. 분대는 이를 추격했으나 적은 청산 방향으로 도망쳤다.

적의 사망 1, 우리 쪽 사상자 없음.

사격 소모탄 11.

보병 제51연대 제2중대의 영월 수비 소대

영월 부근 전투

10월 6일 오전 6시에 폭도 약 400명이 영월 수비대를 포위했다. 이보다 앞서 수비대는 미리 이 일을 탐지하고 5일 오후 11시 30분에 수비대장 대리 마쓰나가(松永) 군조(軍曹, 수비대장은 병으로 부재)는 14명을 이끌고 영월 서쪽 약 1,000m 고지에서 경계하고 나머지가 직접 병사 숙소를 경계하는 임무를 맡았다. 다음 날인 6일 오전 6시에 적은 세 방면에서 포위해 와서 싸우는 중에 그 일부는 마을 안으로 잠입하여 방화하고 시가의 대부분에 불을 질렀다. 적은 그 움직임이 비교적 용감하여 쉽게 퇴각하지 않았으나 오후 3시에 마침내 패하여 물러갔다.

적의 사상자 16, 우리 쪽 사상자 없음.

사격 소모탄 1,800.

사료 04

한국주차군 전투상보 건(1907. 11. 1)

자료명	韓國駐箚軍 戰鬪詳報の件
생산자	韓國駐箚軍參謀長 牟田敬九郎
생산시기	1907年 11月 1日
소장기관	日本 防衛省 防衛研究所
문서정보	陸軍省-密大日記-M40-6-13(C03022895300)

密受 제405호 韓参報 제124호

1907년 11월 1일

한국주차군 참모장 무타 게이쿠로(牟田惠九郎)

육군 차관 남작 이시모토 신로쿠(石本新六)

별지 각지에서의 전투상보를 다음과 같이 제출합니다.

제4

보병 제51연대 제1중대

신천[新川, 양근(楊根) 동남쪽] 부근 전투

9월 25일 오전 6시 다나베(田辺) 중대는 삼수두(三水頭)를 출발하여 양근을 향해 전진했다. 제1소대를 첨병으로 임명하여 양근에 사는 조인환(曺仁

喚)을 체포하고, 그 마을을 점령할 목적으로 급히 전진했다. 오전 8시 30분에 첨병이 보고하기를, 첨병이 양근에 도착하여 본대의 도착을 기다리는데 적은 전날인 24일 지평 방향으로 퇴각했다는 정보를 얻었다고 한다. 본대가 전진을 계속하여 오전 11시 30분에 양근에 도착하여 얻은 정보에 따르면, 조인환은 폭도단의 신용을 잃고 현재 권정위(權正尉)가 지휘를 한다고 한다. 전날인 24일 폭도 약 400명이 일본군과 전투하여 지평 방향으로 퇴각했다고 한다. 오후 2시에 본대는 자포(紫浦)를 향하여 양근을 출발했다. 오후 3시에 신천에 도착하자 한강 기슭의 구포(龜浦) 방향으로 때때로 울리는 느린 총성을 들었다. 생각해보니 폭도의 일부가 우리 운송선을 저해하려는 것이었다. 따라서 그 부근의 정찰을 해보니 폭도가 신천의 동남쪽 고지를 점령하고 총을 든 자들이 삼삼오오 구포 방향으로 전진하는 모양이었다. 그 수는 약 300을 넘었다. 따라서 중대는 이를 공격하기로 결정하고 오노(小野) 소대를 동남쪽에서 구포 방향으로 우회시키고 주력은 본도를 동진했다. 적은 우리의 전진을 알고 사격을 퍼부었다. 오노 소대는 계속 응사하면서 전진하여 적의 일부를 격파하고 유아사(湯淺) 소대와 연락을 취할 수 있었다. 그때 유아사 소대는 적에게 포위를 당하여 고전분투하면서 야음을 틈타 돌격하기로 결정하고 싸우는 중이었으므로, 때마침 중대의 공격 덕을 보게 되어 사기가 크게 오르게 되었다. 본대는 적의 배후로 나서 퇴로를 차단하려고 야마모토(山本) 소대를 급히 전진시켰다. 그러나 일포(壹浦) 동쪽 고지에서 적의 일부가 난사를 시작하여 우선 이 적에 대하여 사격을 개시하자 잠시 후 동요했고 우리가 삼면 공격을 서두르자 낭패하여 마침내 전부 퇴각했다. 그 일부는 자포를 거쳐서, 그 일부는 원두정(源頭井) 고지를 거쳐 더불어 향동(香洞) 방향으로 후퇴했다. 야마모토 소대는 저항하는 적을 격파하고 사포를 확실히 점령하여 추격 사격을 행했다. 적은 모두 산골짜기 안으로 그림자를 감추었다. 때는 오후 7시였다.

적의 사상자 30, 우리 쪽 사상자 없음.

노획품 소총 5, 도검 약간.

사격 소모탄 277.

보병 제51연대 제1중대
여주(驪州) 부근 전투

9월 29일 여주에 있는 다나베(田辺) 대위는 오전 8시 20분 정찰에 종사하는 순검에게서 폭도가 내습한다는 급보를 접했다. 이에 오노(小野) 중위에게 병 10명을 붙여 파견했다. 그 척후가 마을 끝자락을 떠나려 하자 갑자기 전면 약 150m의 고지에서 맹렬한 사격을 당했고 이어서 같은 척후에게서 폭도 약 300명이 여주의 서남쪽 고지를 점령하여 우리를 향해 사격한다는 보고를 받았다. 동시에 위병에게서 같은 보고가 왔으므로 즉시 다음과 같이 공격 부서를 정했다.

유아사 중위를 불러 여주 동남쪽 고지를 점령하고 좌익의 경계를 맡긴다.

오노 소대는 전면에서 공격한다.

야마모토 소대는 유아사 소대와 연계하여 적의 우익을 공격한다.

다케무라(武村) 소대를 예비대로 한다.

각 소대는 즉시 행동을 개시하여 공격 전진했다. 적은 점점 맹렬하게 사격하며 우리에게 저항했다. 우리 군이 용감하게 나아가 건투하여 점점 적에게 육박하자 완강하게 계속 저항하던 적도 동요를 일으켜 흩어져 퇴각하게 되었다. 각 소대는 점점 급히 전진했으므로 적은 낭패하여 북성산(北城山)을 넘어 소주(所舟) 방향으로 달아났다. 적의 사체를 검사하여 다음 사항을 알게 되었다.

적도단은 음죽(陰竹) 부근에서 편성되어 그 수는 약 400(총을 든 자는 반수)명이며, 전봉기(全鳳基, 장교)가 우두머리인데 종래 여주·양근 부근에서 폭행을 일삼았던 자라고 한다.

적의 사망 28, 부상 미상, 우리 쪽 사상자 없음.

노획품 소총 5.

사격 소모탄 1,656.

보병 제47연대 제4중대 마키(槙) 소대
오근장(梧根場, 청주 북쪽) 부근 전투

9월 30일 오전 10시 20분 오근장 남쪽 약 5,000m의 도로 오른쪽 고지 위(금강 좌안)에 한국군 병사 1명, 적 2명의 감시병이 있었으나 우리를 보자 즉시 오근장 방향으로 퇴각했다. 센쥬(千住) 순사부장 및 이이무라(飯村) 우편국장의 말에 따르면, 오근장은 종래 적의 소굴로서 특히 그날은 그 마을의 장날이라서 반드시 적도가 집합할 것이라고 한다. 따라서 소대는 노상 척후 외에 나가사와(長澤) 상등병에게 졸 2명을 붙여 보조원과 함께 행진로의 좌측 고지를 수색하게 했다. 오전 11시에 오근장 동쪽 약 2,000m에 오근장에서 다수의 한인들이 그 마을 서남쪽 고지 숲속에 집합해오는 것을 보았다. 소대는 여전히 행진을 계속하여 그 마을 동남쪽 약 600m에 도착했을 때 숲속에서 우리 척후를 향하여 사격했다. 척후는 즉시 이에 응사했다. 소대는 도로 왼쪽의 고지를 점령했으며 적은 이미 숲속으로 퇴각 중이어서 추격 사격을 하여 그중 3명을 죽였다. 적의 숫자는 약 50명으로, 목천 방향으로 도주하는 듯했다.

적의 사망 2, 부상 미상, 우리 쪽 사상자 없음.

사격 소모탄 60.

보병 제51연대 제11중대 히구치(樋口) 조장
기린면(麒麟面) 현창리[縣倉里, 양양(襄陽) 서남쪽 약 11리] 부근 전투

강릉에서 양양 방향으로 전진하는 히구치 조장이 이끄는 정찰 및 토벌대[병졸 14명으로서 이와모토(岩本) 경부 일행도 부속]는 10월 2일 오전 4시에 기린면 현창리(양양 서남쪽 약 11리)에 주둔해 있는 약 500명의 적도를 야습했다. 그러나 우세한 적에게 포위당하여 고전분투하기를 약 4시간 만에 탄약이 모자라서 어쩌지도 못하는 상황에서 한쪽의 혈로를 뚫어 적을 돌파하고 생둔[生屯, 진부(珍富) 서북쪽 약 8리] 부근에 이르러 진부 분견대에서 탄약을 보충받았으며, 마에야마(前山) 군조 이하 7명의 병력을 증가시켰다. 현창리를 향하여 더욱 전진하여 5일 오전 7시에 각담(角檐, 현창리 동북쪽 약 1리)에서 강릉에서 응원을 온 다나카(田中) 대위가 이끄는 쓰즈키(都筑) 소위 이하 27명과 합류하여 오전 8시에 현창리에 도착했으나 적은 이미 사방으로 흩어져 흔적이 없었다. 적은 그 반수가 한국군 병사로, 급조한 기관총이나 화승총을 휴대했다.

적의 사망 30, 부상 50~60, 우리 쪽 병 1 부상, 경부 1 전사.

사격 소모탄 1,445.

보병 제47연대 제11중대 히라시마(平島) 중위(죽산 수비대장)
주천(注川, 죽산 동북쪽) 부근 전투

10월 5일 오전 7시 히라시마 소대는 숙영지인 귀일동(貴日洞)을 출발하여 음죽을 거쳐 죽산의 임지로 향하는 도중에 오후 2시 20분에 주천에서 다음 정보를 얻었다.

우리 척후가 주천 북단에 도착했을 때 그곳에서 수백 명의 마을 사람들이 갑자기 사방으로 도주하기 시작했는데 그날 그곳은 장날이어서 마을 사람들이 우리를 두려워하여 도주하려는 것으로 생각했다. 그러나 조금 의심스러운 징후가 있어서 주천 서쪽 고지에 정지하여 정황을 시찰 중 일본어를 알아듣는 한인 1명이 왔다. 그가 보고하기를, 지금부터 10분 전에 충주 방향에서 도적 약 200명이 와서 주천을 통과하여 현재 수통정(水筩頂)에서 휴식 중이라고 한다.

소대는 이 정보를 얻자 곧 주천 서쪽 고지의 서쪽 기슭에 정지하여 서북쪽 약 1,000m에 있는 수통정을 보니 적도 약 150명이 혼잡하게 휴식 중이었다. 동시에 주천 동쪽 고지에도 적도 약 50명이 정지하여 남쪽 약 1,300m고지 위에서 적의 척후가 전진하는 것을 목격했다. 때는 오후 2시 30분으로 다음과 같이 공격 부서를 나누었다. 수통정의 적에 대해서는 하사 이하 10명이 공격 전진하고, 주천 동쪽 고지의 적에 대해서는 상등병 이하 7명, 주천 서남쪽 고지의 적에 대해서는 상등병 이하 4명이 공격 전진하도록 했다. 오후 2시 50분 수통정에 있는 적도는 우리 병사의 전진을 보자마자 퇴각하기 시작했으므로 이를 추격하여 수통정 북단 고지를 점령했다. 적은 그 북쪽 일대의 고지에서 정지하여 우리에 대항했다. 주천 동쪽 고지의 적은 조금 동쪽으로 이동하는 듯했고 서남쪽 고지의 적은 여전히 정지하여 우리를 감시하는 듯했다. 오후 4시에 주천 동쪽 고지의 적은 전부 동쪽으로 퇴각하여 오후 4시 30분 주천 북쪽 일대 고지 위의 적도 역시 퇴각하기 시작하여 맹렬한 추격 사격을 했다. 오후 5시에 이를 전부 격퇴했다. 적의 주력은 백암장 방향으로 일부는 장호원 방향으로 도주한 듯했다.

적의 사망 15, 부상 21, 우리 쪽 사상자 없음.

사격 소모탄 150.

보병 제47연대 제10중대 스에야스(末安) 소대
천곡천동[泉谷泉洞, 양지(陽智) 서남쪽] 부근에서의 전투

10월 5일 스에야스 소대(하사 이하 27명)는 천곡(泉谷) 부근에서 폭도 토벌을 목적으로 오후 1시 50분 대대와 별도로 양지를 출발했다. 오후 2시 40분에 어득운리(魚得雲里)에서 폭도 2명과 마주쳐 즉시 사격했으나 그들은 총기 2개를 버리고 동남쪽 산속으로 도망쳤다. 오후 4시 20분에 천곡 동쪽 약 800m의 적동(笛洞)에 도착하여 마을 사람들에게서 들은 정보에 따르면, 폭도 약 120명이 어제 4일 오후 적동에 와서 저녁을 먹고 해가 진 후 금량장(金良場) 방향으로 갔다고 한다. 이에 따라 천곡에 가서 수색했으나 적을 보지 못했다. 마을 사람들 얘기도 대체로 앞의 이야기와 일치했다. 오후 5시 50분 무네미촌(금량장 남쪽 부락) 남단에 도착했을 때 마을 사람 약 30~40명이 그 마을 서쪽 고지 위로 도망치는 것을 발견하고 정황 정찰하던 중에 나카무라(中村) 소대의 척후에게 그 마을 사람들이 폭도라는 것을 들어서 알게 되었다. 즉시 추격하여 그 마을 서쪽 약 2,000m의 산등성이로 압박하고 맹렬한 사격을 가하자 적은 산등성이를 넘어서 그 서쪽 고지 위로 달아났다. 도중에 피로 물든 종이들이 마구 흩어지는 것을 보았다.

적의 사상자 미상, 우리 쪽 사상자 없음.

노획품 소총 2.

사격 소모탄 135.

보병 제47연대 제12중대 백암장 종대
백암장(죽산 북쪽) 부근 전투

10월 5일 백암장 종대[가메야마(龜山) 소위가 이끄는 보병 18, 공병(工兵) 8]는 수원을 출발하여 금량장으로 향했다. 밀정의 보고에 따르면, 폭도 약 100명이 전날 금량장에서 일본군을 격퇴하겠다고 소리 높여 말했다 한다. 오후 4시에 금량장에 들어섰으나 적을 보지 못했다. 폭도 약 50명이 금량장에서 서남쪽 1리에 있는 천곡에 있다는 정보를 접했다. 그런데 마침 시모바야시(下林) 지대가 금량장에 도착하고 천곡에는 이미 1개 소대를 파견했다는 통보를 얻어서 그곳에서 숙영했다. 다음 날인 6일 금량장을 출발하여 백암장으로 향했다. 도중에 양지에서 다음과 같은 정보를 접했다. 전날인 5일에 폭도 약 200명이 백암장에 와서 장호원 방향으로 갔다고 하며, 약 50명은 백암장 및 그 북쪽 1리에 있는 대평촌(大平村)에 있다고 한다. 이에 따라서 정찰대를 파견했지만 대평촌에는 적이 없었고, 오후 4시에 백암장에 들어서자 폭도 약 60명이 그 마을 남쪽 고지(거리 1,000m)를 퇴각하는 것을 발견하고 서북쪽 고지를 거점으로 사격을 가하자 적은 남쪽으로 퇴각했다.

적의 사망자 미상, 부상 2, 우리 쪽 사상자 없음.

사격 소모탄 80.

보병 제14연대 제11중대 미야하라(宮原) 소대
입암동(立巖洞, 영천 북방) 부근 전투

10월 6일 미야하라 소대는 진보(眞寶)를 출발하여 천변시(川邊市)를 향하여 전진하는 도중에 천변시 북쪽 약 3리 지점에서 길 안내자가 잘못 이끄는 바람에 화현동(火峴洞)에서 청하(淸河)에 이르는 도로를 약 2리 전진했는데 갑자기 길잡이가 달아났다. 다른 길잡이를 고용했지만 전혀 틀린 길을 안내하는 것을 알게 되어 할 수 없이 뒤로 물러나서 대충 도착했기에 화현동에서 숙영하기로 결정했다. 연도의 주민은 매우 불손했지만 대평지동(臺平地洞)의 마을 사람들은 이와 달리 우리를 매우 환대해주었을 뿐 아니라 사역하는 마부가 이날 밤에 한하여 말을 도난당하지 않도록 병력을 동원하여 말을 감시할 것을 청하는 등 매우 경계가 필요하다는 것을 느꼈다. 저녁에 대평지동에 도착하여 지형을 정찰한 후 읍의 서남단에 있는 복곽(複郭) 가옥에 숙영하고 미리 변고에 대응할 준비를 했다. 과연 오후 9시 30분에 읍의 남쪽 200m 고지에서 적의 주력(약 80, 총 숫자 50)에게 일제사격을 당했다. 이어서 동서북 고지에서 맹렬한 급사를 당했다. 소대는 즉시 초소에 불을 끄고 무장 정렬하여 9시 43분에 숙사의 서쪽 밭으로 산개하여 읍의 남쪽 고지 기슭(약 50m)의 적에 대해 여러 번의 일제사격을 가한 후 돌진하여 10시 12분에 이를 점령했다. 적은 읍의 동쪽 고지 방향으로 퇴각하고 그 주력은 고지 위에서 정지하여 천천히 사격을 가했다. 이 사이에 입암동, 그 북쪽 고지의 적은 10시 전후부터 사격을 했으나 거리가 멀고 어두워서 우리에게 손해를 입히지 못했다. 다음 날인 8일 오전 0시 40분 척후의 보고에 따라 대평지동 동쪽 고지의 적이 잠시 입암동 방향으로 퇴각하고 있다는 것을 알게 되었다. 입암동 방면의 적은 점차 증가하여 우리 약 700m 지점까지 접근한 것을 알게 되었으므로, 이 적을 공격하기로 결정했다. 적을 견제할 목적으로 오전 0시 43분 대평지동 동쪽 고지의 적에 대해 여러 번 일제사격을 가한 후 천천히 사격하는 것으로 바꾸었다. 이 사이에 후지모토(藤本) 척후에게 양식을 은닉하게 하고 돌아오는 길에 숙사의 남쪽 독립가옥에 방화하게 했다. 척후가 돌아옴과 더불어 소대는 움직이기 시작하여 크게 우회한 후 오전 1시 36분 입암동 서남단에 도착했다. 그 마을 사람들은 모두 피난하고 단 한 집에만 한 노인이 등불을 밝히고 있어서 적의 사정에 관해 물었더니 그가 대답하기를, 읍내에 단 1명의 병사도 없으며, 다만 읍의 동북단 부근에 적이 있다고 한다. 여기서 잠행하여 읍의 동북단에 이르렀더니 집이 3채 있는데 모두 등불을 켜고 있고 사람의 그림자가 있다는 것을 확인했다. 소대를 둘로 나누어 3채 집들의 동서쪽을 확보하고 집안의 상황을 정찰했더니 그들이 알아채게 되었다. 적은 낭패하여 도주하려 했으나 잠복하고 있는 군의 협공을 받아 이러지도 저러지도 못하게 되자 대부분 집안에 숨었다. 그러나 적의 수괴 정관여(鄭官汝) 및 그 막료는 군도 혹은 소총을 휘두르며 맹렬하게 출격을 시도하여 피아가 뒤섞인 백병전이 되었다. 약간의 격투 후에 적의 수괴 이하 4명을 찔러 죽였다. 때는 오전 1시 52분이었으며 이어서 3채의 집에 불을 지르자 숨어 있던 적이 담장을 무너뜨리며 도주하려 했으므로 찔러 죽였다. 적의 사망자 13명이며, 이 사이에 읍의 북쪽 및 동쪽 고지의 적은 대부분이 도주했다. 읍의 서쪽 고지에 있던 적이 때때로 사격했으므로 이를 공격하기로 결정하고 후퇴하여 남쪽에서부터 우회하여 대평지동 남쪽 고지의 서쪽 기슭에 이르렀다. 동이 트기를 기다려 오전 6시에 읍의 서쪽 고지의 적(약 200m 거리)을 향해 맹렬한 사격을 가하며 도망하는 것을 쫓아 동쪽 중간에 달했으나 소나무가 무성하여 행동이 불가능했으므로 추격을 중지했다. 때는 6시 20분이었다. 적의 사망자 9명이었고 전장을 청소하고 오전 1시에 출발하여 영천으로 귀환했다. 지난 밤 습격해온 적은 그 병력이 약 150명(해산병 2명을 포함)으로 화승총 70정, 모젤총 2정, 무라타총(村田銃) 1정을 소지했다.

적의 사망자 23, 부상자 20, 우리 쪽 경미한 부상자 3.

노획품 군도 2, 화승통 7, 서류, 탄약, 화약, 기타 잡품 약간.

사격 소모탄 471.

보병 제14연대 제6중대 마쓰시마(松島) 오장(전선 복구 공사 원호대) 육십령(六十嶺, 진안 동쪽) 부근 전투

10월 7일 오전 5시 전선 복구공사 원호대인 마쓰시마 분대가 진안을 출발하여 전신선을 따라 전진하여 오후 1시 30분에 육십령 기슭에 있는 명덕촌(明德村)에 도착했을 때, 적 약 200명이 우리 군대가 오는 것을 알고 육십령을 향하여 흩어져 도망쳤다. 그래서 즉시 산개하여 사격했다(명덕촌에서 육십령에 이르는 사이 전봇대 13개를 절단하고 전선을 잘랐다). 적은 육십령에서 우리를 향해 10여 발의 사격을 가했다. 분대는 이에 응전하여 700m 거리에서 사격을 주고받았다. 오후 3시 육십령의 일부를 점령했으나 적은 아직 전면의 요지를 점령하고 퇴각하지 않았다. 그러나 지형상 이를 공격하는 것은 불리했으므로 해가 질 때까지 현 상황을 유지하고 밤이 되자 명덕촌 서쪽 약 반 리의 지점에서 야영했다.

적의 사망 5, 부상 미상, 우리 쪽 사상자 없음.

사격 소모탄 53.

보병 제47연대 제9중대 소대[병천(並川) 종대] 봉암(鳳岩, 진천 서남쪽) 부근 전투

10월 7일 병천 종대는 병천장(並川場)을 수색하여 정오에 출발하여 삼성(三星)을 향해 전진 중 오후 4시에 평촌(坪村)에 도착했을 때 폭도 8명(그중 1명은 군복 착용 무기 휴대, 다른 2명은 무기 휴대)을 발견했다는 척후의 보고를 받았다. 그 마을 서쪽 고지 및 신기(新基) 방향으로 척후를 보내고 소대가 평촌에 근접하자 적은 마을 안으로 퇴각했다. 소대가 평촌에 진입하여 수색하자 집 밑에 잠복해 있던 폭도 2명을 포획했다. 적의 정황에 관해 심문했으나 정보를 하나도 얻지 못했다. 오후 5시 30분 북쪽에서 여러 발의 총성을 들었다. 이때 포로가 도망치려고 했으므로 찔러 죽이고 북진했다. 오후 6시 30분 봉암에 가까워지자 그 마을 동쪽 고지 위에 수많은 한인을 발견하자마자 우측 척후와 합쳤다. 그 척후의 보고에 따르면, 척후는 오후 5시경 삼성에 도착했으나 소대가 아직 도착하지 않았으므로 소대와 회합할 목적으로 남하했다. 그때 삼성 남단 가옥에서 무기를 휴대한 한인 2명이 나와 산기슭으로 퇴각하는 것을 보고 이를 추격하자 봉암에 잠복해 있던 폭도 50~60명이 봉암 서단으로 나오려고 하다 우리 척후 6명의 위세에 놀라 즉시 촌락으로 들어갔다. 잠시 있다 적은 동쪽 고지로 퇴각하기 시작했으나 거리가 멀고 지형에 장애가 있어서 사격을 중지했다고 한다. 이 보고를 들은 소대가 추격했으나 이미 적이 산정에 도달했으므로 사격을 할 수 없었다. 추격하여 오후 6시 30분에 산정에 도달했지만 그 종적을 찾을 수 없었다.

　적의 사망 2, 부상 불명, 우리 쪽 사상자 없음.

　사격 소모탄 50.

보병 제47연대 제4중대 보은 수비소대
남악(南岳, 보은 동쪽 약 3리 반) 부근 전투

　10월 6일 다수의 적도가 청주장 방향에서 남하하여 보은군 안으로 침입하여 그날 밤 원평(院坪, 보은 동북쪽 약 3리)에서 숙영하려 한다는 풍설이 있다는 내보를 접하고, 보은 수비대장 나카무타(中牟田) 중위는 하사 이하 18명(그 밖에 군의 1)을 이끌고 10월 7일 오전 3시에 보은을 출발하여 오전 6시에 원평에 도착했으나 적의 그림자도 보이지 않았다. 그 마을 사람의 말에 따르면, 6일 오후 1시경 총을 휴대한 다수의 폭도가 청주장 방향에서 와서 그곳을 통과하여 동쪽으로 갔다고 한다. 오전 6시 40분에 남악(원평 동남 3,000m) 남쪽 약 300m에 도달했을 때 3명의 한인(머리에 흰 천을 두른, 아마도 적의 보초인듯)이 그 마을 안으로 도망쳐 들어감과 동시에 마을 안이 동요하여 확실히 총을 가진 폭도라는 것을 인정했다. 이에 따라 즉시 마을 안으로 돌입했는데, 폭도는 우리 병사가 도착하는 것을 보자 그 일부는 마을 안으로, 그 대부분은 남악 동쪽 약 300~1,000m의 고지 위로 기어올라감과 동시에 우리를 향해 총을 난사했다. 그 숫자는 약 300여 명으로서 한국군 병사 30~40명이 섞여 있었다. 게다가 약간의 서양식 총을 가지고 강한 저항을 시도했으나 전투 약 1시간 30분 후 이를 모두 격퇴했다.

적의 사망 1, 부상 미상, 우리 쪽 사상자 없음.

노획품 한국 말 2, 화승총 1, 깃발 1, 잡품 약간.

사격 소모탄 603.

보병 제47연대 제8중대 고우노(河野) 파견대
백천(개성 서쪽) 부근 전투

해주 수비대에서 병기 정리를 위하여 연안 백천 지방으로 파견된 고우노 소위 이하 16명의 파견대는 10월 8일 해주를 출발하여 백천을 향해 행진하는 도중 오후 2시 8분 백천 서쪽 약 1,000m의 악촌(岳村)에 도달했을 때 전방에서 1발의 총성을 들었다. 그와 동시에 노상척후의 보고가 들어왔는데, 전방 고지에서 1발의 사격을 받았으며 그 후방 고지에는 폭도인 듯한 20명을 보았다고 한다. 고우노 소위가 악촌 동쪽에 이르러 적의 상황을 정찰한 결과 폭도의 숫자는 약 30명이며, 백천 서북쪽 고지를 점령하고 있다는 것을 알고 공격하기로 결정했다. 즉시 악촌 북쪽 고지를 점령하고 사격을 가하자 적이 흩어져 동북쪽으로 달아났으므로, 오후 3시 10분에 적의 진지를 점령했다. 적의 수괴는 백천군 성두(城頭)의 김창호(金昌鎬)라는 자로서 약 30명의 부하를 거느리고 거의 전원이 총을 휴대했다. 오후 6시에 백천에 들어가보니 군아 분파소 및 우편 체송소(遞送所)는 정오경 폭도의 습격을 받아 기물, 서류 등을 파괴당하고 군아의 병기도 약간 탈취당했으며, 군수·주사·순검 등 모두가 도망하고 없었다.

적의 사상자 미상, 우리 쪽 사상자 없음.

노획품 칼 2, 조선모자 1.

사격 소모탄 63.

보병 제47연대 제3중대 마에다(前田) 소대의
의상동[義尙洞, 송면장(松面場) 남쪽 1리 반] 부근 전투

함창 수비대장은 도내(島內, 신용암 동남쪽 약 1리) 군기(郡基) 부근 정찰을 위해 마에다 소대를 파견했다. 소대가 10월 7일 함창을 출발하여 오후 6시에 장암(壯岩)에 도착하여 얻은 정보에 따르면, 적 약 70명이 고개 위(장암 북쪽 약 1리)에 숙영하고 있다고 한다. 이에 따라 정찰대는 그들을 야습하기로 했으나 적이 송암장 방향으로 달아난 후여서 아무 것도 얻지 못하고 그날 밤은 그곳에서 숙영했다. 이튿날인 8일 오전 4시에 고개를 출발하여 의상동 부근에 적도 약 300명이 있다는 것을 탐지했다. 전진하여 정찰하는 중에 의상동 서쪽 및 동북쪽 고지 정상에 있는 적과 조우하여 우세한 적을 포위 공격하여 격전 3시간 후 마침내 이를 격퇴했다. 적은 무너져 송면장 및 그 동북쪽으로 퇴각했다.

포로의 말에 따르면, 그날 교전한 적장은 임성준(任成準) 및 김군심(金君

心)으로서 충주에서 거병하여 죽산·안성·이천 부근에 출몰하고 다시 안성에 이르렀다가 청주 방향에서 이 지역으로 왔다고 한다. 적은 한국군 병사 7, 청주 진위대의 하사를 포함하는 의병으로서 총의 숫자는 무라타(村田) 단발총 11, 화승총 260, 총이 없는 자 약 30명이고 휴대 탄약은 평균 5발이라고 한다. 포로는 도주를 꾀했으므로 총살했다.

적의 사상자 30, 우리 쪽 사상자 없음.

노획품 소총 30, 탄약 약간.

보병 제47연대 제9중대[오근장(梧根場) 종대]
장양리(長楊里, 진천 북쪽) 부근 전투

10월 8일 오근장 종대(보병 2소대, 공병 1분대)는 대랑(台郞)을 출발하여 진천·동실(洞實)을 거쳐 정오에 쌍호(雙湖) 동남쪽 고지에 도달하여 휴식하던 중 오후 0시 30분 쌍호 서쪽에 해당하는 곳에서 1~2발의 총성을 들었다. 종대장인 미즈마치(水町) 대위는 이 정황을 보고 양성 종대가 적과 마주친 것이라고 판단했으나 정황이 불명확했다. 토벌을 위해 어느 종대도 쌍호 부근에 진출하지 않았으므로 주력을 쌍호 동남쪽에 멈추게 하고 양성 종대 방면의 연락을 위해 마쓰이(松井) 소위에게 하사 이하 10명을 붙여 오후 0시 30분에 화산동 방면으로 파견했다. 소대가 쌍호 서쪽 고지에 도착하여 적의 상황을 정찰하자 그 서쪽 기슭 소나무 숲에서 2명의 적도가 나타나 소대를 향해 사격을 가했다. 이에 소대는 즉시 고지선으로 산개하여 사격을 개시했으나 적은 동당(堂洞) 및 춘복평(春卜坪) 방향으로 퇴각했다. 그래서 이를 추격하려 하자 적 5~6명이 언가리(言街里) 동단에 나타나 남쪽으로 도주하려고 했다. 소대는 언가리 동남쪽으로 급히 나아갔으나 적은 춘복평을 거쳐 노곡(老谷)

방향으로 퇴각했다. 오후 1시 30분경 백암장(白岩場) 종대 및 장호원 종대는 대막(大幕)의 북쪽 및 서북쪽에서 적이 공격해오는 것을 알고 소대에게 노곡 방향으로 적을 급히 추격하게 했다. 장양리 남단에 도착했을 때 적의 일부는 화산동 방향에서 와서 추격당하던 적과 합류하여 노곡 동단에서 정지하여 사격을 개시했다. 그 숫자는 약 20명으로, 소대는 도로 옆으로 산개하여 잠시 사격한 후 전진했다. 적은 무너져서 장양리 서쪽 고지로 퇴각했다. 춘복평 남쪽에서 붙잡힌 포로의 말에 따르면, 화산동에 있는 적은 약 50명으로서 만죽(晩竹)을 근거지로 하여 공격했던 당시는 화산동에서 점심을 먹으려고 밥을 하고 있었다고 한다.

적의 사상자 미상, 포로 1, 우리 쪽 사상자 없음.

사격 소모탄 27.

보병 제14연대 제11중대 나가오카(長岡) 소대 및 이와사키(岩崎) 기관총대 산거리동(山트离洞, 경주 서북쪽) 부근 전투

10월 8일 영일 수비 나가오카 소대 및 이와사키 기관총대는 새로운 수비지로 부임하기 위해 경주를 출발하여 영천을 향하던 중 오전 11시 30분에 산거리동 동남쪽 약 3,000m에 도착했다. 그때 경주 방향에서 우편배달부(한인)가 와서 보고하기를, 영천 우편배달부(일본인)가 산거리동에서 폭도들에게 붙잡혀 우편물과 함께 납치당했다고 한다. 따라서 즉시 산거리동을 향해 급히 전진했다. 정오에 양 대가 산거리동에 도착하여 마을 사람들에게 물어본 바에 따르면, 적은 자인(慈仁) 방향으로 달아난 듯했다. 이에 이와사키 기관총대를 우익으로, 나가오카 소대를 좌익으로 하고, 졸 8명을 기관총 및 화물 호송자로 영천가도 부근에 남기고 자인 방향을 향해 전진했다. 오후 5시에 나가오카 소대의 주력이 구일시장 서남 산등성이에 도착하자 전방 약 1,000m 고지 능선을 폭도 약 30명이 퇴각하고 있는 것을 발견하여 즉시 사격을 가하자 적은 허둥지둥 낭패하여 고지를 넘어 자인 방향으로 퇴각했다. 5시 20분 우익의 이와사키대가 적의 우익을 압박하여 약 800~900m 거리에서 급사격을 하자 그들은 마침내 남쪽 깊은 산속으로 그림자를 감추었다. 오후 5시 40분 오길에 도착했지만 우편배달부는 끝내 발견되지 않았다.

적 사망자 4, 부상 미상, 우리 쪽 사상자 없음.

사격 소모탄 251.

보병 제47연대 제8중대 고우노(河野) 소대
연안(해주 동남쪽)에서의 전투

10월 9일 백천 군아가 보관하고 있는 병기 정리를 마치고 연안에 체재하고 있던 고우노 파견대(장 이하 16명)는 10일 오전 7시 20분 수 발의 총성과 들음과 동시에 폭도가 습격해온다는 경보를 접하고 즉시 집합하여 경계배치를 했다. 그리고 동시에 우편취급소장에게 거류민을 우편취급소에 집합시키도록 했다. 당시의 적의 상황은 다음과 같다.

남산에 5명, 서문 밖 서문에서 약 300m 지점에 10명, 북문 밖 고지에 약 60명, 동문 밖에 약간.

오전 7시 25분 시오쓰키(汐月) 군조에게 졸 2명을 붙여 군아 문전의 가옥을 점령하여 서쪽에서 오는 적의 상황을 징찰하게 했다. 7시 30분에 남신의 적은 점점 증가하여 약 30명에 달하여 빈번히 사격을 했으며, 서문 밖의 적은

20명으로 증가하고 동문 밖에는 약 40명이 있었다. 각 방면 모두 전진하려는 상황이었다. 그래서 우선 남산의 적을 쳐서 무찌르기로 결정하고 병졸 4명을 북문 부근에 보내 그 북쪽 고지의 적과 맞붙게 했으며, 졸 3명을 서문에 보내 적을 묶어두고, 시오쓰키 군조 이하 8명을 이끌고 남산으로 돌진했다. 산 중턱에서 2명의 부상자를 내었으나 전진을 계속했다. 적은 그 기세를 두려워하여 일부는 동쪽 기슭으로, 일부는 서쪽 기슭으로 달아났다. 오후 7시 40분에 남산을 점령했다. 당시 북문 부근에서 우리 병사 4명이 거류민 4명과 더불어 격전 중이어서 오전 8시에 소대는 남문 부근의 적을 몰아내고 연안 북쪽 비봉산을 점령하기로 결정하고 남산을 내려왔다. 그러나 북쪽 고지 및 서문 밖 인가에 있는 적으로부터 십자화를 당하여 전진이 약간 어려웠으므로 남산 북쪽 돌출부에 정지하여 연안 북쪽 고지의 적과 싸웠다. 오후 8시 10분에 소대가 서문을 출격하기로 하자 적은 서문 밖 인가를 근거지로 완강히 저항했다. 그래서 시오쓰키 군조 이하 3명이 서문에 올라 사격하게 하고 일부는 문밖 가옥을 근거지로 사격하게 했으나 적은 퇴각할 기세가 없었으므로 일부에게 본도 위에서, 주력으로 본도 좌측을 우회하여 공격하게 했다. 오후 8시 30분 북문에 있던 도시미쓰(利光) 상등병에게 엄호 사격을 시켰으며, 소대는 군아 서쪽의 돌출지에서 우선 온정리(溫井里)를 향해 전진하여 그 마을 서단을 점령하고 비봉산 중턱에 있는 적을 공격했다. 8시 50분에 당면한 적도를 우선 퇴각시키고 그 동쪽 및 동문 밖의 적도 동요하여 퇴각하기 시작했으므로 전진하여 산정을 향해 추격했다. 오후 9시에 비봉산을 전부 점령하고 홍징면(洪長面) 방향으로 퇴각하는 적을 향해 추격 사격했다. 이날 습격해온 적은 약 150명으로서 적의 사망자 5, 부상은 불명, 우리 쪽 부상 2.

노획품 화승총 4, 화약 1되, 악동 3, 엷은 황색 상의 1, 깃발 1.

사격 소모탄 455.

보병 제47연대 제12중대 와키야마(脇山) 군조
안산[군포장(軍浦場) 정거장 서쪽] 부근 전투

10월 12일 수원에 있는 시모바야시(下林) 소좌는 경무고문 지부로부터 안양 정거장에서 약 1리 떨어진 지역에서 약 10명의 폭도가 일본 교원 1명을 포박해갔다는 통보를 접하고 즉시 하사척후를 파견했다. 와키야마 군조는 즉시 출발하여 오후 5시 반에 안산 부근에서 병력 미상의 적과 조우하여 교전 2시간 후에 이를 무찌르고 일본 교원을 무사히 구출했다.

적의 사망 14, 우리 쪽 사상자 없음.
노획품 소총 7, 피스톨 1, 칼 1, 피복 약간.

보병 제47연대 제1대대 나가노(長野) 종대
동비령[東飛嶺, 화녕장(化寧場) 북쪽 2리] 부근 전투

10월 12일 오전 7시 나가노 종대(13명)은 화녕장(化寧場)을 출발하여 삼가(三街)를 거쳐 오전 9시에 동비령에 도착하여 적 약 120명이 그 부락에 있는 것을 파악했으며, 이를 공격하여 그중 17명을 죽이고 2명을 포획했다. 적의 주력은 북쪽 장암 방면으로 퇴각하고 나머지는 사방으로 달아났다. 포로의 말에 따르면, 적의 숫자는 120명으로 4명을 제외하고는 모두 총을 소지하고 탄약도 1인당 4~5발에서 14~15발을 가지고 있었다고 한다.

적의 사망 19, 부상 20, 우리 쪽 사상자 없음.
노획품 화승총 23, 화약 탄약 약간, 칼 3, 창 2, 말 1, 화폐 3엔 60전.
사격 소모탄 166.

보병 제47연대 제3중대 시로시타(白下) 종대
칠성암[七星岩, 괴산(槐山) 동남쪽] 부근 전투

10월 12일 오전 5시 시로시타 종대(20명)는 문경을 출발하여 둔전리(屯田里)를 향하던 중 오후 1시 쌍천(雙川, 둔전리 동북쪽 약 1리)에 도착했는데, 칠성암(七星岩)에 적 약 450명이 점심 먹을 준비를 하고 있다는 것을 탐지하고 급히 가서 점심을 먹고 있는 적을 습격했다. 적은 허둥지둥 낭패하여 도주하고 그 일부는 칠성암 서쪽 고지 및 남쪽 고지로 달아났다. 종대는 계속 공격하여 격전 4시간여 만에 적진에 돌입하여 그들을 물리쳤다. 포로의 말에 따르면, 적장은 이언용(李彦用) · 이완채(李完蔡) · 이구채(李求蔡) 3명으로서 약 20~30명을 지휘하는 조장 15명이 있다는데, 더욱이 한국군 병사 출신이 약 60명 섞여 있다고 한다.

적의 사망 36, 부상 미상, 포로 7, 우리 쪽 사상자 없음.

노획품 단발총 26, 화승총 76, 탄약 800, 화약 15근, 납탄 1말 7되, 화승 3대, 한국 돈 7,000원, 말 2, 배낭 25.

사격 소모탄 1,127.

보병 제47연대 제1중대, 제2중대의 가시와다(柏田) 종대
신흥리(新興里, 송면장 남쪽) 부근에서의 전투

10월 13일 오전 6시 가시와다 종대(12명)는 신룡암(新龍岩)을 출발하여 연애(蓮涯)에서 서쪽으로 꺾어 비추령(飛雉嶺, 장암 동북쪽 1리)를 넘어 오전 11시에 담내(潭內)에 도착하여 마을 사람들에게 적의 상황을 들으니, 전날 저녁부터 이날 새벽에 걸쳐 적 3~4명에서 20명이 화녕장 방향에서 북쪽으로

향했다고 한다. 이에 즉시 북진하여 적이 고개 위에서 서쪽으로 꺾어 신흥(고개 서쪽 약 2리 반)을 향하고 있는 것을 알고 이를 추격하여 오후 2시 신흥리에 도착했다. 그곳에서 식사 준비 중이었던 30명의 적을 공격했으나 적은 사담(沙潭) 동쪽 고지 기슭을 따라 사담 북쪽 약 1,000m의 이름 없는 마을을 거쳐 그 북쪽 산등성이를 지나 도망쳤다.

    적의 사상자 미상, 우리 쪽 사상자 없음.

    노획품 피복 약간.

    사격 소모탄 10.

보병 제47연대 제2중대의 마쓰모토(松本) 종대
군현(君峴, 송면장 동북쪽 1리) 부근 전투

    10월 13일 오전 1시 마쓰모토 종대(12명)는 완장[完章, 도대(都臺)의 서쪽]을 출발하여 봉암(蜂岩)·관청평(觀淸坪)을 거쳐 오전 6시에 관청평 서쪽 약 3,000m의 부락에 도착했다. 그곳 촌장의 말에 따르면, 약 30명의 적도가 지난 밤 12시경 군현에 숙박할 목적으로 그 마을로 갔다고 한다. 그래서 오전 7시에 군현에 도착하여 시찰하니 서부 군현에 약 30명의 폭도가 있는 것을 알게 되어 즉시 이를 공격하여 서쪽 및 북쪽으로 쫓아냈다.

    적의 사망자 7, 부상은 미상, 우리 쪽 사상자 없음.

    노획품 총검 2, 화약 납탄 약간.

보병 제47연대 제3중대 시로시타(白下) 종대
사현(砂峴, 괴산 동남쪽 약 3리) 부근 전투

　10월 13일 오전 6시 시로시타 종대(장 이하 20명)는 칠성암 서쪽 고지를 출발하여 송면장으로 향했다. 오전 6시 40분 백운리(白雲里) 남쪽 약 1,500m 지점에 도착하자 3명의 마을 사람이 멈춰서 있다가 우리 종대를 보자 남쪽으로 달아났으므로 즉시 1명을 붙잡아 심문했다. 그는 산막에 사는 사람으로 적의 강요를 받아 전날 밤에 와서 이곳을 감시했다. 적 약 120명(그중 부상자 10여 명 있음)은 전날 오후 7시경부터 3인, 5인, 10인씩 줄을 지어 와서 산막에서 숙영했다고 한다. 따라서 종대는 산막(사현)을 향해 급히 전진하여 그곳과의 거리 약 300m 지점에 달하자 적은 허둥지둥 낭패하여 그 동남쪽 고지로 움직였다. 종대는 즉시 산개하여 약 10분간 사격을 주고받았으며, 적은 점차 퇴각하기 시작했다. 이에 도요타(豊田) 분대에게 퇴로를 압박하게 하고 시로시타 종대장은 우토(宇藤) · 와타나베(渡辺) 양 분대를 이끌고 수심이 가슴까지 차오르는 강을 건너서 적진을 점령했다. 적은 산막(사현) 서남쪽 고지의 소나무 숲으로 퇴각했다. 종대는 이 소나무 숲속을 수색하여 4명을 잡았지만, 안개가 너무 짙고 산악이 험준하여 그 주력을 전혀 수색할 수가 없었다. 포로의 말에 따르면, 그날 우리와 싸운 적은 전날 오후 5시경 칠성암 서쪽 고지에서 일본군을 격파한 적장 이언용(李彦用)의 주력이며, 앞서 문경을 습격한 적의 간부 이완채(李完蔡) · 이구채(李求蔡)가 이끄는 대부분이 전날의 전투 후 모두 떠났는지는 알 수 없다. 또한 적의 사상자가 100명은 넘는다고 한다.
　적의 사상 7, 포로 4, 우리 쪽 사상자 없음.
　노획품 화승총 4, 양총 1, 납탄 1되, 탄약 12, 화승 20 등 화약 2근, 일본 돈과 한국 돈 8엔 27전. 배낭 6.

사격 소모탄 425.

보병 제47연대 제1중대 니나가와(蜷川) 종대
무릉동(武陵洞, 송면장 서쪽)·벌평(伐坪, 송면장의 서남단) 부근 전투

10월 14일 니나가와 종대(20명)는 적 패잔병들이 서쪽 및 서북쪽으로 도망치는 것을 알고 서쪽의 적도를 소탕하고 상주로 귀환하기로 결정했다. 나가노(長野) 종대에서 병졸 10명을 받아 고야마다(小山田) 군조에게 졸 12명을 붙여 오전 8시 송면장을 출발해서 화양동·삼가·후평(後坪)을 거쳐 거북고개(龜峙, 보은 북쪽 3리)에 도착하게 하고 주력은 동시에 출발하여 이동(梨洞)에서 좁은 길로 산을 넘어 신흥리를 나서 남악을 거쳐 거북고개에서 고야마다 분대와 합류했다.

고야마다 분대가 오전 9시 20분에 현천(玄川, 무릉동 동쪽)의 하천을 건너려 하는데 무릉동 동쪽 고지에서 한인의 무리를 보았다는 척후의 보고를 접하게 되었다. 이를 잘 살펴보니 약 70~80명의 무기를 휴대한 적도이므로 즉시 현천 동단에서 강을 건너 현천 맞은편 기슭 고지 능선에 있는 적과 사격전을 벌였다. 약 1시간 20분간에 적은 120~130명으로 늘어났으나 마침내는 버티지 못하고 무너졌다. 분대는 이윽고 적의 진지를 점령했다. 적의 주력은 성암(聖岩) 방향으로 도주하는 듯했다.

니나가와 종대의 주력은 이동을 출발하여 고개를 넘어 오전 10시 30분에 벌평 북쪽 고지 위에 적 12~13명이 있는 것을 발견했다. 그들을 그 북쪽 골짜기 안에서 사격했더니 즉시 도주하여 종적을 감추었다. 오후 6시 거북고개에서 고야마다 분대와 합류하여 그곳에 숙영했다.

적의 사망자 6, 부상 10, 우리 쪽 사상자 없음.

노획품 소총 1, 화승총 6, 잡품 약간.
사격 소모탄 237.

보병 제47연대 제3중대 마시마(眞嶋) 군조
봉황사[鳳凰寺, 연풍(延豊) 남쪽 2리] 부근 전투

10월 15일 문경 수비대장은 마시마 군조 이하 13명으로 구성되는 1 척후를 연풍으로 파견했다. 해당 척후는 오전 6시에 문경을 출발하여 오전 10시 30분에 연풍에서 주치(周峙, 연풍 동남쪽 1리)에 도착했다. 그때 마을 사람에게서 적 약 150명이 전날인 14일 오전 11시경에 양산사(陽山寺, 주치 남쪽 1리)의 승려와 함께 와서 금품을 약탈하고 그길로 서남쪽으로 갔다는 정보를 얻었다. 그래서 척후가 급히 전진하여 봉황사에 이르렀을 때 적 약 12~13명이 그곳에서 북쪽 산속으로 달아나는 것을 발견하고, 그들을 향해 사격을 하여 그중 6명을 죽이고 즉시 양산사로 갔다. 절을 수색하자 승려 중 한 명이 철봉으로 우리에게 저항했으므로 사살했다. 사원 및 부근의 산속을 수색하여 창 2자루를 발견했다.

적의 사상자 6, 우리 쪽 사상자 없음.
노획품 창 2.
사격 소모탄 24.

보병 제47연대 제4중대 기노시타(木下) 오장
금성(金城, 오근장 서남쪽 약 3리) 부근 전투

10월 19일 조치원에서 청주로 향하던 일본인 4명이 오후 5시경 조치원 동쪽에서 약 2리 떨어진 용정 부근에서 적 약 20명의 사격을 받아 간신히 청주에 도착했다는 보고를 접하고 청주 수비대장은 적도 추격을 위해 기노시타 오장 이하 10명을 파견했다. 이 척후는 20일 오전 8시경 금성 부근에서 적 약 60명(그중 한국군 병사 40명)과 충돌하여 즉시 이를 공격하여 무찔렀다.

적의 사망자 7, 부상 4, 우리 쪽 사상자 없음.

노획품 소총 1, 탄약 93, 배낭 1, 말 1, 짚신 50, 화물 2(내지인들에게서 빼앗은 것).

보병 제47연대 제9중대 고우노(河野) 소위
사담(천안 동북쪽 2리)·호계리(虎溪里, 성환 동쪽 3리) 부근 전투

10월 19일 조치원에서 청주로 향하던 일본인 4명이 오후 5시경 조치원 동쪽에서 약 2리 떨어진 용정 부근에서 적 약 30명의 사격을 받아 간신히 청주에 도착했다는 보고를 접했다. 적도 추격을 위하여 파견된 고우노 소위 이하 11명은 20일 저녁에 조치원을 출발하여 주야로 적을 쫓다가 다음 날인 21일 오전 9시에 천안(天安) 동북쪽 2리에 있는 사담에서 적도 약 40명과 마주쳤다. 그중 8명을 죽이고 그들을 북쪽으로 추격하여 오후 4시 지나서 성환 동쪽 약 3리에 있는 호계리에서 적도 18명을 요격하여 그중 6명을 죽였는데 그중 한 명이 두목이라고 인정된다. 적은 청주 서쪽을 통과하여 온 것으로 보인다.

적의 사망 14, 부상자 미상, 우리 쪽 사상자 없음.

제1호 11월 27일   제428호[1]

---

[1] 이하의 내용은 「전투상보」가 아닌 다른 문서의 종이가 뒤섞인 것으로 보인다.

대장성 러시아 전 경제대신 렛포프 도착에 관한 건

제2호 12월 26일 제446호

동 소에다(添田) 흥업은행 총재 만철 사채 발행을 위해 해외출장 전말(顚末) 건

사료 05
한국주차군 전투상보 건(1907. 11. 8)

자료명	韓國駐箚軍 戰鬪詳報の件
생산자	韓國駐箚軍參謀長 牟田敬九郞
생산시기	1907年 11月 8日
소장기관	日本 防衛省 防衛研究所
문서정보	陸軍省 - 密大日記 - M40 - 6 - 13(C03022894700)

韓參報 제126호

1907년 11월 8일

한국주차군 참모장 무타 게이쿠로(牟田惠九郞)

육군 차관 남작 이시모토 신로쿠(石本新六)

별지 각지에서의 전투상보를 제출합니다.

제5

보병 제50연대 제7중대 철원 부근 전투

적 약 200명이 철원 부근에 있다는 첩보를 접하고 중대는 철원 부근의 적을 소탕할 목적으로 9월 24일 토산을 출발하여 철원으로 향했다. 오후 1시 마갈지(철원 서쪽 약 4리)에 도달했을 때 고지에서 경계하고 있던 적 10명을 급습하여 그중 7명을 죽이고 중대는 급히 철원으로 향했다.

오후 4시 중대는 철원을 포위했다. 철원에 있는 적 약 40명은 미약하게 저항한 후 관음동(觀音洞) 방면으로 퇴각했다. 중대는 이를 급히 추격하여 그중 16명을 죽였고 남은 적은 동쪽을 향해 패주했다.

노획품 구식 소총 4, 탄약 약간, 우리 쪽 사상자 없음.

보병 제51연대 제6중대
심원사(深源寺) 부근 전투

심원사 부근에 적 약 300명이 있다는 보고를 접하여 보병 제50연대 제7중대와 협력하여 소탕하기 위하여 9월 25일 금화(金化)를 출발하여 철원으로 향했다. 보병 제50연대 제6중대 아베(阿部) 소대가 동행했다. 오후 9시 10분 철원에 도착했다. 제7중대는 이미 철원에 숙영하고 있었으므로 중대장과 협의하여 야습으로 심원사를 포위 공격하기로 결정했다. 그 계획은 다음과 같다.

1. 보병 제50연대 제6중대 아베 소대는 본도 위에서 추막리(湫幕里, 철원 서남쪽 약 4리)에서 독금리(獨金里)를 거쳐 묵령리(墨嶺里)로 통하는 도로를 전진.
1. 동 제7중대는 신막리 서남쪽 약 1리에서 동남으로 통하는 도로를 대광리를 거쳐 전진.
1. 보병 제51연대 제6중대 본도를 전진하여 고대(庫垈, 추막리 남쪽 약 2,000m) 부터 동진하여 봉암촌을 거쳐 전진하는 각 부대는 9월 27일 오전 5시까지 포위 위치에 가서 공격 행동에 들어가도록 한 계획이다.

9월 26일 오후 9시 30분 중대는 철원을 출발하여 예정대로 본도를 전진하여 오전 0시를 지나 추막리 남쪽 약 1,000m의 고지 밑에 이르러 돌출부를 돌려고 할 때 한인 2명이 돌연히 앞에 나타나 중대를 보고 도망치려 하여 사살했다. 이처럼 적의 척후와 이미 충돌한 이상 주저해서는 안 되며, 고대에 급히 나아가 촌장을 불러내어 전황을 물었더니 적은 심원사에 집합했고 보초는 동쪽 고지에 있다는 것이다. 따라서 경계를 엄격하게 하면서 고대를 통과하여 동쪽 고지 기슭에 도달하려 할 때 2명의 척후가 전진하여 즉시 그 1명을 체포하고 길잡이로 삼아 전진했다. 이처럼 종종 적의 척후와 충돌한 이상 속히 봉암리(고대 동쪽 약 1리 반)에 진출하지 않으면 심원사의 적이 도주할지도 모르므로 중대는 급히 전진하여 심원사를 공격하기로 결정했다. 오전 3시 법화동에 도착하자 북쪽 약 2~3m에 적이 집합하는 것을 발견하여 즉시 사격을 개시했다. 적은 10여 구의 사체를 남기고 일부는 심원사 방향으로, 일부는 묵령리 방향으로 퇴각했다. 중대는 적을 추격하여 오전 5시 심원사에 도착했다. 심원사에 있는 적은 우리 군이 전진해온다는 것을 듣고 사방으로 흩어졌다.

 이 전투에서 적이 버리고 간 사체 20, 노획품 구식 소총 7정, 칼 7개, 납탄 약 1상자, 그 밖에 잡품 약간. 우리 쪽 사상자 없음.

보병 제51연대 제6중대
대광리(철원 남쪽 약 3리) 부근 전투

 9월 27일 오전 8시 심원사를 공격하기 위해 왔던 보병 제50연대 제7중대 및 가와베(河部) 소대는 심원사를 출발하여 귀환 길에 올랐다. 중대는 오전 11시 심원사를 출발하려 했으나 심원사의 북쪽 약 900m의 산기슭에 적이 흩어져 있는 것을 발견하고 1개 중대로 일제사격을 행했다. 묵령리·독금리를 거쳐 철원을 향하여 귀환 도중 오후 3시에 대광리 동북방 약 700m에 적 약

30명이 동부 대광리에 진입하려는 것을 발견했다. 중대가 구보로 약 100m 전진하자 약 150명의 적은 돌연히 전방 약 300m 지점에 흩어져, 일부는 도로 북쪽 고지로 오르려고 하고 일부는 도로의 서쪽 밭에 잠입했다. 그래서 중대가 전부 사격을 개시하자 고지에 있는 적은 교묘히 고지로 올라 퇴각했다. 밭에 있는 적도 낭패하여 고지로 오르려 했지만 중대가 즉시 돌격하여 적을 거의 전멸시켰다. 오후 5시 격투를 마치고 철원으로 귀환했다.

적이 버리고 간 사체 80, 노획품 구식 소총 25, 단발총 1, 기타 탄약 및 탄환 약간, 우리 쪽 사상 중상 3, 경상 1.

보병 제50연대 제7중대
심원사 부근 전투

심원사(철원 서남쪽 약 3리 반) 부근에 있는 약 300명의 적이 심원사를 근거지로 약탈을 행한다는 첩보를 접하고, 중대는 보병 제51연대 제6중대와 협력해 포위하고 야습을 행하기로 결정했다. 9월 26일 밤 철원을 출발하여 27일 오전 4시에 중대는 동부 대광사(大光寺, 철원 서남쪽 약 3리)에서 심원사로 통하는 고지의 산등성이에 도착했으며, 산등성이 서북쪽 산정의 초소에 적 2명이 경계하고 있는 것을 발견하고 한 명을 죽였다. 한 명은 산골짜기로 도망쳐서 그림자를 감추었다.

오전 4시 30분 심원사 방향에 돌연히 연기가 오르는 것을 보자, 그것은 적이 중대가 행진하는 것을 알아차리고 통지하는 것이라고 깨닫고 심원사 방향으로 급히 향했다. 이때 중대와 함께 심원사를 공격해야 할 제6중대는 오전 3시에 범하동(심원사 남쪽 약 2,000m)에서 적과 충돌하여 그대로 심원사로 돌입하여 소탕을 마무리한다는 통보를 접하고 중대는 심원사의 소탕을 마치고 잠시 쉰 후 오후 3시 30분 신탄막(新炭幕) 남쪽 약 1,000m에 도착했을 때 동부 대광리 부근에서 격렬한 총성을 들었다. 여기서 중대는 뒤늦게 심원사를 출발한 제6중대가 적과 충돌한 것이라는 것을 깨닫고, 대광리를 향해 방향을 바꾸었다. 적 약 150명이 남부 대광리 북방 고지에서 제6중대와 대전 중이었으므로 중대는 적을 향해 맹렬한 사격을 퍼부었다. 적은 죽은 사람을 버리고 속속 북쪽으로 퇴각했다. 중대가 대광리 서쪽 약 700m의 고지로 전진하자 약 70명의 적이 골짜기 안으로 도망치고 있어서 급히 사격하면서 추격했다. 적은 약간의 사상자를 버리고 심원사 방향으로 도망쳤다. 이어서 중대는 철원으로 귀환했다.

적의 사상자는 불명확하지만, 지역민의 말에 따르면 적지 않았던 듯하다. 우리 쪽 사상자 없음.

보병 제51연대 제11중대
쓰즈키(都築) 소대 일리창촌(一里倉村) 부근 전투

강릉 수비 제11중대는 연평 내면 굴니평(屈尼坪) 부근(진부 서북쪽)에 적이 배회하고 있다는 보고를 접하고 그들을 소탕할 목적으로 쓰즈키 소대를 파견했다. 9월 28일 정오 쓰즈키 소대는 진부에서 일리창촌(진부 서북쪽 7리)에 적 70~80명이 주둔하고 있다는 보고를 접하고 급히 갔다. 오후 9시에 일리창촌에 도착하자 그 마을 끝에 있는 적 보초의 사격을 받았지만, 소대는 곧 돌격하여 적을 무너뜨렸다.

적이 버린 사체 6, 우리 쪽 사상자 없음.

노획품 소총 5, 잡품 약간.

보병 제51연대 제11중대 히구치(樋口) 소대
현창리(서림 서쪽 약 7리) 부근 전투

히구치 조장이 지휘하는 정찰대[이와모토(岩元) 경부 일행이 동행]가 10월 1일 오후 3시 30분 양양군 서림(양양 서남쪽 약 4리)에 도착하여 알게 된 적의 정황은 다음과 같다.

적 약 40명은 이날 아침 오전 8시경 각담(서림 서남쪽 약 6리)을 출발하여 현창리(각담 서남쪽 약 1리)를 향했는데 현창리에는 많은 폭도 집단이 있었다.

휴대하는 피복 및 양식은 병졸 3명이 한국 순검 2명에게 감시하게 하여 서림에 남겨두었다.

정찰대는 오후 5시 서림을 출발하여 각담에 이르러 다음 정보를 얻었다.

현창리에는 여러 방면에서 집결하는 적이 주둔하고 있으며 과반은 한국군 병사 출신이라고 한다.

정찰대가 전진을 계속하여 현창리 남단에 들어서려 할 때 마을 안에서 외투를 입은 한국군 병사가 담화를 나누는 것을 발견하고 즉시 함성을 지르며 돌격했다. 적이 낭패하여 무너지자 정찰대는 적의 숙사에 돌입했다. 40여 명의 한국군 병사는 낭패하여 달아나려 했지만 주위에는 울타리가 있고 문에는 우리 병사가 있었으므로, 적은 할 수 없이 우리에게 대항했다. 이에 백병전이 일어났고 적은 우리의 예리한 총검 때문에 거의 섬멸되었다. 정찰대가 계속 전진하여 북부 현창리에서 숙영하는 적의 주력을 뚫기 위하여 더욱 전진하자, 적도 이미 우리를 향해 전진하여 북쪽 및 서쪽 고지를 점령하고 사격을 개시했다. 적의 화력이 맹렬하여 더 전진하기 어려웠으므로 유감스럽지만 진지에서 적과 대항하지 않을 수 없었다. 우리에 맞서는 적은 약 300명으로, 우세를 믿고 정찰대를 포위하려 했으며, 정찰대는 산병선(散兵線)을 확장하여 급사격으로 이를 막았다. 전투 중에 이와모토 경부는 적탄을 맞고 결국 전사했다.

날이 밝자 적의 일부는 정찰대의 남쪽 고지를 점령하여 퇴로를 차단하려 했다. 전투는 위와 같이 3시간 이상에 걸쳐 이뤄졌으나 적은 퇴각할 기미를 보이지 않고 나팔을 불며 점점 전진해왔다. 300m에 접근하여 거의 퇴로를 차단당하기에 이르렀다. 그런데 우리가 가진 총은 겨우 10정에 지나지 않고 탄약도 남은 것이 겨우 140~150발뿐이었다. 결국 적을 격퇴할 여지가 없었으므로 정찰대는 할 수 없이 적의 취약 부분을 돌파하여 현창리 남쪽 고지로 철수했다. 그 고지에서 교대로 밥을 먹고 적의 상황을 정찰했다. 적은 주위의 고지 위에서 점점 압박 포위를 하려고 했지만 전투 약 30분 만에 남은 탄이 겨우 40~50발이어서 오전 10시에 생둔(진부 서북쪽 약 8리) 방향으로 물러났다.

적의 전사자는 30, 부상 약 50, 우리 쪽 전사 이와모토 경부 1, 경상 1.

노획품 단발 구식총 15정, 이 총의 탄약 700발, 이 밖에 잡품 약간.

보병 제47연대 제12중대 가메야마(龜山) 소대
백암장 부근 전투

가메야마 소대는 10월 5일 수원을 출발하여 금량장을 거쳐 16일 백암장(죽산 북쪽 약 4리)를 향하는 도중에 양지(陽知)에서 다음 정보를 얻었다.

지난 5일 폭도 약 200명이 백암장에 왔다. 주력은 장호원 방향을 향했으나 약 50명은 백암장 및 그 북쪽 1리인 대평촌에 있다고 한다.

이에 따라 선발 정찰대를 파견했으나 대평촌에는 적이 없었다. 소대는 행진을 속행하여 오후 4시 백암장에 들어서려 하자 적 약 50명이 남쪽 고지를 퇴각하는 것을 발견하여 소대는 이곳 서쪽 고지를 점령하여 사격을 가했다. 적의 손해는 자세히 알 수 없지만 부상당한 2명을 운반하는 것을 보았다. 적은 남쪽으로 퇴각했다. 소대는 백암장에 들어가 부근 부락을 수색했으나 아무 것도 얻지 못했다.

우리 쪽 손해 없음.

보병 제52연대 제12중대 후지에(藤江) 소대
홍천(洪川) 부근 전투

후지에 소대는 보병 제50연대 제5중대(양근 종대)와 서로 전술을 맞추어 홍천 부근의 적을 소탕할 목적으로 10월 4일 춘천을 출발하여 신주막(新酒幕)에서 숙영했다. 다음 날인 5일 오전 6시 30분 신주막을 출발하여 홍천으로 향했다. 오전 11시 홍천 서남쪽 고지 부근에 도착하자 지역민이 둔지미(屯池味)·오아정(悟椏亭) 방향으로 피난하는 것을 보았다. 여기서 폭도는 양근 종대의 압박을 받아 홍천 부근으로 왔기 때문에 지역민이 전투가 일어날 것을 예상하고 도망친다고 판단했다. 상등병에 졸 2명을 붙여 홍천에서 인제로 통하는 도로를 폐쇄하고 나머지는 홍천 서남쪽 고지를 점령하여 정황을 정찰했다.

오전 11시에 먼저 파견된 3명의 척후는 홍천에 들어가 척후 2명을 포획했다.

소대는 포로의 말에 따라 둔지미(홍천 서남쪽 약 30m)에 적 약 60명이 있는 것을 알았지만, 양근 종대의 진출을 예상하여 일시 대기했다. 오전 11시 25분 적의 척후가 둔지미 동쪽에 출몰하는 것을 목격하자 소대는 양근 종대의 도착을 기다릴 여유가 없었다. 오후 둔지미 북쪽 고지 기슭에 도착하자 둔지미 서쪽 약 700m의 산기슭에 적 약 20명, 남쪽 약 900m의 산기슭에 20명이 나타나 우리를 향해 사격을 시작했으며, 소대는 먼저 둔지미 서쪽의 적을 향해 사격을 개시했다. 약 10분 후 적은 서쪽으로 퇴각하기 시작했다. 이에 소대는 둔지미 남쪽의 적을 향해 공격을 시작했다. 적은 횡성 방면으로 퇴각했다. 소대가 전진을 계속하여 둔지미 남쪽 고지에 도착했을 때 적은 이미 그림자도 없었다.

오후 2시 15분에 양근 종대는 둔지미에 도착했다. 이때 오아정 동쪽 약 800m의 고지에 적 약 20명이 나타나 우리를 향해 사격을 개시했다. 이에 소대는 양근 종대와 협력하여 공격했다. 적은 몇 분 후 산 속으로 도망했다.

이 전투에서 적이 버리고 간 시체는 8, 우리 쪽 손해 없음.

보병 제50연대 제5중대
오아정 부근 전투

10월 5일 오후 2시 중대가 홍천 서남쪽으로 1리에 있는 오아정에 도착했을 때 적 2명이 일본군의 유무를 정찰하기 위해 홍천에 진입했으나 춘천 부대 소속 순검에 체포되었다. 이어서 춘천 부대는 홍천에서 오아정 방향으로 전진했기 때문에 적은 퇴로를 잃고 약 60명이 둘로 나뉘어 도로의 서쪽 산정을 점령하여 교전하기에 이르렀다. 도로 북쪽의 적은 속히 숨어서 그 흔적을 감추었다. 도로 남쪽에 있는 적은 우리 첨병소대 및 춘천 부대와 교전 약 30분 만에 무너졌다.

적의 사상자는 6, 우리 쪽 손해 없음.

보병 제50연대 제5중대 야부카메(藪龜) 분대
금곡 부근 전투

중대는 10월 6일 오전 7시 진위(振威)를 출발하여 오전 11시 30분 양성(陽城)에 도착했다. 오후 1시 금곡 부근(진위 동쪽 4리) 수색 목적을 띠고 야부카메 오장 이하 8명 외에 순검 1명, 일진회원 3명을 이 지역 부근에 파견했다. 오후 3시 분대가 금곡 남쪽 고지에 도달했을 때 폭도 약 20명이 금곡 부락 안에 있는 것을 탐지하여, 병졸 3명이 금곡 동쪽 고지를 점령하고 나머지가 적이 모여 있는 가옥으로 돌격했다. 적은 매우 허둥지둥 낭패하여 동쪽 고지를 향해 도망쳤다. 이에 미리 동쪽 고지에 배치해둔 척후와 협력하여 사격을 개시하여 8명을 죽였다. 패잔한 적은 죽산 방향으로 퇴각했다.

적이 버리고 간 시체 8, 우리 쪽 사상자 없음.

노획품 소총 5, 창 1, 잡품 약간.

보병 제50연대 제5중대
유목동(楡木洞, 홍천 동북쪽 약 6리) 부근 전투

10월 7일 오후 6시 중대는 그 선두를 이끌고 유목동 남쪽 약 2,000m 지역에 도달했다. 이때 도로 양쪽의 가옥에서 속속 한인들이 산정으로 도피하는 것을 보았다. 한때 피난민이 아닐까 생각했으나 그 복장 및 거동을 통해 폭도라는 것을 알아차리고 첨병소대에게 이들을 공격하도록 했다. 폭도는 가옥 및 골짜기에서 나타나 도로 양쪽 고지 산정을 점거하고 우리 전진에서 항거했는데 그 숫자는 약 70, 중대는 제1소대에게 도로 오른쪽의 고지를, 제3소대에게 도로 왼쪽 고지에 있는 적을 공격하게 하여 이들을 격퇴했다. 이 양 소대는 산이 험하고 절벽인 고지를 기어올라 맹렬하게 전진했으나 지형이 복잡하여 처음에 적이 점령했던 고지를 탈취한 것은 오후 7시였다. 밤이 너무 어두워서 움직임을 중지하고 현재의 대형으로 밤을 새웠다.

다음 날 오전 5시 제2소대가 유목동 동쪽에서 공격을 실시하고, 좌측 고지에 있는 제3소대는 동이 트자마자 맹렬한 총질을 주고받으며 수시로 전진했으나 지형상 움직임이 곤란하여 피로가 심해져 오전 9시 운동을 중지하고 야음을 기다려 폭도의 본거지 인제를 치기로 결정했다. 오전 9시 반 제3소대 방면에서 퇴각하는 적은 춘천 부대 때문에 퇴로를 차단당하여 일부는 서쪽 지구로, 일부는 춘천 가도에서 춘천 부대의 공격을 만나 사방으로 흩어졌다.

전날 적이 버리고 간 사체 11, 우리 쪽 사상자 없음.

노획품 소총 3, 잡품 약간.

보병 제47연대 제12중대 가메야마(龜山) 소대
장양리(長楊里) 부근 전투

10월 8일 죽산을 출발하여 연도의 부락을 계속 수색하여 장양리(진천 북쪽 약 2리)로 향했다. 오후 2시 광혜원 남쪽 약 1리 지점에서 서쪽에 총성 몇 발을 듣고 소대가 진로를 서쪽으로 방향을 바꿔서 전진하자 적 5~6명이 장양리 북쪽 고지에서 퇴각하는 것을 발견하여 하사 척후를 파견하여 사격하게 했다.

적의 사상자 불명, 우리 쪽 손해 없음.

보병 제50연대 제7중대 모리토모(森友) 소대
봉천 부근 전투

소대는 보병 제50연대 제5중대와 연합할 목적으로 10월 8일 파포(巴浦, 사방거리 서남쪽 약 2리)에 도착하여 지역민을 심문해서 화천(華川)에 약 15명의 폭도가 있다는 것을 알고 9일 동트기 전에 화천의 적을 공격하기로 결정했다. 10월 9일 오전 1시에 파포를 출발하여 오전 3시 40분에 화천 서북단에 도착했으며, 소대는 전방 약 2,000m 지점에 적의 보초가 있다는 것을 알고 돌격을 결행했다. 그러나 그날 밤은 어두워서 지척을 분간하기 어려웠고 도로의 양쪽은 경사가 심한 고지 및 습지로 통행하기 어려웠기 때문에 측면종대를 한 채 돌격했다. 적이 낭패하여 퇴각했으므로 그 방향을 탐지하기 위한 추격 척후를 보냈으나 앞에서 말한 것처럼 어두워서 마침내 종적을 잃게 되었다.

적이 버리고 간 사체 3, 우리 쪽 손해 없음.

보병 제50연대 제7중대 미우라(三浦) 소대
구만리(九萬里) 부근 전투

10월 9일 소대는 보병 제50연대 제5중대와 함께 양구에서 숙영했으며, 이튿날인 10일 오전 7시에 제5중대에 앞서 양구를 출발하여 오후 3시 구만리(화천 동북쪽 약 2리 반)에 도착했을 때 마을 사람에게서 화천에 현재 약 200명의 적이 있다는 것을 듣게 되었다. 우선 척후를 구만리 서쪽 산등성이에 파견하고 소대는 이어서 산등성이에 이르러 엄폐하여 정지했다. 오후 3시 30분 보병 제50연대 제5중대가 신등성이 동쪽 약 4,000m로 진진하여 오는 것을 보자 전령에게 화천에는 현재 약 200명의 적이 있다는 통보를 보내고 전달

되기를 기다렸다. 오후 4시 30분 적이 1열종대로 언덕 길 아래로 우리 쪽으로 전진해오는 것을 보았다. 제5중대의 도착을 기다릴 여유 없이 소대는 즉시 흩어져 400m의 거리로 사격을 개시했으며, 교전 약 10분 만에 적은 퇴각하기 시작했다. 소대는 추격하여 오후 5시에 대리촌(大利村) 동쪽 고지를 점령했다. 적은 사체 15구를 버리고 춘천 방향으로 퇴각했다.

노획품 소총 4, 칼 1, 탄약 약간, 우리 쪽 손해 없음.

보병 제50연대 제5중대
구만리(九萬里) 부근 전투

10월 10일 오전 7시 양구를 출발하여 화천으로 향하는 금화 책응대(策應隊) 모리토모(森友) 소대는 인제 부근의 작전에 참여하기 위하여 밤에 행군하여 오전 7시에 양구에 도착했으며, 당 종대에 연락하고 이어서 당 종대를 따라 행군하여 화천으로 향했다. 오후 4시 구만리 산등성이에서 화천에 폭도 약 300명이 있다는 것을 알고 정찰했다. 그때 적 약 30명은 이미 한강을 건너 전진하여 왔으나, 산등성이에 아군이 있다는 것을 알고 한강 오른쪽 기슭 고지를 근거지로 우리를 저지하려고 했다. 중대는 제1소대에게 이를 공격하게 하고 이어서 제2, 제3소대를 증가시켜 교전 약 1시간 후 모두 격퇴했다.

적이 버리고 간 사체 8, 노획품 칼 2, 소총 4, 화약 및 잡품 약간, 우리 쪽 손해 없음.

보병 제50연대 제4중대 연락병
행유동(行遊洞, 정선 서남쪽 약 2리 반) 부근 전투

10월 11일 아침 양창(美倉) 분견소(정선 서남쪽 약 5리)에서 전선으로 파견된 연락병 2명은 오전 9시 30분 행유동 남쪽 약 2,000m의 고지에서 적 약 30명이 나타나 교전 약 1시간 만에 병졸 한 명은 왼쪽 등 부분에 맹관총창(盲管銃創)[1]을 입었으나 다른 한 명과 협력하여 이를 북방으로 격퇴했다. 오전 11시 전선 수비대에 도착하여 급히 보고했다. 사이토(齊藤) 소위는 하사 이하 12명을 이끌고 정찰에 나섰지만 이미 적의 그림자도 보이지 않았다.

적의 사상자는 불명, 우리 쪽 손해는 경상 1명.

보병 제47연대 제9중대 소정리(小井里) 수비대
현암 부근 전투

10월 15일 소대는 목천(천안 동쪽 약 3리) 부근을 수색할 목적으로 오전 8시 소정리를 출발하여 정오에 목천에 도착하여 지난 13일 목천군 신기(목천 남쪽 약 2리)에 폭도 약 30명이 와서 금원을 강탈했다는 정보를 얻었다.

따라서 소대는 진로를 신기로 잡고 부근 일대를 수색하면서 전진하는 중에 오후 6시 소대가 현암(목천 동남쪽 약 2리)에 도착했을 때 동쪽에서 미약한 총성을 듣고 이어서 양 3도의 일제사격을 들었다. 소대는 전진하여 현암 북쪽 고지를 점령했으나 날이 이미 저물어 적의 소재를 알 수 없어서 500m 더 전진하여 동쪽 일대의 고지에서 횃불을 보았다. 소대는 즉시 공격을 개시했

---

[1] 총알이 몸 속에 남아 있는 상태를 의미함.

다. 적이 잠시 후 혼란을 일으키자 소대는 즉시 돌격했다. 적은 낭패하여 서남쪽으로 퇴각했다. 따라서 각 방면으로 추격 척후를 파견했지만 이미 날이 저물어 퇴각 방향을 확인할 수 없었으므로 허무하게 귀환했다.

적의 사상 불명, 우리 쪽 손해 없음.

보병 제51연대 제4중대 오야(大矢) 소대
신대 부근 전투

10월 15일 충주 경무고문부(警務顧問部)로부터 폭도 약 500명이 음성 가도 위에서 신대 부근에 있다는 보고를 받고 오야(大矢) 특무조장에게 하사 이하 22명을 붙여 적의 정세를 정찰하게 했다. 소대는 오후 4시 망청보(望淸甫, 충주 서쪽 약 3리)에 도착했다. 적이 노은면(老隱面, 망청보 북쪽 2리)으로 전진하는 것을 알고 즉시 추격하여 오후 9시에 지내(池內)에 도착했다. 사방에 척후를 파견하여 적의 상황을 정찰하게 했다. 한 척후는 신대(음성 동북쪽 약 3리)에 적의 보초가 있다는 것을 알고 급습하여 그 1명을 죽이고 1명을 붙잡았다. 그 포로의 말에 따르면, 적의 대부분은 신대 지방 부락에서 숙영한다고 한다. 이에 따라 소대는 노은면 신대를 급습할 목적으로 16일 오전 2시 지내를 출발하여 오전 4시 30분에 신대를 야습했다. 적은 낭패하여 사체 12구를 버리고 신전(新田) 방향으로 퇴각했다.

우리 쪽 사상자 없음.

보병 제52연대 제11중대 사이토(齋藤) 분대
대전동(大田洞) 부근 전투

10월 16일 적 약 50명은 삭녕(朔寧)을 거쳐 동북으로 전진하고 17일에 석교 동쪽을 배회하여 그 이북으로 움직일 듯하다는 것을 밀정에게서 다음 날인 18일 밤에 보고받았다. 따라서 토산 수비대에서 19일 오전 5시 30분 사이토 상등병 이하 10명을 대전동(석교 북쪽 약 2리) 방향으로 파견했으며, 삭녕·석교에 각 1개 분대를 파견하여 적의 상황을 정찰시켰다. 삭녕 및 석교에 파견된 분대는 그 부근을 수색했지만 얻은 바 없이 토산으로 귀환했다.

대전동 방면으로 파견한 분대는 월암장(月岩場, 대전동 동북쪽 약 1리 반) 부근에 적 약 50명이 있다는 것을 탐지하고 정오에 이곳에 도착했으나 적은 정동(苧洞) 및 그 동쪽 고지를 근거 삼아 우리를 저지하려는 듯했다. 분대는 즉시 공격하여 정동에 있는 약 30명의 적을 동남쪽으로 격퇴시켰다. 그러나 동쪽 고지를 점령한 약 30명의 적은 지형을 교묘히 이용하여 완강하게 저항했다. 그렇지만 분대는 교전 약 1시간 만에 그들을 동쪽으로 물리쳤다.

적이 버리고 간 시체 4, 노획품 소총 1, 칼 1 그 밖에 잡품 약간, 우리 쪽 사상자 없음.

한강 강기슭 천포 부근에서 우리 운송선 습격당함

10월 17일 오후 7시 석 약 200명이 한강 강기슭 전포에서 우리 운송선을 습격했다. 우리 운송선은 11척으로서 이천에 도임해야 할 마쓰이(松井) 군의 및 호위병 5명이 동승하고 있었는데 불의의 습격에 의해 마쓰이 군의 및 호위병은 여주에 내렸고 병자 및 배의 인부는 장호원으로 피난했다.

보병 제47연대 제4중대 풍기 분견대
죽령 부근 전투

충청북도 영춘부(永春府) 금곡리(영춘에서 서남쪽 약 5리)에 약 130명의 적이 부근 각 촌락을 약탈하고 10월 15일에는 단양·풍기 가도상에 나타났으므로, 특설 순검대 및 풍기 분견대(상등병 이하 6명)에게 접촉을 유지하게 했다. 그랬더니 17일 죽령(단양·풍기 가도상) 북쪽 기슭에 침입하여 오로지 우리를 향해 전진해오는 듯했다. 이에 풍기 분견대는 그들을 죽령으로 쫓아내어 17일 정오부터 오후 7시까지 교전한 후 단양 및 영월 방향으로 격퇴했다. 적의 사상자에 대해서는 자세히 알 수 없지만 포로 및 지역 사람들 말에 따르면, 부상자가 12~13명이라고 한다. 포로 1명이 호위병에게 반항하고 도망을 시도했기에 사살했다.

우리 쪽 손해 없음.

보병 제51연대 제3중대 히로타(廣田) 소대
흥호(興湖) 부근 전투

10월 17일 법천 부근 수송선 정찰을 위해 이천을 출발한 히로타(廣田) 소대는 18일 오전 10시 여주에서 남진하여 한강을 건너 신대를 거쳐 오후 3시 30분에 흥호(여주 동남쪽 약 4리) 서쪽 고지에 도착했다. 흥호에 많은 수의 폭도가 집합하는 것을 발견하고 즉시 주력은 교동(흥호 서북쪽 약 2,000m) 방향에서 우회하여 월궁(月宮, 흥호 북쪽 약 500m) 서쪽 고지에 도달했다. 그때 적이 양호(良湖, 흥호 남쪽 약 1,000m)를 향해 퇴각 중인 것을 발견하고 흥호 서쪽 고지에 남아 있는 일부와 더불어 추격 사격을 하여 적을 법천 방향으로 격퇴했다.

적의 사상자는 자세히 알 수 없으나 적어도 선혈이 땅을 물들인 것을 볼 때 약간의 손해는 입혔다고 생각한다.

우리 쪽 손해는 없음.

보병 제14연대 제5중대 니시하라(西原) 소대
강천동(庚川洞) 부근 전투

소대는 고산[高山, 익산(益山) 동쪽 약 5리] 부근 수색을 위해 10월 19일 삼가리(三街里, 진산 서남쪽 약 3리)를 출발하여 용계원 강천(庚川, 고산 동북쪽 약 2리)를 거쳐 그 서남쪽으로 약 1,000m부터 서쪽으로 꺾어 삼포에 도달했다. 지역 주민에게 다음 사항을 듣게 되었다.

강천동(고산 동북쪽 약 2리)에는 10여 명의 적이 잠복해 있으며, 이 적은 일본병 부근을 통과할 때는 양민으로 보이도록 하고 있다고 한다.

따라서 소대는 이들을 야습하기로 결정하고 10월 20일 오전 3시 삼포를 출발하여 오전 5시에 강천동에 도착했다. 촌락을 포위하고 적의 두목이라 칭하는 최성필(崔聖必)이라는 자를 생포했으며, 이어서 구재(九宰, 강천동 동북쪽 약 1,000m)를 습격하여 적 3명을 포획했다. 노획품은 소총 8정, 칼 1, 창 2. 포획한 적은 총살했다. 우리 사상자 없음.

소대는 이날 밤 완천(浣川, 강천동 북쪽 약 2리)에 숙영하고 완천(서북쪽 약 2리) 동쪽 사곡 및 인천 동남 채동(采洞)을 야습하기 위하여 10월 21일 오전 2시 반에 완천을 출발하여 오전 4시 30분경 채동 및 사곡을 습격하여 각 1명의 적을 생포했다.

우리 쪽 사상자 없음.

보병 제14연대 제11중대 오구스(大楠) 분대
당동(堂洞) 부근 전투

10월 14일 당동(영천 동남쪽 약 5리)에 적 10명이 와서 총기를 요구하여 없다는 이유로 금 300원을 5일 이내에 조달하도록 명했다는 보고를 접하고 10월 19일 오구스 분대(장 이하 10명)를 당동으로 출발시켰다. 분대는 오후 11시에 당동에 도착하여 동장(洞長)을 취조하여 적 28명이 원곡(原谷)에 10월 17일부터 18일 오전까지 체재했다는 것을 알게 되었다. 이에 따라 분대는 그날 밤 이곳에 잠복하여 적이 오기를 기다렸으나 오지 않았다. 20일 오후 0시 20분 정찰 결과 당동 남쪽 서룡산(西龍山) 산기슭에 적의 보초인 듯한 사람이 있다는 것을 알고 달리면서(馳步) 이 고지를 점령했다. 적 약 30명이 서룡산 동쪽 고지를 향해 달아나는 것을 발견하고 오후 1시부터 약 10분간 약 700m의 거리에서 사격하여 그중 4명을 죽였다.

노획품 거총 2정, 모의총 1정, 우리 쪽 사상자 없음.

분대는 오후 8시에 영천으로 귀환했다.

보병 제51연대 제2중대 연락병
창동리(蒼洞里) 부근 전투

10월 20일 영월에서 제천을 향해 오는 연락병은 제천 동쪽 3리 반에 있는 창동리 동남쪽 약 500m에서 적 약 80명(그중 한국군 병사 7명 포함)의 습격을 받아 교전하던 중 제천에서 영월로 나온 연락병을 만나 증원을 얻어 마침내 적을 서쪽으로 격퇴했다. 적의 사상자는 불명, 우리 쪽 사상자 없음.

보병 제47연대 제6중대 사쿠라이(櫻井) 소위
호명[虎鳴, 판교(板橋) 서북쪽 약 2리] 부근 전투

소대는 10월 20일 오후 6시에 고산(익산 동북쪽 약 4리)을 출발하여 밤 행군을 하며 오후 8시에 판교(고산 북쪽 약 2리)에 도착했다. 오후 9시 30분에 이곳에서 2종대로 1종대(소대장 이하 10명)는 검단(檢丹) 및 호명(판교 서북쪽 약 2리)을 거쳐 은진[恩津, 여산(礪山) 북쪽 약 2리]으로, 1종대(하사 이하 10명)는 가마(加馬)고개 및 삼백동(三白洞, 판교 북쪽 1리 및 3리)을 거쳐 은진으로 가서 소대에 합류하려 했다. 종대가 다음 날인 21일 오전 1시 10분 호명에 도착했을 때 북쪽 고지에서 등화를 발견했다. 즉시 척후를 파견하니 적은 먼저 이를 알아채고 흰 칼날을 휘두르며 저항했으므로 소대는 즉시 적에게 돌격했다. 적 20명은 허둥지둥 낭패하여 서쪽 고지로 퇴각했다. 소대는 급히 추격하여 그중 2명을 죽였다. 적은 무너져 여산 방향으로 퇴각했다.

노획품은 칼 1자루. 우리 쪽 사상자 없음.

사료 06
한국주차군 전투상보 건(1907. 11. 18)

자료명	韓國駐箚軍 戰鬪詳報の件
생산자	韓國駐箚軍參謀長 牟田敬九郎
생산시기	1907年 11月 18日
소장기관	日本 防衛省 防衛研究所
문서정보	陸軍省-密大日記-M40-6-13(C03022895000)

密受 제421호 韓參報 제134호

1907년 11월 8일

한국주차군 참모장 무타 게이쿠로(牟田惠九郎)

육군 차관 남작 이시모토 신로쿠(石本新六)

별지 각지에서의 전투상보 1부를 제출합니다.

제6

진해만(鎭海灣) 요새 중포병(重砲兵)대대 야마다(山田) 소대
월성동[月城洞, 거창(居昌) 서북쪽 5리] 부근 전투

10월 8일 해가 뜨기 전에 소대는 고현장(거창 서북쪽 2리 반)을 출발하여 오전 9시에 적 5명이 묵계(墨溪)에서 도주하는 것을 목격하고 사격을 가하여 그중 1명을 죽였다. 그 후 월성동(거창 서북쪽 5리)을 향해 전진하는 중 오후 3시 반 월성동 동쪽 약 1,000m의 산 위에서 적 약 300명이 진지를 점령했다. 우리 척후가 그 고지 아래 도착했을 때 적에게 사격을 당했다. 소대는 주력이 북쪽에서, 일부가 남쪽에서 공격을 개시했다. 오후 6시에 적은 점차 서남쪽으로 퇴각하기 시작했다. 소대는 즉시 적의 진지를 점령하고 맹렬한 추격 사격을 했다.

적의 사상자 불명, 노획품은 한국 말 1필, 화승총 1정, 그 밖에 탄약 약간. 우리 쪽 사상자 없음.

보병 제14연대 제8중대
연곡사(鷰谷寺, 구례 동북쪽 4리) 부근 전투

연곡사 부근(구례 동북쪽 4리) 정찰을 목적으로 10월 11일 오전 7시에 광주(光州)를 출발하여 옥천·곡성·구례를 거쳐 16일 연곡(구례 동쪽 약 3리)에서 숙영했다. 중대는 이 부근에서 다음과 같은 정황을 알게 되었다.

연곡사에는 약 200명의 적이 있다고 한다. 중대는 이 적을 소탕할 목적으로 17일 오전 0시 30분에 화개장으로 전진하는 중 삼신촌(연곡사 동북쪽 약 1리) 부근에서 쌍계사 방향으로 2~3발의 총성을 듣고 계속 전진하는 중에 삼신촌 남쪽 약 2,000m에서 진해만 중포병대대 소속 도코로(所) 소위가 이끄는 소대와 조우했다. 이 소위의 말에 따르면, 칠불사(七佛寺, 연곡사 동북쪽 약 1리)에는 적 1,000명이 있으며 양식과 금전을 징발하여 저장하는 적의 창고가 있다고 한다. 이에 도코로 소위를 우리 지휘 아래 두고 그에게 2분대를 증가시켜 동이 틀 무렵에 연곡사를 공격하게 했으며, 중대는 동이 틀 무렵에 칠불사를 공격할 목적으로 즉시 출발했다. 전진하는 중에 삼신촌 부근에서

2~3발의 총성을 듣고 정찰 중에 적 4명과 충돌하여 그중 2명을 죽였다. 계속하여 약 1,000m 정도 행진했을 때 몇 발의 총성을 들었으며, 부근 일대가 어둠이 더욱 깊어지는데도 소요가 더 심해졌다. 척후를 파견했으나 달이 이미 지고 어둠이 내려서 지척을 분간할 수 없었다. 더욱이 도로가 험하고 계곡이 깊어서 나아갈 수가 없었다. 할 수 없이 이곳에서 정지했다가 오전 5시 반에 다시 움직여 오전 6시에 쌍계사(연곡사 동남쪽 약 1리 반)를 습격했으나 적은 이미 도주하여 성과가 없었다. 오전 7시에 칠불사에 도착했으나 적이 이미 도망한 후라서 도코로 소대는 오전 6시 30분에 연곡사 동쪽 약 100m의 고지를 점령하고 공격을 개시하여 수괴 고광순(高光洵) 이하 14명을 죽였다. 연곡사는 적의 소굴이므로 다시 적이 이곳을 차지할 것을 우려하여 불을 질렀다.

우리 쪽 사상자 없음.

진해만 요새 중포병대대 스나바(砂場) 소대
반야봉(盤若鋒, 지리산 서쪽) 부근 전투

소대는 산청·함양을 거쳐 10월 16일 도마천(都馬川)에 도착하여 그곳에서 그날 밤 야영했다. 이튿날 오전 5시에 그곳을 출발하여 칠불산으로 향하는 도중에 적의 척후 및 몇 명 안 되는 적을 몰아내고 반야봉 동쪽 2,000m인 표고 1482의 산등성이에 도착했다. 그 지점에서 신의(信義, 칠불산 동북쪽 1리)에서 적 15명과 조우하여 적을 무너뜨리고 칠불사에 도착했으나 적이 이미 퇴각한 후여서 성과를 거두지 못했다.

진해만 요새 중포병대대 도코로(所) 소대
연곡사(지리산 서남쪽 5리) 부근 전투

　도코로 소대는 10월 16일 오후 7시 30분에 출발하여 급행으로 그날 밤 12시에 화개장대[花開場岱, 하동 동북쪽 6리]에 도착하여 일부는 구례로 통하는 도로를 경계하고, 주력은 쌍계사로 향했다. 17일 오전 1시 30분 삼신촌에서 광주 수비 보병 제14연대 제8중대와 조우했다. 여기서 제8중대는 칠불사를, 소대는 연곡사를 공격하기로 협의하고 소대는 전진을 계속하여 오전 6시 30분에 신기(화개장대 서북쪽 1리)를 정찰했더니 적의 척후가 퇴각하는 것을 알고 연곡사로 향했다. 소대는 연곡사 동남쪽의 고지에서 공격했는데 적 약 100명이 절 안에서 퇴각하기 시작했으므로 맹렬한 추격 사격을 행하여 오전 10시에 사격을 중지했다.
　적이 버리고 간 사체 14, 노획품은 소총 4정, 그 밖에 잡품 약간, 우리 쪽 사상자 없음.

보병 제50연대 제11중대 오오키(大木) 소대
진부 부근 전투

　10월 19일 오전 8시에 적 약 250명(그중 한국군 병사 약 100명)이 진부 서북쪽 고지에 산개하여 진부 분견대를 향해 사격을 시작했다. 오오키 소위는 하사 이하 20명을 지휘하여 즉시 응사했으나 적은 고지를 근거로 완강하게 저항했다. 교전 약 4시간 후 적은 서북쪽으로 퇴각했으므로 소대는 맹렬하게 추격하여 마침내 무너졌다.
　적이 버리고 간 사체 5, 우리 쪽 사상자 없음.

보병 제51연대 제9중대 양말(糧秣) 호위병
운전리[雲田里, 장전점(長箭店) 동남쪽 1리] 부근 전투

10월 20일 오전 7시 양말[1] 호송을 위해 장전점(長箭店)을 출발한 병졸 2명은 운전리(雲田里)에서 적 약 70~80명과 마주쳤는데 호위병은 교전 약 1시간 만에 그들을 남쪽으로 격퇴했다. 또한 고성에서 장전점으로 파견된 상등병 이하 2명의 척후는 운전리 서쪽 약 500m의 밭에서 적 약 70~80명의 사격을 받았으나 교전 약 30분 후 그들을 서쪽으로 격퇴했다.

적의 사상자 수는 불명이며 노획품은 말 1필, 우리 쪽 사상자 없음.

보병 제50연대 제9중대 우에무라(上村) 척후
통천(通川) 부근 전투

10월 19일 통천 부근에 나간 우에무라 척후는 20일 새벽에 약 80명으로 구성된 적에게 습격을 당했다. 적은 통천 동북쪽 고지를 점령하고 사격을 개시했다. 교전 약 30분 후 적은 더욱 전진했으나 칼을 뽑아 들었던 지휘관이 우리 화력 때문에 죽자 적은 원산 가도 방향으로 퇴각했다. 척후는 약 1리를 추격하여 적을 완전히 무너뜨렸다.

적이 버리고 간 시체 1, 부상자 1, 노획품 칼 1자루, 우리 쪽 사상자 없음.

---

1 양식과 말먹이.

보병 제51연대 제9중대
고성 분견대 전투

10월 20일 해뜨기 전에 적 약 350명은 서남쪽에서 몇 무리로 나누어 각 방향에서 전진해왔다. 오전 5시에 고성을 포위하여 고성 부락 안으로 침입하여 방화했다. 적은 나팔을 불면서 동시에 사격을 개시했다. 분견대는 즉시 산병호(散兵壕)[2]에 의해 그들을 방어했다. 적은 완강히 저항할 뿐 아니라 점점 전진해왔으나 분견대는 용감하게 싸워서 5시간 후 적을 모두 격퇴했다.

적이 버리고 간 시체 2, 포로 1.

노획품 한국 말 1필, 화승총 4정, 그 밖에 잡품 약간. 우리 쪽 사상자 없음.

보병 제52연대 제5중대 사이카미(才神) 분대
은율군(段栗郡, 황해도) 부근 전투

은율(段栗) 부근 정찰을 목적으로 10월 19일 오후 8시 30분에 진남포를 출발하여 20일 오전 6시 30분에 금산포(金山浦)에 상륙했으며, 오전 8시에 금산포를 출발하여 오전 10시 30분에 은율 군아에 도착했다. 그곳에서 군수 및 주사(主事)에게 다음 정황을 들었다.

10월 17일에 군수의 집과 분파소(分派所)를 습격한 16명의 적은 점차 증가하여 약 500명에 이르렀다. 그리고 현재 달천[達泉, 문화(文化) 서남 약 6리] 서남쪽 약 2리인 한산사(寒山寺)에 집합했다.

같은 날 오후 2시에 은율을 출발하여 급히 달천으로 향했다. 오후 9시까지

---

2 보병을 위한 호.

달천 및 한산사 부근을 수색했으나 적을 발견하지 못했다. 그날 밤 분대는 달천 서쪽 약 1리인 초리방(草里坊)에서 숙영했다. 그날 밤 그 지역 동장에게서 얻은 정황은 다음과 같다.

한산사 부근의 적은 일본병이 오는 것을 알고 모두 그 모습을 감추었으나 비산사(飛山寺, 달천 북쪽 약 2리)에서 2~3일 전부터 약 50명의 적이 숙영한다고 한다.

이러한 정황에 따라 21일 오전 5시에 초리방을 출발하여 비산사로 향해 수색한 결과 폭도가 몇 명 있다는 것을 알고 그 절의 동남쪽 약 500m의 고지를 점령하여 사격을 개시하자 적은 낭패하여 사망자 2, 부상자 2를 남기고 문화 방향으로 퇴각했다. 우리 쪽 사상자 없음.

보병 제14연대 제6중대 소하라(曾原) 소대
진안 부근 전투

진안 남쪽 약 1리에 있는 마이산 부근에 있는 약 200명의 적이 진안을 습격하겠다고 장담하고 있다는 보고를 접하고, 소하라 특무조장은 하사 이하 30명을 이끌고 10월 20일에 진안을 향해 출발했다. 21일 처사동(處士洞)에 도착하여 다음과 같은 정보를 얻었다.

약 100명의 적은 심원암(深院庵, 용담 서남쪽 약 4리)에 있다고 한다.

22일 오전 10시에 처사동(용담 서쪽 약 3리 반)을 출발하여 중산(中山)을 거쳐 심원암을 향했다. 오후 0시 10분에 소대가 심원암 북쪽 약 2,000m의 산등성이에 도착했을 때 심원암 부근에서 오는 마을 사람을 통해 심원암에는 약 100명의 적이 있고 게다가 절의 문전에 10명의 보초가 있다는 것을 알게 되어 이를 공격하기로 결정했다.

오후 0시 30분에 소대가 심원암 북쪽 약 700m의 산등성이를 점령하자 적의 보초가 사격을 가했다. 소대가 이에 응사하자 적은 미리 준비를 한 듯이 심원암 북쪽의 고지를 점령하여 응전했다. 소대가 1개 분대를 서쪽으로 파견하여 높은 데에서 적을 사격하게 하자 적은 낭패하여 퇴각하기 시작했다. 소대는 즉시 전진하여 심원암 북쪽의 고지 능선을 점령하고 골짜기로 퇴각하는 적을 사격하여 그중 4명을 죽이고 심원암으로 돌격했다. 동쪽 골짜기를 향해 패주하는 적을 1개 분대에게 추격하게 했다.

적의 주력이 남쪽으로 퇴각했으므로 소대는 추격을 계속하여 벽조리(磨造里, 심원암 남쪽 약 1,000m)의 산등성이를 넘어 그곳 남쪽의 이름없는 부락에 이르러 추격을 중지했다. 적은 고산 방향으로 퇴각했다.

적이 버리고 간 시체 15, 포획 1, 노획품 화승총 10정, 조선 칼 1자루, 기타 잡품 약간, 우리 쪽 사상자 없음.

보병 제51연대 제4중대 호리카와(堀川) 분대
서창리(西倉里, 충주 동쪽 약 4리) 부근 전투

제천행 여러 가지 양식을 휴대하는 인부 40명, 말 10필을 호위하여 10월 23일 충주를 출발한 호리카와 상등병 이하 7명은 24일 오전 8시경 서창리에서 적 약 500명의 습격을 받았다.

이보다 앞서 박달령(朴達嶺, 충주 및 제천가도 위) 채보초장(遞步哨長) 가와우치(河內) 상등병은 서창리 방향에서 격렬한 총성을 듣고 부하 4명을 이끌고 급히 서창리에 도착하자 호리카와 상등병 이하가 적과 교전 중이어서 호위병과 협력했다. 교전 약 30분 후 전면 약 100m의 고지에 있는 가장 가까운 폭도를 격퇴하는 한편, 전신 가설을 엄호하는 우시다(牛田) 소대에 통보했다. 이어서 병졸 2명을 화물 감시를 위해 남기고 나머지는 전방 약 1,500m의 고지에 있는 적을 향해 전진했다. 오전 10시 30분 우시다 소위는 병졸 6명을 이끌고 지원하여 교전 약 1시간 만에 적을 전부 무너뜨렸다.

적이 버리고 간 시체 8, 우리 쪽 손해 없음.

보병 제47연대 상주 수비대
선산(善山) 부근 소탕

인동(仁同)·선산·옥산(玉山) 부근에 화적이 출몰하여 마음대로 약탈하고 있다는 보고를 접하고 상주(尙州) 수비대에서 장교가 지휘하는 4종대를 편성하여 이 적을 소탕하려고 했다.

각 종대는 10월 25일부터 10월 29일에 걸쳐 각각 다른 도로에서 적을 소탕했다. 그 결과 내송문(內松門, 옥산 동쪽 약 2리 반) 삼봉[三峯, 개녕(開寧) 북쪽 2리]에서 각 2명을, 도왕동(道王洞, 환미리(丸尾里) 북쪽 부락] 및 구미리에서 각 1명을 포박하여 사살했다. 우리 쪽 손해 없음.

보병 제51연대 제11중대 유아사(湯淺) 소대
관음방[觀音坊, 곤지암(昆地巖) 북쪽 4리] 부근 전투

10월 26일 오후 2시 반에 일진회원에게서 다음 정보를 접했다.

분원(관음방 동남쪽 약 2리) 부근 일대의 적이 관음방·우산동(牛山洞) 각지에 집합해 있다고 한다.

따라서 1개 분대에게 무갑리(武甲里, 관음방 남쪽 약 3,000m)를 거쳐 북부의 건미리(建美里)에서 주력을 이끌고 우산동(관음방 동남쪽 약 1리)을 향하여 전진하게 했다. 약 240명의 적은 우산동 남쪽 3,000m의 고지 일대를 점령하고 우리가 고개를 기어오르는 것을 공격하려는 자세를 보였다. 그래서 먼저 우산동 동남쪽 1,000m 고지를 공격하고 이어서 동남쪽 약 2,000m의 고지에 있는 적을 공격하여 오후 5시 20분에 그 고지 일대를 전부 점령했다. 그런데도 우산동 서남쪽에 있는 적은 여전히 정지해 있기 때문에 그 고지를 공격하여 오후 6시에 이곳의 적을 서남 곤봉(昆峯) 방향으로 격퇴했다. 적의 사상자는 불명확하지만 마을 사람들 말에 따르면 적은 8명이 부상했다 한다.

우리 쪽 사상자 없음.

보병 제51연대 제11중대 양근 부근 전투

10월 26일 오후 3시 40분에 한강 하우(河盂) 토벌대(보병 제51연대 제11중대)는 일진회원에게서 다음 정보를 얻었다.

양근 서북쪽 약 1리 반 고읍(古邑)에 적 400~500명이 모여 있는데 전날 와서 복포노대곡(伏浦魯大谷, 양근 서북쪽 2리) 부근에서 총 쏘는 사람을 모집 중이라고 한다.

따라서 중대가 즉시 공격 전진하자 적은 고읍에서 북쪽으로 퇴각했다. 중대의 일부는 복동(福洞, 고읍 북쪽 약 3,000m) 부근까지 계속 진격하여 그중 3명을 죽였다. 우리 쪽 손해 없음.

보병 제51연대 제11중대
사나사(舍那寺, 양근 북쪽 약 1리) 부근 전투

10월 27일 오전 4시 동행한 순검 및 일진회원의 보고에 따르면, 적이 사나사에 집합했다 하므로 이를 포위 공격할 목적으로 오전 6시에 양근을 출발하여 사나사 동남쪽 고지를 점령했다. 이때 적은 먼저 우리의 전진을 알고 사방으로 흩어져 대부분은 서북쪽으로 퇴각했다. 고읍 북쪽 고지를 점령한 우리 1부대는 산 위에서 추격 사격을 하여 적 3명을 죽이고 한 명에게 부상을 입혔다. 우리 쪽 손해 없음.

보병 제47연대 제8중대
문안동[問安洞, 구화장(九化場) 서북쪽 2리 반] 부근 전투

고랑포[高浪浦, 장단(長湍) 북쪽 약 3리] 부근 정찰을 위하여 개성에서 출발한 소대는 10월 27일 오후 1시 30분에 장단에 도착했다.

장단 마을 사람의 말에 따르면, 그저께 적 약간 명이 고랑포에 침입하여 현재 장단을 향하여 전진하고 있다고 한다. 오후 11시경 고랑포에서 온 마을 사람의 말에 따르면, 적 약 300명이 고랑포에 들어가 북쪽으로 갔다고 한다.

소대는 28일 오전 3시 40분에 장단을 출발하여 6시 40분 고랑포에 도착했다. 적은 구화장(고랑포 북쪽 약 3리)으로 갔다고 한다. 소대는 급행하여 오후 0시 반 구화장에 도착했다. 10월 29일 오전 5시 구화장을 출발하여 북쪽으로 향하여 행진했다. 오전 7시 20분에 문안동(問安洞) 부근에서 산 위에서 적 약 12~13명이 사격을 가했다. 이때 우리 병사 1명이 경상을 입었으며, 소대는 즉시 응전했다. 적이 북쪽으로 퇴각하여 추격했으나 짙은 안개 때문에 결국 그 종적을 잃고 말았다. 적의 사상자는 불명, 노획품 칼 1자루, 잡품 약간, 우리 쪽 사상자는 경상 1명, 10월 30일에 소대는 개성으로 귀환했다.

보병 제14연대 제11중대
가지쿠리(梶栗) 척후 청운(靑雲, 청송 남쪽 약 1리) 부근 전투

10월 29일 가지쿠리 상등병 이하 6명은 보조원 2명과 더불어 오전 5시 30분에 청송을 출발하여 오전 6시 30분에 청운 북쪽 강기슭에서 잠시 휴식한 후 대전(大前, 청운 남쪽)을 향하여 출발했다. 오전 7시에 청운 남쪽 약 100m 지점에 도착하자 갑자기 서쪽 약 300m의 고지 위에서 약 300명 정도인 적의 사격을 받아 우리 병사 1명이 부상을 입었다.

척후는 즉시 사격을 개시했으나 적은 지형을 교묘하게 이용하여 조준하기가 매우 어려웠다. 더욱이 우리는 적에게 사격을 당하는 불리한 위치에 있어서 우선 부상자를 수습하여 청운으로 후퇴하여 졸 1, 보조원 1명에게 부상자의 호위를 맡아서 남게 하고 척후는 청운 서쪽 고지를 점령하여 맹렬한 사격을 가했다. 적은 점차 서남쪽으로 퇴각했으므로 척후는 급히 추격하여 산정에 도달하여 패주하는 적에게 추격 사격을 가했다. 오전 7시 50분에 전투를 끝내고 청송으로 돌아왔다.

이 전투에서 적이 버리고 간 시체 2, 부상자는 5명이 넘는다. 노획품은 화승총 1정. 우리 쪽 손해는 병졸 1명이 부상 후 사망했다.

보병 제47연대 제10중대 미기타(右田) 소대
암내(岩內, 석교 서북쪽 약 1,200m) 부근 전투

석교촌(죽산 동남 약 3리 반) 부근의 적의 상황을 정찰하기 위하여 죽산을 출발한 미기타 소대는 10월 30일 오전 9시에 석교촌을 수색하던 중에 일진회원에게서 다음 정보를 접했다.

전날 밤 약 30명의 적이 금정(석교촌 서남 약 1리)에 와서 현재 약탈 중이라고 한다.

따라서 소대는 이 적을 소탕하기 위하여 전진 중에 암내(岩內, 석교 서쪽 약 1,200m)에서 3명의 적이 서남쪽으로 도주하는 것을 발견하고 그중 1명을 죽였으나 금정 부근에서는 적을 보지 못했다. 우리 쪽 손해 없음.

보병 제47연대 제10중대 나카하라(中原) 소대
고초리(苦草里, 금량장 동남쪽 약 2리) 부근 전투

10월 30일 소대는 노곡(금량장 남쪽 약 2리)을 출발하여 산을 넘어 오전 9시에 고초리 서남쪽 고지에 도착했다. 이때 망을 보던 적의 보초인 듯한 1명이 우리를 보고 퇴각했다. 따라서 소대는 고초리에 적이 있다는 것을 알게 되어 망보던 보초가 퇴각한 방향으로 급진했더니 과연 고초리에 약 50명의 적이 있었다. 그들은 우리가 전진하는 것을 보자 놀라서 퇴각하기 시작했다. 그래서 소대는 즉시 사격을 개시했다. 고초리 남쪽 부락에 있던 적 약 200명은 우리의 사격을 듣고 대부분이 남쪽으로, 일부는 서북쪽으로 퇴각했다. 소대는 주력이 퇴각한 방향으로 추격하여 죽산 북쪽 3리에 있는 백암장 부근에 이르러 적을 전부 무너뜨렸다.

적이 버리고 간 시체 22, 노획품은 소총 12정(그중 8은 화승총), 칼 1자루, 기타 잡품 약간. 우리 쪽 사상자 없음.

보병 제50연대 제12중대 우편 호위병
준양(准陽) 부근 전투

10월 30일 오전 6시경 약 50명으로 구성된 적은 준양 북쪽 약 1리 지역에서 전봇대를 쓰러뜨리고 준양 북쪽 고지 끝을 점령하여 그 일부는 북쪽에서 준양에 침입하여 난사를 퍼부었다. 당시 준양에 있던 우편 호위병 4명은 준양 북쪽 고지의 동쪽에서 적과의 거리 약 50m의 지점에서 구축되는 산병호(散兵壕)를 점령하여 맹렬히 사격을 개시했다. 잠시 후 적은 점차 퇴각하기 시작했으며, 이때 고산 수비대로부터 시라이(白井) 대위의 1대가 준양에 도착하는 것을 보자 남쪽으로 퇴각했다.

적의 사상자는 불명이며, 우리 쪽 손해 없음.

보병 제14연대 제7중대 연락병
두계[豆溪, 연산(連山) 동북쪽 약 2리] 부근 전투

11월 2일 언산에서 신녕(鎭岑)으로 파견된 연락병 2명은 오전 9시경 연산 동북쪽 2리 두계 부근에서 적 약 50명과 충돌하여 즉시 사격을 가했다. 교전 약 30분 만에 적이 점차 서쪽으로 퇴각했으므로 연락병은 연산으로 후퇴했다. 이에 상등병에게 병졸 2명을 붙여 적의 상황을 정찰하자 적의 망보는 보초인 듯한 자를 두계 부근에서 발견하여 즉시 사격을 개시했으나 적은 응사하지 않고 진산 방향으로 퇴각했고 마침내는 그 종적을 잃었다. 이 전투에서 적은 시체 1구를 버리고 갔다. 마을 사람의 말에 따르면, 부상자가 2~3명 있었다고 한다. 우리 쪽 손해 없음.

임시 파견 기병 제2중대 우편 호위병
가평(加平) 부근 전투

춘천과 청평천(淸平川) 사이의 우편 호위병인 기병 상등병 이하 5명은 11월 3일 가평의 서북쪽 약 2,000m의 산등성이에서 적 약 30명과 마주쳐 약 30분간 교전한 후 그들을 북쪽으로 격퇴했다.

적의 사상자는 불명이며, 우리 쪽 손해는 없음.

보병 제52연대 제12중대 호소야(細谷) 분대
석현(청평천 서남쪽 약 1리) 부근 전투

10월 30일 이래 정찰 결과 1,000명으로 구성되었다고 장담하던 적은 10월 24일경부터 수막동(水幕洞), 청평천, 내마산동(內馬山洞, 청평천동 서쪽 약 2리) 부근을 근거로 하여 때때로 부근의 촌락에서 물자를 징발해왔으나 10월 29일 가평(청평천 동북쪽 약 4리) 방향으로 갔다는 것을 알게 되었다. 종래 내마산동·수막동 부근에 척후를 파견하여 정찰을 계속했으나 11월 4일 청평천에서 출발한 호소야 상등병 이하 9명은 오후 4시 반 석현 남단에서 석현 북쪽 고지 및 지우리(芝尤里) 북쪽 및 동쪽 고지 위의 적 약 200명(그중 한국군 병사 70~80명을 포함)에게 사격을 당했다. 교전 약 1시간 후 적은 사격을 중지하고 북쪽 숲속으로 퇴각했다. 척후는 잠시 정지한 후 귀대했다.

적의 사상자 불명, 우리 쪽 손해 없음.

보병 제52연대 제2중대 마쓰다(松田) 척후
광탄(廣灘) 부근 전투

경성 보병 제52연대 제2중대에서 양근으로 파견된 정지 척후 마쓰다 특무조장 이하 12명은 11월 4일 오후 5시 광탄에 적 약 150명이 집합해 있다는 보고를 접했다. 11월 5일 오전 5시에 척후는 양근을 출발하여 광탄을 향해 급히 전진했다. 오전 8시 묵천(지평 서쪽 약 1리 반) 동쪽 약 1,000m에 이르렀을 때 묵천의 동쪽 고지 기슭에 있는 이름 없는 부락에 적 5~6명이 경계하고 있는 것을 알고 척후가 약 200m까지 전진하여 사격을 개시했더니 약 30명의 적은 가옥 안에서 나와 즉시 북쪽 지덕리(芝德里) 방향으로 퇴각했다. 척후가 그들을 추격하여 무찌르자, 적은 산속으로 도망했다.

적이 버리고 간 시체 10, 노획품 화승총 6정 외에 잡품 약간, 우리 쪽 손해 없음.

척후는 오전 11시에 광탄에 이르렀으나 적을 보지 못했다.

보병 제51연대 사카베(坂部) 지대 광탄 부근 전투

지평 부근의 토벌을 위해 경성에서 파견된 사카베 시내는 11월 7일 오전 5시에 광탄을 출발하여 동상면(東上面) 부근에서 적 약 150명과 마주쳐 이를 격퇴하고 석실(石室)·삼산(三山)·월리대(月里岱) 부근을 소탕했다.

적이 버리고 간 사체는 30, 우리 쪽 손해 없음.

사료 07
한주군 각지에서의 전투상보 제출 건(1907. 12. 6)

자료명	韓駐軍 各地に於ける戰鬪詳報提出の件
생산자	韓國駐箚軍參謀長 牟田敬九郞
생산시기	1907年 12月 6日
소장기관	日本 防衛省 防衛硏究所
문서정보	陸軍省-密大日記-M41-3-6(C03022909000)

密受 제440호 韓參報 제140호

1907년 12월 6일

한국주차군 참모장 무타 게이쿠로(牟田敬九郞)

육군 차관 남작 이시모토 신로쿠(石本新六)

별책 각지에서의 전투상보 제7, 1부를 제출합니다.

보병 제50연대 제4중대

남평촌(南坪村, 정선 북쪽 1리 반) 부근 전투

10월 23일 남평(南坪)에 적 30명이 침입하여 금전과 미곡을 징발하고 배까지 파괴했다는 보고를 접하고 24일 상등병 이하 6명의 척후를 파견하여 여량(餘糧)과 정선 사이를 수색하게 했다. 척후는 본도에서 남평 촌락을 향하여 전진하여 약 60명의 적이 있는 것을 발견하고 즉시 사격을 가했다. 적은 허둥지둥 낭패하여 약 5분간 응전하더니 무너져 서북쪽으로 퇴각했다. 척후는 이를 약 2,000m 추격했으나 지형이 험악하여 마침내는 종적을 잃고 말았다.

적이 버리고 간 시체 7, 부상자 5명, 노획품은 화승총 5정, 단발총 2정, 그 밖에 탄약 약간. 우리 쪽 사상자 없음.

보병 제50연대 제4중대 평안 분견초(分遣哨) 전투

10월 25일 오전 5시 30분 적 약 100명이 평안 동북쪽 고지 및 북쪽 고지에 나타나 분견초에 대해 사격을 개시했다. 이에 분견초소는 약 3시간 교전한 후 적을 격퇴했다. 적의 주력은 평창 방면으로, 일부는 정선 방향으로 퇴각했다.

적의 사상자 불명, 우리 쪽 손해 없음.

보병 제51연대 제1중대 야마모토(山本) 소대
둔촌(屯村, 횡성 서쪽) 부근 전투

10월 26일 소대는 원주를 출발하여 횡성으로 향했다. 소대가 여주(麗州) 수비대와 호응할 목적으로 서쪽 둔촌 부근에 도착했을 때 갑자기 양쪽 측면 및 서쪽에서 적에게 맹렬한 사격을 당했다. 소대는 즉시 응사하여 약 2시간 동안 교전한 후 적을 추격하여 서쪽으로 몰아냈다.

적이 버리고 간 시체 약 35, 우리 쪽 손해 없음.

보병 제14연대 제4중대 구마자와(熊澤) 소대
죽령(풍기 서북쪽 약 3리) 부근 전투

자원이 풍부한 풍기를 탐내 적은 종종 죽령을 통과하려고 시도하여 10월 28일 이래 죽령 북쪽 기슭에 집합했다는 보고를 접했다. 소대는 이 적을 공격하기로 결정하고 11월 20일에 영천을 출발하여 23일 오전 3시 죽령 북쪽 기슭에 있는 약 400명의 적을 야습하여 격퇴했다.

적이 버리고 간 사체는 8, 부상자 40 이상. 우리 쪽 손해 없음.

보병 제51연대 제4중대 후지타(藤田) 소대
음실(邑室, 충주 동쪽 3리) 부근 전투

10월 30일 충주에서 청풍으로 향하는 가도 위 화실촌(花實村)에서 적 약 300명이 숙영하고 있다는 정보를 접하고 토벌을 위해 즉시 후지타 소위 이하 30명을 충주로부터 파견했으나 적은 이미 퇴각한 후였다. 이를 추격하여 오후 6시에 음실에 이르러서 적을 따라잡아 1시간 반 교전한 후 적을 동쪽으로 격퇴했다.

적이 버리고 간 시체 16, 우리 쪽 손해 없음.

보병 제51연대 제4중대 우시다(牛田) 소대
박달령(충주 동북쪽 5리) 부근 전투

10월 31일 충주와 평창 사이 전선 가설 호위를 끝내고 돌아가는 길에 우시다 소대는 오전 11시 반경 박달령 부근에서 약 400명의 적과 마주쳐서 약

1시간 교전한 후 적을 북쪽으로 몰아냈다.

적의 사상자는 불명, 우리 쪽 손해 없음.

보병 제47연대 제3중대 마에다(前田) 소대
장암[화녕장(化寧場), 북쪽 약 4리] 부근 전투

적 약 80명이 장암 부근에서 물자를 징발 중이라는 보고를 접하고, 소대는 이 적을 소탕하기 위하여 11월 1일 오전 6시 함창을 출발하여 장암으로 향했다. 소대는 오후 3시 40분 장암에 도착하여 다음과 같은 적의 상황을 파악했다.

지난 10월 30일 한국군 병사를 포함하여 약 60명의 적은 화녕장 방면에서 와서 산막[장암 서쪽 약 1리 운장대(雲長臺) 산중에 있음]으로 들어갔다고 한다.

소대는 즉시 이 적을 공격하기로 결정하고 오후 4시에 장암을 출발하여 산막으로 급히 향했다. 소대가 운장대의 산기슭에 도착하자 적의 감시병인 듯한 자가 산막을 향하여 도주했다. 따라서 소대는 적을 추격하여 전진했으나 산이 험준하고 길도 없어서 쉽게 오르지 못했다. 간신히 바위 사이를 올라 오전 5시 40분에 산막에 도달했다. 이때 적의 대부분은 이미 도주하고 불과 20명의 적이 바위 사이로 도망쳤으므로 맹렬히 사격을 가했으나 적은 깊은 산속으로 달아났다. 그러나 날이 이미 저물었기 때문에 추격을 계속하기는 어려웠다.

적이 버리고 간 사제 2, 부상자 5명, 우리 쪽 사상자 없음.

보병 제51연대 제2중대 아야베(綾部) 소대
하일리(河日里, 평창 북쪽 1리 반) 부근 전투

소대는 11월 2일 오후 1시 적 약 400명이 평창 북쪽 1리 반의 하일리에서 물자를 징발하는 중이라는 보고를 접하고 토벌하기 위하여 즉시 평창을 출발하여 오후 2시 30분에 하일리에서 적 약 200명과 충돌하여 약 1시간 교전하고 적을 북쪽으로 몰아냈다.

적이 버리고 간 사체 13, 우리 쪽 손해 없음.

보병 제52연대 제12중대
상방동(上方洞, 춘천 서쪽 약 1리) 부근 전투

적 약 400명이 상방동에 집합해 있다는 보고를 접하고 중대는 11월 3일 오전 3시 40분 춘천을 출발하여 상방동으로 향했다. 오전 5시에 상방동에 도착하여 마을 안을 수색하여 적인 듯한 자를 발견했다. 마을 사람에게 적의 상황을 캐물으니 후환을 두려워하여 사실을 말하지 않았다. 중대가 다시 서쪽으로 진격하여 오전 6시 40분에 첨병이 상방동의 서쪽 끝 부락 100m에 접근하자 적이 중대의 전진을 알고 갑자기 소요를 일으켜 서쪽 산악의 소나무숲을 향해 도주하는 것을 발견했다. 첨병은 즉시 사격을 시작하고 이어서 소대도 첨병의 좌우에 붙어 사격을 개시했다. 적은 응전을 계속하면서 도주했고, 중대는 약 1리 정도 적을 추격하다가 추격을 중지했다.

적이 버리고 간 사체 15, 포로 5, 노획품은 소총 8정, 칼 6자루, 기타 잡품 약간. 우리 쪽 손해는 병졸 1명이 경상을 입음.

보병 제47연대 제1중대 고우노(河野) 소대
길곡촌(拮谷村, 단양 남쪽 약 2리) 부근 전투

　예천(醴泉) 수비대장 고우노 중위는 단양 부근 정찰을 위해 하사 이하 12명을 이끌고 11월 5일 예천을 출발하여 오후 9시 30분에 내미촌(來美村, 단양 남쪽 약 3리)에 이르렀다. 약 300명의 적이 길곡촌에서 숙영하고 있다는 것을 탐지하여 야습할 목적으로 전진했다. 11월 6일 오전 2시 길곡촌에 도착하자 적의 경계가 엄중한데다 밤이 깊어서 길을 전혀 몰랐으므로, 옆의 고지 위에서 야영하고 동이 틀 무렵을 기하여 공격으로 전환했다. 적 약 200명은 응사하면서 각 방면에서 우리를 포위하고 가깝게는 50m까지 접근했다. 격전은 4시간을 넘겼지만 적은 완강하게 저항하며 퇴각하지 않았다. 더욱이 우리 간호수 1명이 부상했으므로 일단은 길곡촌에서 물러나기로 결정하고 한쪽의 적을 격퇴하고 혈로를 뚫어 부상자를 수습하여 7일 오후 3시 예천으로 돌아왔다. 이 전투에서 적의 전사자로 확인되는 자는 28명, 우리 쪽 사상자는 경상 1명.

보병 제52연대 제11중대 나카무라(中村) 소대
이천(伊川) 부근 전투

　이천 부근이 불온하다는 보고를 접한 토산 수비 나카무라 소대는 11월 5일 오전 8시 30분에 토산을 출발하여 이천으로 향했다. 오후 2시에 남쪽 약 4,000m 산등성이에서 이천 부근을 전망해보니 이천에 화재가 일어났는데 피난민에게 들으니, 이천 북쪽 고지에 적 약 100명이, 이천 서남단에 약 50명의 적이 경계하고 있다고 한다. 이에 소대는 급히 이천 서남단을 향하여 전진했다. 오후 2시 30분에 소대가 이천 서남쪽 다리에 도착, 즉시 산개하여 마을 끝의 적을 공격하자 적은 잠시 후 패주했다. 소대는 퇴각하는 적을 추격하여 이천 북쪽에 진출했다. 그리고 북쪽 고지의 적을 공격했으나 적은 지형적 우위를 점하고 그 우세함을 믿고 완강하게 저항했으므로 소대는 점차 전진했다. 적이 마침내 동요하는 모습을 보이자 소대는 즉시 돌격하여 적의 진지를 점령하고 맹렬한 추격 사격을 가했다.

적이 버리고 간 사체 3, 포로 1, 노획품은 화승총 2정, 창 1자루, 그 밖에 잡품 약간, 우리 쪽 사상자 없음.

보병 제52연대 제1중대 아베(阿部) 소대
평안남도 맹산 부근 전투

소대는 적의 근거지인 대평리(大坪里, 맹산 서남 6리) 부근을 수색하기 위하여 11월 4일 인천을 출발하여 11월 5일 오전 9시 50분 대평리 서쪽 고지에 도착했다. 정황을 정찰해보니, 대평리는 매우 고요해 보였다. 척후를 1명 파견하여 마을 안을 정찰하자 적 약 30명이 갑자기 촌락 서단에 산개하여 사격을 개시했다. 소대는 즉시 산개하여 적을 공격했고, 10분간 교전한 후 적이 동북쪽으로 퇴각하자 소대는 추격하며 맹렬한 사격을 가했다. 적이 버리고 간 사체 1, 포로 1, 우리 쪽 사상자 없음.

이튿날인 6일 오전 7시에 소대가 구룡포(맹산 서남쪽 약 3리)를 출발하여 오전 8시 50분에 매화현(구룡포 동쪽 약 2,000m) 동쪽 약 2,000m의 언덕길에 이르렀을 때 적 약 60명이 산등성이의 서쪽 고지에서 나타나 우리를 향하여 사격했다. 따라서 소대는 졸 3명에게 도로 위에서 엄호사격하도록 하고 주력은 고지의 돌출부를 이용하여 적에게 육박했다. 적이 우리 군의 우회 움직임을 재빨리 알아차리고 동쪽으로 퇴각했으므로 소대는 맹렬한 추격 사격을 했다. 오후 1시 맹산 남쪽 고지에 도착했을 때 적 약 200명이 맹산 서쪽 고지를 점령하고 우리의 전진을 막는 듯했다. 소대는 맹산 남쪽 표고 195고지를 점령하여 사격을 개시했다. 교전 약 1시간 만에 적은 북쪽으로 퇴각하기 시작했다. 소대는 적의 진지로 돌입했으나 적은 재빨리 깊은 산속으로 달아나 종적을 감추었다.

적이 버리고 간 사체 6, 부상자 수는 10명 이상. 노획품은 소총 3정, 창 3자루, 기타 탄약 및 화약 다수, 우리 쪽 사상자 없음.

보병 제50연대 제8중대
마전(麻田, 삭녕 서쪽 4리) 부근 전투

중대는 11월 5일 연천(漣川)을 출발하여 스가이(菅井) 특무조장이 이끄는 1소대를 영평으로 파견했다. 이 소대는 오전 10시에 고신리(高新里, 연천 남쪽 2리)에 도착하여 그곳 서쪽 고지에 있는 소수의 적을 격퇴하고 마전 북쪽 고지에서 맹렬한 추격 사격을 가했다.

중대의 주력은 오전 10시에 마을 사람에게서 마전이 적의 포위를 당하고 있다는 보고를 접하고 기병 반 소대를 마전으로 급파했다. 이 기병은 오후 1시에 유진(楡津, 마전 동북쪽 1리) 도선장에서 북쪽 고지에서 퇴각하는 소수의 적을 발견하고 이를 추격하여 물리쳤다. 또한 기병의 지원대인 1개 소대는 오후 1시 10분에 유진에서 그 서쪽 고지를 북쪽으로 퇴각하는 폭도를 발견하여 이를 추격했다. 이어서 중대는 마전에 입성했다.

적은 약 300명으로서 5일 오전 9시경부터 마전을 포위하고 그곳 헌병과 전투중이있으나 오후 1시에 아군이 선신하는 것을 알고 퇴각하기 시작했지만 곳곳에서 요격당하여 많은 손해를 입고 달아났다.

적의 사상자는 불명, 우리 쪽 손해 없음.

보병 제14연대 제4중대 사카이(酒井) 척후
당동(청송 남쪽 약 10리) 부근 전투

의성(義城, 안동 남쪽 약 6리) 부근 정찰을 목적으로 11월 6일 안동을 출발한 사카이 척후(장 이하 10명)는 오후 6시에 의성에 도착하여 적의 상황을 정찰해보니 적은 이미 두암동(斗岩洞, 청송 남쪽 약 9리) 방향으로 물러갔다고 한다. 척후는 8일 오후 0시 30분 당동(두암동 남쪽 약 1리) 북쪽 약 800m에서 적 약 130명이 동진하는 것을 발견하고 즉시 급히 추격하여 당동 남단에 도달하여 약 700m의 거리에서 적의 종대에 급사격을 가했다. 불시에 우리 사격을 받은 적은 낭패했으며, 산개하여 당동 남쪽 산기슭을 점령하고 응사했다. 교전 약 30분 만에 적은 총기와 기타 잡품을 버리고 산 사이를 동쪽으로 도망쳤다. 척후는 퇴각하는 적에게 맹렬한 추격 사격을 가했다. 이 전투에서 적이 버리고 간 사체 21, 부상 약 40, 노획품은 화승총 131정, 화약 10관 및 기타 잡품 약간. 우리 쪽 사상자 없음.

보병 제47연대 제11중대 후지와라(不二原) 분대
덕리(德里, 안성 서북쪽 약 2리) 부근 전투

11월 7일 오전 6시 양성군(陽城郡) 덕리에 적 약 10명이 침입했다는 밀보를 접하고 후지와라 분대는 이를 토벌하기 위하여 안성을 출발했다. 적은 우리 대가 선신하는 것을 탐지한 듯 재빨리 양성 방향으로 도주를 꾀했으나 후지와라 분대는 이를 추격하여 물리쳤다.

적의 사상자는 불명. 노획품은 화승총 6정, 우리 쪽 사상자 없음.

보병 제14연대 제4중대
괴평리(槐坪里, 단양 동남쪽 약 1리) 부근 전투

11월 7일 오전 2시 중대는 죽령을 출발하여 단양을 향하여 오전 9시 가와무라(川村) 소대를 괴평리에 파견하고, 이어서 중대도 괴평리로 향했는데 오전 11시에 그 방향에서 격렬한 총성을 들었다. 11시 40분에 가와무라 소대로부터 다음과 같은 요지의 보고를 받았다.

적 약 300명이 괴평리에 있었으나, 소대가 그곳에 도착하기 전에 괴평리의 남쪽 1,000m의 고지를 동쪽을 향해 퇴각했다. 소대는 처음 그 마을에 들어서는 골짜기 입구에서 4~5명으로 구성된 적의 보초를 발견하고 반 소대에게 괴평리 북쪽 고지를 점령하도록 했다. 소대장 자신이 이를 지휘하면서 퇴각하는 보초를 쫓아 적의 숙영지로 돌입하여 낭패한 적 10여 명을 사살했으며, 그곳 남쪽 고지를 점령하고 남북이 서로 호응하여 주력이 늦어진 남은 적을 압박했다. 때문에 퇴각 중이었던 적의 주력은 괴평리 동남쪽 일대의 고지를 의지하며 응전을 시작했고, 소대는 적의 좌익에서 공격하려 했다.

그래서 중대는 응암동(鷹岩洞, 괴평리 동쪽 약 1리) 방향에서 적의 퇴로를 차단하려 했다. 오후 2시 중대가 응암동 서북쪽 고지에 도착했을 때 적의 일부는 그 마을 동북쪽 고지에서, 주력은 응암동을 향하여 도주 중이어서 중대는 즉시 사격을 개시했다. 오후 2시 25분에 그 마을 동북쪽 고지의 적은 퇴각하기 시작했다. 중대는 적의 진지를 점령하고 북쪽 고지를 향해 퇴각하는 적에게 맹렬한 사격을 가하여 물리쳤다. 마침 눈이 많이 내려 앞이 잘 보이지 않는데다 산이 험준하기 때문에 결국 적의 종적을 잃고 말았다. 적의 사상자는 자세히는 모르지만 그 손해는 50명 이상. 우리 쪽 손해 없음.

보병 제51연대 제11중대 이카다이(筏井) 소대
노안산[魯安山, 삼산리(三山里) 서남쪽 약 2리] 부근 전투

11월 8일 삼산리(횡성 서쪽) 서남쪽 약 2리에 있는 노안산 속에 적 약 200명이 잠복해 있다는 것을 정탐한 이카다이 소대는 급히 노안산에 도착하여 적을 급습했는데, 적은 낭패하여 사방으로 흩어져 대부분은 여주 방향으로 퇴각했다.

적이 버리고 간 사체 28, 우리 쪽 사상자 없음.

보병 제52연대 제5중대 무라카미(村上) 소대
황해도 하현리[下峴里, 달마산(達摩山) 아래] 부근 전투

여러 정보를 종합해보면 적은 달마산[학봉(鶴峯) 동쪽으로 이어진 산]에 근거를 두고 있는 듯했다. 소대는 11월 8일 오전 7시 30분에 뇌기동(雷機洞, 문화 동남쪽)에서 적의 척후 5명과 마주쳐 이들을 몰아내고 급히 달마산 북쪽 1리 지점에 도달했을 때 70~80명의 적이 남쪽 약 2,000m지점에서 달마산 방향으로 퇴각하는 것을 발견했다. 달마산 하현리에 도달하자 적은 점차 증가하여 그 숫자가 약 120명에 달했으며, 달마산 기슭에 산개하여 우리를 향해 사격을 개시했다. 소대는 이들에 접근하여 사격을 시작했다. 잠시 후 적의 일부는 동쪽으로 도주했으나 주력은 아직 산 뒤에 근거를 두고 완강히 저항했다. 오후 2시에 적은 우리가 포위 전진하는 것을 보자 대부분은 몇 대로 나누어 남쪽으로 퇴각하고 오후 3시에 달마산 위로 산개하여 바위로 은폐하여 약 1시간 완강한 저항을 했다. 오후 4시에 소대가 적의 탄환을 무릅쓰고 돌격하자 적은 동남쪽으로 퇴각했다.

적이 버리고 간 사체 1, 부상자 10여 명. 노획품은 소총 8정, 기타 잡품 약간, 우리 쪽 사상자 없음.

임시 파견 기병 제3중대
내장사(內藏寺, 광주 서북쪽 약 8리) 부근 전투

중대는 11월 9일 오전 8시 장성을 출발하여 오후 2시 30분에 정읍(장성 북쪽 약 6리) 순사주재소에서 다음과 같은 정보를 얻었다.

내장사 승려의 통보에 따르면, 적 약 300명이 전날 밤 내장사에 집합했다고 한다.

더욱이 그곳에 사는 일본 인민은 모두 피난 준비를 하고 있는 것을 목격한 중대는 즉시 순사를 길잡이로 삼아 내장사로 향했다.

오후 4시 10분 회룡동(回龍洞, 내장사 서남 약 3,000m) 동북쪽 약 반 리 부근에서 중대장은 도보병 16명을 이끌고 내장사 뒤의 언덕을 올라 내장사 뒷면까지 이르렀으며, 나머지는 아이가(相賀) 중위가 지휘하여 내장사 정면에서 적을 공격하게 했다.

적은 우리가 접근하는 것을 보자 즉시 북쪽 깊은 산속으로 도망쳤다. 중대는 적의 주력을 뒤쫓아 약 25명의 적을 협공하여 그중 3명을 죽이고 7명을 붙잡았다. 노획품은 한국 말 5필, 기타 식량과 말먹이 약간. 우리 쪽 사상자 없음.

보병 제52연대 제11중대 사이토(齊藤) 분대
운활리(雲濶里, 이천 동북쪽 약 2리) 부근 전투

11월 9일 이천 방향 정찰을 위해 토산을 출발한 사이토 분대는 오전 11시에 이천에 도착하여 적의 일부가 운활리 부근에 출몰한다는 것을 탐지하고 그곳을 향하여 전진하는 도중에 기번리(箕番里)에서 적의 척후와 마주쳐 그 중 1명을 죽이고 총 2정을 노획했다. 오후 4시 30분에 운활리에 도착하여 그 동쪽 고지에 있는 적의 전망 보초인 듯한 자를 격퇴하고 그 부근을 수색했으나 아무 것도 얻지 못했다. 우리 쪽 사상자 없음.

보병 제14연대 제6중대
내장사(장성 서북방) 부근 전투

11월 9일 적 약 300명이 내장사에 집합하여 습격한다는 보고를 접하고 중대는 오후 1시 고부를 출발하여 내장사로 향했다. 오후 4시 정읍에 도착하여 다음과 같은 정보를 얻었다.

전주 수비 임시 파견 기병 제3중대는 내장사의 적을 공격할 목적으로 오후 2시 반에 여기를 통과한다고 한다.

중대는 행진을 계속하여 내장사 서남 약 3,000m에 있는 회룡동에서 기병 중대와 마주쳤으며, 기병 중대는 오후 4시 내장사에서 적을 공격했다고 한다. 그러나 중대는 이전의 목적을 실행하기로 결정하고 전진을 계속하여 오후 11시 30분에 내장사 동남쪽 기슭의 이름 없는 부락에 도착하여 중대 일부에게 장성에서 내장사로 통하는 적의 퇴로를 막을 것을 명했다. 그날 밤 4시에 내장사로 향하여 동이 트기 전에 중대장이 이끄는 1대는 내장사 동쪽 일조사(月照寺)에 도착하여 적 3명을 사로잡고 내장사 동쪽 노전사(老殿寺)에서 적 2명을 붙잡았다. 적의 퇴로로 나선 1대는 내장사에서 적 10명과 마주쳐서 그 중 6명을 죽이고 부근의 삼림을 수색하던 중 적 1명을 포획했다. 우리 쪽 사상자 없음.

보병 제14연대 제4중대 가와무라(川村) 소대
서당동(書堂洞, 봉화 북쪽 약 5리) 부근 전투

11월 10일 봉화가 적 약 500명의 습격을 받았다는 보고를 접하고 안동 수비대를 구원하기 위하여 가와무라 특무조장 이하 15명을 봉화에 파견했다. 소대는 오후 7시 10분에 봉화에 도착했다. 읍내는 전부 불타고 건물 한 채도 남지 않았다. 적의 상황을 알고자 했으나 주민은 전부 피난하고 없어서 할 수 없이 오후 8시에 봉화를 출발하여 보전(寶田, 봉화 동북쪽 1리 반)에 이르렀다. 적이 현도(縣道, 봉화 북쪽 약 3리) 방향으로 간 것을 알고 소대는 이를 추격하기로 결정하고 다음 날 오전 1시 20분에 수청거리(水淸巨里, 보전 서북쪽 약 1리)에서 마을 사람에게서 다음과 같이 적의 정보를 얻었다.

적 약 300명이 현도(縣道)에서 식사를 하고(오후 8시경) 서당동(봉화 북쪽 약 5리)에서 노숙한다고 한다.

오전 4시에 현도에 도착했다. 그 마을 끝에 적 2명이 있는 것을 발견하고 그들을 습격하여 그 2명을 죽였다. 소대는 급히 가서 서당동에 도착했다. 적은 소대가 전진하는 것을 알아차리고 북쪽으로 퇴각했다고 한다. 소대가 준엄한 골짜기를 기어올라 약 1,500m 북쪽으로 전진하자 서벽리(西壁里, 봉화 북쪽 약 5리 반)의 서쪽 삼림 속에 적 약 150명이 집합하여 모닥불을 피우고 있는 것을 발견하고 600m 거리에서 맹렬한 사격을 가했다. 적은 낭패하여 북쪽으로 퇴각했다. 소대는 이를 추격했으나 산악이 급경사이고 길이 험하여서 마침내는 그 종적을 잃고 말았다.

적이 버리고 간 사체 18구, 부상 40명 이상. 노획품은 화승총 7정, 기타 탄약, 잡품 약간. 우리 쪽 사상자 없음.

보병 제47연대 제8중대 요시나리(吉成) 분대
황해도 상장양면[上長陽面, 신천(信川) 서쪽 약 3리 반] 부근 전투

11월 12일 오전 7시 30분 분대는 오담(鰲潭)을 출발하여 달마산(학봉 동쪽으로 이어진 산)을 넘어 신천으로 전진하는 도중에 상장양면에 도달했을 때 그 마을 북쪽 끝 삼림에서 적의 보초인 듯한 자 6명을 보았다. 분대가 엄폐하면서 전진했지만 적은 이를 보고 재빨리 퇴각하기 시작했다. 분대는 즉시 사격을 개시했으나 삼림에서 약 50명의 적이 나타나 그 마을 북단 고지에서 응사했다. 분대는 약 30분간 교전하여 적을 서쪽으로 격퇴하고 약 1리 동안 그들을 추격했으나 적의 도주가 매우 빨라서 마침내는 종적을 잃고 말았다.

적의 부상자 8명, 우리 쪽 손해 없음.

보병 제14연대 제4중대 구마자와(熊澤) 소대
고상령(古峠峯, 순흥 북쪽) 부근 전투

순흥을 습격한 적을 공격하기 위하여 안동을 출발한 소대는 11월 12일 오전 9시 30분 고상령 아래에서 적을 따라잡아 격렬하게 습격한 후 이들을 고상령 이북으로 퇴각시켰으며, 오전 11시 30분에 고상령을 전부 점령하고 일부에게 이들을 추격하게 했다.

적의 사상자 숫자는 자세히 알 수 없지만, 2시간에 걸친 맹렬한 공격으로 적이 패하여 북쪽으로 퇴각한 것이므로 사상자가 적지 않았을 것이라 생각한다. 우리 쪽 사상자 없음.

보병 제50연대 제7중대 히구치(樋口) 소대
황해도 용전[龍田, 평강(平康) 서쪽 1리 반] 부근 전투

철원에 머물러 있는 척후와 교대하기 위하여 금성에서 파견된 히구치 특무조장의 소대는 11월 13일 오후 1시에 용전에서 적 약 20명과 마주쳤다. 사격을 가하자 적은 낭패하여 북쪽으로 퇴각했다. 소대는 그들을 추격하여 형제교(용전 동북쪽 약 1,500m)에 이르러 적을 전부 물리쳤다.

적이 버리고 간 사체 4, 노획품은 화승총 2정, 그 밖에 탄약 약간. 우리 쪽 사상자 없음.

보병 제47연대 제10중대 나카하라(中原) 소대
서정리(진위 남쪽 약 2리) 부근 전투

11월 13일 오후 7시 적 5명이 서정리에 침입했다는 통보를 접하고 진위(振威) 수비대에서 상등병 이하 4명을 서정리에 파견하여 그 적을 토벌하게 했다. 척후는 오후 11시 적과 마주쳐 퇴각하는 적을 추격하여 그중 3명을 죽이고 1명을 포로로 잡았다. 척후는 14일 진위로 귀환했다. 우리 쪽 손해 없음.

보병 제47연대 제4중대 무라오카(村岡) 소대
금량장(수원 동쪽 약 6리) 부근 전투

금량장 부근 소탕을 위하여 안성에서 파견된 무라오카 소대는 11월 14일 오후 6시에 금량장 동쪽 약 1리에서 적의 척후 1명을 잡았다. 오후 8시 금량장 동쪽 2리 반 지역에서 약간의 적을 발견했으나, 적이 우리가 전진하는 것을 알고 퇴각하기 시작했으므로 소대는 약 2,000m 추격하고 공격을 중지했다. 때는 마침 어두운 밤이어서 적의 사상자를 탐지하기 어려웠지만 도로 부근에 버리고 간 사체 1, 부상자 1. 노획품은 소총 1정, 그 밖에 잡품 약간. 우리 쪽 사상자 없음.

보병 제52연대 제11중대 나카무라(中村) 소대
미로리(美老里, 이천 동북쪽 약 4리 반) 부근 전투

산전리(山田里, 이천 동북쪽 약 3리 반) 부근에 약 100명의 적이 집합하여 이천을 공격하려 한다는 보고를 접하고, 소대는 11월 14일 오전 8시에 토산을 출발하여 오후 2시 20분에 이천에 도착했다. 그때 적이 아직 산전리 부근에 있다는 정보를 얻은 소대는 마침내 이 적을 야습하기로 결정하고 그날 밤 12시에 이천을 출발하여 15일 오전 4시에 산전리를 포위했으나 적의 그림자도 보지 못했다. 더욱 전진하여 오전 6시에 미로리 입구에서 횃불을 피웠던 흔적이 있다는 것을 알아차리고 적이 미로리에 있다는 것을 탐지했다. 동이 트기 전의 짙은 안개 덕에 오전 7시에 갑자기 적의 초소를 둘러싸고 적의 보초 전원을 찔러 죽이고 즉시 적의 숙영지로 돌입했다. 마침 적은 아침을 먹고 있다가 약 500m 떨어진 적의 보초와 싸우는 소리에 놀라 낭패하여 도주했다. 소대는 맹렬히 추격하여 오전 9시에 적을 물리쳤다.

적이 버리고 간 사체 16. 노획품은 소총 3정, 그 밖에 화약 약간. 우리 쪽 사상자 없음.

보병 제47연대 제5중대
황해도 석주원(石柱院, 구화장 남쪽 약 2리) 부근 전투

11월 15일 오전 11시 장단(개성 동쪽 약 5리) 북쪽 약 1리에 있는 단곡리(端谷里)에서 적 약 200명이 오늘(15일) 오전 7시에 북쪽으로 갔다는 사실을 탐지하고 급히 뒤를 쫓았다. 오후 1시에 석주원에서 적 약 100명이 약탈하는 것을 보고 700m의 거리에서 사격을 개시하여 일부에게는 석주원 동쪽 끝을 향해 돌격하게 했다. 적은 잠시 응사한 후 석주원 북쪽 1리 반에 이르러 마침내 종적을 감추었다.

적이 버리고 간 사체 20, 노획품은 소총 21정, 한국 말 2필, 기타 잡품 약간. 우리 쪽 사상자 없음.

보병 제47연대 제5중대
졸랑리(卒浪里, 삭녕 서남쪽 약 4리) 부근 전투

졸랑리 부근의 적을 소탕할 목적으로 중대는 11월 17일 오전 1시 구화장을 출발하여 오전 5시 졸랑리 동쪽 약 1리에 있는 독계원(獨桂院, 지도상으로는 독계원이 아님)에 도달했다. 그곳에서 중대를 둘로 나누어 일부는 중대장이 지휘하여 졸랑리 북쪽 고지에서, 일부는 도요타(豊田) 조장이 지휘하여 졸랑리 동쪽에서 적을 공격하려 했다.

중대장이 지휘하는 1대는 도중에 적의 보초인 듯한 자를 쫓아내고 졸랑리 뒤쪽으로 급히 나아갔다. 적은 우리의 행동을 예측한 듯 고지의 주요 장소를 점령하여 우리의 전진을 저지하려 했다. 그러나 도요타 조장이 지휘하는 1대가 졸랑리의 동쪽 고지로 돌격하자 적은 서남쪽으로 퇴각했다. 그래서 도요타대는 남쪽으로, 중대장이 지휘하는 1대는 서쪽으로 추격하여 도주하는 적에게 큰 피해를 입혔다. 적의 시체가 곳곳에 흩어져 있어 모아보니 60명 이상이었다. 노획품은 화승총 30정. 우리 쪽 손해 없음.

보병 제47연대 제4중대 우편 호위병
창촌(倉村, 옥천 동북쪽 약 2리) 부근 전투

우편호위병 2명은 11월 18일 보은에서 옥천에 이르러 귀환하는 길에 창촌 부근에서 적 약 40명과 마주쳐 이들을 동북쪽으로 격퇴했다. 적의 사상자 불명. 우리 쪽 손해 없음.

사료 08
한국주차군 각지에서의 전투상보 제출 건(1907. 12. 17)

자료명	韓国駐剳軍 於各地戰鬪詳報提出の件[1]
생산자	韓國駐箚軍參謀長 牟田敬九郎
생산시기	1907年 12月 17日
소장기관	日本 防衛省 防衛研究所
문서정보	陸軍省-密大日記-密大日記-M41-2-5(C03022901800)

密受 제454호   韓參報 제142호

1907년 12월 17일

한국주차군 참모장 무타 게이쿠로(牟田敬九郎)

육군 차관 남작 이시모토 신로쿠(石本新六)

별책 각지에서의 전투상보 제8, 1부를 제출합니다.

보병 제50연대 제8중대
매곡[梅谷, 적성(積城) 동남쪽 약 3리] 부근 전투

중대는 10월 27일 오전 0시 파주(坡州)를 출발하여 적성으로 향하는 도중에 적 10명과 조우하여 그들을 습격했다. 적은 허둥지둥 낭패하여 서북쪽 산

---

[1] 이 사료군의 뒷부분은 쪽 배열이 뒤섞이면서 내용의 혼선이 발생. 날짜를 중심으로 재배열할 경우 오류가 발생할 가능성이 있으므로 그대로 두었음. 원사료를 확인할 것.

속으로 도주했다. 적의 손해 불명, 우리 쪽 손해 없음. 중대는 도중에 적의 소굴인 행암동(莘岩洞, 매곡 북쪽 약 2,000m)을 불태웠다.

보병 제50연대 제8중대
연천(영평 서북쪽 약 4리) 부근 전투

10월 28일 오전 0시 적성을 출발하여 오전 11시경 중대가 연천 입구에 도착하자 적 약 150명이 신탄막(新炭幕, 연천 북쪽) 방향으로 퇴각하고 있는 것을 발견하고 즉시 급히 추격하여 도당곡(陶堂谷, 연천 동북쪽 약 2,000m) 부근에서 맹렬한 사격을 가했다. 적은 낭패하여 양쪽 산속으로 도망쳤다. 또한 오후 1시경 다시 연천 동쪽 고지에 약 60명의 적이 있는 것을 발견하고 즉시 사격을 시작하여 적을 물리쳤다. 적의 손해는 자세히는 모르지만 약 60명을 넘는다. 우리 쪽 손해 없음.

보병 제50연대 제4중대 전령병
임계(정선 동북쪽 약 5리) 부근 전투

10월 27일 정선을 출발하여 삼척(三陟)으로 돌아가야 하는 전령병 2명은 10월 28일 오전 7시 30분 임계역 동북쪽 약 1리 반 고지에서 적 약 20명의 습격을 받아 응전 약 30분 만에 병졸 1명이 오른쪽 폐 아래에 총검을 맞았으나 다른 1명이 용감하게 움직여 이를 격퇴하고 오전 8시 임계 분견초소로 급히 갔다. 임계 분견초소에서 즉시 약간 명을 파견했으나 적은 이미 그 종적을 감추었다. 적의 사상자 불명, 우리 쪽 손해 중상 졸 1명.

보병 제50연대 제4중대 안도(安藤) 소대
정촌(鼎村, 삼척 서쪽 약 3리 반) 부근 전투

10월 30일 정촌(鼎村) 부근에 적 약 100명이 집합해 있다는 보고를 접하고 삼척 수비대에서 하사 이하 10명을 파견하여 이를 수색하게 했다. 오후 6시 40분 그 척후에게서 다음 보고를 받았다.

척후는 오후 1시 정촌에 도착했다. 이 부근 일대의 고지에 약 500명의 적이 있었는데, 척후는 3시간 동안 그들과 교전했지만 지형이 불리하여 마평(馬坪, 삼척 서쪽 약 2리)의 고지로 물러났다. 적이 우세함을 믿고 점차 전진해오고 척후는 지금 싸우고 있는 중이라고 한다.

이에 즉시 안도 소대를 파견하여 이를 지원하게 했다. 소대는 오후 9시 30분에 마평에서 이 척후와 합류했다. 적은 해가 지면서 서서히 퇴각하기 시작하여 오후 7시 30분경 모든 접촉이 끊어졌다. 다음 날인 31일 동이 틀 무렵 정촌(삼척 서쪽 약 3리 반) 북쪽 고지에서 갑자기 적과 충돌하여 약 2시간을 교전했다. 적은 점차 퇴각하기 시작했으나 부근 일대가 험한 산악이어서 추격이 뜻대로 되지 않았으며, 마침내 적은 종적을 감추었다. 적이 버리고 간 시체 11, 노획품 화승총 1정, 우리 쪽 손해 없음.

보병 제51연대 제3중대 히로타(廣田) 소대
이포(지평 서쪽 4리) 부근 전투

적의 근거지인 고모곡(古毛谷, 지평 서쪽) 부근을 소탕하기 위하여 경성에서 파견된 보병 제51연대 제3대대 사카베(坂部) 지대를 응원하기 위하여 이천 수비대에서 파견된 히로타 소대는 11월 6일 오전 5시에 이포 동단에서 접전하여 다수의 적을 격퇴하고, 그중 12명을 찔러 죽였다. 오전 7시에 소대는 이포 서쪽 고지에서 다시 약 400명의 적과 마주쳐 약 2시간 교전한 후 이를 격퇴했다. 적 사상자는 50명이 넘었으며, 우리 쪽 손해는 없다.

임시 파견 기병 제2중대 쓰쓰미(堤) 분대
이포(지평 서쪽 4리) 부근 전투

11월 6일 오전 11시 30분 쓰쓰미 상등병 이하 4명은 이포 서쪽 끝 부근에서 이천에서 온 히로타(廣田) 소대의 일부와 협력하여 적 10여 명과 교전하여 적 4명을 죽였다. 노획품 총기, 화약 다수, 우리 쪽 손해 없음.

보병 제50연대 제11중대 히구치(樋口) 소대
양양(襄陽) 부근 전투

11월 4일 양양에서 적 약 200명의 습격을 받았다는 보고를 접하고 히구치 조장 이하 16명을 파견했다. 소대는 11월 5일 오전 7시에 강릉을 출발하여 다음 날인 6일 오전 4시에 양양 동북쪽 고지에 도착했다. 그때 적 1명이 양양으로 도주하는 것을 깨닫고 이를 쫓아서 성내의 적을 소탕하고 동문 밖으로 전진했다. 적은 동문 밖 고지에서 우리를 향해 사격을 시작했다. 소대는 2~3분 응전한 후 곧장 고함을 지르며 돌입하여 마침내 적의 진지를 점령했다. 이때 분대장 다케다(武田) 군조는 왼손 관절 총창을 입었지만 굴하지 않고 부하 분대를 독려했다. 이어서 계속되는 공격으로 왼손 상전부에서 심장으로 관통하는 총창을 입고 장렬하게 전사했다.

  소대는 적의 진지를 점령하고 약 1시간 동안 응전했으며, 적은 우리 병력이 소수인 것을 가볍게 보고 세 방향에서 포위 공격하려 했으나 우리의 맹렬한 사격 때문에 점차 동요하기 시작하여 사방으로 퇴각하려 했다. 그래서 소대는 즉시 추격으로 전환하여 약 1리를 쫓아 모든 적을 물리쳤다. 적의 사상자 40, 노획품 당나귀 1필, 소총 12정, 우리 쪽 손해는 전사 하사 1.

보병 제50연대 제8중대 스가이(菅井) 소대
봉선사(奉先寺, 양주 동쪽 3리) 부근 전투

  스가이 소대는 포천 수비대와 서로 부응하면서 11월 7일 오전 2시 포천을 출발하여 날이 밝기 전에 봉선사 부근의 적을 공격했다. 적은 낭패하여 한국말 1필, 화승총 2정, 잡품 약간을 버리고 산속으로 사방으로 흩어져서 도망쳤다. 적의 손해는 불명이며 우리 쪽 사상자 없음.

보병 제50연대 제4중대
임계역 분견초소(정선 동북쪽 약 5리) 전투

  11월 7일 오전 4시 30분 적 약 100명은 그 초소의 사면에서 나타나 나팔을 불면서 맹렬한 사격을 개시하고 마을 안에 침입하여 방화를 했다. 그래서 그곳 초소상 이하는 즉시 응전하여 4시간에 걸쳐 교전하면서 적 7~8명을 죽였다. 적은 점차 동남쪽 고지로 모여서 퇴각하기 시작했다. 초소장은 부하 5명을 이끌고 약 2리를 추격하며 사격을 가하여 적에게 큰 손해를 입혔다. 적이 버리고 간 시체 8, 우리 쪽 손해 없음.

보병 제50연대 제11중대 쓰즈키(都築) 소대
사천면(강릉 북쪽 약 2리 반) 부근 전투

11월 9일 약 100명의 적이 사천면을 습격했다는 보고를 접하고 쓰즈키 소대는 9일 오후 8시에 강릉을 출발하여 급히 사천면으로 향했다. 소대는 전진 도중에 마을 사람에게서 적이 숙영하고 있는 집을 탐지하여 밤 12시에 사천면 기막리(器幕里)의 적을 야습했다. 적은 허둥지둥 낭패하여 시체를 버리고 서쪽으로 달아났다. 적이 버리고 간 시체 2, 노획품 화승총 3정, 당나귀 3필, 우리 쪽 손해 없음.

보병 제52연대 제5중대 아베(安部) 중대
황해도 시대파동[時大皮洞, 서흥(瑞興) 약 6리] 부근 전투

11월 10일 오후 1시 30분 서부 수비구 사령관에게서 2소대를 보내 시대파동 부근의 적을 토벌하도록 하라는 명령을 받고 10일 오후 6시에 황주역을 출발하는 열차로 그날 오후 8시에 서흥에 도착했다. 이튿날 오전 11시에 중대는 서흥을 출발하여 오후 6시에 석교(서흥 서남쪽 4리)에 도착했다. 그곳 마을 사람 말에 따르면, 시대파동에 약 500명의 적이 약탈을 자행하고 있다고 한다.

그래서 중대는 그날 오후 11시에 석교를 출발하여 시대파동으로 향했다. 도로가 험하고 여러 개울에는 교량이 없어서 비교적 시간이 많이 걸렸다. 12일 오전 3시에 진천(시대파동 서북쪽 약 2리)에 도착했다. 시대파동은 여러 층이 중첩되는 산악의 중심점이므로 중대는 진천에서부터 몇 종대로 각각 다른 길을 골라서 시대파동을 포위 공격하는 계획을 세웠다. 동이 트기 전에 각

대는 모두 예정된 위치에 있었다. 적은 중대가 포위 전진하는 것을 발견하고 사격을 시작했다. 이에 중대는 동시에 산개하여 각 방면에서 적을 공격하여 교전 약 2시간 만에 적을 모두 무찔렀다. 중대는 그들을 약 2시간 반 동안 쫓다가 추격을 중지했다. 적이 버리고 간 시체 27, 노획품 화승총 37정, 기타 잡품 약간, 우리 쪽 사상자 없음. 시대파동은 적의 소굴이므로 다시 적이 이곳을 근거지로 삼을 것을 우려하여 불태웠다.

보병 제14연대 제7중대
남리동(南里洞, 순창 서북쪽 약 4리) 부근 전투

11월 13일 폭도 약 20명이 오전 8시경 구모리(龜毛里, 순창 동북쪽 약 2리 반)에 와서 외마리(外馬里, 순창 북쪽 약 2리)로 향하고 있다고 한다. 그래서 즉시 순창을 출발하여 외마리로 갔더니 적은 남리동 방향으로 갔다고 한다.

오후 4시에 남리동 동남쪽 약 1,000m의 산기슭에 도착했을 때 약 100명의 적이 남리동에서 술과 음식을 먹고 있다는 정보를 얻었다. 척후 1명을 남리동 남쪽으로 파견하여 적의 상황을 수색하게 하고 본대는 남리동으로 직진했다.

마침 척후에게서 적이 남리동 서쪽 약 1,000m의 산기슭에서 서쪽으로 퇴각하고 있는 중이라는 보고를 접하고 급히 가서 적을 추격했다. 산기슭에 도착하자 적은 무너져 서쪽으로 도망쳤으므로 사격했다. 우리 쪽 손해 없음.

보병 제49언내 신부 분견대 우편 호위병
대화역(大和驛) 부근 전투

11월 22일 정오 대화역 북쪽에서 약 300명의 폭도에게 급습을 당했으나

완강히 저항하여 우편물은 무사할 수 있었다.[2]

포로의 말에 따르면, 적의 수괴는 장태순(張泰順)으로, 천동(泉洞)에서 지리(芝里)로 와서 충청도로 전진하는 길이었다고 한다. 폭도의 사망자 2, 포로 1, 노획품 화승총 8정 및 잡품 꾸러미 1(화약, 화승 기타 옷감), 우리 쪽 손해 없음.

보병 제51연대 제2중대
반정리(半程里, 대화역 남쪽) 부근 전투

평창 수비대는 11월 23일 동이 트기 전에 반정리에서 폭도 약 300명을 공격하여 서쪽 개수(開水) 방향으로 몰아냈다. 우리 쪽 손해 없음.

보병 제14연대 제1중대
수발도(水發道, 영춘 동남쪽 약 3리) 부근 전투

영춘 부근의 적을 소탕할 목적으로 영천을 출발한 중대는 11월 25일 고직령[古直嶺, 순흥(順興) 동북쪽 약 6리]에서 적의 밀사 3명을 포획하여 영춘 남쪽 1리 위풍(爲風) 부근에 적이 모여 있는 것을 탐지하고 전진 중 오후 3시 30분 수발도의 북단에 도착했을 때 적 약 300명과 조우하여 그중 50명을 죽이고 적을 무찔렀다. 적은 조금 완강하게 저항했다. 적의 주력은 해일(海日, 영춘 남쪽 약 3리) 방향으로, 일부는 영춘 방향으로 물러났는데, 오후 5시에 이르러 마침내 그 종적을 잃게 되었다. 적의 손해 불명, 우리 쪽 손해 없음.

---

2 이하 4행은 다른 쪽의 내용이지만 해당된다고 생각하여 여기에 넣었음.

보병 제51연대 단양 수비대
각기리(角基里, 단양 서쪽 약 3리) 부근 전투[3]

11월 22일 동 트기 전에 단양 수비대장 한자와(半澤) 중위 이하 21명은 각기리의 폭도 300명과 약 2시간 반 동안 교전하여 청풍 방향으로 격퇴했다. 적의 사망 21, 부상 불명, 노획품 총 4, 장군 깃발 2, 외투 3, 쌍안경 1, 기타 피복 약간, 우리 쪽 손해 없음.

보병 제47연대 제9중대 하사 척후
지리(수원 동남쪽 4리) 부근 전투

지리 부근의 폭도 토벌을 목적으로 출발한 아난(阿南) 오장 이하 8명은 11월 22일 오후 5시에 지리 서쪽 약 2,000m의 고지에 도착했는데, 마을 사람들 말을 듣고 23명[무라타(村田) 단발총 2, 화승총 21을 휴대]의 폭도가 약 2시간 전에 감을왕동(監乙王洞, 지리 동쪽 약 1리) 방향으로 도주했다는 것을 알게 되었다. 좀 전에 폭도의 짐을 운반하고 있던 마을 사람들을 길잡이 삼아 감을왕동으로 급히 나아갔다. 오후 6시 40분 폭도가 감을왕동 동남단 부락에 진입한 듯하여 그 마을을 포위하려 했을 때 폭도의 보초인 듯한 자와 마을 안의 10여 명이 우리를 향해 사격을 가했다. 우리가 즉시 산개하여 응사대로 돌격을 시도하자 그들은 흩어져 일부는 동쪽으로, 주력(10명)은 남쪽 고지 산속으로 도망쳤다. 이를 추격했으나 마침내는 그 종적을 잃게 되었다. 때는 오후 10시였다.

---

[3] 이 부분에서 원사료의 쪽 배열이 잘못 되어 있음. 내용상으로 연결함.

보병 제14연대 제1중대 전선 가설 엄호대
의성(안동 남쪽 7리) 부근 전투

11월 25일 오후 2시 30분에 엄호대의 일부가 의성에 도착하자 폭도 약 100여 명이 의성을 습격하려 하는 것을 보고 그곳에 주재하는 보조원 5명과 협력하여 약 1시간 동안 응전하고 이를 격퇴했다. 적의 사망자 2, 부상자는 10여 명이 넘는다. 노획품 화승총 4, 나팔 1, 잡품 약간, 우리 쪽 손해 없음.

보병 제14연대 제4중대 구마자와(熊澤) 소대
소천면(小川面)·현동(懸洞) 부근 전투

11월 25일 오후 4시에 구마자와 소대는 소천면·현동 부근에서 폭도 60명과 충돌하여 이를 무찔렀다. 적의 사망자 8, 부상 15, 우리 쪽 손해 없음.

보병 제14연대 제3중대
수발도(영춘 동남쪽 약 3리) 부근 전투

11월 26일 오전 8시 도리카이(鳥飼) 중대의 주력이 수발도 서쪽 약 1리에 있는 산봉우리에 도착했을 때 이강년(李康年)[4]이 이끄는 폭도 500명이 영춘 방향에서 공격해왔으므로 돌격하여 사방으로 무찔렀다. 적의 주력은 영춘 방향으로, 일부는 해일(海日) 방향으로 퇴각했다. 중대는 이를 용진(龍津)으로 추격하여 오후 3시 30분에 다시 동북쪽으로 격퇴했다. 적의 사망자 60, 부상

---

4 李康秊의 오기.

자 100여 명, 노획품 총기, 탄약 다수, 우리 쪽 사상자 없음.

……5
하고(下高) 부근 전투

11월 21일 오전 1시 30분 고송(高松)에 나간 척후에게서 현재 하고에서 약 100명의 폭도가 숙박하여 그 북쪽 600m의 상고(上高)에 200~300명의 폭도가 식사 중이라는 보고를 접하고 소대는 야습하기로 결정하여 오전 5시 15분에 하고에 돌입했다. 그러나 폭도는 겨우 20~30명에 지나지 않았으며 나머지는 이미 출발하여 시체 3구를 버리고 어둠을 틈타 도주했다. 마을 사람들 말에 따르면, 상고에 전날 밤 9시경 약 150명의 폭도가 와서 식후 12시경 용두(龍頭) 가도로 전진했다고 한다. 그런데 위 2대의 폭도는 양근 방향에서 온 듯하다.

보병 제47연대 제1중대 고우노(河野) 소대
황해도 산후(山後) 부근 전투

백천(개성 서쪽 약 5리) 부근 토벌을 위하여 11월 22일 연안을 출발한 고우노 소대는 22일 오후 4시에 산후(백천 북쪽 약 1리)의 서쪽 약 1,000m 지점에 도착하여 산후 동쪽 약 500m의 산기슭에 적 약 30명이 집합한 것을 발견하고 즉시 진진하여 상의촌(上義村, 산후 서쪽 약 700m) 방향으로 급히 가서 상의 동단에서 사격을 개시했다. 적은 저항없이 퇴각하기 시작했으므로 급진하

---

5 앞부분 글자 지워짐.

여 적을 추격했으나[6]

0718[7]

시작함. 그래서 이를 추격하여 21일 오전 2시에 봉양리[鳳陽里, 구당(龜塘) 북쪽 1리]에 도착했으나 마침내 적의 그림자를 놓치게 되었다. 적의 손해는 약 10, 우리 쪽 손해 없음.

보병 제51연대 제11중대 유아사(湯淺) 소대
동점[銅店, 양수두(兩水頭) 동북쪽 3리] 부근 전투

11월 20일 동점 부근의 폭도를 토벌할 목적으로 병졸 26명을 이끌고 오전 7시 반에 숙영지를 출발했으며, 별도로 하사 이하 10명 및 헌병 5명의 1대는 문호(汶湖)에서 동진하여 이 폭도를 협공하고자 했다. 오전 11시에 동점에 도착했으나 적의 그림자도 보지 못했다. 20일 정오 양근 일진회원에게서 폭도가 암소(巖沼)에 모여 있다는 보고를 접하고서 그날 밤 암소로 전진하기로 결정했다. 오후 10시 반에 상정배(上鼎輩)를 출발하여 도중에 명달(明達)·소곡(巢谷)·불기(不其)·상곡(桑谷)을 수색하여 폭도 11명을 포획했다.

0719[8]

11월 21일 오전 5시 반에 암소에 도착하자 폭도 1명이 도주하는 것을 보았다. 마을 사람 말에 따르면, 약 200명의 폭도는 2일 전에 홍주(洪州) 방면으로 출발했다고 한다. 그곳에서 소총탄 12, 단발총 1, 군도 1을 노획했다. 오

---

6 이 다음 내용부터 쪽수가 엉킴. 따라서 본문의 쪽번호를 명시하고 내용이 이상한 부분은 각주로 설명하기로 함.

7 원사료 쪽번호.

8 원사료 쪽번호.

후 6시 반에 수입동(水入洞)에 이르는 도상에서 내수동 동쪽 2,000m에 있는 이름 없는 부락에서 폭도 1명을 사살하고 소총 2, 화약주머니 1을 노획했다.

11월 22일 오후 10시 35분에 상도직동(上道直洞)·가오실(嘉梧室)·구암리(龜岩里)·송라동(松羅洞)·신촌(新村)에서 폭도 11명을 붙잡았으나 도중에 저항했으므로 사살했다. 폭도는 대개 홍주·원주·횡성 및 지평 산간을 횡행하는 모양이다.

보병 제51연대 제11중대 지평 분견대[9]

……

역에 도착했을 때 마을 사람 말에 따라 폭도의 보초인 듯한 자가 연곡역 시장에 있다는 것을 듣고 강의 상류를 걸어서 건너 뒷면에서 포위했지만 폭도는 그곳에 없었다. 그런데 그곳 북쪽 산기슭 민가에 약 20명이 숙박하고 있는 것을 탐지했으므로 즉시 돌입했다. 폭도는 시체 3구를 버리고 서쪽 산속으로 흩어졌다. 노획품 화승총 4, 배낭 2, 우리 쪽 사상자 없음.

다음 날인 20일 토벌대는 강릉으로 귀환하기로 결심하고 가평(柯枰)에서 연곡으로 향하려 했을 때 오전 11시 폭도의 1종대가 그곳 서북쪽 약 2,000m의 골짜기를 내면 방향을 향하여 전진하는 것을 발견하여 즉시 이를 추격하여 맹렬한 총격을 가했다. 폭도는 허둥지둥 낭패하여 한때 골짜기를 둘러싼 양쪽 산지에서 수십 발의 응사를 했으나, 맹렬하고 과감한 추격에 패하여 수괴인 윤기영(尹起榮)이 죽자 결국 흩어져 도주했다. 토벌대는 감랑리(甘浪里, 가평 서북쪽 약 1리 빈)까지 추격했으나 마침내는 그 종적을 잃고 말았다. 이 폭도는 앞서 신리에 와서 모여 있던 자들로 그 병력은 200여 명이다. 적의 사

---

9 이 쪽의 내용은 연결되지 않는 별개 내용인 듯함. 지역도 다름.

망자 12, 부상자는 불명확하지만 20명은 넘는다. 노획품 기계총 3, 화승총 5, 군도 1, 외투 1, 탄약 장치 약간, 우리 쪽 사상자 없음.

보병 제50연대 제8중대 이이(井伊) 소대
황해도 구당(곡산 동쪽 약 5리) 부근 전투

폭도 100명이 광북동(廣北洞, 기산리 서북쪽 약 4리) 부근에 집합해 있다는 보고를 접하고 이이 소대는 11월 20일 오전 5시 이천을 출발하여 그날 밤 피서정(避署亭)에서 폭도가 구당에 정지해 있다는 것을 알고 밤 12시에 야습했다. 폭도는 소대가 구당 남단 교량에 도착했을 무렵 낭패하여 그 동쪽 고지 및 원산 방향으로 퇴각을[10] ……

……에서 병졸 5명을 급히 보냈으나, 마침 적은 퇴각 중이어서 급히 추격하여 교전 약 30분 후 적을 서북쪽으로 물리쳤다. 적이 버리고 간 시체 4, 부상자 8, 노획품 화승총 7, 화약 1관, 칼 1자루, 우리 쪽 손해 없음.

보병 제47연대 제5중대 요코타(橫田) 소대
황해도 장연(長淵, 해주 서북쪽 약 10리) 부근 전투

11월 18일 요코타 소대는 장연을 향하여 출발하는 길에 다음과 같은 정보를 접했다.

1. 18일 정오 일본병이 장연에서 2리인 곳에서 병력 불명의 폭도와 충돌. 폭도

---

10 다음 내용이 연결되지 않음.

는 남쪽으로 패주함.

2. 같은 날 정오 일본 헌병·순사·순검 약 10여 명은 폭도 150명과 충돌하여 적은 45구의 사체를 버리고 남쪽으로 패주함.

3. 더욱이 폭도 약간은 읍내로 잠복한 듯함.

따라서 소대는 요소에 보초를 배치하여 각 호마다 수색했다. 다음 날인 19일 오후 6~7명의 폭도를 발견했으나 도주를 꾀했으므로 그중 2명을 사살했다. 또한 정탐하여 폭도의 일부는 19일 석근동(夕芹洞)에 있는 것을 알고 20일 동이 트기 전에 그곳으로 급히 갔을 때 이미 오전 3시경 30명의 폭도는 그곳에서 불타령(佛佗岺)을 넘어 해주 방향으로 도주했다.

보병 제49연대 강릉 예비대
연곡역(강릉 서북쪽 5리) 부근 전투

11월 18일 오전 4시 신리(주문진 서남쪽 약 1리)에 와서 모여 있는 폭도 217명을 토벌하기 위하여 특무조장 이하 30명은 11월 19일 오후 3시에 강릉을 출발하여 오후 6시 연곡 ……

0720[11]

역에 도착했을 때 마을 사람 말에 따라 폭도의 보초인 듯한 자가 연곡역 시장에 있다는 것을 듣고 강의 상류를 걸어서 건너 뒷면에서 포위했지만 폭도는 그곳에 없었나. 그런데 그곳 북쪽 산기슭 민가에 약 20명이 숙박하고 있는 것을 탐지했으므로 즉시 돌입했다. 폭도는 시체 3구를 버리고 서쪽 산속

---

[11] 원사료 쪽번호.

으로 흩어졌다. 노획품 화승총 4, 배낭 2, 우리 쪽 사상자 없음.

다음 날인 20일 토벌대는 강릉으로 귀환하기로 결심하고 가평에서 연곡으로 향하려 했을 때 오전 11시 폭도의 1종대가 그곳 서북쪽 약 2,000m의 골짜기를 내면 방향을 향하여 전진하는 것을 발견하여 즉시 이를 추격하여 맹렬한 총격을 가했다. 폭도는 허둥지둥 낭패하여 한때 골짜기를 둘러싼 양쪽 산지에서 수십 발의 응사를 했으나, 맹렬하고 과감한 추격에 패하여 수괴인 윤기영(尹起榮)이 죽자 마침내 흩어져 도주했다. 토벌대는 감랑리(가평 서북쪽 약 1리 반)까지 추격했으나 마침내는 그 종적을 잃고 말았다. 이 폭도는 앞서 신리에 와서 모여 있던 자들로 그 병력은 200여 명이다. 적의 사망자 12, 부상자는 불명확하지만 20명은 넘는다. 노획품 기계총 3, 화승총 5, 군도 1, 외투 1, 탄약 장치 약간, 우리 쪽 사상자 없음.

0724[12]

…… (서정리역 서남쪽 5리) 부근 전투

쌍부(雙阜, 수원 서남쪽 약 7리)부근 토벌을 위하여 파견된 고우노(河野) 소대는 11월 17일 오전 9시 안중장(安仲場)에서 적 5명과 마주쳐 그중 2명을 죽이고 총 3정, 탄약 및 잡품 약간을 노획했다. 우리 쪽 손해 없음.

---

[12] 원사료 쪽번호. 다음 내용이 잘림.

보병 제14연대 제4중대 구마자와(熊澤) 소대
'소에미론'[13] 마을(소백산 북쪽 기슭) 부근 전투

소대는 11월 17일 오전 7시 서벽리(西壁里, 봉화 북쪽 5리)를 출발하여 영춘 방향으로 전진하여 곡천(谷川)에서 다음 정보를 얻었다.

영춘에는 적이 없기 때문에 위풍 및 '소에미론' 마을에는 약간의 적이 있다고 한다.

따라서 소대는 이 적을 야습하기로 결정하고 17일 비가 오는데도 '소에미론' 마을으로 향했다. 이튿날인 18일 오전 5시에 '소에미론' 마을에 도착했다. 그 마을을 포위하기 위한 부서를 정하여 오전 5시 20분에 움직이기 시작하여 각 부서 위치에 가자 마을 안이 매우 혼란스럽더니 우리를 향해 사격을 시작했다. 그래서 소대가 즉시 돌격으로 바꾸자 적은 낭패하여 북쪽 산길로 기어오르려고 했다. 소대는 이를 약 1리 추격했으나 적은 모두 도망갔다. 적이 버리고 간 사체 20, 부상자 없음, 노획품 화승총 11, 그 밖에 잡품 약간, 우리 쪽 사상자 없음.

보병 제14연대 제7중대 임실 분견대
학산동(鶴山洞, 임실 부근) 전투

11월 19일 임실군 상운면(上雲面) 학산동의 부호 오창현(吳暢鉉) 집에 폭도 10명이 침입했다는 밀보를 접하고 임실 분견대[14] ……

---

13 원문에는 한문없이 가타카나로 표기됨.
14 여기서 내용 끊김. 쪽번호는 0725. 다음 시작 번호 0726이지만 내용이 연결되지 않음.

…… 명 적탄에 죽었다고 한다.

따라서 즉시 하사 이하 10명을 이끌고 흥해(興海)로 급히 갔다. 흥해 서쪽 200m 표고 26의 고지에서 살펴보니 적은 이미 흥해를 퇴각한 후였다. 쌍안경으로 북쪽을 시찰하자 약 60명의 적은 굴산(屈山, 흥해 북쪽 1,500m) 북쪽의 골짜기에 모여 있는 것을 발견하고 하야시(林) 상등병 이하 5명을 파견하여 적의 상황을 수색했다. 척후는 오전 11시 20분에 굴산 북단에 도착했는데, 적은 척후가 오는 것을 알고 창황(蒼惶)·굴산 서북쪽 고지로 도망치기 시작했으므로 척후는 즉시 사격을 시작했다. 그리고 적을 추격하여 정오에 장성(長成, 흥해 북쪽 약 1리)에 이르렀으나 적은 이미 서북쪽으로 퇴각하여 그 종적을 감추었다. 적이 버리고 간 시체 3, 부상자 10을 넘는다. 우리 쪽 사상자 없음.

보병 제14연대 제4중대
황지리(黃地里, 영천 동북쪽 약 10리) 부근 전투

황지리 부근의 적을 소탕할 목적으로 11월 16일 영천을 출발한 가와무라(河村) 특무조장이 지휘하는 부대는 비바람을 무릅쓰고 밤낮으로 나아가 황지리에서 적을 야습하여 약 50명을 베어죽이고 적의 수괴 김생산(金生山)을 생포했다. 노획품은 소총 20정, 탄약 600발, 한국 말 2필, 그 밖에 잡품 약간, 우리 쪽 손해 없음.

위풍(소백산 북쪽 기슭, 지도에 없음)으로 전진한 구마자와(熊澤) 소대는 위풍 동남쪽 약 2리에서 적 약 80명을 야습하여 약 20명을 베어죽이고 적을 정선 방향으로 물리쳤다. 우리 쪽 손해 없음.

보병 제47연대 제9중대 고우노(河野) 소대
안중장(安仲場, 서정리역 서남쪽 5리) 부근 전투[15]

쌍부(수원 서남쪽 약 7리)부근 토벌을 위하여 파견된 고우노 소대는 11월 17일 오전 9시 안중장에서 적 5명과 마주쳐 그중 2명을 죽이고 총 3정, 탄약 및 잡품 약간을 노획했다. 우리 쪽 손해 없음.

……[16] 개시했으나 마침 해가 져서 수색하고 사격을 중지했다. 이 전투에서 적이 버리고 간 시체 2, 노획품 화승총 2정, 탄약 약간, 우리 쪽 손해 없음.

보병 제14연대 제11중대의 1소대
내촌(內村, 대구 동쪽 약 7리) 부근 전투

적 약 50명이 내촌에 침입했다는 정보를 접하고 소대는 11월 15일 오후 2시 30분 영천을 출발하여 오후 8시에 내촌 동북쪽 약 2,000m지점에 도달했다. 이때 이 마을 동쪽 고지 약 1,000m 부근에 화염이 오르는 것을 보고 당장 척후를 파견하자 적 약 4명은 척후를 발견하여 내촌 방향으로 도주했다. 따라서 급히 이를 추격하여 오후 9시 20분 내촌에 도착했다. 이때 이 마을 서북쪽 이름 없는 마을 부근에서 사격을 당했다. 소대는 즉시 적의 정면에서 공격을 개시하고 1명의 척후가 적의 오른쪽 배후에서 공격했다. 적은 낭패하여 외촌 동쪽 고지를 향하여 퇴각했다. 소대는 이 적을 추격하여 오후 10시 30분에 이르러 외촌 동단에 이르러 추격을 중지했다. 적이 버리고 간 시체 약 40,

---

15 원사료 쪽번호 0725. 0724에서 0725 후반의 내용인 듯함. 보병 제14연대 제4중대 구마자와 소대 소에미론 마을 내용과 연결되는 듯함.

16 원사료 쪽번호 0728. 윗 부분 내용은 잘렸음.

부상 50 이상, 포로 8(그중 수괴를 포함). 노획품 화승총 39정, 탄약, 화약 다수. 우리 쪽 손해 없음.

보병 제14연대 제10중대 하야시(林) 척후
굴산(흥해 북쪽 약 1,500m) 부근 전투

11월 16일 오전 9시 30분 흥해 분파소 보조원 영일 수비대에서 보내온 보고에 따르면, 이날 아침 오전 6시에 적 약 200명이 와서 습격하고 흥해에 방화하여 난사했기 때문에 보조원 1, 순사 1명이 적탄에 죽었다고 한다.

......[17] 따라서 즉시 하사 이하 10명을 이끌고 흥해로 급히 갔다. 흥해 서쪽 200m 표고 26의 고지에서 살펴보니 적은 이미 흥해를 퇴각한 후였다. 쌍안경으로 북쪽을 시찰하자 약 60명의 적은 굴산(흥해 북쪽 약 1,500m) 북쪽의 골짜기에 모여 있는 것을 발견하고 하야시 상등병 이하 5명을 파견하여 적의 상황을 수색했다. 척후는 오전 11시 20분에 굴산 북단에 도착했는데, 적은 척후가 오는 것을 알고 창황, 굴산 서북쪽 고지로 도망치기 시작했으므로 척후는 즉시 사격을 시작했다. 그리고 적을 추격하여 정오에 장성(흥해 북쪽 약 1리)에 이르렀으나 적은 이미 서북쪽으로 퇴각하여 그 종적을 감추었다. 적이 버리고 간 시체 3, 부상자 10 이상. 우리 쪽 사상자 없음.

......[18]

---

[17] 원사료 쪽번호 0726.
[18] 원사료 쪽번호 0730. 이 사료는 「전투상보」와는 동떨어진 내용이다.

1. 소갱각(蘇坑角) 철로 문제의 해결

일시 출병의 상유(上諭)까지 내려왔던 소갱각철로 문제도 이번에 영국 은 공사(銀公司)에서 빌려야 할 강절(江浙)철도 부설비를 우전부(郵傳部) 명의로 빌리고, 강절철로공사는 아무런 책임도 지지 않도록 한다. 그러나 이 공사는 더욱 우전부에서 차관을 얻을 수 있도록 결정하여, 간단히 해결하여 매듭짓는 듯하다. 진포철로(津浦鐵路, 진포철도의 개명)도 이미 일찍이 조인되었으나, 영국과 독일 공사는 소갱각철도 차관에 대한 거절 풍조가 격렬함을 보고 잠시 논의를 중지한 채 시세를 관망했다. 그러나 위 철로 문제는 해결을 보게 되었고 즈리(直隷)[19]·산둥(山東)·장쑤(江蘇) 3성의 인사가 앞을 다투어 자기 부담을 요구했으나 그 이권을 잃을 것을 두려워하여 신속히 귀를 기울일 수 밖에 없는 기세로 외무부와 조인했지만 자기 부담설 때문에 망연자실했다. 본 철도 독판대신은 이번에 여해양(呂海襄)을 임명했다.

2. 양덕부(養德府)에 제독 설치의 건

양덕부에 새롭게 직북(直北)제독을 설치하는 일에 관하여는 정부도 지난 번부터 조사 중이지만 이제 청력(淸曆) 정월[20]부터 신설하기로 결정했다. 그 제독 원세개(袁世凱)는 강계제(姜桂題)를 추천하고 경친왕(慶親王)은 봉산(鳳山)을 추천했으며, 장지동(張之洞)은 장표(張彪)를 주청하는 상태라서 누구로도 확정하지 않았다.

---

[19] 허베이성(河北省)의 옛 이름.
[20] 음력 설날.

3. 러시아 공사의 숙친왕 농락

근래 러시아국이 몽골 방면을 향하여 획책 경영한 시일이 아직 짧은 듯한 것은 각종 정보가 전하는 바인데 근래 다시 러시아 공사 호로치르프는 숙친왕(肅親王)을 농락하여 왕 또한 친밀하게 대하는 듯하다. 이번 달 초순에 금시계 및 모피류의 선물을 하고 현재 우정을 ……[21]

---

[21] 이 내용은 여기서 끝나고 다음 쪽은 백지.

사료 09
한주군(韓駐軍) 각지에서의 전투상보 제출 건(1908.1.11)

자료명	韓駐軍 各地に於ける戰鬪詳報提出の件
생산자	韓國駐箚軍參謀長 牟田敬九郞
생산시기	1908年 1月 11日
소장기관	日本 防衛省 防衛研究所
문서정보	陸軍省-密大日記-密大日記-M41-3-6(C03022908900)

恩連 제167호   砲密 제13호

騎密 제9호   軍步 제7호   軍事密 제9호   密受 제16호

1908년 1월 11일

한국주차군 참모장 무타 게이쿠로(牟田敬九郞)

육군 차관 남작 이시모토 신로쿠(石本新六)

한국 내 각지에서의 전투상보 제9, 1부를 다음과 같이 제출합니다.

제9

보병 제50연대 제7중대

삼가리(금성 동북 9리) 부근 전투

회양군(淮陽郡) 장양면(長楊面) 부근 토벌 중대는 11월 17일 금성을 출발

하여 18일에 인패리(印佩里) 부근에서 동쪽에서 오는 3명의 적과 마주쳐서 죽이고 그날 밤에 장양면 달동(達洞)에서 숙영했다. 얼마 안 남은 마을 사람 혹은 밀정을 통해 적이 설봉 동쪽 약 2리, 삼가리에서 숙영하고 있다는 것을 알 수 있었다. 19일 오전 5시 삼가리에 침입했을 때는 적이 숙영했던 흔적만 남았을 뿐 적의 그림자도 보지 못했다. 오전 7시에 동사동(東沙洞)을 향하여 전진하는 중 삼가리 남쪽 1,000m에 도달했을 때 첨병이 돌연 전면 절벽에 의지한 급박한 사격을 당하고 한때 삼면에서 포위를 당하여 매우 고전했다. 그러나 본대의 일부가 서쪽 절벽을, 주력이 동쪽 절벽을 점령하자 적은 남동서 세 방향을 향해 퇴각하기 시작했다. 그러나 그 일부인 약 30명은 마침내 퇴로를 잃고 다수가 우리의 검에 스러지거나 절벽 아래로 떨어져 목숨을 잃었다. 우리는 즉시 동사동 및 금강산 가도를 추격했으나 오전 9시에 마침내 종적을 잃었다. 적의 사망 38, 부상자 미상, 노획품은 화승총 17, 칼 1, 화약 및 탄환 제조기 등 약간. 우리 쪽 사상자 없음.

보병 제52연대 제12중대
양구 부근 전투

양구 및 방산면(方山面)의 폭도 토벌을 위하여 11월 20일 오전 8시 춘천을 출발한 후지에(藤江) 소대는 그날 오후 5시 40분 추곡리(楸谷里)에서 마을 사람에게 다음 정보를 얻었다.

폭도 약 180명은 지난 18일 방산면 방향에서, 또한 지난 19일 200여 명은 상동면(上東面) 방향에서 모두 양구로 와서 그 보초가 포학현(㘴鶴峴)에 있다고 한다.

이에 따라 이들을 야습하기로 결정하고 오후 7시 40분 추곡리 출발.[1]

오후 12시 30분 양구를 포위하여 주력을 동원하여 돌입하자 적은 허둥지둥 낭패하여 대부분은 산속이나 북쪽으로 퇴각했다. 그래서 기병으로 이를 추격하게 하고 나머지는 마을 안이나 산속을 수색하여 버리고 간 시체 중에 유목정 등해동(登梅洞)에서 화약 제조 책임자였던 이순거(李順擧)가 있는 것을 발견했다. 적의 사망자 15, 노획품은 말 1필, 화승총 7, 장총(杖銃) 1, 우리 쪽 손해 없음.

21일 오전 8시 양구를 출발하여 등해동을 향해 전진하는 중 오전 9시 중망리(中望里) 부근 산속에서 양민으로 가장한 폭도 3명을 죽이고 오후 7시 30분 장평리를 거쳐 선안리(善安里)에 도착했다. 그때 폭도의 보초인 듯한 자를 발견하여 즉시 그들이 모여 있는 집을 포위하고 약 반수를 죽였다. 죽은 사람 가운데 창의대장(倡義大將) 김봉명(金鳳鳴), 조기환(趙基煥)이 있었다. 적의 사망자 17, 총독소(總督所) 깃발 1, 창의소(倡義所) 깃발 1, 큰 깃발 2, 명부 2, 한국말 1필, 우리 쪽 손해 …… [2]

보병 제52연대 제5중대(장연 수비대)·보병 제47연대 제5중대(해주 수비대) 대탄(大灘) 부근 전투

11월 23일 장연 분견대[요코타(橫田) 소위 이하 일본 병사 10, 한국 병사 6]는 해주 수비대[가나모토(金本) 소위 이하 18]와 협력하여 대탄 부근의 폭도를 토벌하기 위해 오전 7시에 장언을 출발하여 도중에 수색을 하면서 세교(細橋)에서

---

1 연결 부분이 부자연스러우므로 내용이 잘린 듯함.
2 아랫부분에 있던 내용이 잘린 듯함.

해주 경찰대와 만나 오후 4시 10분에 대탄에서 약 2,000m 떨어진 고지에 도착했다. 그러자 적은 대탄 동북쪽 제방을 점령하여 봉남현(崶南峴) 방면에서 공격했으며, 점차 약진한 후 대탄 마을 안으로 돌입하여 모두 적의 측면과 배후로 나오자 적이 퇴각하기 시작했으므로 맹렬히 추격했다. 마침 경찰대의 방면 충격이 더욱 극렬해져 요코타 소대는 이와 협력하여 마침내 적을 무찔렀다. 적의 주력은 강령(康翎) 및 해주 방향으로 퇴각했으므로 가나모토 소대는 해주 가도상의 적을, 요코타 소대는 강령 방향의 적을 추격했으나 어두운 밤이어서 마침내는 종적을 잃고 말았다. 적의 숫자는 약 300명으로, 시체 35(중대장·소대장인 듯한 자 각 1명)구를 버리고 갔다. 부상 미상, 포로 9. 노획품은 화승총 21, 엽총 1, 피스톨 1, 탄약 약간, 우리 쪽 손해 없음.

보병 제47연대 제5중대 곡산 분견대
생왕리(生旺里, 곡산 동북쪽 약 5리) 부근 전투

11월 18일 거이소리(弖伊所里)에서 숙박한 약 300명의 폭도 중 일부 약 100명이 11월 22일 이래 생왕리에 와서 곡산을 습격한다고 떠들며 엽총 및 양식을 약탈하고 있다는 그곳 이장의 보고가 있었다. 이어서 23일 오전 9시에 폭도 약 150명이 생왕리를 습격할 것이라는 밀정의 보고를 접하고 신계 수비대에서 정찰을 위해 온 하사 척후와 협력하여 24일 오전 1시 수비지를 출발하여 4시에 마하난리(摩河難里) 문성(文城, 곡산 북쪽 3리 이상)의 북쪽 3리 지역에 도착하자 전방 180m 고지 높은 곳에서 갑자기 우리 척후를 사격했다. 그래서 우리는 일부에게 퇴로를 막게 하고 주력이 표고 150의 고지로 산개하여 응전했다. 적은 완강히 저항했으나 교전 1시간이 지나면서 점차 동요하기 시작하여 시체 8, 화승총 6을 버리고 북쪽 원산 가도로 퇴각했다. 우리는 즉시 추격으로 전환했으나 어두운 밤이어서 마침내는 종적을 잃었다. 그들의 병력은 100명 이상이며 우리 쪽 사상자는 없다.

보병 제50연대 제1중대
후치령(厚峙嶺) 부근 전투

11월 24일 후치령 부근 토벌 중대가 인동(仁洞) 남쪽 1,000m 삼차로에 도착했을 때 일진회원에게서 지지난 밤에 일본병 2명, 순검 1명으로 구성된 한국총기 호송병 및 한국경부총순소 1명이 후치령 북쪽 기슭에서 수십 명의 폭도에게 사살되었다는 것을 들었다. 오후 3시 20분에 인동 북쪽에서 폭도가 후치령·이동곡(已洞谷)·이동(已洞) 세 곳에 모여서 북청에서 응전대가 성문내리(城門內里)를 향하면 그 후방을 끊을 계획이라는 정보를 접했다. 11월 25일 성문내리를 출발하여 후치령을 향하여 전진하여 오후 1시 30분에 첨병의 척후가 후치령 정상에 있는 부락의 서남쪽 약 500m에 도달하자 산 위의 적 진지로부터 맹렬한 사격을 받았다. 이에 첨병은 즉시 산개하여 응사했다. 중대는 모두 제1선으로 증가하여 맹렬한 공격을 개시했으나 그들은 자연의 험준함을 이용하고 우리는 지형상 불리한데다 쌓인 눈이 가슴을 덮어 전진하기가 매우 어려웠다. 그런데도 돌격대에게 중견 고지를 점령하게 하고 이어서 전면 약 50m의 집단가옥에서 완강하게 저항하는 적을 포위하여 불을 지르고 전부 타죽게 하거나 찔러 죽였다. 적의 수는 약 300명으로서 그 주력은 신짐 방향으로 달아났다.

우리 쪽 전사자 3, 부상 4. 적의 사망 21명. 혈흔으로 살펴보건대 따로 운반된 사상자는 20~30명 이상. 포로 1. 노획품은 회승총 13, 수창 10, 탄약과 양식 및 말먹이, 기타 약간.

보병 제14연대 제4중대 구마자와(熊澤) 소대
봉화 부근 폭도 토벌 개요

11월 24일에 소대는 대백산(大白山) 북쪽 기슭 부근에 잠복한 폭도 토벌을 명받아 그날 출발하여 이튿날인 25일 오전 7시에 장동(獐洞)에서 폭도가 소천면(小川面) 현동에 있다는 것을 탐지하여 그날 밤 이를 야습하여 그중 8명을 죽였다. 나머지는 도망쳐서 부근의 산속으로 잠입했다. 노획품은 화승총 6, 잡품 약간. 우리 쪽 손해 없음.

이튿날인 26일 오후 5시 화동(火洞) 대현(大峴)에 이르러 적도 약 200명이 반야(盤野)에 체재하고 있는 것을 탐지하여 눈이 내리는 것을 이용하여 야습했으나 소대가 반야 동쪽 끝에 도달하려 하자 눈이 그치고 차가운 달이 쌓인 눈을 비추었기 때문에 적의 보초에게 먼저 발견되어서 겨우 그중 10명을 죽였는데, 나머지는 깊은 산속으로 달아났다.

이튿날인 27일에 노획한 총 등을 이용하여 밀정이 폭도 틈에 섞여서 척후가 적의 뒤를 추격하게 하여 28일 적도가 가우리(司隅里)에 모이는 것을 탐지했다. 그날 밤 적이 취사 중인 틈을 타서 야습하여 그중 14명을 죽이고 수괴 1, 잡병 6명을 잡았으며, 화승총 12, 화약 50kg, 기타 잡품 약간을 노획했다.

이튿날인 29일 오전 8시 이실(已實) 부근에서 아침을 먹고 있던 중에 약 600명의 적이 세 방향에서 소대를 포위하고 사격을 개시했다. 소대는 즉시 이에 응전했으나 적은 오르기 힘든 험한 바위 위에서 우리를 사격하거나 큰 바위를 떨어뜨리며 완강히 저항했다. 그러나 소대는 분연히 공격을 계속하여 적을 양단하고 골짜기 사이로 패주하는 적에게 많은 손해를 입혔다. 적의 대부분은 울진 가도에서 봉화 방향으로, 나머지는 남쪽으로 도주했다. 소대는 이를 추격하여 격파하고 추격을 계속했다. 30일 오전 6시에 두내(斗內, 울진 봉화 가도상 울진에서 3리)에서 적을 따라잡아 약 2시간 교전한 끝에 적의 일부는 봉화 방향으로, 일부는 울진 방향으로 퇴각했다. 소대는 계속 추격했으나 적은 거의가 개개로 움직이며 사방으로 흩어져 끝내는 종적을 감추고 말았다. 29일 이래의 전투에서 적의 사망자는 41, 노획품은 화승총 25, 화약 10kg, 잡품 약간.

이상 각 전투 모두 우리 쪽 손해 없음.

보병 제52연대 제5중대 신천 수비대
주련동(珠連洞)·무학동(無鶴洞, 문화군 위치 불명) 부근 전투

11월 25일 오후 10시에 일진회원에게서 폭도 약 40명이 24일 밤 송화군(松禾郡) 주련동에서 숙영하고 있다는 정보를 접하고 26일 상등병 이하 8명을 신천군 두라방(斗羅坊)으로 파견하여 폭도의 소재를 수색하게 했다. 본대(장교 이하 9)는 그날 오전 문화를 출발하여 오후 5시에 주련동 동쪽 약 2,000m의 산속에서 갑자기 약 30명의 적과 충돌하여 이를 물리쳤다. 그리고 주력의 퇴각 방향을 쫓았는데, 오후 6시에 산기슭에서 소대는 5~6명의 적과 마주쳐 그중 1명을 사로잡고 오후 9시에 주련동으로 들어왔다. 적의 사상자는 미상. 우리 쪽 손해 없음.

11월 27일 문화 파견병으로부터 폭도 약 40명이 문화군 상묘동(上妙洞, 문화 서북쪽 2리)에 있다는 보고를 접했다. 급히 가서 오후 5시에 상묘동에 노작하여 정찰해보니 이미 도주 중이어서 추격했다. 구월산 기슭 묘학사(妙覺寺)에 이르렀으나 도로가 험악한데다 사방이 다 암흑천지, 게다가 눈까지 내려서 그곳에서 30m 떨어진 곳에서 숙영했다.

11월 28일 오전 4시 야영지를 출발하여 오전 10시 10분에 문화군 초화면

(草里面) 무학동에 도달하자 폭도 약 30명과 맞닥뜨렸다. 50분간 교전하여 적은 마침내 도망치고 이들을 추격하여 1명을 붙잡았다. 적의 사망자는 15[그중 수괴 1, 이름은 김주묵(金湊黙)], 부상자 7, 노획품은 총 9, 탄약 약간, 우리 쪽 손해 없음.

보병 제49연대 제11중대
강릉 부근 전투

11월 27일 오전 3시 반 약 1,000명의 폭도(그중 한국군 병사 200~300)가 강릉 서북방 및 남쪽 고지에 나타나 불시에 수비대를 향해 사격을 시작했다. 따라서 외위병(外衛兵) 및 풍기위병(風紀衛兵)은 강릉 서북쪽 고지를 점령하고 즉시 응전했으며, 중대는 즉시 긴급 집합하여 당장 배치를 받았다. 오전 5시 30분에 적은 무리를 유지하면서 세 방향에서 우리에게 접근 포위하려는 동작을 보였으므로 우선은 우리에게 가장 가까운 적의 좌익을 향하여 이가라시(五十嵐) 특무조장 이하 11명으로 맹렬한 역습을 가했다. 적이 점차 동요하기 시작하면서 퇴각할 기미를 보이자 중대는 전부 역습으로 전환하고 맹렬하게 추격했는데 때는 오전 6시에 가까워왔다. 적은 지리멸렬해져서 그 주력은 서북쪽 고지에서 양양 방향으로, 일부는 구산(邱山) 서쪽 전봇대를 파괴하며 대관령 동쪽 기슭에서 양양 방향으로 도망쳤다. 중대는 약 4리를 추격하다가 오후 5시에 강릉으로 돌아갔다. 적의 사상자 100명 이상, 포로 2, 노획품은 소총 15(기계총 및 화승총 혼합), 칼 1, 탄약과 화약 약간, 외투 1, 우리 쪽 사상자 없음.

밀정과 포로의 말에 따르면, 적의 수괴는 민긍호[閔肯鎬, 원주 진위대장(鎭衛隊長) 특조장(特曹長)]이며, 양양 부근 및 강릉에서 양양으로 통하는 가도의 서쪽 산속에 출몰하는 적의 총 수는 2,000명 이상이며 적의 잔병은 강릉을 습격하겠다고 큰소리를 친다고 한다.

11월 28일 오전 11시에 수백 명의 적도가 연곡면 방향에서 강릉을 향하여 전진한다는 정보를 접하고 수비대장 히구치(樋口) 조장 이하 13명을 정찰 겸 토벌대로 삼아 급히 가도록 했다. 히구치 정찰대가 오후 0시 30분에 강릉 서북쪽 약 1리의 고지 위에 도달했을 때 갑자기 700~800명의 적과 충돌했다.

이러한 내용의 급보를 접하고 스즈키(鈴木) 소위는 하사 이하 23명을 이끌고 적의 우측 배후를 향하여 급진했다. 오후 2시 50분에 강릉 서북쪽 약 2리의 고지에 도달했을 때 마침 적은 히구치 토벌대에게 큰 타격을 입고 산속으로 통하는 좁은 길을 몇 개 종대로 늘어서 양양 방향으로 퇴각하는 중이었다. 이에 히구치 토벌대와 책략을 맞추어 사천면 사기막 서북 고지(강릉까지 4리)까지 맹렬한 추격을 계속했더니 적은 사방으로 지리멸렬하게 흩어져 양양 산속으로 들어갔다. 때는 오후 6시 30분으로서 해가 졌기 때문에 적의 종적을 잃고 강릉으로 돌아왔다. 적의 사상자는 약 80, 포로 1. 노획품은 사령부 깃발 1, 총 22, 군도 2, 장교 모자 2, 탄약과 화약 약간. 우리 쪽 손해 없음.

보병 제50연대 시가(志賀) 소대
해랑동(海浪洞, 원산 서남쪽 7리 반) · 점촌(店村, 원산 남쪽 11리) 부근 전투

11월 26일 원산을 출발하여 석선(赤田) · 기산리(箕山里) 부근을 수색하는 임무를 띠는 시가 소대는 11월 27일 오후 6시에 해랑동에서 적 약 10명을 습격하여 이를 물리쳤다.

11월 29일 오전 5시 교곡(橋谷) 북쪽 약 2,000m에 있는 점촌의 적을 야습하여 이를 물리쳤다. 적의 사상자는 불명, 우리 쪽 손해 없음.

보병 제52연대 제5중대
문성리(文城里, 곡산 동북쪽) 부근 전투

문성리 부근 정보 정찰을 위해 11월 26일 오후 8시 곡산을 출발한 곡산 분견대장 이하 12명은 이목탄(梨木灘) 남단에서 적의 보초인 듯한 3명을 포획하여 폭도 약 200명이 다음 날인 27일 새벽에 곡산을 습격할 목적으로 탄약을 급히 만들고 있는 중이라는 것을 듣고 그날 이목탄에서 숙영하며 정보를 확인했다. 27일 오전 5시에 숙영지를 출발하여 문성리 강의 교량이 파괴되어 있어서 강물을 걸어서 건너지 않을 수 없었기 때문에 우선은 적의 보초를 사격하자 적은 허둥지둥 앞에 있는 밭으로 산개하여 맹렬하게 응사했다. 2시간에 걸친 교전 끝에 적을 문성리 북쪽 고지로 격퇴하고 우리는 문성리를 점령하여 고지의 적과 총알을 주고받았다. 그런데 적은 퇴각할 기미도 없는데 오히려 우리가 가진 탄환이 점차 떨어져 갔고, 보충할 길이 없으므로 할 수 없이 곡산으로 물러나 경계를 엄히 하는 한편, 신계 수비대에 응원을 요청했다. 응원대가 오자 곡산 동쪽 약 3리 동림면(東林面) 간달리(間達里)까지 추격했으나 마침내는 종적을 잃고 말았다. 적의 사망자 13, 부상 5명, 우리 쪽 손해 없음.

제2면 고지 공격할 때의 적의 사상자 수는 알 수 없지만, 마을 사람 말에 따르면, 20명 이상이라고 한다. 노획품은 화승총 40, 군도 3, 창 3, 화약, 납탄, 납봉, 피복, 양식 약간, 대장 깃발, 대장 인감 등.

보병 제47연대 제8중대
윤두리(尹頭里, 연안 북쪽 5리 반) 부근 전투

11월 28일 난암동(亂岩洞) 부근 토벌을 목적으로 백천동(白川洞)을 출발한 제8중대가 28일 오전 4시에 연봉(蓮峯)에 도착했을 때 마을 사람에게서 적이 반장(半場) 및 윤두리 부근에서 숙영하며 난암동에 적의 그림자도 없다는 것을 들어 알게 되었다. 일부는 반장의 적을, 주력으로는 윤두리의 적을 공격하기로 결정하고 오전 6시 50분 윤두리 서쪽 고지에 도달했을 때 적 약 30명이 북쪽을 향하여 삼삼오오 난암동 방향으로 퇴각하는 것을 보았다. 동시에 반장 방향에서도 사토(佐藤) 소대의 공격을 받아 윤두리를 향해 퇴각해 오는 적 30명을 보고 즉시 소총 및 기관총으로 맹렬히 사격하여 그 반을 죽였다. 이 사토 소대는 윤두리 동쪽 고지에 있는 중대와 연락하여 공격에 참여했다. 적은 표고 249고지를 넘어 개별적으로 석현 방향으로 달아났다. 오전 8시에 전장을 청소하고 윤두리 부근 촌락을 수색하여 포로 2명을 잡았다. 적의 사상자는 40명, 부상자는 불명, 우리 쪽 손해 없음. 노획품은 소총 4, 화약 약간.

보병 제47연대 제5중대 고우노(河野) 소대
난암동(연안 북쪽 5리) 부근 전투

난암동 부근 폭도 토벌의 서흥 수비 중대와 호응하기 위하여 연안을 출발한 고우노 소대가 11월 28일 오전 7시에 옥촌(玉村), 사동(沙洞) 주막, 석정동(石井洞)을 수색하고 7시 40분에 만가정(萬家亭, 난암동 동남쪽 1,000m) 남쪽 고지에 도달했을 때 죽대미(竹大美, 만가정 남쪽 1,400m) 북쪽 고지에 그전에 포진한 기관총 및 봉산동(鳳山洞) 동단에 나온 척후의 사격을 받아 만가정으로 적이 도망쳐 오는 것을 공격하여 그중 10명을 죽였다. 우리 쪽 사상자 없음.

보병 제47연대 제3중대 시로시모(白下) 소대
대천(代川, 적성과 단양의 중간)·도기(道基) 부근 전투

대천에 숙박 중인 폭도를 야습할 목적으로 11월 30일 오전 3시 반 적성령 주막을 출발한 시로시모 소대는 오전 5시 30분에 상천(上川)에 도착하여 마을 사람에게 다음 정보를 얻었다.

1. 오늘 정오경 단양 방향에서 약 80~90명, 적성 방향에서 70~80명의 폭도가 하대천(下代川)에 와서 숙영하고 있다.
2. 적은 감시병을 마을 끝에 보내 마을 사람의 출입을 금지하고 있다.

토벌대가 마을 사람을 길잡이로 삼아 중대천(中代川) 동단 약 200m에 접근하자 적의 감시병에게 4~5발의 사격을 당했다. 즉시 전진하여 적이 숙박하는 세 집으로 돌입했다. 그러자 적은 허둥지둥 담을 넘어 도망했다. 우리는 그들을 쫓아 하대천으로 진입하여 도기 방향으로 도망 중인 적 일부에 대해 맹렬한 추격 사격을 가했다. 이때 적의 사상자 약 20명 정도를 확인했다.

오전 6시 30분에 도기 서남쪽 약 400m에 있는 골짜기에 도달하자 갑자기 약 120명의 적과 마주쳤으며, 도기 서남단 및 그 서쪽 고지에서 사격을 당했다. 토벌대는 공격 자세를 취하면서 완강히 저항하는 적에 대해 한 발 한 발 약진하여 약 3시간에 걸쳐 교전한 후 마침내 성내 방향으로 몰아냈다. 이때 적이 버리고 간 사체는 7, 포로 1, 부상은 30명 이상. 노획품은 단발총 7, 화승총 4, 화약 및 탄환 약간, 우리 쪽 손해 없음.

포로의 말에 따르면, 적의 수괴는 임봉준(林鳳俊)이며, 또한 단양 방향으로 퇴각한 적의 수괴는 이 아무개라고 한다.

보병 제50연대 제8중대 연락병
시욱리(始郁里, 삭녕 동남쪽 2리 반) 부근 전투

삭녕에서 연천으로의 연락병(졸 5)은 11월 30일 오후 시욱리 부근에서 폭도 약 50명과 충돌하여 그중 5명을 죽이고 남쪽으로 격퇴했다.

보병 제51연대 제12중대
삼산(지평 동쪽 3리 반) 부근 전투

여주 수비 소대는 12월 1일 오후 5시 삼산 동쪽 약 1리에서 150명으로 구성된 폭도가 저녁 먹을 준비를 하는 것을 습격하여 그중 30명을 죽였다. 적은 횡성 방면으로 패주했다. 노획품은 총 8, 우리 쪽 손해 없음.

보병 제50연대 제8중대 이이(井伊) 소대
대성리[枱成里, 이천 서북쪽 5리 지석장(支石場) 동쪽 2리] 부근 전투

이천 수비대 이이 소위가 이끄는 소대는 11월 30일에 폭도 약 100명이 지석장 부근에 있다는 보고를 접하고 오전 11시에 출발하여 적을 몰아넣고 12월 1일 오전 2시에 대성리에서 따라잡아 공격했다. 적은 낭패하여 시체 7, 부상자 10명을 남기고 북쪽 고지로 달아났다. 노획품은 무라타총 1, 러시아총 3, 모젤종 1, 화승총 11, 탄약 장비 약간. 우리 쪽 손해 없음.

보병 제52연대 제12중대
박지촌(柏只村, 홍천 동북쪽 약 3리) 및
용태리(龍太里, 홍천 서북쪽 약 3리) 부근 전투

홍천 수비대장 이하 10명은 12월 1일 오전 2시 홍천을 출발하여 용태리로, 동시에 이 수비대의 상등병 이하 8명은 박지촌을 야습했다. 용태리에서는 폭도 1명을, 박지촌에서는 폭도 5명을 죽였다. 다만, 양쪽 마을 모두 적의 숫자는 20~30명을 넘지 않지만 정확한 숫자는 알 수 없다. 노획품은 양식총 1, 화승총 2, 탄약 및 서류 약간, 우리 쪽 손해 없음.

보병 제51연대 제4중대 및 기병 소대
장전(불명) 부근 전투

마곡(馬谷) 부근을 토벌하는 다카하시(高橋) 부대와 호응하기 위하여 12월 1일 오후 10시 30분 충주를 출발한 후지타(藤田) 소대 및 기병 와다(和田) 소대는 2일 오전 11시에 장전 부근에서 폭도 약 50명을 만나 약 30분간 교전한 후 이들을 서북쪽으로 격퇴했다. 적의 사상자 6, 우리 쪽 손해 없음.

보병 제47연대 제6중대 강경 수비대 1부
전주(부여 부근 지도상 불명) 부근 전투

12월 2일 추동(楸洞) 주막에서 연락한 척후는 4일 부여를 거쳐 돌아오는 길에 전주에서 폭도 약 50명과 마주쳐 30분간 교전한 후 적의 중견에 돌입하여 이를 격퇴하고 추격 중 마침내는 종적을 잃고 말았다. 적의 사망자 3, 우리 쪽 손해 없음.

보병 제47연대 제6중대
단평(丹坪, 공주 서북쪽 1리 반) 부근 전투

12월 3일 오후 단평 부근의 폭도 토벌을 위해 파견된 사카모토(坂本) 특무조장 이하는 오후 4시 단평 동쪽 고지 중간에 도달했을 때 적 약 50~60명이 단평 및 그 북쪽 고지를 근거지로 삼고 있는 것을 발견하고 즉시 공격하여 동천(洞川) 서쪽 고지 방향으로 격퇴했다. 적의 사망자는 5, 우리 쪽 손해 없음.

보병 제51연대 제10중대
하두의(下됴衣, 음성 서북쪽 4리 이상) 부근 전투

음성 수비대 사토(佐藤) 특무조장 이하 11명은 정천(亭川, 음성 서쪽 3리), 생동(笙洞, 정천 북쪽 2리 반), 하두의를 순찰하며 수색하는 중에 12월 4일 오전 9시 하두의 남쪽 약 600m 고지에서 폭도 약 30명과 충돌하여 그들을 공격하여서 흩어지게 했다. 적의 시체 2, 부상은 적어도 5명, 우리 쪽 손해 없음. 노획품은 화승총 8, 부속품 탄약, 피복 약간, 당나귀 2필.

보병 제51연대 제10중대
신응리(新應里, 음싱 북쪽 4리) 부근 전투

음성 수비내 다카다(高田) 소위 이히 15명은 추전(秋田, 음성 북쪽에서 4리가 좀 안 됨) 부근을 수색 중에 12월 4일 오전 6시 신응리 남쪽 약 700m에 이르렀을 때 폭도 약 40~50명이 그곳에 있다는 것을 알게 되었다. 포위하듯이 전진하자 그들은 재빨리 이를 알아차리고 삼삼오오 서북쪽으로 퇴각하기 시작했다. 그래서 이를 추격하여 그중 9명을 죽이고 6명을 붙잡았다. 우리 쪽은 손해 없음. 마을 사람 말에 따르면, 적은 41명이고 양식총 13~14정을 휴대하고 있다고 한다.

보병 제50연대 제7중대 바바(馬場) 소대
니현(泥峴, 장전점 서남쪽 5리) 부근 전투

회현 수비대장 바바 소위가 이끄는 소대는 12월 4일 오후 1시 30분에 니현 서북쪽 좁은 길에서 약 100명의 적과 충돌했는데, 적은 그 북쪽의 아평리(芽坪里) 방향으로 달아났다. 소대는 그들을 북쪽으로 추격했지만 구정변(九丁邊) 부근에서 종적을 잃고 말았다. 적의 사망자 9명, 부상은 미상이지만 혈흔으로 볼 때 다수인 것으로 보인다. 포로 1명, 총 3정, 모자 1개를 노획했다. 우리 쪽 손해 없음.

보병 제50연대 제6중대 모리토모(森友) 소대
수밀[藪密, 낭천(狼川) 서남쪽 6리] 부근 전투

낭천 수비대장 모리토모 소위가 이끄는 반 소대는 12월 5일 오후 6시에 수밀 서측 고지에 있는 약 200명의 적을 공격했다. 적은 약 100m에 걸쳐 화톳불을 활활 피우고 그 옆에서 약 100m로 산개하면서 지리를 이용하여 완강히 저항했다. 소대는 그들을 야습했으나 지형이 험준하고 눈비가 내려서 지척을 분간하기 어려워서 동이 틀 무렵에야 간신히 점령할 수 있었다. 적은 대부분 이미 북쪽으로 달아나서 척후 몇 명만 남겼을 뿐이었다. 그래서 곧장 북쪽으로 추격했지만 내동(內洞) 부근에서 종적을 잃었다. 적의 사망 3. 총 1, 탄약함 1을 노획했다. 우리 쪽 손해 없음.

보병 제14연대 제2중대 지례(知禮) 분견대
화곡동(花谷洞, 지례 북쪽 4리) 부근 전투

12월 5일 지례 분견대장 이하 10명은 화곡동 부근에서 활동중에 적 70~80명과 마주쳤는데, 즉시 포위하여 사로잡으려고 애썼으나 적이 도주를 꾀하여 1명을 죽이고 1명에게 부상을 입혔다. 이튿날인 6일에 다시 화곡동 부근에 이르러 1명을 더 잡았다. 우리 쪽 손해 없음.

보병 제52연대 제12중대
삼마(三馬)고개 · 평촌리 · 시사(是司) · 윤리곡(輪里谷) ·
낙암리(樂岩里, 춘천 동남쪽) 부근 전투

지평에서 횡성 사이에 있는 고모곡 부근의 폭도를 토벌하는 사카베(坂部) 지대를 지원할 임무를 띠고 12월 5일 오전 7시 30분 춘천을 출발한 후지에(藤江) 소대(보병 29, 기병 6, 순사 · 순검 5)는 사방우리(四方隅里), 능평리(陵坪里) 등을 거쳐 도중에 여러 종류의 정보를 수집하면서 오후 7시 홍천으로 진입했다. 그때 얻은 정보는 다음과 같다.

적의 수괴인 한갑복(韓甲福)은 약 200명의 폭도를 이끌고 노천리(魯川里)에 있으며, 또한 지평에는 약 2,000명의 폭도가 집합해 있다.

12월 6일 오전 7시 30분 홍천을 출발하여 오전 11시 30분에 삼마고개를 넘어 남쪽 언덕 약 600m에 도달했을 때 도로 동남쪽 약 500m의 고지선 일대에서 폭도 약 150명이, 동시에 서남북 삼면에서 890m의 고지에서도 우리를 향해 사격을 가했다. 소대는 즉시 도로의 동쪽 준토를 의지하여 도로 동남쪽의 적에 대해 사격을 개시했으며, 각개 약진으로 도로의 동쪽 고지를 점령하자 흩어진 폭도 대부분이 좌운리(座雲里) 방향으로 퇴각하는 것을 목격하고 즉시 추격 사격을 가했다. 이어서 일부가 폭도를 추격하고 나머지는 골짜기 안을 수색했다. 오후 3시에 폭도 약 10명이 상창봉동 동남쪽 약 2,000m의 하창봉동으로 통하는 부근 고지 및 서남쪽 약 1,500m의 고지에 출몰한 것을 보고 척후에게 이를 격퇴하게 했다. 폭도는 그 숫자가 300명 이상으로, 시간을 두고 횡성 또는 산삼리(山三里) 방향에서 온 듯하며, 이 전투에서 적의 사망자는 16, 부상자는 불명, 노획품은 화승총 5, 우리 쪽 손해 없음.

12월 8일 용두로 돌아가는 도중에 마을 사람에게서 평촌리에 폭도 20~30명이 있다는 것을 듣고 그날 밤 11시에 야습하여 그중 25명을 잡아서 모두 사살했다.

12월 9일 용두를 출발하여 오후 4시에 백작현(白作峴) 부근에 도착했을 때 폭도 약 40명이 양덕원(陽德院)에서 상창봉동 방향으로 전진하는 것을 듣고 이를 추격 중 약 20명의 적이 시동(是洞) 북방 500m의 골짜기로 퇴각하는 것을 발견하고 급히 사격하여 이들을 북쪽으로 몰아냈다. 적의 사망 7, 노획품은 화승총 1.

오후 7시에 상창봉동을 출발하여 오후 10시에 하창봉동에 도착하여, 폭도 200명이 그 전전날 다른 280명과 전날 그곳을 통과하여 좌운리로 향했다는 정보를 얻었다.

12월 10일 오전 3시 40분 하창봉동을 출발하여 오전 8시 40분에 좌운리에 진입했다. 마을 사람 말에 따르면, 한갑복은 부하 200여 명을 이끌고 노천에서 홍천 방향으로 모두 출발했다고 한다. 따라서 그곳에 남아 있는 적의 양식과 말먹이를 소각하고 오전 12시 30분에 그곳을 출발하여 오후 2시에 노천리 남단에 도달했을 때 동쪽 약 1,600m 고지에서 3개의 보초를 발견했다. 또한 마을 사람에게서 폭도 약 280명이 전날 와서 노천리 동쪽 약 4,000m의 윤리곡에 머물러 있다는 것을 듣고 오후 2시 40분 윤리곡 남쪽 고지를 점령하고 보초인 듯한 3명을 사살했다. 나아가 전방 고지 산허리를 도망치는 30명을, 이어서 동쪽 1,200~1,300m를 동쪽으로 도망치는 50명의 적을 격퇴했다. 소대는 계속 추격했으나 마침내 적의 종적을 놓치고 말았다. 적의 사망자 10, 노획품은 일본도 1, 화승총 3, 탄약 및 화약 약간. 우리 쪽 사상자 없음.

12월 12일 오전 8시에 홍천을 출발하여 오후 3시 반리동(班里洞)에 도착하자 전방 바로 앞 200m의 집에서 8명의 폭도가 산기슭을 향하여 달아나는 것을 발견하고 그중 1명을 붙잡고 6명을 사살했다. 노획품은 총검 1, 우리 쪽 사상자 없음.

오후 6시 20분 구만리에 도착하여 낙암리[가정자(加亭子)]에 폭도 60명이 전전날 양덕원 방향에서 왔다는 것을 듣고 이를 야습하기로 결정했다. 오후 11시 20분에 그 마을 끝에 들어가 약 8~9명의 적이 마당 안에 모닥불을 피우고 있는 것을 발견하고 포위했지만 적은 이를 재빨리 알아차리고 대부분이 도망쳤다. 이에 보초인 듯한 자 2명을 죽이고 집안을 수색하여 4명을 사살했다. 우리 쪽 사상자 없음.

보병 제51연대 제11중대
마석우리(磨石隅里, 경성 동북쪽 7리) 부근 전투

폭도 약 120명이 12월 6일 오전 6시 20분에 마석우리의 동쪽 및 남쪽에서 해당 지역 수비대를 습격했다. 수비대는 즉시 정렬했으며, 당시 마침 춘천으로 양식 운반 호위를 위하여 파견된 하사 이하 15명과 협력하여 양쪽의 적을 공격했다. 약 3,000m 정도 격퇴하자 적은 각 산골짜기로 흩어졌다. 적의 사상자는 7, 우리 쪽 손해 없음.

이들 적의 수괴는 박래승(朴來乘)이며, 전투 후에는 내마산리에 집합할 예정이라고 한다.

한국 파견 기병 제2중대
아차산(峨嵯山, 경성 동쪽 약 2리) 부근 전투

12월 5일 독현[毒縣, 두모포(斗毛浦) 동쪽 약 3,000m]을 습격한 폭도 토벌을 위하여 6일에 두모포를 출발한 대장 이하 27명은 오전 8시 50분에 폭도의 주력이 광호(廣湖) 서북쪽 고지에 있는 절에 잠복해 있는 것을 확인하고 즉시 이를 공격했다. 적은 약간의 저항도 없이 그 일부는 동북쪽으로 달아나고, 약 50명은 서원 부근에서 한강의 왼쪽 기슭으로 강을 건넜다. 토벌대가 추격을 계속하여 석도(石島)·흑암(黑岩) 선에 도달했을 때 폭도는 모두 흩어져 종적을 감추었다. 적의 사망자는 3, 부상자는 2, 노획품은 소총 34[그중 모젤식 저장총(底裝銃) 5], 칼 3, 두목의 인감 1, 피복과 탄약 및 서류 약간, 우리 쪽 손해 없음.

보병 제51연대 제1중대
학곡(원주 동북쪽 약 4리 반) 부근 전투

원주 수비대장 이하 17명은 12월 8일 학곡 동쪽에서 폭도 약 70명을 습격하여 그중 13명을 죽였다. 나머지는 동쪽으로 달아났다. 우리 쪽 손해 없음.

보병 제14연대 제2중대 군위 분견대
금정리(지도상 불명) 부근 전투

군위 분견대는 12월 8일 오후 7시 20분 금정리에서 적 30명과 마주쳤는데, 약 20분간 교전한 후 적은 직안(直安) 방향으로 도주했다. 그래서 이를 추격했지만 밤이 어두워서 그 종적을 놓치고 말았다. 적의 사망자는 9, 노획품은 총 2, 말 1필, 탄약 및 화약 약간, 우리 쪽 손해 없음.

보병 제14연대 제3중대
12월 8~9일 증산(甑山)·도사동(道士洞) 부근 전투

보병 제14연대 제3중대(1소대 결), 동 12중대의 나가오카(長岡) 소대 및 보병 제47연대 제1중대 고우노(河野) 소대는 도리카이(鳥飼) 대위의 지휘 아래 있다. 12월 8일 정선 동남쪽 약 10리에 있는 증산에서 약 250명의 폭도와 마주쳐서 그들을 포위 공격하여 물리친 후 나가오카 소대에게 삼척 본 가도를 맡기고, 나머지는 삼척 샛길에서 추격하도록 했으나 해가 지면서 그 종적을 잃고 말았다. 이 전투에서 적이 버리고 간 시체는 72구이며, 노획품은 화승총 60, 우리 쪽 손해 없음.

그날 밤 혼성대는 도사동(증산 북쪽 약 1리 반)에서 적도들이 집합한다는 정보를 얻어서 오전 2시에 숙영지(증산)를 출발하여 수심 40~70m의 정선강 지류를 건너서 오전 6시에 적도의 숙영지(도사동)를 포위 공격했다. 그러나 적의 대부분이 달아나 부근 고지를 점령했으므로 날이 밝아오자 다시 적을 공격하여 수 차례 돌격을 시도한 후 이를 모두 물리쳤다. 이곳은 적의 소굴로서 많은 부녀자들을 모아서 옷을 바느질하게 하고 있었다. 이 전투에서 적이 버리고 간 시체는 131구, 부상은 불명, 노획품은 소총 96, 탄약 2,000발, 화약 8상자, 피복 약 100점, 옷감 100마, 면 50관, 모피 2장, 가죽상자 1개, 인감 1상자, 서류 수백 통, 양식 다수, 말발굽 2켤레, 배낭 30, 승마 3필, 기타 잡품 다수, 적의 부장 5명을 포획했다. 포로의 말에 따르면, 적의 숫자는 약 300명이라고 한다. 우리 쪽 손해 없음.

보병 제14연대 제4중대 12월 8~10일
'세시론'(증산 서남쪽 약 1리 반) 찰곡(察谷) 부근 전투

보병 제14연대 제4중대의 1소대는 12월 8일 오후 5시에 '세시론' 서쪽 이름 없는 고개에서 120~130명의 적도가 증산 방향에서 세시론으로 침입하고 있는 것을 알고 즉시 이를 공격하고 그곳 남쪽 골짜기로 몰아냈다. 적의 사상자는 약 40, 노획품은 화승총 23, 탄약 300발, 포로 2, 우리 쪽 손해 없음. 포로의 말에 따르면, 이들 적은 그날 증산 부근에서 일본군에게 격퇴당했다고 한다.

소대는 보병 제47연대 제1중대 쓰네후지(常藤, 특무조장) 소대와 연합하여 10일 오전 7시 30분에 찰곡에 있는 적을 급습하여 거의 전멸시켰다. 적의 사망자는 120. 노획품은 모젤총 13, 화승총 63, 납탄 다수, 모젤 총탄 약 300발,

화약 약 50근, 유황과 부싯돌 다수, 소 4마리, 일본 면 약 50필, 모포 2장, 기타 피복 수백 점, 양식(쌀과 조) 다수. 우리 쪽 손해 없음.

파견 기병 제3중대의 1소대(군산 수비대)
익산 부근 전투

군산 수비대장 구보타(窪田) 중위는 12월 8일 오후 4시에 폭도 30~40명이 지난 7일 밤 서두리(西豆里)에서 숙영하고 그날 밤에 그곳 부근에 머물러 있다는 보고를 접하고 즉시 고마쓰(小松) 군조 이하 10기를 그곳에 파견했다. 그날 오후 7시에 해당 척후는 보삼리(寶三里, 지도상 익산 서쪽 10km)에서 30~40명의 폭도가 지난 밤 서두리에서 숙영하고 이날 아침에 익산읍 방향으로 퇴각했다는 보고를 접하고 이튿날인 9일 이 적을 추격하여 부평(浮坪, 지도상 부평 익산 서남쪽 5km)에서 따라잡아 돌격하여 싸운 후 그중 7명을 죽이고 5명을 사로잡았다. 우리 쪽 손해는 하사 1명 타박상, 졸 1명 팔 관절 찰과상, 소모탄 기총 50발, 거총 20발. 노획품은 화승총 23, 엽총 3, 지팡이총(杖銃) 1, 창 2, 장전 지팡이 2, 순검용 칼 1, 화약 약 50근, 의병군제록 1, 병기원수 표 1, 인감 2.

보병 제14연대 제4중대 가와무라(川村) 소대
12월 9일 황엽령(黃葉嶺) 부근 전투

12월 8일 이래 보병 14연대 제4중대에서 동 제3중대와 연락하기 위하여 전거리[田距里, 서벽리(西碧里) 북쪽 6리]에 파견된 가와무라 소대는 12월 9일 오후 5시 황엽령 자락에서 적도 약 20~30명이 설암(雪岩)에 있는 것을 정탐하고 즉시 출발했다. 밤이 어둡고 바람이 세게 부는 가운데 눈까지 내리는 것을 무릅쓰고, 여러 개의 험준한 고개와 언덕을 포위하여 기어오르거나 길을 잃거나 넘어지거나 산골짜기 아래로 추락하는 등 갖가지 어려움을 겪으면서도 용감히 전진했다. 산길을 넘어 오후 11시 50분에 백산 서남쪽 골짜기 아래 네 채의 집에서 식사를 하고 있던 적을 급습하여 그중 31명을 죽이고 그들을 몰아내었다. 부상자 숫자는 불명확하지만 40~50명 이상일 것이다. 노획품은 화승총 30, 중요 서류, 인감, 탄약, 화승, 의류, 기타 잡품 약간. 우리 쪽 손해 없음.

〈비고〉 이상 11월 8~9일의 보병 제14연대 제3, 제4중대와 기타 혼성대의 토벌에 의해 백칭산(白稱山) 서쪽 자락 적의 소굴은 거의 소탕을 완료했다.

보병 제47연대 제2중대의 1소대[금천(金泉) 수비대]
거곡(居谷) 부근 전투

12월 10일 오전 1시경 금천수비대의 척후 3명은 금천 남쪽 약 2리 고성산(高城山) 동북 자락에서 약 70명의 적에게 포위당했는데, 척후는 북쪽으로 혈로를 뚫어 퇴각했다. 오후 2시 30분에 금천 수비대장은 이와 같은 급보를 받고 상등병 이하 10명을 더 파견했다. 이 토벌대는 앞의 척후와 합류하여 적을 향해 전진하여 오후 6시에 본리 동쪽 고지에 도달하여 그 마을 북쪽에 집합해 있는 적을 향해 사격을 개시했다. 적은 낭패하여 어둠을 틈타 남쪽으로 도주했다. 적의 사망자는 30명 이상, 부상자 불명. 우리 쪽 손해 없음.

적의 수괴 정환직(鄭煥直) 포획 상황

　보병 제14연대 제11중대 스나모토(砂本) 특무조장 이하 15명은 12월 10일 옥여남(玉汝南)에서 적도 2명을 붙잡아서 정환직(鄭煥直)이 옥여남 서남쪽으로 약 3리 반에 있는 고천 부근에 있다는 것을 탐지했다. 당장 가서 11일 동이 트기 전에 고천 서남쪽 끝에 도달하자 몇 명의 한인들이 산 위로 도망치는 것을 보고 이를 약 3,000m가량 급히 추격했다. 골짜기 속에 숨어 있는 한인 1명을 발견하고 사로잡아서 고천에 도착했다. 힐문했으나 그는 자백하지 않았지만 나이와 풍모, 그 밖의 것으로 추측하여 보건대 그 전날 잡았던 그의 부하 2명의 자백으로 보아 정환직임에 틀림없다고 판단했다. 생포 후의 심문 조사는 다음과 같다.

제1절
적장 정3품 정환직의 이력

　1. 함풍(咸豊) 갑진(甲辰) 5월 19일 경상북도 영천군 자양면(紫陽面) 검단동(檢丹洞)에서 출생. 연령 64세.

　2. 조부, 조모 모두 없으며 자식은 앞서 일본군[나가카와대(永川隊)]에 의해 토벌을 당했으며 처는 현재 자택에 돌아가게 했음. 손자 3, 손녀 1이 있으나 아직 어려서 동서 분간을 못 함.

　3. 관직 이력은 다음과 같음

　1) 금부도사(禁府都事)

　2) 사헌부(司憲府) 감찰(監察)

　3) 순무영(巡撫營) 참의관(參議官)

　4) 중추원(中樞院) 의관(議官)

5) 태의원(太醫院) 환전의(奐典醫)

6) 삼남도검찰(三南都檢察)

7) 삼남도검찰

8) 비서승(秘書丞)

제2절
적괴가 된 원인

1. 올해 9월 초순 경성에서 자식 정관여[鄭寬(官)汝]가 의병장으로서 일본군에 저항하겠다는 것을 듣자 마치 당랑지부(螳螂之斧)와 같이 분투하여 용거(龍車)³에 달려드는 것과 같다고 생각했다. 그래서 9월 19일 고향으로 돌아가 경주군(慶州郡) 안국(安國)에서 크게 유세했지만 활발한 호응이 없었을 뿐 아니라, 점점 병사 모집 권유에 힘쓰면서 유감스럽지만 자택으로 돌아갔다. 10월 3일(8월 26일) 흥해에서 일본병 및 순사, 순검 및 10여 명이 가택을 침입하여 집을 휘젓고 안국사(安國寺)를 소각하는 등 난폭함이 이루 말할 수 없으므로 집의 부인 및 손녀 조카는 각 시집간 곳에 돌려보내고, 낮에는 산속에 은둔하고 밤에는 이웃마을에 나가 먹을 것을 조달했다. 10월 7일에 사랑하는 아들 정관여가 입안동(立岸洞)에서 일본군(영천대)에 의해 전사했다는 비보를 듣자 차마 흐느껴 울지도 못했다. 즉시 그곳에 가서 보니 시체는 10여 곳에 총창을 입고 혈흔이 흘러내려 참담한 죽음을 고했다. 자신의 의복을 벗어서 몸을 덮어주고 간신히 돌아와 이장을 마쳤다. 300명의 의병이 각각 고하여 말하기를, "우리는 지금 수장을 잃고 입에 풀칠을 하려고 화적이 되기를 바라나, 다시 아버님을 통령으로 하여 수장의 원수를 갚고자 하니 어떻게 생

---

3 왕의 수레.

각하십니까?"하고 매우 간원했다. 이에 임금과 아버지의 적은 같은 하늘을 일 수 없는 원수로서 마침내 자식의 뒤를 따르기로 했다.

제3절
활동의 상세한 기록

1. 편성-4개 소대로 구분하여 10명씩을 1분대로 하며, 각각 장을 임명했는데, 그 이름은 다음과 같다.

제1초장(哨長) 조재술(曺在述)

제2초장 남경숙(南敬叔)

제3초장 안흥천(安興千)

제4초장 김경문(金敬文)

2. 10월 29일(9월 23일) 청하군(淸河郡) 자전(紫田)에 위치하는 제1초장 조재술에게 부하 8명을 이끌고 흥해를 습격하게 하여, 우편국과 분견소에 불을 지르고 취급소장 이하 3명을 살해하게 했다.

3. 11월 3일(9월 28일) 신녕(新寧)을 습격하여 분파소 계관(係管)의 총기 60여 정을 빼앗았다.

4. 11월 4일(9월 29일) 의흥(義興)을 습격하여 분파소에 불을 지르고 총기 49정을 빼앗았다.

5. 11월 8일(10월 3일) 청송군 유전(揄田)에서 일본군[청송 사카이(酒井)대]과 마주쳐 무기 131정을 빼앗기고 조재술이 왼쪽 다리를 관통하는 총상을 입자, 의성군 소야면(蘇野面)에 있는 집으로 돌아가게 했다.

6. 11월 16일(10월 11일) 흥해군 신광(神光)에서 정완생(鄭完生)을 수장으로 하고 우재룡(禹在龍)을 부장으로 삼아 또 다시 흥해를 습격하게 하여, 분파소를 불태우고 일본 순사 및 한국 순검 각 1명씩을 살해했다. 그러나 정과

우 두 장수는 당시 일본의 금전을 빼앗고 정완생은 장자(長髥)로, 우재룡은 대구로 각각 도망을 꾀했다.

7. 12월 5일[11월 삭일(朔日)] 영덕군(盈德郡) 주방(周防)에서 일본군(영덕 분견대)에게 야습을 당하여 제2 초장 남경숙이 전사했다.

8. 12월 7일(11월 3일) 부하 83명을 이끌고 영덕에 역습을 시도하여 무기 28정을 빼앗겼다.

9. 그 후 경주군으로 향할 예정이었으나 영덕군 작은 역에 주둔 중이던 일본군에게 포위된 것을 탐지하고 8일 청하군 각전(角田)에서 부하에게 해산 명령을 전하고 총기를 땅에 묻었으며, 아무리 일본군에 저항하여도 백전백패, 모두가 불리하게 돌아가는 이유를 상세하게 설명했다. 좌중이 소리내어 울다가 고요해지니 다만 탄식하는 소리만이 새어나올 뿐이었다.

10. 12월 10일(11월 6일) 산속에서 숙박하고 11일 날이 밝기 전에 고천에 도착하여, 천망회회(天網恢恢),[4] 마침내 일본군[스나모토(砂本)대]에 의해 포로의 몸이 되기에 이르렀다.

제5절
경성의 지기(知己)

1. 전 군부대신 심상훈(沈相薰)이 매우 아껴서 돌보아주었지만 지금은 고인이 되었으므로, 특별히 우려해줄 사람이 없다. 다만, 경성에서 오래 관직에 있었기 때문에 아직은 그 밖의 점에서 의식에 궁핍함을 느끼지는 않는다.

---

[4] 천망회회 소이불실(天網恢恢 疎而不失), 즉 하늘의 그물은 크고 성긴 듯하지만 빠뜨리지 않는다. 본래의 의미는 '하늘이 친 그물은 너무 성겨서 엉성해 보이지만, 굉장히 넓어서 악인에게 벌 주는 일을 빠뜨리지 않는다'는 의미지만, 여기서는 일본군의 포위망을 뚫지 못하고 잡혔다는 의미로 사용한 듯함.

제6절

이후의 소견

1. 앞서 부했던 박연박(朴渊泊)·박병재(朴秉材)는 현재 의성 방면에서, 정완생은 언양 방면에서, 우재룡은 신녕 방면에서 각각 활동하고 있으며, 경상북도 북부의 진정(鎭定)은 일본군이 아무리 엄밀하게 정찰하여도 아직은 쉽게 손에 넣지 못하고 있다.

제7절

정환직의 특징과 장점

1. 한학에 뛰어나며 주역을 통달하고 의술을 연마했으며, 특히 못자리를 선정하는 데 뛰어나다고 한다.

제8절

옥중에서의 술회

가망자기금(家亡自己擒)

시회차필존(始悔此必存)

금행지불귀(今行知不歸)

일념재유손(一念在幼孫)

제9절

옥중 서간(앞으로의 희망 포함)

1. 세전(稅錢)은 백성들에게 기간 한정 없이 쓰게 하고 남은 백성들은 생업에 힘쓰도록 할 것.

2. 우리나라에 난이 일어났지만, 민 혹은 도적이 다른 사람의 밭을 팔라고

하는 말을 듣거나 따르지 말 것.

3. 난민들이 귀국 사람을 속이거나 책임을 물어 돈을 징발하지 않도록 할 것.

4. 우리나라 난민이 사람을 써서 귀국이 진행하는 일을 민가에서 정찰하여 원한을 사지 말 것.

5. 군의 행동을 멈추고 숙영을 금하고 닭을 죽이거나 방화하는 일이 없게 하여 주민을 안도시킬 것.

6. 갈 곳 없는 난민에게 가내를 사용하게 할 것.

7. 신뢰를 나누어 농간하여 원한을 갖지 말 것.

8. 우리 군대가 해산하고 의병에 들어가 집안 사람에게 아무 것도 해주지 못하다가 잡혔으니 방심하지 말고 업무에 종사할 것.

보병 제15연대 제5중대 시가(志賀) 소대(적성 수비대)
감파 부근 전투

12월 12일 오전 10시 소대는 적 약 200명이 납내리(訥木里, 적성 동쪽 약 1리 반)에 진입했다는 첩보를 접하고 즉시 출발하여 오후 2시에 납내리 동남쪽 표고 309에서 적의 주력이 감파에 집합해 있다는 것을 발견하고 소대는 그쪽으로 전진했다. 적이 척후의 총성을 듣고 도주하기 시작했으므로 즉시 추격하여 오후 4시 40분에 마차산(麻此山)에서 적을 따라잡아 공격했다. 적은 부근의 골짜기 속이나 숲속으로 숨어들어 사방으로 흩어졌다. 적의 사망자 13, 부상자 30명 이상, 포로 3(그중 1명은 부상자로서 수용된 후 사망), 노획품은 총기 13, 의류와 탄약, 기타 잡품 약간. 우리 쪽 손해 없음. 포로의 말에 따르면, 적은 구화상 방향에서 양주 방향으로 향하고 있으며 그 숫자는 150명이라고 한다.

사료 10
한주군 각지에서의 전투상보 제출 건(1908. 1. 17)

자료명	韓駐軍 各地に於ける戰鬪詳報提出の件
생산자	韓國駐箚軍參謀長 牟田敬九郞
생산시기	1908年 1月 17日
소장기관	日本 防衛省 防衛硏究所
문서정보	陸軍省-密大日記-密大日記-M41-3-6(C03022908800)

軍步 제8호 砲密 제19호 軍事密 제16호 密受 제27호 韓三報 제9호

1908년 1월 11일

한국주차군 참모장 무타 게이쿠로(牟田敬九郞)

육군 차관 남작 이시모토 신로쿠(石本新六)

한국 국내 각지에서의 전투상보 제10, 1부를 다음과 같이 제출합니다.

제10

보병 제49연대 제4중대 정선 분견초(分遣哨) 전투

12월 4일 오후 11시 30분에 폭도 약 500명은 북실동(北實洞, 정선 남쪽 약 1리) 방향에서 내습하여 분견초소를 포위 공격했다. 이케다(池田) 오장 이하 7명(보조원 3명, 순검 2명과 협력하여)은 5시간을 응전한 후 이를 격퇴했으나,

이튿날인 5일 오전 7시에 다시 내습하여 그곳 남쪽 약 300m의 고지에서 맹렬한 사격을 개시했다. 이케다 오장 이하 사력을 다하여 응전하여 오후 4시 이를 모두 격퇴했다. 그 주력은 북실동 방향으로 퇴각했다. 적의 사상자 수는 전투 중에 운반되어 확실하지 않으나 약 30명 이상, 우리 쪽 손해 없음. 노획품은 총 3.

장전점 분견대 보병 제50연대 제9중대에서 파견된 척후
양지촌[陽地村, 회양군(淮陽郡) 한치동(寒致洞) 북쪽 약 2,000m] 부근 전투

장전점 분견대에서 파견된 나가이(永井) 상등병 이하 8명은 12월 6일 양지촌(陽地村)에 적 약 100명이 있다는 것을 탐지하고 12월 7일 오후 1시 반에 한치동에 도착했다. 마을 사람 말에 따르면, 적은 120~130명으로 현재 양지촌 끝[아평리(芽坪里) 부근]에서 방어하고 있다고 한다. 척후는 즉시 전진하여 오후 3시에 전투를 개시하여 약 2시간 후 전원 돌격하고 이어서 맹렬한 추격을 했다. 적의 일부는 장안사 산 속으로, 일부는 회양 방향으로 퇴각했다. 적의 사망자 6, 부상 불명, 우리 쪽 손해 없음. 노획품은 총 5, 도검 2, 탄약 약간.

보병 제14연대 제6중대 하야시(林) 군조
오동리(梧洞里, 장성 남쪽 2,000m) 부근 전투

12월 2일 이와타니(岩谷) 참모 일행 호위를 겸하여 광주(光州)로 파견된 군조 이하 10명은 귀대하는 길에 12월 9일 오후 4시에 오동리 서남쪽 약 500m에 도착했다. 그때 적 약 150명이 고지를 근거로 우리에게 사격했다.

약 50분간 응전했으나 북쪽에서도 사격을 당하여 분투하여 돌격을 실시하여 이들을 물리쳤다. 그들 중 40~50명은 오동리에 잠복했으므로 수색하여 적은 그 마을에 불을 지르고 서쪽으로 도주했다. 때는 오후 6시 10분이었으며 적의 사망은 13, 부상은 20 이상, 우리 쪽 손해 없음. 노획품은 총 11, 화약 기타 잡품 약간.

파견 기병 제3중대 도리이(鳥居) 소대
용평(龍坪, 인천 동쪽 1리 반) 및 석간리(石間里) 부근 전투

12월 10일 면남(面南) 부근 수색을 위하여 파견된 하사 이하 9명은 용평에 적 약 30명이 숙영하고 있다는 것을 탐지하여 12월 11일 오전 0시 30분에 그 촌락을 포위 돌격하여 싸운 후 이를 물리쳤다. 적의 사망 11, 포로 5, 우리 쪽 손해 없음.

12월 11일 적 약 30명이 석간리에서 숙영하고 있는 것 같다는 보고를 접하고 정찰을 위하여 요코호리(橫堀) 상등병 이하 5명을 파견했다. 이들 척후는 12월 12일 오전 3시 무등리(無登里)에 도착하여 피난해온 마을 사람을 길잡이로 삼아 적이 숙영하고 있는 집을 포위 돌입하여 각투 끝에 이를 무찔렀다. 적의 사망 5, 우리 쪽 총 1 파손, 노획품 총 15.

상주 수비 보병 제47연대 제2중대 곤도(近藤) 변장대(變裝隊)
고도리(古道里) 부근 전투

변장대는 공성면(功城面) 부근 화적 토벌을 위하여 12월 9일 상수를 출발하여 12월 10일 오동에서 조사한 결과 마을 사람 박순가(朴順加)가 12월

11일 정오에 고도리 북쪽 산속에서 금 100량을 적에게 건넨다고 약속한 것을 알고 그날 박(朴)을 길잡이로 삼아 산속에 잠복했다. 오전 11시 30분 적 12명은 그곳에 왔으나 박이 혼자가 아닌 것을 알고 도주하려 했다. 그래서 즉시 사격하고 추격했다. 적의 사망 5, 포로 1, 우리 쪽 손해 경상 2.

문경 수비 보병 제47연대 제3중대 나카무라(中村) 소대
청화(靑華, 문경 서남쪽 약 5리) 부근 전투

문경 수비대는 12월 13일 적 약 80명이 가남리(加南面) 부근에 있다는 보고를 접하고 소탕할 목적으로 대장 이하 15명은 그날 오전 9시 30분에 출발하여 각지를 수색하고 오후 7시에 청화에 도착하여 적이 숙영하고 있다는 것을 탐지했다. 즉시 야습하자 적은 허둥지둥 낭패하여 달아났다. 적의 사망자는 12, 우리 쪽 손해 없음. 노획품 총 62, 군도 5, 기타 잡품 약간.

원주 수비 보병 제51연대 제1중대 야마모토(山本) 소대
사지암[沙芝岩, 동평(銅泙) 동쪽 약 3리] 부근 전투

왕동 부근 폭도 토벌을 목적으로 12월 12일 원주를 출발한 야마모토 소대는 12월 13일 오후 12시 사지암에 적 약 400명이 있다는 것을 알고 이를 야습하여 3시간을 싸운 후 전부 무찔렀다. 적의 사상자 120~130명 중 사망 48명. 그중에 호서신의대장(湖西倡義大將) 한기석(韓基錫, 혹은 한갑복(韓甲復)이라고도 한다]이 있다. 우리 쪽은 부상 1, 노획품은 총 7, 부속품 약간. 승마 1필, 기타 잡품 다수.

신천(信川) 수비 보병 제52연대 제5중대 무라카미(村上) 중위 이하 6명
공세(公稅, 장연 동쪽 3리) 및 노막동(路幕洞, 문화 서남쪽 4리) 부근 전투

12월 12일 순행을 목적으로 신천을 출발한 장교 이하 6명이 12월 14일 오전 11시에 공세 동쪽 약 400m에 도착했을 때 폭도 약 60명이 우리를 보고 북쪽 고지로 퇴각했다. 그래서 즉시 추격하여 사방으로 흩어지게 했다. 약 5시간의 추격 후 적의 사망 5, 부상 불명, 우리 쪽 손해 없음.

또한 이들은 12월 17일 공세를 출발하여 신천으로 향했다. 오후 2시 노막동에 도착하여 길가의 집을 수색하려 하자 적 약 9명이 집 안에서 사격하여 약 20분간 응전한 후 그중 3명을 죽이고 2명에게 부상을 입혔다. 우리 쪽 손해 없음.

보병 제14연대 제4중대 미야케(三宅) 소대
마교동(馬橋洞, 장소 불명) 부근 전투

12월 15일 미야케 소대는 마교동을 야습하기 위해 그곳 동쪽 2,000m의 산골짜기에 적의 수괴가 잠복해 있다는 것을 알고 오후 11시경에 그 마을을 야습하여 적의 수괴 김주영(金朱榮)을 생포했다. 적의 사망자 35, 우리 쪽 손해 없음. 노획품은 총기, 탄환, 기타 잡품 약간.

보병 제14연대 제4중대
무중동(武中洞, 장소 불명) 부근 전투

12월 15일 야노(矢野) 대위는 미야케(三宅) 소대와 함께 군천(軍川)에 도

착하여 12월 16일에 그곳을 출발했다. 변지동(弁池洞)에서 적의 척후를 사살하고 오전 11시에 주지동(舟池洞)에 도착했다. 적이 무중동 부근에 집합해 있다는 것을 알고 오후 2시에 이를 포위 공격했다. 적의 사상자는 약 50명, 우리 쪽 손해 없음. 노획품은 총기, 탄약, 서류 다수.

보병 제14연대 제4중대 가와무라(河村) 소대
탕실[湯實, 울진(蔚珍) 서쪽 약 3,000m] 부근 전투

12월 16일 가와무라 소대는 적이 이실(已實) 부근에 잠복해 있다는 것을 탐지하여 그곳을 향해 약 2리 반을 전진하여 탕실 서쪽 끝 산기슭(탕실에서 1,500m)에 도착했을 때 그곳에 다수의 적이 있다는 것을 발견했다. 급히 전진한 직후에 적과 우리 쪽 척후가 충돌하자 그 집단은 도망치는 듯했다. 즉시 맹렬한 사격을 퍼부어 사방으로 흩어지게 했다. 그 후 분대별로 추격하게 했지만 해가 지면서 마침내 그 종적을 잃게 되었다. 적의 사망 23명, 부상 70, 우리 쪽 손해 없음. 노획품은 총 23, 승마 2, 탄약 및 기타 잡품 다수.

영동(永同) 수비 보병 제47연대 제7중대의 하사 척후
의주(義朱) 부근 전투

12월 17일 황윤(黃潤) 영동(永同) 군수의 보고에 따르면, 14일에 온 적 약 230명이 영동 부근을 횡행한다고 한다. 또한 오늘 의주에서 온 마을 사람의 말에 따르면, 16일에 약 250명의 적이 고자동(高子洞)에서 마을 사람 2명을 납치하여 의주군 설천(雪川) 방향으로 갔다고 한다. 그래서 아침 일찍 하사 이하 4명의 척후를 의주로 파견했다. 그들 척후는 그날 오후 1시 그곳에 도착했다. 이때 많은 한인들이 모여 있는 것을 발견했다. 이에 군조가 큰소리로 일본병이 많이 왔다고 고함을 치니 그들은 혼란을 일으켜 도주했고, 이에 즉시 사격을 가했다. 잠시 후 적은 다시 습격해와서 척후를 포위하려고 했으므로 일시적으로 황색금(黃色金, 영동 서남쪽 약 4리)으로 퇴각했다. 적의 사상자는 약 30명, 우리 쪽 손해 없음.

연안 수비 보병 제47연대 제5중대 고우노(河野) 토벌대
형제정(兄弟井, 연안 서북쪽 약 10리) 부근 전투

고우노 토벌대는 12월 18일 연안을 출발하여 19일 오전 5시에 형제정 서남쪽 도로 위에 도착하여 수색한 결과, 동부 망도동(網桃洞)에 적 약 40명이 숙영하고 있다는 것을 알게 되어 오전 6시 이를 포위 공격한 후 동쪽으로 몰아냈다. 적의 사망자 23, 포로 2, 우리 쪽 손해 없음. 노획품은 총 20.

보병 제14연대 제4중대[미야케(三宅) 소대 제외]
탕실 및 석개리(石開里) 부근 전투

12월 17일 중대는 고우노(河野) 소대가 격파한 적도 수십 명이 탕실 동북 골짜기에 잠복해 있다는 것을 탐지하고 이를 포위하여 그중 10여 명을 죽였다. 우리 쪽 손해 없음.

또한 중대는 19일 석개리에서 숙영했고, 이번에 큰 타격을 입은 적은 모두 해산했으며, 소수가 양민을 가장하여 각각의 자택에 잠복해 있다고 한다. 실제로 황개(荒開)에 적도 10여 명이 잠복해 있는 것을 탐지하여 포획하려 했으나 도주하려 하여 이들을 모두 사살하고 그중 2명을 포획했다. 우리 쪽 손해 없음.

안의(安義) 분견대 보병 제14연대 제5중대 오쿠하라(奧原) 군조 이하 11명 마산리(馬山里, 의주 남쪽 2리) 부근 전투

12월 18일 의풍장(義豊場) 방면 정찰을 위해 출발한 오쿠하라 군조 이하는 12월 20일 오후 3시 30분 적 약 50명이 마산리에 있다는 것을 알고 정찰 후 적이 모여 있는 집을 확인하고 이를 습격하고자 고지 위에서 은폐하여 산개했다. 이때 적이 이를 알고 도주하기 시작했으므로 즉시 사격을 개시했다. 적은 마을 끝에서 몇 발을 응사한 후 주력은 서쪽으로, 일부는 남쪽 및 북쪽으로 퇴각했다. 적의 사망자 7, 부상 15, 우리 쪽 손해 없음. 노획품은 총 15, 군도 6, 기타 잡품 약간.

**전주 수비 파견 기병 제3중대에서 파견된 하사 척후
고산 부근 전투**

고산에 파견된 하사 척후[데라우치(寺內) 군조 이하 6기]는 12월 20일 와룡(臥龍, 고산 서북쪽 약 1리)에 약 100명의 적이 집합해 있다는 보고를 접하고 그 지역을 향해 전진하여(마필은 고산에 남겨둠) 오후 2시 30분 와룡에 도착하자 고산 방향에 맹렬한 총성을 듣고 곧장 돌아왔다. 21일 오전 2시 20분 고산에 도착했을 때 적 약 300명은 민가에 방화하고 있었다. 그래서 즉시 공격으로 전환하여 2시간 15분간의 전투 후 이를 격퇴했다. 적의 사망 20, 부상자 불명, 우리 쪽 손해는 말 1필 즉사, 중상 후 사망 1명, 기타 이상 없음.

수원 수비 보병 제47연대 제12중대
시목동[柿木洞, 발안장(發安場) 서남쪽 약 2리] 및 장안(長安) 부근 전투

12월 20일 발안장 부근 토벌에 나선 다지리(田尻) 대위가 지휘하는 나카하라(中原) 소위 이하는 21일 시목동 부근에서 소수의 폭도를 사방으로 쫓았으며 구리스(栗栖) 토벌대는 장안 부근에서 수 명의 적을 만나 이를 물리쳤다. 적의 사망자는 7, 포로 1, 우리 쪽 손해 없음. 노획품은 소총, 잡품 약간.

장단 수비 보병 제47연대 제7중대 나카오(中尾) 소대
진보동[眞寶洞, 온정원(溫井院) 북쪽 약 2리] 부근 전투

나카오 토벌대는 12월 22일 출발하여 누천(漏川, 평산 서쪽 4리)에서 숙영하고 23일 오전 2시에 그곳을 출발하여 오전 7시 30분에 진보동에 도착했는데, 적은 전날 밤 그곳에서 숙영하고 마침 서쪽으로 가려는 참이었다. 소대는 즉시 공격으로 전환했으나, 적은 부근의 고지를 근거지로 삼아 응전하며 점차 우리를 포위하려 했다. 이에 소대 일부가 적의 우익에서 치고, 주력은 정면에서 돌격하여 모두 사방으로 몰아쳤으며, 이어서 추격하여 산지 및 촌락으로 잠입한 적을 소탕했다. 적의 사망자는 35, 우리 쪽 손해 없음. 노획품은 급히 추격하느라 수집하지 못했다. 겨우 총 4정을 얻었을 뿐이었다.

사료 11

한주군 각지에서의 전투상보 제출 건(1908. 1. 23)

자료명	韓駐軍 各地に於ける戰鬪詳報提出の件
생산자	韓國駐箚軍參謀長 牟田敬九郎
생산시기	1908年 1月 23日
소장기관	日本 防衛省 防衛研究所
문서정보	陸軍省-密大日記-密大日記-M41-3-6(C03022908700)

人受 제27호 経衣受 제42호 砲密 제36호

軍步 제14호 軍事密 제25호 密受 제33호 韓三報 제11호

1908년 1월 23일

한국주차군 참모장 무타 게이쿠로(牟田敬九郎)

육군 차관 남작 이시모토 신로쿠(石本新六)

한국 각지에서의 전투상보 제11, 1부를 다음과 같이 제출합니다.

평창 수비 보병 제51연대 제2중대

횡성군 둔내면(屯內面) 백포하(白浦河, 평창 북쪽 약 6리) 및

수주면(水周面) 강림동[講林洞, 주천(酒泉) 서북쪽 약 6리] 부근 전투

아야베(綾部) 소대는 12월 19일 오전 8시 40분에 백포동(白浦洞)에서 주기준(朱基俊)이 이끄는 약 150명의 적을 약 3시간 공격한 끝에 이를 평창군

봉평면(蓬坪面) 방향으로 격퇴했다. 적의 사망자는 5, 부상 16, 우리 쪽 손해 없음. 노획품은 총 1, 총검 1, 조선도 2, 기타 잡품 약간.

이 아야베 소대는 12월 19일 둔내면 둔창(屯倉)에서 숙영하고 12월 20일 오전 7시에 그곳을 출발하여 평창군 대화면(大和面) 방향으로 행군 중에 주광안(朱光安)이 이끄는 약 300명의 적이 19일에 횡성군 안흥(평창 서북 약 6리) 방향으로 이동한다는 것을 알고 이를 쫓아 7리를 열심히 전진했다. 이날은 날씨가 매우 추워서 내린 눈이 금세 쌓여 한 발 내딛기도 어려웠다. 폭도는 이날 영월군 수주면 강림동에서 숙영하는 듯했다. 따라서 소대는 때가 오기를 기다려 오후 8시에 전원이 눈을 치우고 돌입했다. 적은 허둥지둥 도주할 여유도 없었다. 이 틈을 타서 용맹 과감하게 총검을 휘두르며 접전하여 싸우기를 약 1시간 만에 이들을 전부 물리쳤다. 적의 사망자 72, 부상 미상, 우리 쪽 손해 없음. 노획품은 총 43, 일본도 1, 조선도 5, 당나귀 1, 소 2, 기타 화약, 탄약 및 잡품 다수.

이수두(二水頭) 수비 보병 제51연대 제11중대 이카다이(筏井) 토벌대 본접동(本接洞) 및 직수리(直木里, 포천 남쪽) 부근 전투

이카다이 토벌대는 12월 25일 오후 5시 40분 적 약 20명이 본접동에서 식사 중이라는 것을 알고 즉시 돌입하여 그중 4명을 죽이고 추격하여 2명을 죽였다. 적의 주력이 직동(直洞)으로 패주하는 듯했으므로 소대는 주력을 퇴로로, 일부를 직수동으로 추격하게 했다. 오후 9시 10분에 우리 주력은 마명리(馬鳴里)에 도달하여 약 50~60명의 적이 능현(陵峴)에서 숙영한다는 정보를 접하고 그곳을 향하여 급히 갔다. 직수리 남단에 도착하여 적 약 50명이 숙영하고 있는 것을 알고 포위, 돌입하여 접전했으며 약 30분 정도 싸워서 이들을 전부 사방으로 흩어지게 했다. 적의 사망자 11, 우리 쪽 손해 중상 1, 경상 1, 총 및 군도 파손 각 1, 노획품은 총 4, 군도 1, 기타 잡품 약간.

춘천 수비 보병 제52연대 제12중대 다무라(田村) 소대
추동(홍천 동쪽 약 5리 반) 부근 전투

12월 27일 홍천에서 동쪽 약 8~9리 끝에 있는 석면(石面) 청량리(淸涼里) 부근에 다수의 적이 배회하고 있다는 정보를 접하고 다무라 중위는 하사 이하 26명을 이끌고 그날 오전 8시에 출발했다. 도중에 단석면(端石面) 안의 노론리(魯論里, 홍천에서 7리 이상)에서 영귀미면(詠歸美面) 서운(唑雲)에 다수의 적이 있다는 것을 듣고 험한 길(이 길은 험준하여 넘어지고 미끄러지며)을 무릅쓰고 오후 11시 수곡[水谷, 노천(魯川) 안]에 도달했다. 28일 오전 5시 30분에 그곳을 출발하여 서운으로 향하여 6시 반에 화방(花芳, 노천 안)에 이르렀다. 민긍호(閔肯鎬) 및 한갑복(韓甲福)이 이끄는 약 150~160명의 적이 추동에 있다는 것을 알게 되어 마을 사람을 길잡이로 삼아 그곳에 이르자 일렬로 돌진했다. 적은 낭패하여 응사하면서 도주했다. 따라서 추격 사격을 가하면서 이들을 모두 무찔렀다. 적의 사망자 21, 부상 1, 우리 쪽 손해 없음. 노획품은 총 11, 부속품 기타 잡품 다수.

이수두 수비 보병 제51연대 제11중대 이카다이(筏井) 토벌대
거안리(居按里, 가평 서북쪽 약 3리) 부근 전투

이카다이 토벌대는 12월 29일 거안리에서 12월 25일 이래 약 200여 명의 적이 체재하고 있다는 것을 정탐하고 전원이 변장 잠행하여 그날 오후 5시

40분에 그들을 급습하여 약 40분간 교전한 후 대부분을 섬멸했다. 게다가 북쪽으로 도주하는 적을 추격하여 많은 손해를 입혔다. 적의 사망자 81, 부상 30, 우리 쪽 손해 없음. 노획품은 총 37, 화약과 탄약, 화약 제조기구 및 원재료, 기타 잡품 100여 점.

해주 수비 보병 제47연대 제8중대 가나모토(金本) 소대
가임면(茄任面) 3리 고대촌[高岱村, 취야장(翠野場) 서남쪽 약 1리] 부근 전투

12월 27일 경찰서에서 폭도 약 200명이 26일 와서 상림동(桑林洞, 해주 서쪽 약 5리)의 서남쪽 약 1리 반 수대산(遂岱山)에 집합했다는 정보를 접하고 이 적을 토벌할 목적으로 12월 28일 오후 5시에 수비대는 린코(臨光) 오장 이하 16명을 그곳에 파견했다. 토벌대는 29일 오전 2시에 출발하여 오전 5시 30분 고대촌에 도착했을 때 적 약 40명이 그곳 부호인 모씨 집에서 숙박하고 현재 식사 중이라는 것을 알게 되었다. 즉시 그 집을 포위하자 적은 이미 우리가 오는 것을 알고 흩어지기 시작했다. 그들을 향해 사격을 가하고 이어서 맹렬히 추격하자 적은 부근의 소나무 숲으로 퇴각했는데, 어두운 밤이어서 마침내 그 종적을 잃고 말았다. 적의 사망자 13, 포로 5, 부상 미상, 우리 쪽 손해 없음. 노획품 총 10, 기타 잡품 약간.

혜산진 수비 보병 제50연대 제2중대 및 갑산 수비대(북청 수비 기병 15기를 보함) 삼수 부근 전투

삼수 정찰대(혜산진, 갑산 수비대를 포함하이 보병 35, 및 기병 15, 기관총 1)는 12월 30일 혜산진을 출발하여 도중에 갑산의 대와 합류하여 12월 31일 삼수로 향했다. 정찰대는 같은 날 오후 1시에 삼수에 도착했으나, 적 약 400명은 삼수의 성벽을 근거지로 완강히 저항했다. 3시간의 격전 끝에 정찰대는 탄약이 부족하며 어두워지기를 기다리면서 물러나 1월 1일 오후 1시에 혜산진으로 귀환했다. 기병은 정황 정찰을 위하여 남겨두었다. 적의 사상자 약 40, 우리 쪽 손해는 전사 2, 부상 7.

예천 수비 보병 제47연대 제1중대 기라(吉良) 특무조장 이하 14명 '오히양고쿠'촌(예천 북쪽 약 3리 반) 부근 전투

1월 3일 정오 마을 사람의 밀고로 감천면 호점(芦店) 북쪽 2리 반 지역에 24~25명의 총을 든 폭도가 숨어 있다는 것을 알고 그날 오후 2시에 특무조장 이하 14, 통역 1, 순사 3, 순검 1은 급히 그곳으로 향했다. 토벌대는 오후 4시 30분에 '오히양고쿠'[1]촌 서남쪽 약 1,000m에 도착하여 마을 끝과 산정에서 적의 감시병인 듯한 자를 발견했다. 즉시 가파른 산허리를 기어올라 그 촌락을 포위했지만 100여 명의 적은 즉시 마을 끝으로 흩어져 응전했다. 격전 약 1시간 후 적이 허둥지둥 무너져 시체 5구를 남기고 북쪽으로 도주를 꾀했으므로 맹렬한 돌격으로 따라잡아 그중 3명을 잡았다. 적의 부상자는 30명 이상이며, 전투 중에 산속으로 숨어든 6명을 더 붙잡았다. 우리 손해 경상 1, 노획품은 총 3, 기타 잡품 약간.

---

1 원문은 가타카나로 마을의 본래 이름을 알 수 없다.

삭녕 수비 보병 제50연대 제8중대
관내(토산 서남쪽 약 4리) 부근 전투

동 수비대는 복수동(福水洞, 토산 서남쪽 약 4리)에 적이 집합했다는 보고를 접하고 1월 3일 오후 11시 30분에 다케다(武田) 군조 이하 15명을 파견했다. 이 토벌대는 4일 오후 2시 관내(복수동 북쪽 약 1리)에서 적 약 100명이 점심을 먹는 중이라는 것을 탐지하고 이를 공격했다. 적은 남쪽으로 퇴각하여 금치(金峙) 북쪽 고지를 근거로 저항했으나 약 2시간 후 수룡산(秀龍山) 속으로 달아났다. 적의 손해는 10, 우리 쪽 사상자 없음.

함양 수비대 보병 제14연대 제5중대 신조(新庄) 척후
구상리(九相里, 함양 서쪽 약 3리) 부근 전투

1월 3일 동이 트기 전에 폭도 약 80명이 임실 방향에서 장수로 향하고 있어서 이튿날인 4일에 남원 수비대에서 하사 이하 6명을 그곳으로 파견했다는 보고를 접하고, 그 퇴로를 차단할 목적으로 신조(新庄) 오장, 근무 상등병 이하 5명을 1월 5일 오전 6시에 출발시켜 서쪽으로 약 3리 반 떨어진 지상(芝峠)에 파견했다. 이들 척후는 오전 9시에 의지(蟻地, 함양 서쪽 2리 반)에 도달하여 서쪽 약 1,500m의 고지에서 20여 명의 적을 발견하고 의지 북쪽 고지로 급진했다. 적이 몇 발의 사격을 가한 후 운교를 향하여 퇴각했으므로, 척후가 급히 추격하여 약 800m로 접근하여 맹렬히 사격하여 전부 북쪽으로 물리쳤다. 1리 반을 추격했지만 지상동(知止洞, 의지 서북쪽 약 2리)에 이르러 마침내 그 종적을 잃게 되었다. 적의 손해는 확실하게 조사할 수 없지만 약간의 부상을 초래했다. 우리 쪽 손해 없음.

화천(낭천) 수비 보병 제50연대 제6중대의 반 소대
양지(낭천 동남쪽 약 5리) 부근 전투

    1월 5일 방천리(芳川里, 낭천 동쪽 약 4리) 부근에서 적 약 200명이 집합해 있다는 보고를 접하고 아즈마(吾妻) 오장 이하 22명은 5일 오후 9시 낭천을 출발하여 양구 부근으로 향했다. 이들은 밤새도록 적을 추격하여 이튿날인 6일 오전 7시에 양지촌(陽智村) 부근에서 따라잡아 마을 끝에 있는 적의 보초병을 사살하고 즉시 돌입했다. 적은 허둥지둥 당황하여 세 무리로 나누어 양구 및 춘천으로 통하는 가도를 패주했으므로 맹렬한 추격 사격을 가했으나 적은 양지 동남 고지를 근거지로 하여 강하게 저항했다. 소대는 잠시 응전한 후 돌격하여 춘천 방향으로 물리쳤다. 때는 오전 9시 30분으로 적의 사상자는 약 20, 우리 쪽 손해 없음. 노획품은 총 2, 기타 약간.
    이 적은 전투 중에 발생한 사상자를 교묘한 방법으로 이끌고 갔다.

지평 분견대 보병 제51연대 제11중대의 1소대
대송면(大松面, 지평 서남쪽 남쪽 2리 반) 부근 전투

    지평 분견대는 1월 6일에 수령 임형순(任馨順) 외 4명의 적이 여주군 대송면(大松面) 안에 잠입하여 야간에 각 마을을 배회하고 마을 사람을 협박하여 적도를 모집 중이라는 보고를 접했다. 가토(加藤) 상등병 이하 6명(변장하여) 및 순검 5명이 그날 오전 9시 포동(浦東)에 도착하여 모집원인 5위장을 붙잡아 힐문한 결과 약 30명의 적이 현재 전곡(前谷)에 잠입해 있다는 것을 알고 즉시 그 마을로 갔다. 집 안으로 돌입하여 접전하여 싸우기를 약 10분 후, 그 5명을 죽이고 7명을 붙잡았다. 우리 쪽 손해 없음. 노획품은 총 21, 기타 잡품 약간.

사료 12
한국주차군 전투상보 제출 건(1908. 2. 8)

자료명	韓国駐剳軍 戰鬪詳報提出の件
생산자	韓國駐箚軍參謀長 牟田敬九郎
생산시기	1908年 2月 8日
소장기관	日本 防衛省 防衛研究所
문서정보	陸軍省-密大日記-密大日記-M41-2-5(C03022902800)

密受 제64호 韓參報 제20호

1908년 2월 8일

한국주차군 참모장 무타 게이쿠로(牟田敬九郎)

육군 차관 남작 이시모토 신로쿠(石本新六)

한국 내 각지에서의 전투상보 제12, 1부를 다음과 같이 제출합니다.

진부 수비 보병 제49연대 제11중대의 1소대
신흥동(新興洞, 진부 서북쪽 약 4리) 부근 전투

진부 수비대장 이하 35명(그중 15명은 강릉에서 온 증원대)은 내면 방면 토벌을 목직으로 12월 28일 그 지역을 출발해 노두를 거쳐 오후 5시에 내면 조항촌(鳥項村)에 도착하여 숙영했다. 마을 사람들의 말에 따르면, 폭도가 이령(梨岺)·가진포(加津浦)·신흥동·노양(魯陽) 부근에 있는 듯하다고 한다. 따라서 소대는 29일 오전 2시 그곳을 출발하여 오전 3시 30분에 노양에 도착했다. 마을 사람의 말에 따르면, 적은 우리 행동을 알고 달이 밝기 전에(1시간 전) 도주했다고 한다. 따라서 하사 이하 12명을 이영·가진포를 거쳐 신흥동으로 우회시키고 주력은 산길로 가서 곧장 적을 급습하여 오후 4시 30분 이영 산정에 도착했다. 적이 신흥동에 있는 것을 알게 되자 오후 4시 45분에 포위하여 격투 끝에 그중 4명을 죽이고 2명을 포획했다. 적은 약 30명이며, 우리 쪽 손해 없음. 노획품 총 6, 군도 1, 기타 잡품 약간.

양구 수비 보병 제52연대 제12중대 후지에(藤江) 소대
범동리(犯洞里) 및 자작현(自作峴, 양구 북쪽 약 4리) 부근 전투

1월 2일 오후 5시 한 일진회원의 보고에 따라, 약 1,200~1,300명의 적이 오늘 임당리(林塘里)에 약 400명, 그 북쪽 약 2,000m인 범동리에 약 400명, 또한 그 북쪽 4,000m 거리의 자작현에 약 400여 명이 숙박한다는 것을 알고 오전 3시 30분 그곳을 출발했다. 가는 길은 땅 위가 얼어붙어 미끄러웠으며, 전진하는 것이 매우 어려워서 전원이 거의 찰과상을 입었다. 오전 5시 40분 임당리 북단에 도착하여 적의 감시자를 발견했다. 그를 죽이고 큰집을 포위하자 적이 7명 숙박하고 있다가 방금 동쪽 산으로 도주했다고 한다. 그래서 급히 전진하여 오전 6시 40분에 범동리에 돌입하여 격투 끝에 15명을 죽였다. 다른 사람들은 서쪽 산속으로 달아났다. 오전 7시 30분에 산속에 들어간 약 500명의 적은 각 고지 일대를 점령하고 그 마을 동쪽 산정에서 사격을 퍼부었다. 여기서 거짓으로 퇴각하여 임당리 부근에 가서 골짜기를 이용하여 범동리 서남쪽 약 500m의 고지에 이르러 병졸을 감추고서 그 고지에서 적의 상황을 정찰했다. 오전 9시 반경에 이르러 적은 여러 방면에서 50~60명씩 무리를 지어 범동리로 들어왔으나 약 500명이 여기서 그 고지를 점령하고 적 약 30~40명이 그 마을 서북단 밭에 모이자 삼면에서 일제사격을 가했다. 흩어져 산속으로 도망쳤지만 그 촌락을 향해 더욱 사격을 가하자 모두 다 산속으로 도망쳤다. 그리고 범동리 서쪽 고지로 급히 가서 산속 거의 한 면의 적에 대하여 공격을 퍼붓자 그 주력이 산꼭대기를 넘으려 했다. 자작현으로 급진하는 것이 유리하여 범동리의 북쪽 약 2,000m에 진출하자 우회로를 몰랐던 것으로 보이는 약 700명의 적이 그 마을 서북쪽 고지에서 골짜기 안으로 퇴각하는 것을 목격했다. 그래서 더욱 급히 전진하여 그 마을 서북단을 점령하고 추격 사격을 가했으며, 오전 11시 30분에 이들을 모두 북쪽으로 몰아냈다. 이 전투 중에 우리는 범동리·자작현 동쪽 고지에서 사격을 당했으나 적은 주력이 무너지면서 퇴각하여 그 종적을 감추었다. 적의 사망자 약 70, 부상자 200 내외, 우리 장교 1명 부상, 일진회원 1명 부상, 동상 환자 5, 노획품 총 14, 말 1, 기타 잡품 약간.

전주 수비 기병 제3중대
죽동(태인 동쪽 4리 반) 부근 전투

태인·금구(金溝) 부근 토벌을 위해 1월 1일 오전 10시에 전주를 출발한 도리이(鳥居) 소위 이하 16기가 1월 4일 폭도 약 100명이 죽동 부근에 있는 것을 정탐하여 오후 0시 30분에 태인을 출발하여 오후 4시 40분에 죽동 서쪽 약 1,000m 지점에 도착하자 적은 낭패하여 두주하는 모양이었다. 그래서 급히 진진하여 추격하자 적은 산정에 멈추어서 저항하다가 교전 약 30분 만에 상내면 및 유점(鍮店, 전주 남쪽 약 5리) 방향으로 퇴각했으므로, 추격하여 모두 임실 방향으로 몰아냈다. 적의 사망자 18, 우리 쪽 손해 없음. 노획품 총 4, 기타 잡품 약간.

화천(낭천) 수비 보병 제50연대 제6중대
창촌(화천 서쪽 약 4리) 부근 전투

화천 수비대는 1월 7일 오후 3시에 그곳 분견소 부장으로부터 군량대(軍糧垈, 화천 남쪽 약 3리 반) 부근에 폭도가 집합한다는 보고를 접하고 하사 이하 21명을 이끌고 오후 4시에 그곳을 출발하여 7시에 군량대에 도착했으나 적이 창촌 부근에 있는 것을 알고 급히 창촌으로 향했다. 다음 날인 8일 오전 4시에 영대(影垈, 창촌 동남 약 2,000m)에 도착하여 약 200명의 적이 창촌에서 숙영한다는 것을 알고 해 뜨기 전에 급습했다. 적은 낭패하여 나누어서 동서의 고지로 도주하여 그 고지를 근거지로 삼아 완강히 저항했으나 오전 11시에 모두 북쪽 산속으로 달아났다. 적의 사상자 약 30, 우리 쪽 손해 없음. 노획품 총 2, 승마 2, 기타 잡품 약간.

영평 수비 보병 제50연대 제5중대
동두천(東豆川, 포천 서쪽 약 3리) 부근 전투

영평 수비대장 이하 23명은 1월 8일 영평을 출발하여 동두천으로 향했다. 다음 날인 9일 오전 8시 30분에 보안리(保安里) 동단에 도착하자 황매음(黃梅陰, 동두천 동남쪽 약 1,000m) 동쪽 고지에서 사격을 당했다. 이에 소대는 즉시 응전하여 오전 9시 반에 그 고지를 점령하고 이어서 추격 전진하여 전부 남쪽으로 몰아냈다. 적의 숫자는 약 200명(마을 사람 말에 따르면, 약 500명이라고 한다)은 넘을 것이다. 적의 사망자 20, 우리 쪽 총 1 파손, 그 밖에 이상 없음. 노획품 총 12, 탄약, 화약, 기타 잡품 약간.

안동 수비 보병 제47연대 제1중대 니나가와(蜷川) 소대
영양 부근 전투

1월 9일 영양을 출발하여 다음 날인 10일 광석(廣石)에서 신돌석(申乭石)이 독곡(獨谷, 평해 서남쪽 약 3리) 부근에 있다는 것을 알고 그곳으로 전진하던 중에 장판(長坂)에서 적의 보초 2명과 맞닥뜨렸다. 약 1시간 반에 걸쳐 뒤를 쫓으니 60~70명의 적은 완강히 저항했다. 교전 약 30분 후 이들을 모두 북쪽으로 몰아냈다. 적의 사망자 16, 노획품 총 20, 쌀 1석, 기타 잡품 약간, 우리 쪽 손해 없음. 포로의 말에 따르면, 이날인 10일에 신돌석이 부하 180명과 더불어 검마산(劍磨山)에서 술판을 벌이고 있다고 한다. 그래서 그곳을 향하여 전진하는 중에 독곡면 산기슭에서 신호인 듯한 모닥불을 목격했다. 즉시 졸 5명을 그 배후로 우회시키자마자 적 약 200명이 진지를 점령 중이었던 듯 맹렬하게 공격해왔다. 적은 완강히 저항했지만 교전 약 40분 만에 무너지기 시작했으므로, 뒤쪽 부대와 연합하여 추격했으나 울창한 산악이 가로막고 밤이 너무 어두워서 마침내는 그 종적을 잃고 말았다. 적의 사망 50명, 우리 쪽은 3명이 타박상을 입었으나 경미하여 모두 나았다. 노획품 총 55, 지휘도 1, 기타 잡품 약간.

신주 수비 보병 제52연대 제5중대
비룡현(해주 북쪽 약 3리) 부근 전투

1월 8일에 폭도 약 100명이 비룡현 부근에 집합해 있다는 것을 확인하고 9일 오전 1시에 장교 이하 16명은 신주군 신전을 출발하여 오전 7시 30분에 비룡현 부근에 도착했다. 폭도가 그 마을 안에서 휴식하고 있다는 것을 알고 즉시 포위 공격하여 일부를 마을 안으로 돌입시켰다. 적은 완강하게 저항했으나 교전 약 1시간 후 이들을 모두 사방으로 몰아내고 대덕면 방향으로 추격했다. 적의 사망자 40, 우리 쪽 부상 2(그중 1명은 부상 후 사망), 노획품 총 12, 기타 잡품 약간.

안동 수비 보병 제47연대 제1중대 하사 이하 8명
오리현(영양 동북쪽 약 2리) 및 평해 부근 전투

1월 9일 오리현에서 약 45명의 적이 소를 징발 중이라는 것을 알고 급히 가서 공격하여 교전 약 20분만에 적을 모두 몰아내었다. 적의 사망자 8, 노획품 총 20.

11일 선미동(仙味洞)에서 이춘양(李春陽)이 적 80명을 이끌고 평해(平海)로 갔다는 것을 알고 급히 그곳으로 갔는데 적은 읍내 장날인 것을 이용하여 돈을 약탈 중이었다. 이를 포위 공격하여 교전 약 30분 후 적이 한 덩어리가 되어 혈로를 뚫고 한 발씩 싸우면서 울진 방향 산지로 탈출하기에 약 1리 넘게 추격했으나 마침내 그 종적을 잃고 말았다. 적의 사망자 29, 노획품 총 30, 기타 잡품 약간, 이상 우리 쪽은 전혀 손해 없음.

음성 수비 보병 제51연대 제10중대
용당(龍塘, 음성 서남쪽 약 3리의 산간) 부근 전투

1월 10일 오전 10시 적 약 70명이 무극장 서남 2리 신일리 부근에서 약탈 중이라는 보고를 접하고 마에타니(前谷) 소위 이하 11명을 무극장으로 파견했다. 그러나 적이 점차 남하한다는 정보를 접하고 사토(佐藤) 특무조장 이하

12명을 맹동(孟洞) 부근으로 파견했다. 양 대는 그날 오후 11시 방동(方洞, 맹동 북쪽 약 1리)에서 서로 만나 이후 마에타니 소위가 지휘를 맡았다. 12일 오전 4시에 이르러 적이 성왕동(聖住洞) 방향으로 간 것을 정탐하자 약 7시간을 추격하여 오전 11시 용당에 도착했으며, 적이 점심 먹을 준비 중이라는 것을 알고 즉시 공격했다. 그러나 적은 곳곳에 망보는 보초를 배치하여 우리가 전진하는 것을 보자 후방 고지를 점령하여 맹렬하게 사격을 가했다. 교전 약 1시간 반 후 이들을 모두 사방으로 몰아내었다. 적의 사상자 약 15, 우리 쪽 손해 없음. 노획품 약간.

영동 수비 보병 제47연대 제7중대 나카오(中尾) 소대
내당(사탄 동쪽 약 800m) 부근 전투

나카오 소대는 1월 12일 안국사(安國寺)를 출발하여 안성(무주 동남 약 3리), 사탄(안성 동쪽 약 1리), 내당 등을 수색하고 오후 5시 30분에 내당 동쪽 고지에 도착했다. 그런데 적은 우리의 전진을 알고 주력으로 고지 산정을 점령했으며, 일부는 흩어져 고지를 기어 올라가면서 즉시 사격을 시작했고 계속하여 공격 전진하려 했다. 적의 일부가 이미 퇴각을 시작하자 이를 급히 추격했으나 경사가 급하여 행진이 뜻대로 되지 않았다. 마침내 그 종적을 놓치고 말았다. 적의 사망자 8, 우리 쪽 손해 없음. 노획품 총 3, 기타 잡품 약간

적성 수비 보병 제50연대 제5중대
감파(적성 남쪽 약 2리) 부근 전투

1월 14일 오후 5시 일본 군대가 동두천 부근에서 적과 교전 중이며, 또한

약 300명의 적이 그날 감파에 침입하려 한다는 보고를 접하고 수비대는 즉시 출발하여 급히 문암리(文岩里)를 거쳐 오후 11시 30분에 감파에 도착했다. 동두천에 있는 연천대와 연락하여 그곳에서 경급사영(警急舍營)하면서 적의 동적을 살폈다. 그러는 사이 밤 3시 반에 약 80명의 적이 양주 방향으로 전진해오는 것을 탐지하여 달빛을 이용하여 이를 격퇴했다. 그들은 허둥지둥 낭패하여 시체 9구를 버리고 남쪽으로 달아났다. 소대는 이를 추격하여 황방리(遑坊里) 부근에서 따라잡아 섬멸했다. 또한 15일 오전 7시 납목리(訥木里, 적성 동쪽 약 1리 반)에서 적 약 10여 명을 발견하고 우당리(尤堂里) 부근까지 남쪽으로 추격했다. 이러한 소탕의 결과, 적의 손해는 약 80명(우리에게 수용된 시체만 해도 20명), 우리 쪽 손해 없음. 노획품 총 9, 기타 잡품 약간.

연천 수비 보병 제50연대 제8중대 학단리(鶴丹里, 연천 남쪽 약 4리) 광암(廣岩) 및 동두천(포천 서북쪽 약 3리) 부근 전투

연천 수비대는 1월 14일 학단리 남쪽에서 폭도와 충돌하여 그들을 남쪽으로 격퇴했는데, 우리 추격대는 그날 밤 상원리(上遠里)에서 이를 따라잡아 급습했으나 적은 무기와 탄약을 버리고 남쪽 산속으로 도주했다. 더욱 추격했지만 15일 오전 1시 15분 동두천에 이르러 마침내 그 종적을 잃고 말았다. 수비대는 15일에 광암(廣岩) 부근에서 적 10명과 충돌하여 그들을 소근리(小斤里) 방향으로 추격하고 그날 밤 성원당(城院堂)에서 숙영했다. 16일에 일부는 산내리에서 영평 수비대와 연락하여 고신리에 이르러 주력은 황방리(적성 동남 약 3리) 부근에서 약 10여 명의 적과 마주쳐 이를 사기막 방향으로 격퇴했다. 이상의 충돌에서 적의 손해는 약 100명, 우리 쪽 손해 없음. 노획품 총, 기타 잡품 약간.

제1호 1월 14일 육군성 수령 密受 제12호

청국주둔군 청국 경사경(京師京) 외 행정관 중요 직원표 송부 건

제2호 1월 16일 육군성 수령 密受 제3호

한국주차군 한국근위기병대 편성표 등 3칙 송부 건

제3호 2월 19일 육군성 수령 密受 제67호

참모본부 육군대학교 학생 후보자 초심시험 장소 관한 건

제4호 2월 21일 육군성 수령 密受 제401호

외무성 한국주차군 장교 등 만주 답사의 건[1]

---

[1] C03022903200문서.

사료 13
한주군 각지에서의 전투상보 제출 건(1908. 2. 13)

자료명	韓駐軍 各地に於ける戰鬪詳報提出の件
생산자	韓國駐箚軍參謀長 牟田敬九郎
생산시기	1908年 2月 13日
소장기관	日本 防衛省 防衛研究所
문서정보	陸軍省-密大日記-密大日記-M41-3-6(C03022908600)

人受 제34호 砲密 제59호 軍事密 제56호

軍步 제29호 密受 제78호 韓參報 제23호

1908년 2월 13일

한국주차군 참모장 무타 게이쿠로(牟田敬九郎)

육군 차관 남작 이시모토 신로쿠(石本新六)

한국 내 각지에서의 전투상보 제13, 1부를 다음과 같이 제출합니다.

공주 수비 보병 제47연대 제6중대 토벌대
갑사(甲寺) 부근 전투

12월 14일 오전 9시 30분에 폭도 약 100명은 전날 밤 계룡산 산기슭 갑사에 와서 금전과 양식을 약탈하고 갑사 동쪽 대비암(大悲庵)에 있다고 하는 보고를 접하고 즉시 다케오(竹尾) 오장 근무 상등병 이하 8명을 급히 보냈다. 이 토벌대는 원당리(院堂里, 전주 가도상 약 2리)에 도착하여 공주로 피난하고 있는 갑사 승려 1명을 만나 폭도 약 100명이 현재 대자암(大悲庵)에서 점심을 준비하고 있는 중이라고 들었다. 그래서 급히 전진하여 오후 1시 15분에 갑사 서쪽 표고 337고지에 도착했다. 이치마타(一万田) 1등졸 이하 3명을 고지에 남기고 나머지 사람들은 대자암 북쪽 고지를 점령하여 맹렬한 사격을 시작하자 적은 허둥지둥 낭패했다. 어쩔 줄 모르더니 잠시 후 약 20명은 벽이나 창에서 응사하기 시작하고 주력은 동쪽 산악을 올라 흩어지며 퇴각했다. 오후에 응전하던 약 20명도 역시 동쪽 산등성이를 향해 퇴각하기 시작했으므로 추격 전진하자 그 적은 다시 산등성이에 멈추어서 사격하기 시작하여 분진 끝에 드디어 그곳을 점령하고 동학사(東鶴寺)로 통하는 골짜기 아래로 흩어져 패주하는 적에게 맹렬하게 사격을 가하여 큰 손해를 입혔다. 적의 사망자 35, 부상자 약 40, 우리 쪽 손해 없음. 노획품 총 4, 칼 1, 기타 잡품 약간

원주 수비 보병 제51연대 제1중대 야마모토(山本) 소대
걸은교(乞隱橋, 홍천 남쪽 4리, 용두원 동쪽 2리) 및 신대 부근 전투

1월 8일 횡성 및 홍천 부근 소탕을 목적으로 출발한 야마모토 소대는 1월 10일 정오 고론(古論, 용두원 동쪽 1리)에서 나카무라(中村) 소대가 보낸 통보를 접했다. 소대는 걸은교로 전진하는 중 오후 3시에 신대 북쪽에서 총성을 들었다. 그래서 급히 걸은교 남쪽 고지로 진출하여 나카무라 소대를 위하여 격퇴했다. 폭도가 북쪽의 산악을 기어오르는 중이어서 신대로 향하고 있다고 판단한 소대는 다시 신대로 급히 갔다. 오후 4시 30분에 폭도 약 40명이 산악을 내려오고 있어 충분히 접근하여 일격에 찔러 죽이려 했으나, 적이 우리 감시병을 확인하자 다시 산악으로 기어 올라갔으므로 소대는 즉시 사격을 개시했다. 그래서 앞의 산악으로 하사 척후를 파견하여 미리 퇴로를 차단하고 포

위 공격하여 그들을 모두 섬멸했다. 적이 남기고 간 시체 21, 부상자가 풀숲에 잠복한 듯했지만 해가 져서 수색하지 못했다. 우리 쪽 손해 없음. 노획품 총 16, 기타 잡품 약간.

21일 다시 걸은교를 수색하자 부상 후 사망한 시체 2구를 발견했다.

이천 수비대 보병 제51연대 제12중대 시마카와(島川) 소대
도촌(道村, 여주 동북쪽 약 3리) 및
상대화리[上多化里, 원주군 서지안면(西之安面)] 부근 전투

1월 16일 오전 6시 30분에 적 약 50~60명이 그날 오전 1시경 도성촌(道城村)에 숨어들었다는 보고를 접하고 시마카와(島川) 중위가 하사 이하 19명을 이끌고 그 마을을 향하여 오전 8시에 출발했다. 오전 11시에 그 마을 남쪽 고개에 도착했을 때 적 약 40명이 마침 아침식사를 마치고 동북쪽 산지를 행진 중인 것을 알자 추격하여 급히 사격을 가하고 북쪽으로 몰아냈다. 소대가 약 4리 반을 더 추격하여 오후 4시 30분 상다화리(上多化里)에 도달할 즈음 막 식사를 준비하려고 하던 패적은 창황산(倉皇山) 속으로 달아나려 했다. 그래서 곧장 그 촌락으로 돌입하여 각투 끝에 적의 수괴 정태무(丁太武)를 생포하고 이어서 북쪽으로 추격하여 모두 몰아냈으나 해가 진 후여서 마침내는 그 종적을 잃고 말았다. 적의 사상자는 20명을 넘고 우리 쪽 손해는 없다. 노획품 총, 군도, 기타 잡품 약간.

고부 수비 보병 제14연대 제6중대 스스무(進) 소대
선운포(仙雲浦, 고부 서남쪽 약 8리) 부근 전투

1월 15일 오후 9시에 적 약 200명이 선운사(禪雲寺, 고부 서남 약 6리)에 모여 있다는 정보를 접한 스스무 중위 이하 18명(경관 8명 포함)은 오후 11시에 그곳을 출발하여, 16일 오전 6시에 선운사에 도착했다. 그러나 적은 이미 도주한 후여서 이를 추격하여 오전 9시에 선운포(선운사 서쪽 약 2리)에서 따라잡아 3면에서 공격하여 무장(茂長) 방향으로 몰아냈다. 적이 버리고 간 시체 31, 부상자는 40명 이상, 우리 쪽 손해 없음. 노획품 26, 기타 탄약 약간.

영천 수비 보병 제14연대 제4중대 하사 척후
자천면(玆川面, 영천 북쪽 약 4리) 부근 전투

1월 17일 오후 6시 20분 자천면 부근에 적 약 30명이 침입했다는 보고를 접하고 히라노(平野) 오장 이하 8명(일본과 한국 순사 각 1명)은 17일 오후 0시 30분에 영천을 출발하여 오후 10시 30분 서부동 방향 약 300m에 도달했다. 정찰해보니 적 약 40~50명이 그날 정오에 와서 저녁에 동부동 방향으로 갔으나 밤이 되자 12~13명이 다시 와서 현재 금전과 목면 등을 강탈 중이라는 것을 알게 되었다. 오후 11시 10분에 분대를 둘로 나누어 하나는 그 마을 서단에서, 다른 하나는 동단에서 수색하기 시작하자 11시 30분에 7~8명의 적이 농부동 방향으로 도주를 꾀했다. 이를 발견하자 즉시 사격하여 1명을 죽이고 다시 추격하니 적은 한때 동부동 남단에 정지하여 응전하다가 점차 동부동 북단에 도달하자 그곳에 있는 자들과 합세하여 그 수가 약 50명이 되었다. 적이 자천면 북쪽 고지로 퇴각하는 것을 추격 중에 적은 그 고지에서 맹렬하게 사격했다. 마침내 돌격하여 오후 1시에 그들을 모두 북쪽 산속으로 몰아내고 약 2시간에 걸쳐 추격하자 그들은 종적을 감추었다. 적의 사망자 8, 부상은 10명 이상, 우리 쪽 손해 없음. 노획품은 총 3, 기타 잡품 약간.

보은 수비 보병 제47연대 제4중대 가마타(鎌田) 특무조장 이하 8명
세강(細江, 보은 동북쪽 약 4리) 부근 전투

송면장(松面場) 및 청주 부근 토벌을 위하여 1월 20일에 출발한 특무조장 이하 8명은 오후 0시 10분 남악(보은 동북쪽 약 3리)에 이르러, 폭도 약 100명이 세강(남악 동남쪽 약 1리)에서 숙영하는 것을 알고 급히 갔다. 박현(拍峴, 남악 남쪽 약 2,000m)에 도착하자 적은 세강 동남쪽 약 500m로 산개하여 사격을 개시했다. 이에 토벌대가 접근하여 약 4시간 교전한 후 돌격하여 모두 속리산 방향으로 몰아냈다. 적의 사망 30, 우리 쪽 손해 부상 2, 노획품 총 16, 양도(洋刀) 1, 기타 잡품 약간.

보은 수비 보병 제47연대 제4중대
속리산(보은 동북쪽 약 4리) 부근 전투

1월 20일 오후 2시 남악 부근의 전투에서 패퇴한 폭도가 속리 방향으로 도망쳤으므로, 특무조장 이하 8명이 이를 추격하여 속리면 서쪽 고지(표고 745)에서 따라잡아 즉시 공격하자 적은 약간 저항한 후 운장대(속리면 동북 약 1리) 부근의 산속으로 달아났다. 그래서 더욱 추격하여 대법사(大法寺, 속리면 안) 북쪽 2,000m에 이르렀지만 마침내 그 종적을 잃었다. 적의 사망은 10 이상, 우리 쪽 손해 없음.

흥해 수비 보병 제14연대 제11중대 하사 척후
벽계동(흥해 서쪽 지방) 부근 전투

1월 19일 적 약 30명이 신광면 고시장(흥해 서쪽 2리)에 침입했다는 정보를 접하고 그날 오후 8시에 에모토(江本) 군조 이하 7명을 그곳으로 파견했다. 이들 척후는 19일 오후 11시에 그곳에 도착했다. 그러나 적은 그날 냉수(冷水, 고시장 남쪽 1리)를 거쳐 벽계동 방향으로 갔다고 한다. 그래서 그곳을 향하여 전진 중 20일 오전 9시 보단(寶丹)에서 적의 제4초장 이만석(李萬石) 외 1명을 생포하여 이들을 길잡이로 추적하여 오전 11시 벽계동에서 그 적당을 따라잡아 약 3시간의 교전 후 안강(安康) 방향으로 물리쳤다. 적의 사망자 13, 부상 10 이상, 우리 쪽 손해 없음. 노획품은 총 11, 칼 1, 기타 잡품 약간.

경주 수비 보병 제14연대 제10중대 하사 척후
옥산 및 인비(仁庇, 경주 북쪽 약 7리) 부근 전투

1월 20일 해당 지역 경찰서의 보고에 따르면, 폭도 약 100명이 1월 19일 기계면(杞溪面) 인비(仁庇, 경주 북쪽 약 7리)에서 금 300량을 강탈하고 1박 한 후 20일 아침에 옥산 방향으로 갔다고 한다. 따라서 20일 오후 6시에 모리(森) 오장 이하 7명(순사 2, 순검 3 수행)을 옥산·인비 방향으로 파견했다. 이들 척후는 21일 오전 2시에 약 100명의 적이 옥산에서 숙영하고 있다는 것을 탐지하고 이를 포위하여 섬멸하고자 했으나, 적은 이를 알아채고 집과 담장을 이용하여 맹렬히 사격을 가하면서 완강히 저항했다. 약 4시간의 교전 후 마침내 총검이 충돌하여 이를 북쪽 인비 방향으로 몰아냈다. 이들 척후는 더욱 추격하여 21일 오후 0시 20분에 인비 북쪽 약 1리에서 패주한 적 약 50명을 따라잡아 격파하고 영천 방향으로 몰아냈다. 적의 사망 51, 부상 약 40, 포로 3, 우리 쪽 손해 없음. 노획품은 총 5, 기타 잡품 약간.

안동 수비 보병 제47연대 제1중대 척후
길안면(吉安面) 금곡(안동 동남쪽 약 9리) 부근 전투

1월 20일 길안면(안동 동남쪽 약 5리) 부근에 폭도 약 200명이 배회하고 있다는 보고를 접하고 야쿠라(矢倉) 상등병 이하 3명을 급히 보내 그곳으로 파견했다. 이들 척후는 20일 밤 금곡 부근에서 적의 보초 2명을 생포하고 이들을 길잡이 삼아 21일 오전 7시 금곡에 도착했다. 류시영(柳時榮)이 이끄는 약 200명이 그곳에 체재하고 있다는 것을 알고서 약 30분간 교전한 후 이들을 몰아내고 추격 약 2시간 만에 마침내 그 종적을 잃고 말았다. 적의 사망 10, 포로 3, 우리 쪽 손해 없음. 노획품은 총 5, 기타 잡품 약간.

함흥 수비 기병 제17연대 오히라(大平) 소대
'단세이린리'(장진 동남쪽 약 5리)의 서남쪽 약 1리 부근 전투

오히라 소대는 야마다(山田)대와 더불어 1월 20일 이래 적의 상황을 수색하여 23일 오후 3시에 운산동 동북 '단세이린리'[1]에서 서남쪽으로 약 1리 떨어진 곳에서 적 약 90명과 충돌하여 5시간의 교전 끝에 보병대와 협력하여 적의 진지를 점령하고 이들을 '세이리소레이'[2] 부근으로 몰아내었다. 적의 사

---

1 원문은 가타카나. 본래 마을 이름은 미상.
2 원문은 가타카나. 본래 마을 이름은 미상.

망자 11, 우리 쪽 손해 기병 졸 전사 1, 부상 3, 승마전사 3, 부상 1, 노획품은 총 20, 기타 잡품 약간.

적성 수비 보병 제50연대 제5중대 반 소대
한기(閑基, 적성 남쪽 약 2리) 부근 전투

시가(志賀) 중위가 이끄는 반 소대는 1월 24일 오후 4시에 한기(閑基)에서 김 모가 이끄는 폭도 약 150명과 충돌하여 이들 모두를 물리쳤다. 그 주력은 동두천으로, 일부는 적성 방향으로 패주한 듯하다. 적의 사망자 21, 우리 쪽 손해 없음. 노획품은 총 18, 기타 잡품 약간.

마석우리(경성 동북쪽 약 7리) 분견대 보병 제51연대 제11중대의 1분대
수입동(마석우리 동쪽 약 1리 반) 부근 전투

1월 26일 오후 6시 30분에 마석우리 북쪽 내마산리 방향에서 적 100여 명이 온다는 보고를 접하고 이와와키(岩脇) 군조는 부하 7명(통역 1, 밀정 1 수행)을 이끌고 출발하여 오후 9시 10분에 동쪽 약 1리 반 북한강 왼쪽 기슭 수입동에 도달했다. 마을 끝에 적의 보초가 있는 것을 발견하고 이를 찔러 죽이고 즉시 폭도가 숙영하고 있는 집으로 돌입하여 접전 각투 약 1시간 후 이를 모두 선원장(羨原場) 방향으로 몰아냈다. 적의 숫자는 약 45~46명 정도인 듯하시만 석 사망자가 많고 부상은 30. 우리 쪽 부상 1, 노획품은 총 6, 기타 잡품 약간.

사료 14
한주군 각지에서의 전투상보 건(1908. 3. 7)

자료명	韓駐軍 各地に於ける戰鬪詳報の件
생산자	韓國駐箚軍參謀長 牟田敬九郎
생산시기	1908年 3月 7日
소장기관	日本 防衛省 防衛硏究所
문서정보	陸軍省-密大日記-密大日記-M41-3-6(C03022910700)

軍步 제39호   軍事密 제83호   騎密 제47호

密受 제111호   韓參報 제35호

1908년 3월 7일

한국주차군 참모장 무타 게이쿠로(牟田敬九郎)

육군 차관 남작 이시모토 신로쿠(石本新六)

한국 내 각지에서의 전투상보 제14, 1부를 다음과 같이 제출합니다.

공주 수비 보병 제47연대 제6중대의 척후
상신소(上辛沼, 공주 남쪽 약 3리) 부근 전투

1월 7일에 진령 및 경천장 부근 정찰을 위해 나선 상등병 이하 6명은 오후 0시 30분 마치동(馬峙洞)에 도착했다. 적 약 200명이 상신소에 있다는 것을 알고 오후 1시 30분 그 마을에 도착하여 적의 감시병인 듯한 자 2~3명이 도주하는 것을 확인하고 즉시 사살하자 적은 그 마을 안에서 우리를 향해 사격하기 시작했다. 그래서 그 마을 동북쪽 산기슭에 산개하자 적도 역시 그 마을 중앙의 언덕배기로 산개하여 우리를 향해 사격을 시작했으나 20~30발을 발사한 후 언덕배기의 남쪽으로 퇴각했다. 잠시 후 적 약 50명이 그 마을 남쪽 산맥의 계곡을 노성 방향으로 퇴각하는 것을 확인하고 추격하여 상신소 남쪽 산맥의 능선에 도달하자 적은 교묘하게 숨어서 마침 눈이 많이 내리는 것을 이용하여 마침내 그 종적을 감추었다. 적의 사망자 2, 우리 쪽 손해 없음. 노획품은 총 4, 기타 잡품 약간.

보병 제47연대 제1중대 영양 분견대
비리동(飛鯉洞, 영양 동북쪽 약 1리 반) 및
북수동(北水洞, 영양 동북쪽 약 4리) 부근 전투

1월 7일 오후 8시 비리동 및 북수동에서 약 수십 명의 적이 물자를 징발 중이라는 것을 탐지하고 고야마다(小山田) 군조는 졸 9, 통역 1, 일진회원 2를 이끌고 급히 가서 8일 동이 트기 전에 비리동에 이르렀다. 약 30명의 적이 있는 것을 알고 즉시 공격하여 그중 2명을 죽이고 그들을 추격하여 북수동에 이르렀는데 비리동에서 패한 적과 다른 일부가 합류하여 약 60명이 되어 죽립 방향으로 퇴각 준비 중인 것을 발견하고 졸 4명에게 그 퇴로를 막게 하고 맹렬한 사격을 가하자 그들은 약 30분간 응전한 후 동쪽으로 도망쳤다.

공주 수비 보병 제47연대 제6중대 상등병 이하 5명
가척(加尺, 은진 서쪽 약 2리 반) 부근 전투

청양·정산 부근 적도 토벌을 위해 출장 나온 제6중대가 1월 9일 부여에 집합하려 할 때 금강 왼쪽 기슭 정동(부여 동북쪽 약 1리) 부근 경계를 위하여 가와노(川野) 상등병 이하 6명을 파견했다. 이들 척후는 1월 8일 적 약 150명이 왕인 동쪽 약 1리에 있다는 보고를 접하고 즉시 그곳으로 향했다. 오전 11시 30분에 가척촌(加尺村) 끝에 도착하여 도로의 남쪽 고지에서 감시병인 듯한 자를 확인하고 정찰한 결과 적이 그 촌락에 있다는 것을 알게 되었다. 그 마을 북쪽 능선을 엄폐하고 점령하자 적 약 150명은 그 부락 동쪽 고지를 향하여 도주하기 시작했다. 여기서 즉시 급사격을 가하자 적은 그 고지에 머물면서 한때 저항했으나 약 10분 후 산골짜기 및 삼가리 방향으로 퇴각했다. 즉시 그 주력이 퇴각한 산골짜기로 추격했으나 오후 2시 10분에 마침내 그 종적을 잃고 말았다. 적의 사망자 12, 부상자 약 20명, 우리 쪽 손해 없음. 노획품은 총 4, 기타 잡품 약간.

공주 수비 보병 제47연대 제6중대의 1소대(장 이하 12명) 망하(望下, 부여 서쪽 약 2리 반) 부근 전투

청양·정산 부근 적도 토벌을 위하여 출장 나온 이 중대는 1월 6일 미조구치(溝口) 특무조장 이하 12명으로서 마치리 부근에서 적이 남쪽으로 탈출하는 것을 막았다. 미조구치 특무조장은 8일 야노(矢野) 오장 이하 6명, 순검 1명에게 복덕리, 지만천(芝滿川) 사이의 경계를 명령하고 나머지를 이끌고 복덕리와 마치리 사이를 경계하기 위하여 오전 7시 하남하리를 출발하여 조치(鳥峙)에 이르렀는데, 적 약 50명이 오전 6시경 마동 방향에서 와서 즉시 망해 방향으로 갔다고 한다. 그들을 추격하여 오전 11시 30분 죽림동 북쪽 고지 표고 225에 도달하자 망하촌 끝에서 감시병인 듯한 자 2명이 도주했다. 곧 이어서 그 마을에 있는 적이 사방으로 흩어져 도주하기에 급히 안치(鞍峙)

동북쪽 산등성이에 이르러 사격을 가하자 적은 허둥지둥 낭패하여 은산장(恩山場) 및 홍산(鴻山) 방향으로 도망쳤다. 따라서 즉시 홍산 방향으로 추격하여 대궁(垈弓) 서쪽 고지에 이르렀으나 적은 삼삼오오 묘동(妙洞) 방향으로 도주하여 마침내는 종적을 감추었다. 적의 사망자 6, 우리 쪽 손해 없음. 노획품은 총 8, 기타 잡품 약간.

남양 수비 보병 제47연대 제9중대
발안장 부근 전투

중대장 이하 18명, 경찰관 5명은 1월 12일에 남양을 출발하여 발안장으로 향했다. 이후 2시에 발안장 북쪽 약 600m에 도달하자 폭도 집단이 우리가 오는 것을 보고 낭패하여 발안장 서쪽 고지를 기어올라서 즉시 사격을 가했다. 그런데 적은 그 고지에서, 일부는 발안장 서쪽의 제방에서 응전했다. 그들은 지형의 유리함을 장악하고 있는데다 우리 쪽 병사가 적은 것을 보자 쉽게 퇴각하지 않았다. 그래서 점차 전진하여 적과의 거리 약 400m에 이르러 약 50분에 걸쳐 총기에 불을 뿜었으며, 앞서 발안리에 파견한 하사 척후도 와서 가담했으므로 즉시 돌격하여 그들을 동서남쪽으로 몰아냈다. 적의 숫자는 약 80명으로, 적의 사망자는 4, 부상 14~15명. 우리 쪽 손해 없음. 노획품은 총 3, 기타 잡품 약간.

보은 수비 보병 제47연대 제4중대
세강(보은 동북쪽 약 3리) 남악 남쪽 약 1리 부근 전투

1월 20일 폭도 약 100명이 세강에서 숙영하고 있다는 보고를 접하고 토벌대는 급히 박현(남악 남쪽 약 2,000m)에 도착하자 적은 세강 동남쪽 고지를 점령하고 사격을 개시했다. 따라서 즉시 응전하여 약 3시간 후 돌격하니 적은 남쪽 기슭의 이름 없는 부락으로 퇴각했으므로 이를 포위 공격했다. 적은 집안에서 완강히 저항했으나 약 1시간 후 이들을 동쪽으로 격퇴했다. 그리고 급히 추격하여 속리면 서쪽 고지를 점령하고 추격 사격을 행했다. 이때 적은 약간 저항한 후 동북쪽으로 도주했다. 약 1리를 더 추격했으나 해가 졌기 때문에 마침내 그 종적을 잃고 말았다. 적의 사망자 약 30명, 부상자 약 20명. 우리 쪽 손해는 경상 2명. 노획품은 총 16, 칼 1, 기타 잡품 약간.

내성(乃城) 분견대 보병 제47연대 제1중대의 1분대
신촌(봉화 동남쪽 2,000m) 부근 전투

1월 19일 오후 7시에 적 약 50명이 재산면(才山面)에 출몰하여 징집 중인 세금 및 개인 재산을 약탈하고 있다는 정보를 접하고 오후 8시에 내성을 출발하여 20일 오전 6시에 상신촌에 도착했다. 수색한 결과, 적도 8명을 발견하여 그중 3명을 죽이고 1명을 붙잡았다. 그 후 그 포로를 길잡이로 삼아 남쪽 약 2,000m의 만곡리(黃谷里)로 전진했다. 마침 안개가 짙어서 지척을 분간하기 어려웠다. 토벌대가 점점 그 부락에 접근하자 적은 집 밖으로 나와 사격을 개시했다. 그래서 몇 각을 교전한 후 돌격하여 그들을 북쪽으로 몰아냈다. 적의 사망자 14, 부상자 15, 포로 1. 우리 쪽 손해 없음. 노획품은 총 5, 칼 1, 창 1, 기타 잡품 약간.

전주 수비 기병의 하사 척후 및 강경 수비 보병 제47연대 제6중대의 척후 은진 부근 전투

1월 19일 오전 8시 30분 미즈노(水野) 하사 척후(장 이하 5기)는 은진에서 적도 약 150명이 18일 동이 트기 전에 내기(內基, 은진 동남쪽 약 2리 반)에 와서 그날 저녁에 아직 그곳에 있다는 정보를 접하고 강경 수비대에서 보낸 척후(상등병 이하 4명)와 협력하여 변장하고 전진 중 20일 오전 0시 30분 적도가 마산(은진 동남쪽 약 2리)에 있다는 것을 알게 되었다. 보병과 기병을 양분하여 동서 양면에서 이를 정찰하자마자, 몇 명의 적이 도주하는 것을 발견했고 마을 안에서도 다수의 적도가 소요를 일으키고 있는 것을 확인했다. 즉시 그 마을 남쪽 지구에서 공격하자 그들은 가옥들을 근거지로 완강히 저항했으므로 약 1시간 교전한 후 돌격하여 물리쳤다, 일부는 마을 안을 수색하고 나머지는 약 1,000m를 추격하여 마침내 서남쪽 여산 방향으로 몰아냈다. 적의 손해 불명, 우리 쪽 손해 없음. 노획품은 총 3, 군도 1, 잡품 약간.

수원 수비 보병 제47연대 제12중대
해창(海蒼, 수원 남쪽 약 8리) 부근 전투

이 수비대의 중대장 이하 20명은 1월 21일에 발안장을 출발하여 오전 9시 30분에 해창에 도달했다. 적 약 50명이 그 지역 북쪽 약 1,500m의 고지에 집합해 있는 것을 탐지하고 즉시 그 고지로 향했다. 적의 전진부대인 듯한 약 10명을 쫓아내고 그 주력부대에서 약 800m 떨어진 고지에 도달하자 적은 수십 발을 사격한 후 일부는 북쪽으로, 일부는 서북쪽을 향해 퇴각하기 시작했다. 따라서 오이시(大石) 조장 이하 10명은 서북쪽으로 퇴각하는 적을 추격하여 그중 2명을 죽이고 몇 명에게 부상을 입히면서 약 1리 정도 추격했으나 그 종적을 놓치고 말았다. 다지리(田尻) 대위 이하 10명은 북쪽으로 퇴각하는 적을 급히 쫓아 3,000m에서 마침내 그 종적을 잃고 말았다. 적의 사망자 2, 부상자 몇 명, 우리 쪽 손해 없음. 노획품은 총 1, 기타 잡품 약간.

조치원 수비 기병 심수(深水) 분견대
원당(元堂, 공주 서북쪽 약 2리) 부근 전투

이 척후는 1월 21일 화계(花溪, 공주 서북쪽 약 2리 반)에서 숙영 중 오후 6시 폭도 약 50명이 원당(화계 북쪽 약 30m)에서 금전을 강탈하고 있다는 것을 탐지하고 즉시 상등병 이하 6명을 이끌고 그곳으로 향했다. 오후 7시에 그 마을에 도착하여 적이 있는 집을 알아내 포위하려고 그 집의 약 10m까지 접근하자 적은 우리가 오는 것을 알아차린 듯 갑자기 집 밖으로 달아났다. 이에 즉시 분투하여 돌격하고 이들을 몰아낸 후 약 3,000m를 추격했다. 어두운 밤이어서 결국 그 종적을 놓치고 말았다. 적의 사상자는 15명 이상. 우리 쪽 손해 없음. 노획품은 총 7, 군도 1, 기타 잡품 약간.

공주 수비 보병 제47연대 제6중대
견산(부여 동북쪽 약 1리) 및 보갑동(견산 동남쪽 약 1리) 부근 전투

금강 왼쪽 기슭 왕진(旺津) 부근에 잠복하여 북으로는 내동(부여 북쪽 2리 반)에서 남으로는 부여에 걸치는 사이를 경계하기 위하여 파견된 아오야기(靑柳) 조장 이하 12명은 1월 21일 밤 12시를 기하여 정찰을 겸하여 견산 부근으로 이전하기로 결정하고 우선 일진회원에게 그 지역 부근을 수색하게 했다. 그 일진회원은 그날 오후 10시에 소삼리(小三里) 동단에서 적 약 50명과 마주치자 교묘하게 속여서 견산으로 유도하여 왔다. 이에 견산 동쪽 고지를 점령하고 50~60m까지 근접하기를 기다려 갑자기 맹렬한 사격을 가했다. 적은 허둥지둥 낭패하여 동쪽 굴덕(屈德) 방향으로 도망쳤다. 적의 사망자 15, 노획품은 총 4, 기타 잡품 약간.

1월 24일 적 약 15명이 전날 밤 수랑(水浪) 및 송현(松峴, 부여 동쪽 약 3리)에 와서 지금 현재 숙박 중이라는 보고를 접하고 오후 6시에 숙영지를 출발하여 그곳에 이르렀으나 적의 그림자도 보지 못했다. 그래서 분창(分倉)을 향하여 돌아오는 도중에 보갑동 쪽 언덕에 도착하자 마을 안에서 등불을 보고 한인이 이야기하는 소리를 귀로 들어서 이를 정찰하니 적 약 150명이 아침식사 준비 중이었다. 그래서 적이 모여 있는 집을 향하여 접근하여 맹렬한 사격을 가하고 즉시 총검으로 돌격했다. 적은 허둥지둥 낭패하여 마침내 북쪽으로 도주했다. 적의 사망자 약 60, 부상 약 20명. 기타 잡품 약간. 이상 우리 쪽 손해 없음.

광주 수비 보병 제14연대 제8중대 이마무라(今村)대
월인동(月引洞, 담양 서남쪽 약 2리) 부근 전투

담양 서남쪽 큰 고개 부근에 적의 일부가 있다는 것을 알고 이마무라 중위 이하 11명 및 보조원 3명은 1월 21일 오후 6시에 광주를 출발하여 우선 용산시장으로 향했다. 오후 9시에 그곳에 도착하여 밀정을 파견했다. 그런데 22일 오전 0시 30분 갈전면(葛田面, 월인동 부근을 말함)에 20일 이래 적 약 70명이 와서 의복을 짓는 중이라는 보고를 접하고 즉시 출발, 잠행하여 한고리에 이르렀다. 그때 북쪽 월인동 부근에서 큰소리가 점차 낙안(落雁) 곳곳에

날아들어 적이 동요하는 것을 알아차리고 급히 그 마을에 돌입하여 그들을 무찔렀다. 때는 오전 2시가 되었고, 적이 이미 출발 중이어서 수십 발을 응사한 후 담양 방향으로, 일부는 평장동(平章洞) 방향으로 퇴각했으므로 2대로 나누어 행정(杏亭) 및 큰고개 방향으로 추격했으나 밤이 어두워서 끝내는 종적을 잃고 말았다. 적의 사망 2, 부상 10, 우리 쪽 손해 없음. 노획품은 총 5, 기타 잡품 다수.

영천 수비 보병 제47연대 제1중대의 1소대
봉화 동쪽 부근 전투

재산면 부근을 토벌 중인 내성 분견대를 응원 토벌하기 위하여 하사관 이하 12명을 이끌고 1월 20일에 영천을 출발하여 22일 갈곡에 도착했다. 그 북쪽 고지에서 적 약 10여 명을 발견하고 즉시 공격 전진하자 적은 동북쪽으로 퇴각하기 시작했다. 이에 보락산 산정을 점령하고 고감리(高甘里) 방향으로 퇴각하는 적에게 추격 사격을 가했다. 23일에 등자교(登子橋)를 출발하여 갈산을 거쳐 월산을 향하여 전진하는 가운데 그 산속에 적이 잠복하고 있는 징후가 있어 급히 그 산 기슭에 이르자 고지에서 약 34~35명의 적이 집합해 있는 것을 발견하여 이를 사격하여 그중 9명을 죽이고 나머지를 동남쪽으로 몰아냈다. 이튿날인 24일, 선천을 출발하여 납산을 거쳐 서쪽으로 전진하는 가운데 납내(訥內) 서남쪽 고지에 적 24~25명의 적을 발견하고 전진했으나 비탈길이 가팔라서 뜻대로 행진하기 어려웠다. 간신히 그 고지에 도달하자 적은 이미 남쪽으로 퇴각 중이어서 즉시 사격을 가하여 그중 5명을 죽였다. 적의 사망자 16, 우리 쪽 손해 없음.

영광 수비 보병 제14연대 제8중대 하사 척후
사창(社倉, 영광 동쪽 3리 반) 부근 전투

1월 24일 밤에 적 약 100명이 매미고개(蟬峙, 영광 동남쪽 약 3리) 남쪽 기슭 내정리(內亭里) 및 부근의 부락에서 숙영하고 있다는 보고를 접하고 오후 11시에 하사 이하 6명을 급히 보냈다. 그들 척후는 25일 오전 3시에 내정리에 도착했으나 적도가 이미 사창 방향으로 갔다는 것을 알고 이를 추격했다. 오전 11시 40분에 사창 남쪽 약 1,500m에 도달하자 약 80명의 적은 그곳 동쪽 및 서북쪽 고지를 점령하고 사격을 개시했다. 이에 2명을 동쪽 고지로, 나머지를 서북쪽 고지를 향해 응전 약 1시간 30분 후 이를 동북쪽 장성 방향으로 몰아냈다. 적의 사망자 9, 부상 10명 이상. 우리 쪽 손해 없음.

광주 수비 보병 제14연대 제8중대 이마무라(今村)대
백양산(광주 북쪽 6리) 부근 전투

1월 22일 월인동의 적도를 추격하고, 25일 제6중대의 내장사 공격에 호응하기 위해 온 이마무라대는 23일 장성에 체재하면서 부근의 정황을 정찰하여 24일 오후 5시에 눈을 무릅쓰고 그곳을 출발하여 오후 11시에 약수정에 이르렀다. 정찰 결과, 적의 한 무리가 이날 저녁에 백양산 안으로 들어가는 것을 탐지하고 백양산 안에 4개의 절을 수색하여 수십 개의 발자국을 통해 추격하여 극락사 북쪽 약 1리 반의 박흥리(朴興里)에 숙영하고 있는 것을 따라잡아 달빛이 비추기를 기다려 오전 3시에 촌락을 포위 공격하고 거의 전멸시켰다. 적의 숫자는 약 20명이며, 적의 사망자 10, 부상자 수명, 포로 4, 우리 쪽 손해 없음. 노획품은 총 15, 군도 1, 기타 잡품 약간.

광주 수비 보병 제14연대 제8중대
비시리(非時里, 광주 서북쪽 약 3리) 부근 전투

1월 26일 오후 4시 40분에 요시다(吉田)·가와우치(河內) 양 종대가 비시리에 침입하려 할 때 그 부락에서 2명의 적(보초인 듯)을 발견했고, 이를 급히 추격하려 할 때 약 300여 명의 적도가 그 마을 서쪽 끝 약 1,200m의 산등성이를 중심으로 남북에 걸친 고지선을 점령하여 사격을 개시했다. 이에 요시다 종대는 산등성이 및 그 이남을 향해, 가와우치 종대는 북쪽 고지를 향해 교전 약 40분 만에 양 종대가 돌격으로 전환하여 오후 5시 30분에 그 고지를 점령했다. 적은 세 무리로 나누어 일부는 서쪽 원동(元洞)으로, 일부는 북쪽으로, 일부는 서남쪽으로 도주했다. 적의 사망자 32, 부상자 불명, 우리 쪽 손해 없음. 노획품은 총 17, 승마 5, 당나귀 3, 기타 잡품 약간.

장호원 분견대 보병 제51연대 제10중대의 1소대
장서촌[長栖村, 음죽 서쪽 약 2리의 노황산(老皇山) 동쪽 기슭] 부근 전투

1월 28일 적 약 30명이 장서촌에 있다는 것을 탐지하고 29일 동이 트기 전에 이를 급습하여 접전하여 싸운 후 그 대부분을 죽이고 남은 사람들을 죽산 동남쪽 약 1리 도화동 부근에서 따라잡아 모두 죽였다. 그 후 부근을 수색하는 중에 죽산 남쪽 약 1리 장선리(長善里)의 남쪽 고지에 약 20명의 적이 잠복하고 있는 것을 탐지하여 이를 급히 추격했으나 동막(東幕, 광혜원 서쪽 약 2리)에 이르러 끝내 그 종적을 잃고 말았다. 적의 사망자는 수괴 이하 34, 우리 쪽 손해 없음. 노획품은 총 10, 기다 약간.

공주 수비 보병 제47연대 제6중대 하사 척후
안심동(은진 서남쪽 약 1리) 부근 전투

은진과 여산 사이에 잠복하여 적을 토벌하는 도시미쓰(利光) 오장 근무 상등병 이하 4명(변장)은 1월 27일 강경을 출발하여 28일 오전 3시에 안심동에 도착하여 은진·인천 및 여산 방향으로 밀정을 파견했다. 28일 오전 7시에 밀정은 적 2명을 유도하여 돌아왔으므로 이들을 찔러 죽였다. 이 2명은 아마도 적의 척후일 것으로 생각되므로, 즉시 안심동 동단에 이르러 잠복했다. 약 70명의 적은 여산 방향에서 와서 우리와 약 100m 거리 지점에서 멈춰 척후의 보고를 기다리는 듯했다. 따라서 적과 한 편인 척 변장하여 점차 접근하여 약 30m에 이르자 갑자기 사격을 가했다. 적은 허둥지둥 낭패하여 주력은 여산 방향으로, 일부는 인천 방향으로 도주했다. 적의 사망자 23명, 우리 쪽 손해 없음. 노획품은 총 21, 칼 1, 기타 잡품 약간.

영양 분견대 보병 제14연대 제4중대의 1분대
발리[發里, 광석동(廣石洞) 북쪽 약 1리] 부근 전투

1월 28일 적 약 80명이 신원(新院, 광석동 동쪽 약 2,000m)에 침입하여 금전을 약탈 중이라는 것을 알고 와다(和田) 상등병 이하 6명은 1월 29일 영양을 출발하여 오후 3시에 신원에 도착했으나, 적 약 80명은 지난 28일 밤에 그곳에 숙박하고 그날 아침에 평해 방향으로 갔다고 한다. 그래서 발리를 향하여 급히 전진하여 그 부락 안에서 적을 죽였다. 이때 약 50~60명의 적은 이미 뒤쪽 고지를 점령하고 맹렬한 사격을 개시하여 완강하게 저항했다. 응전 약 40분만에 마침내 이들을 봉화 방향으로 격퇴하고 약 1리 이상을 추격했으나 해가 져서 그 종적을 잃고 말았다. 적의 사망자 6, 우리 쪽 손해 없음. 노획품은 잡품 약간.

음성 수비 보병 제51연대 제10중대
금곡[무극성(無極城) 남쪽 2,000m] 부근 전투

1월 29일 폭도 약 40명이 무극성에 침입했다는 보고를 접하고 다카다(高田) 중위 이하 12명이 그곳에 이르러 수색한 결과 충주 수비대에 배속된 순검대라는 것을 알게 되어 30일 오전 1시 돌아오는 길에 금곡 남쪽에서 폭도 약 40명과 충돌하여 그들을 격퇴했다. 적의 사망자 6, 부상 약간 있으나 어두운 밤이어서 정확하지 않다. 우리 쪽 손해 부상 2. 노획품은 총, 기타 잡품 약간.

순창 수비 보병 제47연대 제7중대 하사 척후
성산(순창 서쪽 약 3리 반, 담양 동쪽 약 1리 반) 부근 전투

1월 29일 오후 8시 담양 남쪽 약 1리에 적 수백 명이 집합해 있다는 정보를 접하고 시마자키(島崎) 군조 이하 6명을 그곳에 파견했다. 그들 척후가 담양으로 전진하는 가운데 담양군 성산 산정에서 봉화를 보고 그곳을 향해 전진했다. 30일 오전 8시에 성산에서 적 약 400명이 집합해 있는 것을 발견하여 즉시 이를 공격하고 약 6시간의 전투 후 총검 돌격하여 그들을 서북쪽으로 격퇴했다. 적의 사망자 23, 부상 약 50. 우리 쪽 손해 부상 1. 노획품은 총 10, 말 1, 소 10, 기타 화약과 한국 돈, 잡품 다수.

광주 수비 보병 제14연대 제7중대 가와미쓰(川滿)대
창평 부근 전투

 2월 3일 오전 3시에 창평 분파소에서 적도 약 300명이 신기(新基, 창평 서남 약 2리)에 있다는 보고를 접하고 즉시 가와미쓰 조장 이하 11명을 파견했다. 이 토벌대는 지점이 불명확하기 때문에 우선 창평으로 향했으며, 오전 7시에 그곳 분파소에 도착했다. 그러나 적 약 300명이 그 전전날인 1일 정오경에 신기를 거쳐 남하하여 그 후 종적 불명이었으므로 돌아가는 도중에 신기 부근을 수색할 목적으로 상등병 이하 6명 및 창평에 있는 보조원 2명[4명은 순창 수비대의 병졸로서 1월 26일부터 30일에 걸쳐 불갑산(拂甲山) 토벌에 종사했으므로 창평에서 원대로 귀환시켰다]과 더불어 신기에 도착했다. 적은 전전날인 1일 오후에 동남쪽 유둔장(油屯場) 방향으로 갔다고 한다. 그래서 그곳까지 갔더니, 적은 전날 저녁에 산길을 넘어 무등촌(無等村)으로 갔다고 한다. 더욱 전진하여 무등촌 북쪽 약 300m 산등성이에 도달하자 적의 보초인 듯한 자 2~3명을 보았을 뿐이었다. 그래서 하야시(林) 상등병 이하 3명은 촌락의 서북단으로, 나머지는 동북단으로 향하여 전진하자 적이 돌벽을 둘러싼 각 가옥에서 맹렬한 사격을 가했다. 그러나 일부러 상관하지 않고 약 100m까지 접근하여 사격을 개시했으나 적은 완강히 저항하며 2시간에 걸쳐 교전해도 쉽게 퇴각할 기미를 보이지 않았으며, 석벽 때문에 우리 쪽 사격의 효력이 없었다. 그래서 돌격을 결정하고 맹렬히 전진하여 첫 번째 가옥을 빼앗고 두 번째 가옥에 돌입하려고 돌벽을 넘는 찰나에 적의 일제사격을 당했다. 가와미쓰 조장은 경부 관통상을 입어서 결국 일어서지 못했다. 다른 3명도 이를 따르려 했으나 적의 사격이 맹렬하여 일단 마을 밖으로 나가 놀벽을 이용해가면서 도로를 차단하는 적을 8명 총살하고 촌락 남쪽의 흙더미를 의지했다. 하야시 상등병은 조장의 돌격 명령과 더불어 촌락의 서쪽 볼록한 곳을 향해 돌진했으나 맹렬한 사격을 당하여 왼쪽 대퇴부를 관통하는 총상을 입었으나 결코 굴하지 않았다. 전진하려 했으나 적의 사격이 점점 맹렬해져 한때 촌락 밖의 서남 고지를 점령하여 응전했다. 이때 조장을 따랐던 미야자키(宮崎) 2등 졸 이하 3명도 합류하여 응전하는 가운데 새롭게 증가한 듯 약 50~60명의 적이 서쪽 고지에 나타나 치열하게 사격을 개시했다. 앞뒤로 적에게 공격을 받으며 약 2시간 반에 걸쳐 교전했으나 적은 퇴각하지 않을 뿐 아니라 점점 세를 불려가며 종종 역습으로 전환했다. 우리는 탄약을 거의 소모했으므로 위기의 순간이 닥쳐왔는데, 상등병은 마음을 정하고, "멈추고 싸워도 죽음, 돌입해도 죽음이다. 오히려 나아가 적을 죽이고 깨끗이 죽어야 한다"고 말했다. 즉, 사방 고지의 적을 향해 돌격 명령을 내리고 일어서자 적탄은 상등병의 흉부를 관통했다. 그러나 남은 5명은 서로 협력하여 돌격을 계속하여 고지를 점령했다. 이때 2등 졸 가미이치로(神一郞)는 경부에 찰과상, 다리에 관통상을 입었다. 때는 오후 4시였으며 그때 마을에 있는 적은 그 마을 서부 고지로 진출하여 치열하게 사격했다. 그래서 1등 졸 고가타 스케조(小堅田助藏)는 다른 사람을 격려하며 잠시 응전했으나 탄약이 거의 떨어져 일단 물러나서 대대에 급히 보고하는 데 힘쓰기로 하고 오후 7시에 동복(同福)으로 철수했다. 적의 사망 약 30, 부상 다수. 노획품은 총 3, 우리 쪽 손해 사망 조장 1등병 1, 부상 졸 1. 30년식 을(乙) 군도 1, 동 보병 총 1, 동 총검 1, 가죽 주머니 및 약함, 5만분의 1지도 3장[광주, 담양, 옥과(玉果)]. 반합, 수통, 배낭, 방한용 장갑 각 1.

영동 수비 보병 제47연대 제7중대의 하사 척후
안성(무주 동남쪽 약 3리) 부근 전투

안성 부근 폭도 토벌대는 2월 4일 3종대로 나누어, 우대는 오전 9시, 중앙대는 오전 8시, 좌대는 오전 7시에 각각 숙영지(안성)를 출발하여, 무주 골짜기의 부락을 수색하면서 무주를 향해 전진했다. 오전 9시 30분에 우대(하사 이하 4명)가 이동(梨同) 북쪽 약 1,500m에 도착하자 서쪽 약 100m의 고지에서 불시에 사격을 당했다. 그래서 즉시 산개, 응전하자 4명의 적은 허둥지둥 도망쳤지만 끝내 그들을 죽였다. 그러나 적 약 30명은 그 고지 뒤쪽 약 1,500m의 표고 606고지에 산개하여 맹렬한 사격을 가하기 시작했으므로 이를 향해 공격 전진하자 적은 사방으로 흩어져 산속으로 도망쳤다. 노획품은 총 3, 기타 잡품 약간, 우리 쪽 손해 없음.

사료 15

한주군 각지에서의 전투상보 건(1908. 3. 18)

자료명	韓駐軍 各地に於ける戰鬪詳報の件
생산자	韓國駐箚軍參謀長 牟田敬九郞
생산시기	1908年 3月 18日
소장기관	日本 防衛省 防衛硏究所
문서정보	陸軍省-密大日記-密大日記-M41-3-6(C03022910800)

恩連 제391호 軍步 제43호 砲密 제105호

軍事密 제96호 騎密 제66호 密受 제127호 韓參報 제39호

1908년 3월 18일

한국주차군 참모장 무타 게이쿠로(牟田敬九郞)

육군 차관 남작 이시모토 신로쿠(石本新六)

한국내 각지에서의 전투상보 제15, 1부를 다음과 같이 제출합니다.

제15

함양 수비 보병 제14연대 제5중대 가와하라(川原) 소대
의신(義信, 하동 서북쪽 약 8리) 부근 전투

적 약 50명이 마천면(馬川面, 함양 서남 약 5리) 이남에 있는 부락에 체재하

고 있다는 보고를 접하고 가와하라 특무조장 이하 15명은 2월 1일 오전 8시에 출발했다. 2일 소점(梳店, 하동 서남 약 8리) 부근을 수색 전진 중 의신 동북쪽 고지(거리 250m)에서 적의 사격을 받아 즉시 응전하여 약 20분간 싸웠다. 적이 절벽의 고지를 교묘하게 이용하여 우리 사격은 효과를 내지 못했으므로, 야나기사와(柳澤) 상등병 이하 5명을 적의 배후로 우회하게 했다. 그런데 적의 기세가 점차 위축되어 동요하는 기색이 있자 전후에서 돌격하여 마침내 이들을 무찔렀다. 나아가 주력으로 거음(巨音, 의신 동남쪽 약 3리) 동쪽 약 1리 부근까지, 1척후를 보내 단천(丹川, 의신 남쪽 약 1리), 1척후를 보내 신흥(의신 동쪽 약 1리)까지 추격하게 했으나 결국은 그 종적을 잃고 말았다. 때는 오후 4시 30분이었으며 적의 사망자 19명, 포로 1명, 우리 쪽 손해 없음. 노획품은 총 11정, 칼 1자루, 기타 잡품 약간.

전주 수비 기병 제3중대 고다이라(小平) 척후
'손시리'촌 부근 전투

2월 2일 태인 동쪽 약 2리 '헨데미[1]'촌을 폭도 약 70명이 습격했다는 보고를 접하고 고다이라 군조 이하 9명은 2월 3일 오전 9시에 태인을 출발하여 그곳으로 향했다. 그러나 그 적이 전날 밤 '퐁다리'촌에서 숙영했다는 것을 알고 그곳에 이르러 '닌다리' 방향으로 갔다는 것을 확인하고 수차 정황을 조사하여 '한두'촌에 도착했을 때 마침 주소촌(舟所村) 북쪽 고지에 한인 2명이 있다가 우리를 보자 그 실로 그림자를 감추었다. 이를 적의 보초라고 판정하고 그곳으로 급히 가서 적이 '손시리'촌에서 저녁을 먹는 중이라는 것을 알고

---

1 원문 가타카나. 본래 마을 이름 불명(이하 마을 이름 동일).

오후 7시에 주소촌에 수마(手馬) 및 감시병을 남기고 '손시리'촌으로 급히 가서 그 마을에 접근하자 폭도 약 100명이 그 마을 북쪽 고지에서 치열하게 사격을 시작했다. 그래서 즉시 그 마을 서쪽 고지로 산개하여 약 1시간 응전한 후 돌격하여 그들을 물리치고 약 1시간을 추격했으나 어두운 밤이어서 결국은 종적을 잃고 말았다. 적의 사망 5, 부상 불명, 우리 쪽 손해 없음.

청하(淸河) 수비 보병 제14연대 제11중대 다치바나(立花) 소대
고천동(高川洞, 청하 서북쪽 약 3리) 부근 전투

죽남(竹南) 부근 적도 검거를 목적으로 하는 청하 수비대에서 나온 다치바나(특무조장) 소대는 2월 7일 오후 오사리(五舍里)에서 적 약 70~80명이 고천동 부근의 부락에서 숙영하는 듯하다는 것을 알고 신기동(新基洞) 부근에서 해가 지기를 기다려 오후 7시에 고천동 북쪽 산정에 도달했을 때 고천동 북부 마을 안에서 치솟는 모닥불을 발견했다. 소대는 그 모닥불이 조금 꺼지기를 기다려서 오후 10시에 그 마을로 접근했는데, 적은 우리 척후를 발견하고 크게 동요하는 빛을 보였지만 강기슭에 머물면서 사격을 퍼붓기 시작했다. 여기서 잠시 응전한 후 돌격하여 이를 무찔렀다. 그리고 추격을 시도했으나 눈이 쌓인 데다 밤이 어두워서 그 종적을 찾을 수 없었다. 적의 사망 24, 부상 약 20, 우리 쪽 손해 없음. 노획품은 총 18, 칼 1, 기타 화약과 납탄 약간.

영천 수비 보병 제14연대 제4중대의 척후
광천동(光川洞, 영동 북쪽 약 8리) 부근 전투

청송 수비대와 연락하기 위하여 파견된 상등병 이하 6명은 돌아가는 길에 2월 6일 밤 현암동(玄岩洞, 광천동 북쪽 약 1리)에서 숙영했는데, 마을 사람들이 공포를 느끼고 마을 전체의 형세도 어딘가 이상한 징후가 있어서 충분히 경계하면서 철야했다. 날이 밝기 전에 마을 사람 모두가 피난을 해서 부근 촌락을 수색하기 위해 오전 8시에 광천동을 향하여 전진하는 중 그 마을 끝과 그 마을 동남서 삼면 고지에서 사격을 당했다. 그래서 즉시 마을 끝의 적을 향하여 공격했다. 적은 쌓인 돌을 이용하거나 나뭇가지를 벌려서 장애물을 만들었는데 교전 약 30분 후 이를 물리쳤다. 나아가 광천동 동남쪽 고지의 적을 공격하여 약 2시간 후 이를 격퇴하고 이어서 일부는 서쪽 고지로, 일부에게는 동쪽 고지의 적을 공격하게 하여 약 1시간 후 그들을 모두 물리쳤다. 적의 숫자는 합하여 약 120~130명이며 적의 사망자는 8명, 부상자는 17~18명. 우리 쪽 손해 없음. 노획품은 칼 1자루.

파견기병 제1중대 하라자와(原澤) 척후
서양동(西陽洞, 장성 서쪽 약 3리) 부근 전투

2월 8일 오후 6시에 사창(영광 동쪽 약 3리 반)에서 폭도 수백 명이 서양동 및 장성 탑동(塔亭)에 있다는 보고를 접하고 즉시 서양동으로 급히 갔다. 오후 8시에 그 마을 남쪽 1,500m의 동쪽 계곡에 도달하여 약 100명의 적이 서양동에서 숙영하고 있다는 것을 확인하고 급히 전진하던 중 그 마을 남쪽 약 500m 지점에서 그 마을 북쪽으로 향하는 한 발의 총성을 들었다. 질주하여 그 마을로 돌입했지만 적이 허둥지둥 낭패하여 북쪽 고지로 달아났으므로 급히 추격하여 그 고지 북쪽 사면에 이르렀다. 약 70명의 적이 집합하여 있는 것을 급히 추격하여 약 20분간 교전한 후 돌격하여 이들을 모두 사방으로 흩어지게 하고 약 1리 반을 더 추격했으나 끝내는 그 종적을 잃고 말았다. 적의 사망 7, 우리 쪽 손해 없음. 노획품은 화약 및 잡품 약간.

이천 수비 보병 제50연대 제8중대의 1분대
응암동(신계 동남쪽 약 4리) 부근 전투

2월 8일 대장리(大將里, 이천 서쪽 약 4리) 부근에 파견된 상등병 이하 7명은 9일 오전 3시에 응암동에서 적 약 100명이 출발 준비 중이라는 것을 탐지하고 즉시 총검 돌격했다. 적은 허둥지둥 낭패하여 북쪽 목단산(牡丹山)으로 도주했다. 그래서 더욱 추격했지만 오전 6시에 삼락(응암동 북쪽 약 2리)에서 마침내 그 종적을 잃고 말았다. 적의 사망 21, 부상 불명, 우리 쪽 손해 없음. 노획품은 총 30, 기타 잡품 약간.

경주 보병 제14연대 제10중대 후지노(藤野) 조장 이하 10명
흥해군 수성동 부근 전투

경주 수비대에서 파견된 후지노 조장 이하 10명은 2월 12일 오후 4시 적도 약 40명이 흥해군 하암동 방면에서 같은 군내 수성동 방향으로 행진한다는 보고를 접하고 그날 오후에 면천(眠川)을 출발하여 쌓인 눈이 무릎까지 오는 것도 개의치 않고 험준한 곳을 넘어서 추격했다. 오후 5시 50분에 수성동 북쪽 골짜기에서 약 30명의 적과 마주쳐 약 30분간 교전한 후 이들을 물리쳤다. 적의 사망자 6, 부상 불명, 우리 쪽 손해 없음.

전주 수비 기병 제3중대
영동(태인 동북쪽 약 4리) 부근 전투

2월 15일 폭도 약 100명이 순창을 통과하여 영동을 향하여 전진한다는 것을 알고 오후 2시 30분에 토벌을 위하여 특무조장 이하 17명을 이끌고 갈담(葛潭, 영동 북쪽 약 4리)을 출발하여 영동 남쪽 2,000m에 도달하여 적 약 100명이 영동에서 숙영한다는 것을 알고 그곳에서 약 600m 떨어진 곳에 이르렀다. 이케구치(池口) 특무조장 이하 9기에게 적의 퇴로를 차단하기 위하여 그 배후로 우회하게 했다. 영동까지 약 200m 거리에 도달하자 약 70명의 폭도는 그 마을 끝에 산개하여 우리가 접근하기를 기다려 약 30m에 도달하자 사격을 개시했다. 그래서 잠시 응사한 후 즉시 돌격하여 약 1시간 혼전하여 싸운 후 그들을 모두 무찔렀다. 적의 사망자 11명, 우리 쪽 손해는 부상 1명, 노획품은 총 12정, 기타 잡품 약간.

광주 수비 보병 제14연대 제8중대 요시다(吉田)대
신촌(광주 서북쪽 약 4리 반) 부근 전투

장성 부근 토벌을 위하여 2월 16일 오후 12시에 광주를 출발한 요시다 특무조장 이하 11명은 17일 오전 8시 석동(石洞, 나주 부근)에 도착하여 김태원(金泰元)이 이끄는 적 약 70명이 광곡(廣谷, 석동 남쪽 1,000m)에서 아침을 먹는 중이고 마을 끝에 2명의 감시병이 있다는 것을 알고 급히 전진했다. 그러자 적은 재빨리 우리를 발견하고 동쪽 산지로 도주하여 한때 모습을 감추었다. 오전 11시 30분에 광곡을 출발하여 동쪽 산지를 넘어 신촌 방향으로 전진하려 할 때 적이 산정을 점령한 것을 알게 되자 즉시 공격을 개시했다. 약

40분간 교전한 후 그들을 모두 몰아내고 더욱 추격하여 전부 무찔렀다. 적의 사망자 3, 부상 12~13명. 우리 쪽 손해 없음.

용담 분견대 보병 제14연대 제5중대 가타기리(片桐)대
개화동(開花洞, 용담 서쪽 약 4리) 부근 전투

용담 분견대장 가타기리 상등병은 장등(長磴, 용담 서쪽 약 4리) 부근 정찰을 위하여 병졸 6명을 이끌고 2월 16일 오후 9시에 용담을 출발하여 17일 오전 1시에 장등 서단에 도달했다. 그 마을에 많은 적이 숙영하고 있으며, 더욱이 개화동에 그 본대가 있다는 것을 정탐하고 조용히 행진하여 그 마을에 진입했다. 그러자 적이 이를 알아차리고 그곳 서남쪽 고지를 향해 도주하기 시작했다. 그래서 분대는 즉시 사격을 개시했지만 적은 그 고지에 머물며 완강히 저항했으므로 약 2시간 반 교전 후 그들을 격퇴했다. 오전 3시에 더욱 전진하여 개화동에서 약 200m 떨어진 곳에 도달하자 적은 그 마을 북단을 근거지로 삼아 즉시 공격하여도 완강히 저항했으나 오전 6시에 퇴각하기 시작했다. 적이 사방의 고지를 점령하여 우리를 포위하려는 듯했으므로 분대는 우선 서쪽 고지를 공격 점령하고 이어서 동쪽 고지의 적을 격퇴했다. 오전 11시가 되자 서남쪽 고지의 적도 이어서 서쪽으로 도주했다. 적의 사망자 36, 우리 쪽 손해 없음. 노획품 총 25, 창 12.

밀양 수비 보병 제14연대 제12중대 하사 척후
표충사(表忠寺, 밀양 동쪽 약 5리) 부근 전투

2월 12일 밤 시례(詩禮, 밀양 동북쪽 약 6리 반) 부근 적도 토벌을 위하여 파견된 와다(和田) 군조 이하 6명은 2월 23일 오전 1시에 표충사에 도착하여 절 안에 약 50명의 적이 있다는 것을 탐지하고 그들을 급습했다. 적은 한때 저항했지만 북쪽으로 퇴각하여 수십 발의 사격을 가하며 우리를 향해 역습을 시도했으나 마침내 그들을 물리쳤다. 적의 사망자 12, 부상 20, 우리 쪽 손해 없음. 노획품은 총 21, 칼 1, 기타 잡품 약간.

장단 수비 보병 제14연대 제7중대의 1분대
사야시(砂也是, 장단 동북 약 2리) 부근 전투

2월 23일 오후 2시 15분에 폭도 약 30명이 사야시에 와서 금품을 약탈 중이라는 보고를 접하고 마쓰이(松井) 상등병 이하 5명, 순사 3, 순검 3명은 즉시 출발하여 오후 5시에 석계원 서남쪽 약 3,000m 고지에 도달했다. 그리고 약 50명의 적이 사야시에 있다는 것을 확실하게 듣고 급히 전진했다. 즉시 그 적을 포위하려 하자 그들은 우리가 도착하는 것을 알고 사격을 개시했다. 그래서 약 1시간 반 동안 응전한 후 그들을 석계원 방향으로 몰아냈다. 적의 사망자 19, 우리 쪽 손해 없음. 노획품은 총 9, 기타 잡품 약간.

사료 16
한주군 각지에서의 전투상보 건(1908. 3. 25)

자료명	韓駐軍 各地に於ける戰鬪詳報の件
생산자	韓國駐箚軍參謀長 牟田敬九郎
생산시기	1908年 3月 25日
소장기관	日本 防衛省 防衛硏究所
문서정보	陸軍省-密大日記-密大日記-M41-3-6(C03022911200)

恩連 제345호   密受 제133호   韓參報 제41호

1908년 3월 25일

한국주차군 참모장 무타 게이쿠로(牟田敬九郞)

육군 차관 남작 이시모토 신로쿠(石本新六)

한국 내 각지에서의 전투상보 제16, 1부 다음과 같이 제출합니다.

제16

신천(信川) 수비 보병 제52연대 제5중대의 하사 척후
오리동(五里洞) 부근 전투

1월 4일 오후 8시 오장 이하 9명(그중 한국군 병사 2명)은 신천을 출발하여 오후 11시에 청학동(淸鷄洞)에 도착하여 적의 수괴 민급신(閔及申)이 지휘하

는 약 270~280명의 적이 그날 오후 4시에 오리동을 향하여 전진 중이라는 정보를 얻어서 급히 전진하여 그것으로 향했다. 5일 오후 4시 30분에 오리동에 침입하여 적의 보초를 붙잡아 힐문해 보니, 적도는 집안에서 수면을 취하고 있다고 한다. 그래서 즉시 총검 돌격하고 접전하여 싸우기를 약 1시간 후 그들을 물리친 후 마을 안을 수색했다. 오후 8시 적의 퇴각 방향을 향하여 전진하려고 하자 오리동 동쪽 약 800m의 고지, 북쪽 900m 고지 및 서쪽 약 700m 등 촌락의 세 방향에서 약 80명의 적이 우리를 향하여 사격하기 시작했다. 그래서 급히 전진하여 약 1시간 반을 교전한 후 사방으로 물리쳤다. 이 전후의 전투에서 적의 사망 7, 부상 6, 우리 쪽 손해 없음. 노획품은 총 8.

강릉 수비 보병 제49연대 제4중대 슈토(周東) 조장 이하 15명
산계리[낙풍역(樂豊驛) 서쪽 약 3리] 부근 전투

임계 부근 정찰을 위하여 1월 6일 오전 2시에 출발한 슈토 조장 이하 15명은 낮에는 산성 구석의 분견대에서 휴식을 취하고, 그날 밤 다시 출발하여 7일 오전 5시 30분에 낙풍역 서쪽 약 1리 반에 있는 설암리(舌岩里)에서 약 500명의 적이 6일 저녁 산계리에서 숙영하고 있다는 정보를 접하고 그곳으로 급히 전진했다. 그리고 오전 7시에 산계리 동남단 소나무 숲에서 적의 보초를 발견하고 약 800m를 급히 추격하여 그 보초인 듯한 자가 숙영하는 촌락에 도착하자 적이 집안에서 사격을 개시했다. 이에 즉시 돌격하자 적은 허둥지둥 낭패하여 도주하기 시작했다. 이때 급사격으로 많은 손해를 입히고 더욱 추격하여 오전 9시에 산계리 남단에 도달하자 적이 3면의 고지에서 난사했으므로, 우선 동북쪽 고지의 적을 향해 전진했으나 적은 전 화력을 다하여 우리의 전진을 저지하려 했다. 따라서 두 배 세 배로 용감히 분투하며 힘한 비탈길을 기어올랐다. 마침 갑자기 눈보라가 몰아쳐 거의 지척을 분간하기 어려웠다. 오전 10시 30분경에 이르러 날씨가 점차 좋아졌으므로 다시 적의 퇴로를 향하여 공격하여 약 150m까지 접근하여 많은 손해를 입히고 그들을 모두 몰아냈다. 적의 사망자 38, 부상자 다수, 우리 쪽 손해 없음. 노획품은 총 19, 군도 1, 기타 잡품 약간.

청평천(淸平川) 수비 보병 제52연대 제12중대의 1분대
대봉동(臺峰洞, 청평천 북쪽 약 2리) 부근 전투

1월 8일 대보산(大報山) 부근 정찰을 위하여 파견된 호소야(細谷) 오장 이하 13명은 그날 오후 1시에 대봉동에 이르자 그곳 서쪽 표고 564 고지에 적도 수십 명이 있는 것을 확인하고 즉시 공격했으나 적은 얼른 흩어져 원흥리(元興里) 방향으로 도주했다. 척후는 원흥리, 외세곡(外世谷), 신촌을 거쳐 오후 10시 추계(楸溪)에 도착하여 율길리(栗吉里)에 적의 수괴가 잠복해 있다는 정보를 얻어 그 마을로 향했다. 이튿날인 9일 오전 3시에 그 마을에 도착하여 수색했으나 끝내 아무 것도 얻지 못했다. 적의 사망 5, 우리 쪽 손해 없음. 노획품은 총 7, 칼 1, 망원경 1, 말 2, 기타 잡품 약간.

온정원(溫井院) 수비 보병 제47연대 제7중대 신도(進藤) 특무조장 이하 11명
온정원 부근 전투

1월 9일 오전 7시 30분 이장이 와서 보고하기를, 지난 밤 오후 11시경에 폭도 3명이 들어와서 서쪽으로 갔다고 한다. 그래서 정찰을 위해 출발 준비 중이던 오전 8시에 북쪽에서 두 세 발의 총성이 들렸는데, 이미 120~130명의 적은 사방의 고지를 점령하고 우리를 포위했다. 미타라이(御手洗) 오장에게 졸 4명을 붙여 북쪽 고지의 적을 향하게 하고 스스로 졸 5명을 이끌고 서남쪽 고지의 적을 공격하여 약 30분간 교전한 후 돌격하여 그들을 몰아내고 이어서 남쪽 고지의 적을 공격하여 물리쳤다. 오전 10시가 되었을 때 동시에 미타라이 오장은 고전 끝에 북쪽 및 동쪽 고지의 적을 격퇴했다. 적의 주력이 동쪽과 북쪽으로 퇴각했으므로 미타라이 오장은 북쪽으로, 자신은 동북쪽의 적을 추격하다 가적동(榎笛洞)에서 돌격하여 그들을 모두 무찔렀다. 적의 사망자 4, 부상 11, 우리 쪽 손해 없음. 노획품은 총 4, 화약 약간.

곡산 분견대 보병 제52연대 제5중대
석인리(樨仁里, 곡산 서북쪽 약 14리) 부근 전투

곡산 분견대장 이하 6명은 1월 18일 저녁에 곡산을 출발하여 그곳 서북쪽 약 10리의 조양리(朝陽里)를 향하여 적의 종적을 물어가며 1월 20일 오후 2시경에 석인리 북쪽 이름 없는 마을에 도착하여 약 50~60명의 적이 이장의 집에서 담배를 피우고 있다는 것을 알게 되었다. 읍내에 돌입하자 그들이 우리를 발견하고 재빨리 도주하려 했으므로 즉시 사격을 개시했으나 적 역시 그 마을 북쪽 고지를 점령하여 응전했다. 이에 점점 전진하여 그곳 남쪽 고지를 점령하고 약 30분간 교전한 후 그들을 무찌르고 약 2리를 돌격했지만 마침 안개가 몰려와서 그 종적을 잃고 말았다. 적의 사망자 3명, 우리 쪽 손해 없음. 노획품은 총 3정, 군도 1, 나팔 1.

개성 수비 보병 제47연대 제5중대 다가미(田上) 토벌대
열은동(悅隱洞, 구화장 서북쪽 약 3리) 부근 전투

다가미 토벌대는 1월 20일 오후 7시 30분에 개성을 출발하여 화장리(華藏里) 와룡대 부근을 수색했다. 이어서 21일 오전 4시 40분 거문리[양합리(兩合里) 동쪽 약 2리 반]에 도달하여 적도 수백 명이 열은동에서 숙영하고 있다는 것을 탐지하고 그 마을 동쪽 표고 585고지를 향하여 전진했다. 21일 오전 6시 50분에 그 고지에 도달하자 적은 우리가 행군해오는 것을 탐지한 듯 열은동 서쪽 고지 위로 약 100명 및 동쪽 고지로 약 200명이 삼삼오오 무리를 지어 올랐다. 그래서 그들을 향하여 즉시 사격을 개시하자 적은 퇴로가 막힌 듯 그중 약간 명이 맹렬히 우리를 향해 사격을 개시하고 열은동 서북쪽 고지의 3개소에서 빈번하게 구식 포를 발사했지만 오전 9시에 그들을 모두 몰아냈다. 그 주력은 서쪽으로, 일부는 북쪽으로 도주했다. 적의 사망 28명, 부상 다수, 우리 쪽은 총신 관통 1. 노획품은 총 8, 칼 2, 창 2, 말 1.

진부 수비 보병 제49연대 제4중대의 1분대
홍천군 양악곡(羊岳谷) 부근 전투

진부 수비대 이자와(伊澤) 오장 이하 15명은 1월 16일 오후 1시 그곳을 출발하여 각지를 수색하면서 적을 추격하여 20일 오후 9시에 자운동에 도달했다. 약 50명의 적이 홍천군 양악곡(羊岳谷)에서 숙영하고 있다는 것을 듣자 마을 사람들의 통행을 엄격하게 경계하며 동이 트기를 기다려 21일 오전 5시에 자운동을 출발하여 6시에 양악곡에 도착했다. 적이 세 집에 나누어서 묵었다는 것을 알고 즉시 그곳을 습격하자 적은 허둥지둥 낭패하여 가옥에 불을 지르고 도주하거나 집 안에서 사격을 했다. 그러나 약 1시간 동안 싸워 이들을 모두 물리쳤다. 적의 사망 23명, 포로 4명. 우리 쪽 손해 없음. 노획품은 총 8, 그 밖에 탄약과 화약 약간.

인제 수비 보병 제50연대 제10중대의 1소대
장승칭(長承秤, 인제 동쪽 약 3리 반) 및 각담(인제 동남쪽 약 9리) 부근 전투

기린면(麒獜面) 및 내면(內面, 인제 동남쪽 및 남쪽의 산속에 산재하는 각 부락) 부근 수색을 위하여 12월 21일 이가라시(五十嵐) 특무조장 이하 25명[이치카와(市川) 군의 동행]을 5일간의 예정으로 그곳 방향으로 파견했다. 이 정찰대는 오후 1시 30분 장승칭에서 뜻하지 않게 폭도 450명과 충돌하여 맹렬히 그들을 공격했다. 적은 지리멸렬하여 동남쪽 산속으로 도망쳤다. 이에 쌓인 눈도 아랑곳하지 않고 추격하여 산수전리(인제 동쪽 약 7리)에 이르러 해가 저물었기 때문에 그곳에서 숙영했다. 적의 사망자 15, 부상 20명 이상. 노획품은 총 11, 당나귀 1, 기타 잡품 약간.

그날 오후 12시에 적 약 30명이 우리가 숙영하는 것을 모르고 장승칭 방향에서 왔으므로, 보초가 즉시 돌격하자 적은 허둥지둥 낭패하여 장승칭 방향의 산속으로 달아났다. 적의 사상자 5, 노획품은 총 5, 잡품 약간.

이 정찰대는 12월 23일 치전(鵄田, 인제 동쪽 약 7리)에서 폭도의 일부가 전날 같은 부락에서 숙박하고 그날 아침 내면(치전 남쪽 산속의 각 부락) 방향으로 갔다는 것을 알고 급히 그들을 쫓아 오후 0시 30분 각담에서 약 30명의 적을 발견하여 그들을 내면 방향의 산속으로 몰아냈다. 계속 추격했지만 쌓인 눈과 험준한 지형 때문에 행동이 뜻대로 되지 않아 결국은 그 종적을 잃고 말았다. 적의 사상자는 불명. 노획품은 총 1, 군도 1, 기타 잡품 약간. 이상 우리 쪽 손해는 없음.

개성 수비 보병 제47연대 제5중대 다가미(田上) 토벌대
송탄 및 매곡(삭녕 동북쪽 약 1리 반) 부근 전투

다가미 토벌대는 1월 22일 오전 8시에 둔창을 출발하여 백치진(白峙鎭)·서우리(西踽里)·대저전(大猪田)을 거쳐 오후 1시에 석성리(石城里)에 도달해서 거문리(열은동 북쪽 1리 반) 및 송탄 부근에 열은동에서 패잔해온 적이 집합했다는 것을 탐지했다. 하사 이하 8명에게 거문리를 수색하게 하고 다가미 자신이 나머지를 이끌고 송탄에 들어가려 하자 약 50명의 적이 동쪽 고지에서 우리를 향하여 사격을 개시했다. 이에 즉시 응사하고 이어서 돌격하여 그들을 동남쪽으로 물리쳤다. 이 토벌대는 그날 밤에 복수동(福水洞, 송탄 동쪽 약 1리 반)에서 금치(金峙, 복수동 서남쪽 1리)에 패잔한 적 약 200~300명이 숙영하고 있다는 보고를 접했다. 23일 오전 3시에 그곳을 출발하여 3시 40분 법시동(法是洞)에서 금치의 적이 전날 밤 법시동 남쪽 산길을 넘어 토산 방향으로 통과했다는 것을 탐지하고 쌓인 눈의 발자국을 쫓아 토산 방향으로 향했다. 오전 10시 30분 적 약 120명이 서쪽 구석리(九石里)의 남쪽으로 퇴각하는 것을 발견하여 추격했으나 거리가 너무 멀어서 겨우 그중 5명을 죽였을 뿐이었다. 이들을 남쪽으로 물리쳤으며 우리 쪽 손해는 없었다.

개성 수비 보병 제47연대 제7중대의 반 소대
백천(연안 동북쪽 약 3리) 부근 전투

사카모토(坂本) 특무조장이 이끄는 하사 이하 10명, 한국군 병사 10명은

1월 22일 개성을 출발하여 23일 오전 7시 25분 백천 동쪽 고지에 도달하여 읍내의 세 집 안에 약 50명의 폭도가 숙영하고 있는 것을 탐지했다. 즉시 이를 습격했으나 적은 교묘히 사방으로 흩어졌다. 다시 백천 서북쪽 고지에 집합하여 약 20분간 응전한 후 고읍(古邑, 백천 서북쪽 약 2,000m) 방향으로 도망쳤다. 그래서 고읍을 거쳐 송성(松城) 방향으로 추격했지만 정오 12시경에 주산동(周山洞) 산지에서 휘몰아치는 눈 때문에 그 종적을 잃고 말았다. 적의 사망자 6, 부상 불명. 우리 쪽 손해 없음. 노획품은 총 7, 기타 잡품 약간.

서흥 수비 보병 제47연대 제8중대 이나가키(稻垣) 토벌대
성북산(평산 서쪽 약 3리) 부근 전투

1월 22일 전투 후 이나가키 토벌대는 성북산 및 그 부근 부락 정찰을 목적으로 23일 조촉천(朝濁川)을 출발하여 오전 11시 30분에 전거리[田巨里, 편천(遍川) 서북쪽 약 1리 반] 동쪽 고지에 도달했다. 그때 12명의 적이 도락동(道樂洞)에서 석우동(石隅洞)으로 통하는 도로 위(성북산 동북쪽 산등성이)를 서쪽으로 향하여 통과하는 것을 보았다. 오전 11시 40분 토벌대가 그 산등성이에 도달하자 그들은 즉시 산개하여 성북산 북쪽을 전망하기 위하여 파견된 우리 척후를 향하여 사격을 개시했다. 그래서 스즈키(鈴木) 특무조장은 병졸 8명을 이끌고 그 산등성이 북쪽 고지를 점령하고 아키요시(秋吉) 군조는 전거리 동쪽 고지에서 함께 공격 전진하여 그 산등성이를 점령했다. 오전 11시 50분 적의 주력은 칠우동(漆隅洞) 방면으로, 일부는 한정동(寒井洞) 방향으로 도망쳤다. 적의 부상 2, 우리 쪽 손해 없음.

곡산 분견대 보병 제52연대 제5중대
현암리(玄岩里, 곡산 남쪽 4리 반) 부근 전투

1월 26일 오전 10시 30분 도화면 갈천리(葛天里, 곡산 남쪽 약 3리 반)의 민장(民長)[1]에게서 지난 밤 12시경에 약 50명의 적이 읍내에 와서 오늘 아침 읍민을 모아놓고 돈 100원을 내라고 협박하고 있다는 보고를 접하고 수비대장은 병졸 5명, 한국군 병사 3명(순사 2, 순검 2가 따라갔음)을 이끌고 즉시 출발하여 그곳으로 향했다. 오후 0시 30분에 갈천리에 도착하여 적이 지금으로부터 1시간 전에 현암리 방향으로 갔다는 것을 알고 급히 그곳으로 향하여 오후 1시 30분에 현암리에 도달했다. 약 50명의 적이 읍내 이시환(李詩煥)의 집에 와서 술상을 차릴 준비를 명하고 민장까지 불러 돈을 내라고 압박하고 있는 것을 탐지하여 즉시 이시환의 집을 포위해서 약간 시간을 둔 다음에 맹렬히 사격을 가한 후 돌격하여 약 20분간 혼전하며 싸워 이들 대부분을 섬멸했다. 적의 사망자는 32, 우리 쪽 손해는 타박상 4명. 노획품은 총 35, 기타 화약 탄약 및 잡품 약간.

해주 수비 보병 제47연대 제5중대 척후
방동(坊洞, 해주 서쪽 약 8리) 부근 전투

1월 25일 소라동(所羅洞) 방향으로 파견된 나카노(中野) 상등병 이하 4명의 척후는 약 40명의 적을 추격하여 27일 오전 6시 20분 방동에 도착했다. 이때 적은 막 출발하려는 참이어서 잠행하여 마을 끝 350m의 지점에 도달했

---

1 이장을 의미함.

다. 적의 보초를 발견하고 즉시 사살하고 전진하자 적은 한때 저항했지만 사방으로 흩어지며 퇴각했다. 그래서 약 1리 반을 추격했지만, 대현동(大峴洞)에 이르러 마침내 그 종적을 잃고 말았다. 적의 사망자 4, 우리 쪽 손해 없음. 노획품은 잡품 약간.

달천 수비 보병 제52연대 제5중대
독기동(獨基洞, 신천 서북쪽 약 5리) 부근 전투

1월 30일 오전 9시에 다음 정보를 접했다. 이날 오전 4시 적 약 35~36명이 흥성면(興胜面) 성암동(星巖洞, 달천까지의 거리 서남쪽 약 2리 반)에 와서 아침을 먹고 있다고 한다. 이에 졸 2명을 남기고(이보다 앞서 오전 8시에 졸 4명을 문화 방향으로 순행하러 파견했다), 졸 2명, 통역 1명을 이끌고 급히 가서 오전 11시 성암에 도달하여 정찰했으나 적은 약 2시간 전에 달마산 방향으로 갔다고 한다. 이에 추격하여 오후 3시 사천에 이르렀지만 약 30분 전에 송주군 독기동 방향으로 갔다는 것을 알고 급진했다. 오후 5시 10분에 독기동 서쪽 약 300m 갈림길에서 독기동 방향에서 오는 마을 사람을 심문하는 중 갑자기 좌우 고지의 소나무 숲속(거리 약 80m)에서 사격을 당했으므로 즉시 응전했으나 적은 우리가 힘이 약하다는 것을 깨닫고 완강히 저항할 뿐 아니라 우리를 포위하려 했으므로 적의 주력을 향하여 맹렬한 사격을 퍼부었다. 적이 점차 동요하자 결의하여 돌격을 시도한 것이 효과를 얻어 이들을 무찔렀다. 그 주력이 달마산 방향으로 퇴각했으므로 약 2,000m를 추격했지만 날이 저물어서 결국 독기동에서 물러났다. 적의 사망 5, 우리 쪽 손해 없음. 노획품은 총 3, 탄약 약간.

장연 수비 보병 제52연대 제5중대의 1분대
둔돌동(屯乭洞, 장연 남쪽 약 4리) 부근 전투

1월 30일 오전 10시 둔돌동에 적의 집단이 있다는 정보를 접하고 우선 지형 및 적의 숫자를 확인하기 위하여 오전 10시 30분에 상등병 이하 3명을 파견하여 약 100명의 적이 있다는 것을 확인했으므로, 이노마타(猪股) 오장은 16명(그중 간호수 1, 한국군 병사 6명을 포함)을 이끌고 31일 오전 2시 장연을 출발하여 6시 30분에 둔돌동 북단에 도달했다. 적의 보초 3명은 우리가 오는 것을 알고 마을 안으로 도망쳤다. 그래서 즉시 마을 안으로 돌입하여 적이 곧장 동남쪽 1리의 촌락으로 퇴각하는 것을 알고 추격했다. 그 마을 300m 지점에 도달하자 적은 우리를 향해 사격을 개시했다. 이에 약 20분간 응전한 후 마침내 양쪽의 바위산으로 몰아냈다. 적의 사망자 7, 우리 쪽 손해 없음. 노획품은 총 7, 기타 잡품 약간.

장호원 수비 보병 제51연대 제10중대의 마에다(前田) 분대
사기(沙器, 장호원 동북쪽 약 2리 반) 부근 전투

2월 1일 오후 5시 마에다 오장 이하 10명을 천포 방향으로 파견했다. 이 분대는 오후 8시 40분에 동막곡(東幕谷, 장호원 동북 약 2리)에서 적 약 50명이 사기에 숙박하고 있다는 정보를 얻어 밤의 어둠을 틈 타 그들을 급습 돌격하여 그중 21명을 죽이고 총 9정을 노획했다. 남은 사람들은 허둥지둥 어쩔 줄 몰랐다. 모두 몰아내자 남쪽으로 달아났다. 때는 오후 12시 10분이었다.

해주 수비 보병 제47연대 제5중대 다카노(高野) 척후
조율동(早栗洞, 재녕 남쪽) 부근 전투

2월 1일 오전 4시 금산면(錦山面) 방향 수색을 위하여 파견된 다카노 오장 이하 8명은 오전 11시 30분 조율동에 도착하여 점심식사를 준비하던 중에 우리 보초에게서 약 50명의 적이 동쪽 약 300m의 고지에서 우리를 향하여 전진한다는 보고를 접하고 즉시 산개 잠복하여 그들이 근접해오기를 기다려 약 150m까지 근접하자 사격을 개시했다. 적은 뜻하지 않은 토벌에 크게 낭패하여 서쪽 청석두(靑石頭) 방향으로 도망쳤다. 적의 사망 20명, 부상 5명, 우리 쪽 손해 없음. 노획품은 총 17, 기타 화약과 탄약 및 잡품 약간.

죽천 분견대 보병 제52연대 제5중대의 1분대
검단 4리 다암동(多岩洞, 해주 북쪽 약 10리) 부근 전투

2월 1일 오후 5시 30분 폭도 약 20명이 죽천에서 약 2리 떨어진 오택(鰲澤)에서 묵고 있다는 보고를 접하고 다나카 쓰노루(田中募) 이하 3명, 일진회원 2명을 오후 6시에 급히 출발시켰다. 이들 척후는 도중에 삼곡면(三谷面) 율목(栗牧) 근방을 수색하면서 오후 11시 50분 검단 4리 다암동에 도달하여 그 마을의 김방가[金方家, 안교선(安敎善)]에 폭도 약 30명이 습격했다는 것을 알고 즉시 이를 공격했다. 적은 우리가 오는 것을 보고 도망치기 시작했으므로 맹렬히 사격을 가하고 추격했으나 어두운 밤이어서 마침내는 그 종적을 잃고 말았다. 때는 오전 2시가 되었으며, 적의 사망 8, 부상 11, 우리 쪽 손해 없음.

북청 수비 보병 제50연대 35소대
금창[金昌, 성문내리(城門內里) 동북쪽 약 6리] 부근 전투

2월 2일 오전 9시 40분 금창에서 천혜의 험준함을 이용하여 네 곳의 진지에 근거지를 둔 약 200명의 적을 공격하여 약 3시간의 전투 후 큰 타격을 입히고 그들을 사방으로 물리쳤다. 적의 주력은 엄방동령(嚴方洞嶺)을 넘어 소동(小洞) 방향으로, 그 일부는 함산령(咸山嶺)을 넘어 동북쪽으로, 일부는 추동령 방향으로 퇴각했다. 따라서 소대는 둘로 나누어 추격을 계속하고 3일 오후 6시에 금창으로 집합했다. 적의 사망 15, 부상은 적어도 30명 이상. 우리 쪽 손해는 경상 1, 경미한 부상 2. 노획품은 총 8.

지평 분견대 보병 제51연대 제11중대의 1소대
도대[道大, 삼산리(三山里) 서남쪽 2리, 장산 동북쪽 약 1리] 부근 전투

2월 5일 오후 1시 30분 여물(餘物) 촌장으로부터 전날 김선유(金善有)가 이끄는 약 70~80명의 적이 성방동(聖方洞) 부근에 와서 각 면장을 데리고 갔다는 보고를 접하고 장교 이하 25명은 토벌을 위하여 6일 오전 6시에 출발하여 해당 마을로 향했다. 오전 10시 용두에 도달하여 적이 전날 밤 몰운(沒云, 용두 동쪽 약 1리 반)으로 옮겨 현재 휴식 중이라는 것을 알고 급히 그곳으로 갔지만, 오전 8시에 상동면을 향하여 출발했다고 한다. 이에 급히 추격하여 7일 오전 7시 30분 여주군 강천면 도대(道大)에 도달하여 적의 보초 2명을 발견하고 즉시 급습했다. 약 40명의 적은 마침 아침식사 중이었는데 전투 약 1시간 후 그 대부분을 죽이거나 부상을 입혀 모두 물리쳤다. 적의 사망 15명, 부상 거의 전부. 우리 쪽 손해 없음. 노획품은 총 11정, 군도 1자루, 기타 잡품 약간.

적성 수비 보병 제50연대 제5중대의 1소대
삼패상리(三牌上里, 적성 남쪽 약 3리) 부근 전투

여러 종류의 정보를 종합하여 폭도 약 200~300명이 회유리(灰輪里, 적성 남쪽 약 3리) 부근에 집합해 있다는 것을 탐지하여 수비대장 이하 21명, 순검 1명은 2월 7일 오전 3시 30분에 출발하여 오전 6시 30분 매곡(적성 남쪽 2리 반)에 도달했다. 적이 지난밤에 와서 회유리에서 숙영하고 있다는 것을 알고 잠행하여 회유리 북쪽 고지를 향하여 급히 전진했다. 오전 6시 45분에 적이 상패상리(회유리 북쪽)에 숙영하며 우리가 가는 것을 미리 알고 있다는 것을 알고 사토(佐藤) 상등병 이하 5명에게 가곡(佳谷) 남쪽 고지에 잠복하게 하고, 일부는 표고 296의 동쪽 기슭에서 멈추고, 주력은 잠행하여 그곳 남쪽 고지에 이르러 모두 이를 포위 공격했다. 적은 뜻하지 않게 공격을 당하여 허둥지둥 낭패하여 집 밖으로 나왔는데 그 숫자는 약 80명이었다. 소대는 점차 사격을 퍼부었으나 적은 어쩔 줄 모르며 모두 표고 296의 산기슭을 거쳐 표고 559를 향해 퇴각했다. 따라서 본대는 상패상리 남측에서 맹렬히 추격하고 이와 동시에 좌우로 나온 척후까지도 맹렬한 사격을 가했다. 이 지형은 단절지인데다 밀림이어서 그들의 퇴각은 뜻대로 되지 않았다. 거의 전멸하는 지경에 이르렀으며, 오전 8시 반에 표고 559 고지를 포위하고 추격 사격하여 모두 몰아냈다. 적의 사망 38, 부상 다수, 포로 2(그 후 사망). 우리 쪽 손해 없음. 노획품은 총 31, 기타 화약과 탄약 및 잡품 약간.

이천 수비 보병 제50연대 제8중대의 척후
응암동[신계(新溪) 동남쪽 약 4리] 부근 전투

2월 8일 동이 트기 전 대장리(大將里, 이천 서쪽 약 4리) 부근에 파견된 야하타(八幡) 상등병 이하 7명은 9일 오전 3시에 응암동에서 적 약 100명을 야습했다. 마침 적은 출발 준비 중이었는데 척후가 급히 집안으로 쳐들어가자 적은 허둥지둥 낭패하여 총을 잡을 틈도 없이 많은 사상자를 남기고 북쪽 모단산으로 도망쳤다. 이에 추격하여 오전 6시 삼락(응암동 북쪽 2리)에서 마침내는 그 종적을 잃고 말았다. 적의 사망자 21, 우리 쪽 손해 없음. 노획품은 총 30, 탄약, 기타 잡품 약간.

장단 수비 보병 제47연대 제7중대 다나카(田中) 분대
장단 전투

2월 11일 오후 10시 30분 폭도 약 100명이 장단을 습격하여 3면에서 포위하고 갑자기 맹렬한 사격을 퍼붓기 시작하자 사쿠라이(櫻井) 상등병 이하 5명에게 마을 안에 있는 적을 맡기고 수비대장 다나카 군조 이하 5명은 장단 북쪽 고지에 있는 적의 주력을 공격했다. 적은 점점 맹렬히 난사했지만 부하를 독려하여 총검 돌격하여 마침내는 갈현 방향으로 격퇴했다. 이때 사쿠라이 상등병도 역시 마을 안의 적을 낭우리(郎隅里) 방향으로 격퇴했다. 그리고 약 1리를 추격했으나 마침내는 그 종적을 놓치고 말았다. 적의 사망자 4, 부상자 14~15명 이상. 우리 쪽 손해 없음.

개성 수비 보병 제47연대 제5중대의 1소대
대흥산(大興山, 개성 북쪽 3리) 부근 전투

대흥산성(大興山城) 부근 폭도 토벌을 목적으로 대장 이하 14명, 통역 1명은 2월 13일 오전 3시에 출발하여 수색을 하면서 오전 7시 35분에 평촌(坪村)에 도착했다. 적 약 100명이 현재 대흥사에 모여 있다는 정보를 얻어 매우 어렵게 오전 10시 20분에 간신히 산정에 도달했다. 오전 10시 50분 상등병 이하 4명을 서북쪽 약 200m의 지점에 파견하고 주력은 대흥사를 향하여 약 20m에 접근하여 그 절을 포위했다. 이때 적은 처음으로 우리가 도착하는 것을 알고 허둥지둥 낭패하여 일부는 동북쪽 고지로 퇴각하기 시작했지만 우리 일부는 재빨리 절에 돌입하여 총검으로 그중 6명을 죽이고 일부는 사격을 개시했다. 이때가 오전 11시였다. 동북쪽 산악은 거의 직립하는 듯한 바위산이어서 적은 서북쪽으로 퇴로를 바꾸려 했는데 우리 척후는 그 길을 압박하여 화력을 집중시켰다. 적은 진퇴양난의 상황에서 사격을 개시하거나 기왓장을 깨는 등 잠시 저항했으나 마침내는 전멸했으며, 우리는 그중 1명을 잡았다. 그때가 정오였는데 포로의 말에 따르면, 적의 숫자는 62명이라고 한다. 우리 쪽 손해 없음. 노획품은 총 28, 기타 화약 탄약 및 잡품 다수.

사료 17

한주군 각지에서의 전투상보 건(1908. 3. 30)

자료명	韓駐軍 各地に於ける戰鬪詳報の件
생산자	韓國駐箚軍參謀長 牟田敬九郞
생산시기	1908年 3月 30日
소장기관	日本 防衛省 防衛研究所
문서정보	陸軍省-密大日記-密大日記-M41-3-6(C03022911300)

恩連 제399호　人受 제58호　軍事密 제106호

騎密 71호　密受 제143호　韓參報 제43호

1908년 3월 30일

한국주차군 참모장 무타 게이쿠로(牟田敬九郞)

육군 차관 남작 이시모토 신로쿠(石本新六)

한국 내 각지에서의 전투상보 제17, 1부를 다음과 같이 제출합니다.

제17

인제 수비 보병 제50연대 제11중대 히구치(樋口) 토벌대
서화면 영촌(瑞和面 嶺村, 인제 북쪽 약 6리) 부근 전투

양구군 해안면(亥安面, 인제 북쪽 약 8리) 부근에서 폭도가 출몰하여 모병을 하고 있다는 정보를 접하고 이들을 토벌하기 위하여 2월 5일 오전 6시 히구치 조장 이하 20명을 파견했다. 이 토벌대는 오후 1시에 인제군 서화면 영촌에서 약 150명(그중 해산한 한국군 병사 약 40명을 포함)을 급습했는데, 적은 한때 그곳 동쪽 고지를 근거 삼아 완강히 저항했지만 마침내는 무너져 영촌 북쪽 산속으로 도주했다. 토벌대는 약 1리를 계속 추격했으나 마침내는 종적을 찾을 수 없게 되었다. 적의 사상자는 약 40명, 포로 2, 우리 쪽 손해 없음.

삼척 수비 보병 제49연대 제1중대 후지사키(藤崎) 특무조장
장당덕산(場堂德山, 임계 동남쪽 약 7리) 및
소마평(小馬坪, 정선 동남쪽 약 6리) 부근 전투

정선에서 마에하라(前原) 중위와 교대하고 돌아가는 길이었던 후지사키 특무조장 일행은 2월 7일, 임계역에서 약 20명의 적이 천두곡(舛斗谷, 임계 동남쪽 3리) 부근을 배회하고 있다는 보고를 접하고 임계 분견초소의 병력을 증가시키고 하사 이하 12명을 이끌고 오후 1시에 임계를 출발했다. 다음 날인 8일 오전 11시 40분 장당덕산 부근에서 퇴각 중인 적 약 20명을 추격하여 약 1시간 교전했는데 적은 시체 5구를 버리고 동남쪽으로 도주했다. 포로 1, 노획품은 총 1, 탄약 약간. 더욱이 분대는 쌓인 눈을 무릅쓰고 온힘을 다해 쫓아서 이튿날인 9일 오전 5시 적이 소마평에 잠복하고 있다는 것을 알고 그들을 포위 돌격하자 적은 허둥지둥 낭패하여 시체 8구를 버리고 신속으로 도망쳤다. 노획품은 총 2, 탄약 약간. 우리 쪽 부상자 1.

해주 수비 보병 제47연대 제5중대 가네모토(金本) 중위
고산면 중이리(中二里, 해주 서북쪽 약 4리) 부근 전투

2월 14일 오후 3시 해주를 출발한 가네모토 중위 이하 5명, 일진회원 2명, 순검 1명은 2월 15일 오전 9시 석택(石潭)에 도달하여 적 약 150명이 전날 밤 율지면(栗枝面) 방향에서 와서 15일 오전 4시경 서남쪽을 향해 갔다는 정보를 접했다. 그래서 그들을 추격하여 오전 10시에 고산면 중이리(中二里)에서 돈을 약탈하고 있는 적 약 150명과 마주쳐서 공격했는데 우리 복장이 한복이어서 적은 우리가 일본군이라는 것을 알지 못했다. 마침내 50m까지 근접하여 사격을 개시하자 그들은 낭패하여 사방으로 흩어지며 도주하여 수거동(水車洞)에 이르자 종적을 감추었다. 때는 오전 11시 30분이었다. 적의 사망자 19, 우리 쪽 손해 없음. 노획품은 총 6, 기타 잡품 약간.

제천 수비 보병 제51연대 제3중대
입석리(立石里, 제천 동쪽 약 3리) 부근 전투

밀정의 보고에 따르면, 몇몇 적이 근래 일곡(日谷, 제천 동북쪽 약 3리 반) 부근에 출몰하는 것 같다고 한다. 그래서 다카하시(高橋) 대위는 하사 이하 12명을 이끌고 2월 16일 오후 2시 제천을 출발하여 일곡으로 향했다. 오전 5시 30분에 입석리 서남쪽 300m에 도달했을 때 앞세웠던 밀정에게서 적 약 30명이 지금 남쪽 산지에서 입석리에 침입하는 것을 목격했다는 보고를 접하고 즉시 대를 둘로 나누어 그 마을을 포위했으나 적의 그림자도 찾기 어려웠다. 그래서 각 방면에서 가택 수색에 착수하려 하자 수십 명의 적이 마을 중앙 부근에서 튀어나왔으므로 즉시 포획하려 하자 순식간에 사방으로 흩어져 사격을 개시했다. 그래서 양민들을 북쪽 고지로 피난시키고 포위 공격했으나 그 대부분은 포위를 풀고 옆은 어둠이 깔린 틈을 타 동쪽 및 남쪽 고지를 넘어 도주했다. 적의 사망 3, 포로 1. 우리 쪽 손해 없음.

금천 정지 척후 보병 제47연대 제5중대의 1분대
묘암(猫岩, 금천 북쪽 약 2리) 부근 전투

3월 20일 오전 3시에 묘암 부근이 불온하다는 보고를 접하고 가와노(川野) 군조가 졸 6명, 순검 1명을 이끌고 급히 출동하여 오전 7시 40분에 묘암에 도착했다. 마을 사람 말에 따르면, 포 3문을 가진 약 200명의 적이 지난 19일 오후 2시경 이 마을에 와서 점심을 먹고 동쪽으로 갔다고 한다. 그래서 묘암 동쪽 약 1,000m에 있는 독립가옥에 이르러 심문한 결과, 적은 묘암 동남쪽 약 2,000m 거리의 재양동(在陽洞)에 이르러 지난밤 숙박했다고 한다. 급히 그곳 북방 고지에 도착해보니 적은 이미 우리 행동을 탐지하고 재양동 동남쪽 고지에서 전비를 갖추고 우리가 가까이 다가오기를 기다리고 있는 듯했다. 따라서 우선 졸 2명을 재양동 북쪽 고지에 파견하여 사격하게 하자 적은 3개소에서 포격을 개시하려 했으므로 나머지를 이끌고 적의 좌익으로 향하여 300m 거리에 접근하여 사격을 개시했다. 때는 오전 10시 30분이었다. 적은 우리 숫자가 적은 것을 깨닫고 그 지휘관인 듯한 자가 칼을 휘두르며 큰 소리로 고함치자 너욱 맹렬히 사격하여 사상자를 후방으로 운반하면서 우리가 20~30m 전신하면 적도 또한 20여m 전진했다. 다시 맹렬한 전투를 주고받는 중 탄약이 부족하다는 것을 호소하므로 결의를 굳힌 후 총검으로 돌입했다. 적은 마침내 혼란을 일으키며 퇴각하기 시작하여 율곡동 방향으로 도주했다. 때는 오후 0시 5분이었다. 적의 사망자 19, 부상 20여 명. 우리 쪽 손해 없음. 노획품은 총 18, 기타 잡품 약간.

지포(芝浦) 수비 보병 제50연대 제5중대
관인면(官仁面, 지포 서쪽 약 2리) 부근 전투

지포 수비대는 철원 및 연천 방향 수색을 목적으로 2월 18일에 출발하여 활동 중 20일 오전 8시 30분에 연천군 관인면에 도달했을 때 약 100명의 적이 도로 서쪽 고지의 소나무 숲에서 갑자기 사격을 개시했다. 이에 즉시 응전하여 일부를 남쪽으로 파견하여 적의 옆과 뒤를 맹렬히 사격하게 하고 그들이 낭패하는 틈을 타서 돌격하여 그중 8명을 죽이고 연천 및 철원으로 몰아냈다. 우리 쪽 손해 없음. 노획품은 총 8, 기타 잡품 약간.

달천 수비 보병 제52연대 제5중대 야마모토(山本) 상등병 이하 4명
막동(幕洞) 부근 전투

2월 20일 오전 8시 수교(水橋) 체보초(遞步哨)[1]와 연락하기 위하여 파견된 야마모토 상등병 이하 4명은 오후 1시에 수교에 도착하여 적 약 50~60명이 탑석(塔石)에 있다는 정보를 접하고 오후 4시에 탑석에 도달했다. 적 2명은 우리를 보자 즉시 막동 방향으로 달아났다. 그들을 추격하여 그중 1명을 포박하여 힐문하자, 그날 오후 적 53명이 도원방(桃源坊) 막동(탑석에서 약 1리 거리)에 진입하여 점심을 먹고 있다고 한다. 이에 급진하여 오후 5시 10분 막동에서 약 1,000m 떨어진 독립가옥에 이르렀는데 막동 방향으로 향하는 1발

---

[1] 연락 보초.

의 총성을 들었다. 동시에 장연으로 통하는 도로에서 적 8명이 막동을 향해 달려가는 것을 보았다. 그래서 그 마을의 서쪽 끝으로 몰래 들어가니 적은 집합하여 공세를 향해 전진하고 있었으므로 사격했다. 그들은 우리가 숫자가 적다는 것을 깨닫자 그 마을 동쪽 끝 고지를 근거지로 삼아 약 40분간을 저항하다가 마침내 공세 방향으로 도주했다. 적의 사망자 7, 우리 쪽 손해 없음. 노획품은 총 4, 기타 잡품 약간.

백천 수비 보병 제47연대 제5중대 아베(安部) 특무조장
도대리(都臺里, 백천 북쪽 약 5리) 부근 전투

2월 20일 적 약 170명이 곡두(谷頭, 연안 서북쪽 약 2리 반)에 집합해 있다는 정보를 접하고 특무조장 이하 8명은 그날 오후 7시 30분에 백천을 출발하여 오후 12시에 곡두에 도달하여 수색했으나 적의 그림자도 찾기 어려웠다. 그래서 마동(麻洞)·석우동(石隅洞)·걸인포(乞仁浦)·체동(潛洞)·하릉암(下陵岩) 및 문성(文城)을 수색하고 병동(餠洞)을 향하여 전진하는 중에 21일 오후 3시 총가동(總家洞, 백천 북쪽 약 3리)에서 적의 척후 1명을 붙잡았다. 그가 심문 중 도망치려 하자 사살하고 오후 5시 병동에 이르렀다. 적 약 70명이 지난 19일 그 마을에서 숙박하고 이튿날 아침 지가동(枝可洞) 방향으로 갔다는 것을 알고 그곳으로 향하여 전진하는 가운데 22일 오전 9시 도대리(都臺里)에 도착하자 17명의 적은 우리를 보자마자 즉시 북쪽으로 퇴각하기 시작했다. 이를 추격하자 적은 그곳 북쪽 고지를 근거지로 삼아 약 10분간 저항한 후 북쪽 및 동북쪽으로 달아났다. 적의 사망자 6, 부상 4. 우리 쪽 손해 없음. 노획품은 총 5, 기타 잡품 약간.

원주 수비 보병 제51연대 제1중대의 1분대
섬부(蟾阜, 문막 동남쪽 1리) 부근 전투

　문막 동남쪽 지역을 소탕하기 위하여 22일 정오 바바(馬場) 오장 근무 상등병 이하 9명(그중 변장 한국군 병사 2명 포함)을 파견했다. 이들이 해삼대, 미산을 거쳐 그날 오후 5시에 섬부 동단에 도달했을 때 마을 안에서 총성(정찰을 위해 앞서 마을 안으로 들어간 한국군 병사가 사격한 것)을 들었다. 즉시 급행 돌입하자 적은 동쪽 고지를 근거 삼아 난사를 퍼붓기 시작했다. 이에 대해 분대 전체가 육박전에 나서 70~80m까지 접근하자 약 30명의 적이 왼편 고지에 나타나 사격을 개시했으므로 일시 정지하고 니와(丹羽) 1등 졸 이하 3명에게 적의 좌측으로 다가가게 했다. 적들은 우리가 소수라는 것을 깨닫고 점점 맹렬한 사격을 가해 왔다. 이때 니와 1등 졸 이하가 마침내 적 가운데로 돌입했다. 이에 적은 일어나 총을 잡거나 칼을 휘두르거나 곤봉, 기왓장 등을 던졌다. 인원이 적어서 상황이 매우 위험했는데, 분대가 궐기 돌입하자 그들은 마침내 사방으로 흩어졌다. 앞서 돌입한 니와 1등 졸은 수괴인 듯한 자를 확인하고 추격하여 붙잡았다. 그러나 언덕길이 얼어붙어서 니와는 발이 미끄러짐과 동시에 골짜기 아래로 추락했으며, 다른 병사들은 추격이 급하여 도와줄 여유가 없었다. 그런데 그 적의 수괴는 힘으로 몇 분간 싸운 끝에 잡으려고 하는 순간 온힘을 다해 저항했으므로 칼을 빼서 가슴을 찔러 죽였다. 분대가 계속 추격했으나 해가 졌기 때문에 그 종적을 잃고 말았다. 적의 숫자는 60명이며, 적의 사망자 10, 부상 약 20, 우리 쪽 손해 없음. 노획품 총 4, 기타 잡품 약간.

개성 수비 보병 제47연대 제7중대 마키조노(牧園) 토벌대 장양동(長陽洞, 금천 동북쪽 약 5리) 부근 전투

마키조노 토벌대는 2월 22일 오후 0시 5분 복수동(福水洞, 토산 서남쪽 약 3리)을 출발하여 거문리, 의주를 거쳐 오전 6시 삼곡현동(三斛峴洞, 금천 동북쪽 약 4리)에 도달했다. 거기서 약 100명의 적이 지난 21일 밤 독안동(獨安洞, 삼곡현동 남쪽 약 1리 산속에 있는 부락)에서 숙박한 것을 탐지하여 그곳을 향하여 전진하는 가운데 적이 오전 0시경 장양동(삼곡현동 동쪽 약 1리)을 향해 출발한 것을 알고 병사를 둘로 나누어 일부는 기사키(木崎) 군조가 이끌고 즉시 장양동으로 향하게 하고, 일부는 자신이 직접 지휘하여 독안동으로 전진했다. 도중에 장양동에서 온 마을 사람을 만나 힐문한 결과, 적 약 85명이 장양동 남쪽 2,000m 고지를 점령하고 있다고 한다. 그래서 그 고지로 향해 오후 1시 그곳을 점령했다. 이때 약 60명의 적은 이미 기사키대의 행동을 탐지한 듯 표고 464의 고지를 향하여 기어오르는 중이었으므로 사격을 개시하여(거리 700m) 몇 명을 죽였다. 이에 적은 낭패하여 고지를 오르는 것을 멈추고 약 20분간 응사했다. 이때 기사키대는 장양동 서남쪽 약 1,000m의 표고 264 고지를 점령한 약 30명의 적을 격퇴하면서 적의 배후로 나가 사격을 개시했더니 적은 순식간에 무너져 다시 산을 오르기 시작했다. 이에 양 대는 서로 호응, 추격하여 그중 몇 명을 죽이고 쫓았지만 산악이 험준한데다 높이 쌓인 눈 때문에 행진이 뜻대로 되지 않았다. 적은 교묘하게 이 험한 길을 넘어 상정동(上頂洞) 및 남창곡(南倉谷, 삼곡현동 북쪽 약 1리) 방향으로 도망쳤다. 적의 사망자 23, 우리 쪽 손해 없음. 노획품은 총 25, 기타 잡품 약간.

삭녕 수비 보병 제50연대 제8중대의 1분대
마거(馬巨, 연천 북쪽 약 2리 반) 부근 전투

덕은동(삭녕 동쪽 약 2리) 부근에 폭도가 출몰한다는 첩보를 접하고 2월 22일 다케다(武田) 군조 이하 10명을 파견했다. 이들 척후는 그곳에서 적 약 50명이 철원 방향으로 간 것을 확인하고 추격했으나, 다음 날인 23일 마거에 있다는 것을 알고 급행하여 오후 2시 40분에 그 마을에 도달했다. 그때 적은 물자를 징발 중이었으므로 그들을 포위하고 약 1시간 전투를 벌인 후 마침내 그들을 북쪽으로 물리쳤다. 적의 사망 20, 우리 쪽 손해 없음. 노획품은 총 5, 기타 잡품 약간.

이수두 수비 보병 제51연대 제11중대 이카다이(筏井) 토벌대
운정동(가평 서남쪽 약 4리) 및 모곡리(牟谷里) 부근 전투

이카다이 소대는 2월 26일 오전 8시 40분 가평군 태봉동(胎峰洞)을 출발하여 불기동(不棄洞)을 향하여 전진하는 중 9시 30분에 운정동 서남쪽 약 1,000m 산기슭에서 박래봉(朴來鳳)이 이끄는 폭도 약 150명을 발견했다. 즉시 이들을 공격하여 약 30분간 교전했으나 적의 동작이 교묘하여 퇴각할 기미가 없었다. 따라서 일부를 동원하여 적의 측면을 향해 공격하게 하고 잠시 후 적의 일부를 원흥리 방향으로 퇴각시켰지만 나머지 적은 운정동 서남쪽 고지를 근거지로 삼아 저항했다. 이에 소대는 주력을 동원하여 돌격하여 접전하여 싸운 끝에 현등산 방향으로 퇴각했다. 적의 사망 23, 부상 18~19. 우리 쪽 손해는 부상 1. 노획품은 총 3, 기타 잡품 약간.

삭녕 수비 보병 제50연대 제8중대의 1분대
금간동(金間洞, 철원 서북쪽 약 5리) 부근 전투

삭녕 수비대에서 파견된 시가(志賀) 척후(장 이하 8명)는 2월 28일 창곡(倉谷, 철원 서북쪽 약 4리)에서 당일 아침 적 약 30명이 북쪽 고지를 넘어 북진하는 것을 탐지하여 그들을 추격했다. 그곳은 비바람이 심한데다 진흙탕이어서 행진이 뜻대로 되지 않았는데 간신히 창곡 북쪽 고지 정상에 오르자 마침 약 30명의 적이 금간동으로 들어서는 참이어서 즉시 급진하여 사격을 개시했다. 적은 화승총을 사용했으므로 비 때문에 발화가 되지 않았다. 그들이 북쪽으로 도주하기 시작했으므로 추격하여 모두 물리쳤다. 적의 사망자 10, 우리쪽 손해 없음. 노획품 약간.

장단 수비 보병 제47연대 제7중대의 다나카(田中) 분대
누촌(樓村, 신기 서남쪽 약 1리 반) 부근 전투

다나카 분대는 2월 18일 오후 8시 마키조노(牧園) 중위의 지휘를 벗어나 구화장을 출발하여 표동(瓢洞, 구화장 동북쪽 약 2리) 및 지의기(至義基, 표동 동쪽 약 1리) 방향으로 전진했다. 이 분대는 29일 오전 4시 30분에 상고왕리(上高旺里, 지의기 동남쪽 약 1리 반)에 도달하여 2월 18일 정오경에 적 약 30명이 지의기 방향에서 와서 마전 방향으로 간 것을 알게 되었다. 오전 6시 10분에 그곳을 출발하여 신촌 신기(新基, 상고왕리 남쪽 약 1리)를 거쳐 정오에 누촌에 도달하자 적 약 150명이 사미천(沙尾川) 북쪽 1,000m에 산개하여 우리를 향해 사격을 퍼부었다. 이에 즉시 공격 전진했다. 그들이 점점 완강히 저항했으므로 산병선(散兵線) 중앙을 향해 돌격했으나 주력은 다시 우사리(禹謝里, 사미천 북쪽 약 1리)의 고지를, 일부는 만가대(滿家臺) 동북쪽 고지를 점령하여 우리를 포위하려 했다. 이에 마쓰이(松井) 상등병 이하 3명에게 만가대 동북쪽 고지를, 나머지에게 우사리 고지의 적을 공격하게 하여 행정(杏亭) 및 구화장 방향으로 몰아냈다. 적의 사망자 15, 우리 쪽 손해 없음. 노획품은 총 2, 기타 잡품 약간.

사료 18
한주군 각지에서의 전투상보 건(1908. 4. 10)

자료명	韓駐軍 各地に於ける戦闘詳報の件
생산자	韓國駐箚軍參謀長 牟田敬九郎
생산시기	1908年 4月 10日
소장기관	日本 防衛省 防衛研究所
문서정보	陸軍省-密大日記-密大日記-M41-3-6(C03022910900)

恩連 제385호 軍事密 제122호 密受 제162호

1908년 4월 10일

한국주차군 참모장 무타 게이쿠로(牟田敬九郎)

육군 차관 남작 이시모토 신로쿠(石本新六)

한국 내 각지에서의 전투상보 제18, 1부를 다음과 같이 제출합니다.

제18

협천 수비 보병 제14연대 제5중대의 1소대
해인사[아로(冶爐) 서북쪽 4리] 부근 진두

지리산 부근 포위 토벌을 위하여 (연대 명령) 2월 11일 우다(宇田) 특무 조장은 하사 이하 11명을 이끌고 협천을 출발했다. 12일 오후 5시 20분에 해인사 서북쪽 고지를 내려가 해인사 서쪽 약 300m에 있는 이름 없는 절 부근에 이르렀으며, 해인사 방향에서 오는 적 23명과 마주쳐 그들을 북쪽으로 몰아냈다. 때는 오후 6시 30분. 적의 사망자는 8명, 우리 쪽 손해 없음. 노획품은 총 4, 창 2, 기타 잡품 약간.

영원(寧遠) 수비 보병 제52연대 제6중대 영흥 분견대 치중병(輜重兵) 및 제13대대 하사 이하 6명
요덕천(耀德川) 강변(영원 동남쪽 약 7리 반) 부근 전투

2월 12일 영원군(寧遠郡) 신창면(新昌面) 창리(倉里, 영원까지 약 13리 거리)에 적 약 70명이 내습하여 막대동(莫大洞, 창리 동쪽 약 2리) 방향으로 퇴각했다는 것을 듣고 17일 오전 10시에 하사 이하 12명을 이끌고 토벌에 나섰다. 이 대는 21일 오전 10시 30분에 청림동(막대동 동북 약 7리)에서 영흥 분견대 치중병(輜重兵)오장 오가와라 벤지로(小河原勉次郎) 이하 6명과 조우했지만 별 소득은 없었다. 그때 한 마을 사람의 말에 따르면, 폭도는 어제(20일) 저녁에 요덕천 강변을 내려가며 퇴각했다고 한다. 그래서 계속 수색하면서 하신리(下新里)에 도착하여 오가와라 척후는 강변으로, 보병대는 산길을 향하여 전진하자 전방에서 총성 몇 발이 들렸다. 이에 왼쪽 기슭의 고지를 점령하고 정찰하자 하신리 남쪽 요덕천 오른쪽 기슭 고지 400m 전방에 설보(雪堡)[1]를 구축하고 적 약 100명이 이를 근거지로 삼아 그 후방 약 150m에 약 30명이 집합하여 우리 오른쪽 고지 약 400m 전방을 약 10명이 점령하고 그 강 왼쪽 기슭 돌출부 고지 위에 망보는 보초를 배치했다. 이에 즉시 산개 전진하여 약

---

[1] 눈으로 만든 보.

50분간에 걸쳐 교전했으나 적은 완강히 저항하여 오가와라 오장에게 그 오른쪽을 엄호하게 하고, 다테야마(舘山) 상등병 이하 7명을 전진시켜 적의 우익을 공격하게 했다. 적이 많은 손해를 입고 동요하기 시작했으므로 급히 사격한 후 돌격하여 마침내 그들을 몰아내고 약 반 리를 추격한 끝에 화전촌에 이르렀다. 우리 손해 전사 졸 1, 타는 말 부상 1, 적의 사망 26, 부상 약 40명, 포로 6. 노획품은 총 15, 칼 1, 창 1, 기타 잡품 약간.

보병 제47연대 제6중대 노성(魯城) 정지 척후
탄동(炭洞, 노성 남쪽 약 반 리) 부근 전투

약 100명의 적이 2월 17일 동이 트기 전에 성재동[(聖才洞, 노성 남쪽 약 반 리)을 통과하여 평촌(坪村), 성재동 동북 약 1,000m] 방향으로 갔다고 하는 밀고를 접하고 급히 가서 평촌 및 한천(寒泉)을 수색했다. 오후 2시에 탄동 동남쪽 약 500m에 도착했을 때 탄동 동북쪽 고지의 삼림 속에 약 50명의 적이 집합해 있는 것과 그 마을 부락 안에도 약간의 적이 있는 것을 발견했다. 그렇지만 적이 우리가 가는 것을 알아차린 듯하므로 즉시 한천에 이르러 변장하고 그곳 북방의 산등성이에서 전진하여 탄동 부락에서 약 200m 지점에 이르자 마을 안의 적이 급거 도주하기 시작했다. 그들을 향해 사격을 개시하자 우선 동북쪽 삼림 속의 적은 즉시 탄동 북쪽 고지에 산개하여 사격을 가했다. 약 1시간 응전하자 적이 퇴각할 기미가 있었으므로 즉시 공격 전진하다가 결국 돌격하여 석종(石宗, 노성 동북쪽 약 5,000m) 방향으로 몰아내고 추격하여 습동(襲洞, 석종 남쪽 약 1,000m) 부근에서 마침내 그 종적을 잃고 말았다. 적의 숫지는 약 70명이며 버리고 간 사체 22명, 우리 쪽 손해 없음. 노획품은 총 9, 기타 화약 약간.

파견 기병 제1중대 와타나베(渡邊) 분견대
장연 하구[무장(茂長) 동북쪽 약 1리 반] 부근 전투

2월 17일 와타나베 군조 이하 6명은 무장에서 숙영 중에 오후 6시 적 30명이 심원면(心元面) 월산(月山, 무장 동북쪽 약 1리) 부근에서 선운산 안으로 침입했다는 정보를 접하고 도보로 변장하여 오후 10시에 출발했다. 철야 수색을 하고 이튿날인 18일 오후 3시에 월산 부근에 이르러 수색 중 앞에서 언급한 적이 고막에서 저녁식사 중이라는 것을 탐지했다. 즉시 추격하여 그곳에 갔지만 적이 약 15분 전에 이미 동쪽으로 갔다는 것을 알고 더욱 추격하여 장연 하구에 이르렀다. 그들이 배를 타고 있는 중이었으므로 숨어 있다가 그들이 다 배를 타기를 기다려 오후 7시 30분 정각에 닻줄을 풀려고 할 때 즉시 공격을 개시하여 1시간을 교전한 후 그중 29명을 죽였다. 남은 적들은 스스로 자신들이 탄 배에 불을 지르고 물속으로 뛰어들었는데 마침 밀물인데다 옷이 감겨서 마침내는 익사했다. 적의 사망자 34, 우리 쪽 손해 없음. 노획품은 총 15, 칼 2이다.

함경남도 단천(端川) 분견초 보병 제50연대 제2중대의 1분대
상가원리(上加元里, 단천 서쪽 약 3리 반) 부근 전투

적의 한 무리가 상가원리에 있다는 첩보를 접하고 마쓰오(松尾) 상등병 이하 9명(변장)은 2월 19일 오전 1시 단천을 출발했다. 오전 5시에 개장리(開場里)에 도착하여 적이 상가원리에 있다는 것을 확인하자 그 마을 동쪽 고지의 능선 뒤에 산개하여 날이 밝기를 기다렸다. 그런데 상가원리에서 한 발의 사격을 당하면서 우리 소재가 발견되어 급사격을 개시했으나 뒷면 개장리 방향에도 적이 나타나 사격을 당하기에 이르렀다. 결의를 굳히고 상가원리 부락에 돌입했으나 적이 동요하기 시작하여 그 본대인 학교에 돌입하여 쌍상리(雙上里) 방향으로 물리쳤다. 적의 사망자 3, 포로 6, 우리 쪽 손해 없음. 노획품은 총 7, 창 2, 기타 잡품 약간.

강경 수비 보병 제47연대 제6중대
마산(은진 남쪽 약 1리) 부근 전투

2월 19일 오전 4시에 강경 경찰서의 통보에 따르면, 지난 밤 은진 남쪽 약 2리인 삼백동(三白洞) 부근에 적 약 150명이 집합했다고 한다. 그래서 구도(工藤) 상등병 이하 5명, 순사부장 1, 순검 1, 일진회원 1을 붙여 그곳에 파견했다. 그들 척후는 오전 11시에 은진에 도착하여 마구평(馬九坪, 노성 남쪽 약 2리)에 있는 조치원 기병대의 하사 이하 4명의 정지 척후와 만나 서로 적의 상황을 정찰 중에 오후 0시 30분 마을 사람의 급보에 의해 적 약 120명이 마산에 있는 것을 알고 기병 척후는 서제동(書齊洞) 행정(杏亭)을 거쳐 표고 164고지(마산 동쪽) 방향에서, 구도대는 마산 서쪽에서 적의 배후로 급진하여 오후 2시 마산 서단 약 50m로 접근하자 적 약 10명은 남쪽 장등(長登) 방향으로 도주하기 시작했다. 따라서 퇴로를 막기 위하여 마산 남쪽 약 100m의 제방을 점령하려 했을 때 서부 마산 서남단에서 사격을 당했다. 이에 응사했으나 적이 완강히 저항하여 쉽게 퇴각할 기미가 없으므로 총검 돌격을 행하자 적은 무너져 서남쪽으로 퇴각하기 시작했다. 이들 급히 쫓아가자 그 일부는 죽평(竹坪) 북단에서 다시 멈추어서 사격을 개시했다. 그 주력은 남쪽으로 물러갔다. 적의 숫자는 약 110명이며, 버리고 간 사체 10, 부상 15 이상, 우리 쪽 손해 없음. 노획품 총 7.

파견 기병 제1중대 도쿠나가(德永) 분견대
탑정(塔丁, 장성 서쪽 약 2리) 부근 전투

임실, 장성 부근 토벌을 위하여 파견된 도쿠나가 분견대(도쿠나가 대위 이하 16기)는 2월 19일 장성에서 숙영하는 중에 밀정의 보고에 의해 폭도 약 150명이 서이면(西二面, 장성 서쪽 3리) 부근에 있다는 것을 알게 되었다. 장성 수비대장 후지모토(富士本) 특무조장 이하 11명 및 순검 2명과 더불어 그날 오후 12시에 장성을 출발하여 이튿날인 20일 오전 4시 반에 매곡(장성 서쪽 2리)에 도착했다. 미즈노(水野) 군조 이하 6기를 후지모토 특무조장에게 붙여 탑정 방향을 수색하게 하고 스스로 9기를 이끌고 맥동(麥洞, 장성 서쪽 1리 반)으로 갔다. 적 약 100여 명이 18일에 그곳에서 숙박하고 다음 날 저녁에 사방으로 갔다는 것을 정탐하여 추격 전진하는 가운데 전방 3,000m 부근에서 총격이 일어난 것을 들었다. 오전 7시에 즉시 말을 달려 그곳에 이르렀을 때는 후지모토 특무조장이 적 약 200명이 탑정에 숙박한 것을 탐지하고 오전 6시에 이미 그 부하 기병을 배치하여 6시 30분부터 약간의 사격을 시작한 때였다. 즉시 나아가 그 서쪽 고지를 점령하고 가옥을 근거지로 삼아 방어하는 적과 약 3시간 반 교전한 후 약간의 감시병을 그 위치에 남겼으며, 동서에서 같이 습격하여 우선 촌락 안으로 돌격하고 이어서 그 마을 서북단의 대나무 숲에 돌입하여 거의 섬멸시켰다. 적의 숫자는 약 150명이며, 적의 사망 72, 우리 쪽 손해 없음. 노획품은 대포 2, 2인 휴대용 총 28, 칼 4, 기타 잡품 다수.

전라북도 고창 수비 보병 제14연대 제6중대의 우편호위병 장성 부근 전투

고창과 장성 사이에 파견된 우편호위병 미타(三田) 상등병 이하 3명이 2월 20일 장성에서 돌아오는 도중에 오전 9시 30분 장성 서북쪽 약 1리에 있는 이름 없는 부락에 도달했을 때 약 60~70명의 적이 그곳 서남쪽 약 100m 고지를 점령하고 있는 것을 발견했다. 그들을 공격하여 약 30분의 전투를 치른 후 서쪽으로 몰아냈다. 이 소대는 이날 오후 2시 30분에 장성군 쌍덕리(聖德里) 서쪽 약 1,500m에서 적 약 40명의 공격을 받고 즉시 응전하여 약 10분 후 문주(文珠) 방향으로 물리쳤다. 적의 사망 6, 우리 쪽 손해 없음.

일월산(日月山) 부근 토벌대 보병 제47연대 제1중대 니나가와(蜷川)대 울곡(蔚谷, 영양 동쪽 약 4리) 부근 전투

2월 21일 밀정의 보고에 따르면, 영양군 북초면(北初面) 죽립동(竹立洞) 도구곡(道邱谷)에는 현재 신돌석(申乭石)의 부하 수십 명이 체재 중이라고 한다. 그래서 그날 오전 4시에 상등병 이하 7명을 산길을 통해 도구곡으로 우회시키고 스스로 졸 9명을 이끌고 오전 6시 북수동(北水洞)을 거쳐 죽립동(竹立洞)에 이르자 울곡 방향으로 총성이 울리는 것을 들었다. 급히 울곡에서 약 2,000m 떨어진 곳에 이르자 적 약 30명이 도구곡 방향 산정에서 낭패하여 내려오고 있는 것을 발견하여 사격을 개시했으나(거리 500m) 적은 울령(蔚嶺) 방향으로 도주했다. 이때 우회대가 왔으므로 서로 호응하며 추격했으나 마침내는 그 종적을 잃고 말았다. 이보다 앞서 상등병 이하 7명은 오전 10시에 울곡 북단에서 적 약 50명이 남쪽으로 가려는 것을 알고 급히 가서 이를 포위했다. 약 20분간 교전한 후 주력은 울령 방향으로, 일부는 검마산 방향으로 도주했다. 적의 사망 13, 우리 쪽 손해 없음. 노획품은 총 2, 기타 잡품 약간.

파견 기병 제1중대 미사와(三澤) 분견대
율곡(栗谷, 정읍 동쪽 약 3리) 부근 전투

미사와 분견대(군조 이하 7명)는 2월 23일 오후 2시 25분 태인에서 남하하는 도중에 반곡(盤谷, 정읍 동쪽 약 2리), 사창(담양 북쪽 약 4리) 부근에 적 약 100명이 집합해 있다는 정보를 접하고 즉시 그곳을 향하여 전진하여 오후 3시 40분 굴치(堀峙, 정읍 남쪽 약 2리 반)에 도달했다. 약 50~60명의 적이 지금 율곡에 있는 것을 확인하고 얼어붙고 험한 언덕을 기어올라 오후 4시 40분에 굴치 동남쪽 고지에 이르렀다. 이때 5~6명의 적이 율곡 서단에 멈추어 있는 것을 발견하고 즉시 공격을 개시하자, 약 50명의 적이 즉시 율곡 동쪽의 고지에 나타나 사격하기 시작했다. 그래서 율곡 북쪽 고지로 전진하여 약 20분 교전한 후 그들을 몰아냈다. 적의 사망자 5, 우리 쪽 손해 없음.

파견 기병 제1중대 호시노(星野) 분견대
독곡리(篤谷里, 고창 서남쪽 1리 반) 부근 전투

2월 24일 오후 1시 호시노 분견대(상등병 이하 6명, 군의 1)는 독곡리에 적 약 100명이 숙영하고 있다는 정보를 접하고 급히 그곳으로 갔다. 즉시 공격을 개시했지만 적은 숫자가 많은 것을 믿고 가옥을 방패 삼아 완강히 저항했다. 그런데 마을 안에서 화재가 일어났으므로, 그 불길이 번져가기를 기다려 이들을 모두 포위하고 군의까지도 총을 잡고 다른 사람을 격려하며 제1면 돌격을 실시하여 약 30명을 죽였다. 오후 3시 반에 고부 순사 4명이 와서 응원하는 것을 만나 다시 제2면 돌격을 실시하여 거의 섬멸시켰다. 약 5시간 교전하여 적의 사망자 45, 포로 16, 우리 쪽 손해 중상 1, 경상 3, 노획품은 소총 12, 기타 잡품 약간.

보병 제47연대의 나카지마(中嶋) 종대
선찰사(仙察寺, 대전 서남쪽 약 1,000m의 산속) 부근 전투

2월 28일 임남면(臨南面) 대곡(大谷)의 적을 야습할 목적으로 오전 4시 용계를 출발하여 어두움 속에서 비를 맞으면서도 오전 6시에 대곡(大谷)에 도착하여 포위 수색을 했지만 적도는 없었다. 마을 사람 말에 따르면, 3일 전에 약 50~60명의 적이 심야에 이곳을 통과하여 서북쪽으로 갔다고 한다. 그날 오전 11시 반 임남면 지례(地禮)에 이르러 26일에 약 14~15명의 적이 지례를 통과했으며, 대전에 도착한 40~50명의 적이 전날 밤에 와서 선찰사에 틀어박혀 있다는 것을 정탐했다. 그들을 포위하자 적은 사방으로 도망치려 했으나 경사가 급하고 험준한 산으로 탈주하는 것이 쉽지 않았다. 그들을 사격하여 그중 37명을 죽이고 6명에게 부상을 입혔다. 우리 쪽 손해 없음. 노획품은 창 21, 기타 잡품 약간.

황해도 신천 수비 보병 제52연대 제5중대의 하사 척후
송정촌(松亭村, 신천 남쪽 약 3리) 부근 전투

3월 1일 마을 사람의 풍설에 따르면, 그날 오전 마산면(신천 남쪽 약 1리)에 폭도가 침입했다고 한다. 그래서 그날 오후 1시 20분에 상황 정찰을 위해

가네하라(金原) 오장 이하 5명, 통역 1명을 그 마을로 파견했다. 그들 척후가 오후 2시 20분에 마산면 죽산촌에 도달했을 때 마을 사람 말에 따르면, 적 약 30명이 그 마을로 침입했다고 한다. 즉시 그 마을을 수색했으나 적이 약 30분 전에 대정방 발산촌(鉢山村) 방향으로 갔다는 것을 알고 그들을 추격하여 오후 4시 송정촌에 도달하자 수십 명의 적은 그 마을 끝 및 잡다한 동정(洞項)으로 산개하여 사격을 개시했으므로 약 1시간 응전한 후 이들을 물리쳤다. 적의 사망 2, 부상 8명 이상, 우리 쪽 손해 없음. 노획품 총 1.

보병 제51연대 제1중대 안흥 정지 척후
두원(斗元, 횡성 동쪽 약 6리) 부근 전투

안흥 정지 척후 미즈노(水野) 군조 이하 11명(그중 한국군 병사 3)은 3월 8일 오후 5시 두원[斗元, 문치산(門峙山) 중앙에 있음] 부근에서 적의 수괴 김치영(金致永)이 이끄는 약 60명의 적을 공격하여 육박전으로 약 1시간 30분을 난투한 끝에 이들을 사방으로 물리쳤다. 적이 버리고 간 시체 32, 부상 불명, 포로 1, 우리 쪽은 한국군 병사 1명 부상. 노획품은 총 20, 탄약 기타 잡품 다수.

사료 19
한국 내 각지에서의 전투상보 제19(1908. 4. 23)

자료명	韓国内各地に於ける戦闘詳報第19
생산자	韓国駐箚軍参謀長 牟田敬九郎
생산시기	1908年4月23日
소장기관	日本 防衛省 防衛研究所
문서정보	陸軍省-密大日記-M41-4-7(C03022918100)

陸軍省受領 密受恩連 제576호 砲密 제196호 韓參報 제53호

1908년 4월 23일

한국주차군 참모장 무타 게이쿠로(牟田敬九郎)

육군 차관 남작 이시모토 신로쿠(石本新六)

한국 내 각지의 전투상보 제19, 1부 다음과 같이 제출합니다.

덕천(德川) 수비 보병 제52연대 제6중대 영원(寧遠) 분견대
하신리[下新里, 청림촌(靑林村)에서 3,000m] 부근 전투

3월 21일 영흥 분견대에서 삼대동(三大洞, 청림촌 북쪽 약 3리) 정찰에 파견된 치중병 오장 오가와라 벤지로(大河原勉次郎) 이하 6명과 만나 정황을 들어 보니, 별로 얻는 게 없었던 차에 마을 사람 한 명[매권촌(梅卷村) 청림 북방 약 반 리 부근에 사는 자로서 인부로 일하는 자]의 말에 따르면, 쪽도가 지난 20일 오전 10시 30분경에 삼대동을 향해 출발했으나, 그날 저녁에 다시 청림촌에 와

서 요덕천(耀德川) 기슭을 내려가 퇴각하는 것을 보았다고 한다. 따라서 치중과 협동하여 0시 30분 오가와라 오장과 척후에게 퇴각한 방향을 수색하도록 명했다. 해안을 전진한 우리 대가 산길을 향해 전진하자 전방에 총성 몇 발이 들려왔다. 이에 좌안 고지를 점령하고 전방을 정찰하자, 하신리 남쪽 요덕천 오른쪽 고지 400m 전방에 설보(雪堡)를 구축하고 약 100명이 이를 기반으로 그 후방의 약 50m에 약 30명이 집합하여 우리 오른쪽 고지 전방 약 400m에 약 10명의 적이 있었다. 그 강의 좌안 볼록 나온 고지 위에 전망초를 배치하고 거기서 곧장 산개 전진하여 약 50분간에 걸쳐 교전했다. 폭도도 지형을 이용하여 완강하게 저항했다. 그래서 오가와라 치중병 오장 이하에게 오른쪽의 엄호를 맡기고 다테야마(舘山) 상등병 이하 7명을 전진시켜 적의 우익을 공격하게 했다. 폭도는 많은 손해를 입고 동요하고 있으므로 급사격을 가하여 돌격하여 마침내 그들을 격파했다. 혼란에 빠진 폭도는 총기를 습득할 수 없는 계곡에 투기하고 사방으로 흩어졌다. 약 반 리를 추격하여 오후 3시에 화전리(花田里)에 이르렀다.

이 전투에서 적의 사망자는 26, 부상 약 40, 포로 6, 우리 손해는 전사 1명. 노획품은 총 15, 칼 1, 창 1.

북청(北靑) 수비 보병 제50연대 제2중대 갑산(甲山) 분견대
세곡(細谷, 갑산 동북쪽 약 2리) 부근 전투

2월 21일 피난해온 일진회원의 보고에 따르면, 적 200명이 갑산 동북쪽 세곡에 집합한다고 한다. 따라서 정찰 목적으로 상등병 이하 24명, 간호사 1명, 경관 2명, 합계 28명을 2분대로 편성하여 세곡 남쪽 약 700m 지점에 도달했을 때 적의 신호라고 생각되는 몇 차례의 피리 소리를 들었다. 따라서

350m 지점까지 전진하여 병졸 8명을 전방으로 산개하여 수색하게 했다. 오전 6시 반에 집단가옥(21호) 앞 약 200m의 지점에 도착했을 때 서쪽 고지에서 사격을 당하여 우선 그 고지를 점령하는 것을 목적으로 제1분대를 이 방향으로 산개했다. 이어서 집단가옥에서 맹사했다. 이때 제1분대가 눈이 쌓여서 간신히 고지 위로 올라 적 약 20명을 격퇴하고 고지를 탈취하자, 적은 사체 4구와 눈 위에 혈흔을 남기고 북쪽으로 도망쳤다. 이에 제2분대는 정면에서, 제1분대는 고지 위에서 가옥의 적을 공격했다. 그런데 적은 가옥에 공사를 시행하여 총안(銃眼)에서 응사를 계속하여 그 정황을 알 수 없어서 사격을 중지하고 정황을 정찰하여 돌격을 시행하려고 결심했다. 제1분대는 맹렬한 사격을 가하고, 제2분대는 지형을 이용하여 포복(匍匐)하며 전진하여 가옥 앞 약 100m 지점까지 전진했다. 이 사이에 적은 맹렬한 일제사격을 퍼부었다. 이에 대해 급사격으로 공격하자 적은 북쪽으로 흩어져 도주했다.

적이 버리고 간 사체 18, 부상자 미상. 우리 부상자는 졸 2명, 관 1명.

노획품은 총 4, 기타 화약 약간.

북청(北青) 수비 보병 제50연대 제1중대 사쿠마(佐久間) 소대
상농리(上農里) 부근 전투

2월 23일 밤, 사쿠마 토벌대 척후의 보고에 따르면, 적 약 400명과 교전하였다고 한다. 따라서 소대(소대장 이하 31명, 기관총 1)는 방장촌(方長村) 서쪽 고지 위를 통과하여 상농리 남쪽 고지로 나아가려고 했으나, 산 위에 도로가 없고 눈이 허리 위까지 쌓여서 행진이 매우 지체되었다. 오후 6시 30분에 상농리 남쪽 고지 끝에 달하여 공격을 개시하려고 하자 적은 그 보초의 깅고에 의해 대부막동(大部莫洞) 동쪽 고지로 달아나고 일부는 상농리 서쪽 골짜기로 도망쳤다. 소대는 이에 대해 기관총으로 사격을 가했으나 거리가 멀리 떨어져 충분한 효력을 내지 못했다. 약 15분 후 소대를 나누어 서쪽 방면으로 전진했다. 막동 동쪽 고지 위의 적은 30분 이상 저항한 후 고산령(高山嶺) 방면으로 흩어져 달아났다. 상농리 서쪽 골짜기를 방패 삼아 적도 미약한 저항을 시도하며 길을 통해 사방으로 흩어져 그 종적을 잃었다.

적의 사체 18, 부상 30. 우리 손해는 없음.

노획품은 총 5.

같은 날 같은 토벌대가 개고성(開古城)을 출발하여 고산령을 거쳐 단천(端川) 방면으로 전진했을 때, 상등병 이하 9명의 척후를 농막곡(農幕谷)에서 남대천(南大川) 하곡(河谷)을 수색하고 아오상(阿吾尙)에서 본대에 합류하는 임무를 부여하여 파견했다. 그 척후가 오후 3시 20분에 하농리(下農里)를 지나자 남대천 북쪽 기슭 고지 위의 200여 명의 적을 발견했다. 게다가 '사에본지'[1] 동쪽 790고지에 100여 명 및 '사에본지' 서남쪽 튀어나온 능선 위에서 100여 명이 나타남과 동시에 맹렬한 사격을 개시하여 삼면 포위를 당하는 형세가 되었다. 척후는 우선 가장 근접한 남쪽 튀어나온 능선 위의 적을 공격하고 잠시 후 퇴각하여 790고지에 대하여 '사에본지' 남쪽 고지로 나아가 적의 왼쪽에서 공격을 진행했다. 그러자 적은 우리가 약하다는 것 알아차리고 맹렬하게 방어전을 했다. 우리는 험준한 지역을 약 200m까지 공격 전진했다. 적은 약 1시간 교전한 후 달아났다. 주로 남대천 왼쪽 기슭 고지 위의 적과 합쳐 우리를 사격했으나 우리는 전진하는 게 불리하므로 정지하여 동정을 살피려 했다. 그런데 오후 6시에 적은 전선 및 상농리 부근까지에서 봉화를 올려 부근을 비추었다. 따라서 적이 그날 밤 그곳 부근에서 숙영하려는 것이라

---

1 본문은 가타카나. 본래의 마을 이름은 불명.

고 판단하여 보고를 위해 소대에 돌아갈 결심을 하고 오후 10시 30분에 방장촌에서 소대와 합쳤다.

이 전투에서 적의 사상자 15, 우리 손실 없음.

노획품은 총 3.

포항 수비 보병 제14연대 제10중대의 무라카미(村上) 상등병 이하 7명 북안면(北安面) 수성동(水城洞) 부근 전투

2월 29일 오후 5시 하야시(林) 상등병 이하 5명 외 통역 1명, 순사 1명, 순검 1명이 흥해군(興海郡) 북안면 수성동에 도착했을 때, 마침 정완생(鄭完生)의 부하 이모(이름 불명)가 이끄는 약 40명(그중 25명은 화승총을 휴대)의 폭도가 영천군(永川郡) 자양면(紫陽面) 방향에서 오는 것을 만났다. 적은 우리가 수성동 북단에서 약 400m 지점에 도착하는 것을 발견하자 즉시 두 파로 나뉘어 한쪽은 도로 동측 고지로, 다른 한쪽은 도로 서쪽 고지로 향하여 퇴각하기 시작했다. 그래서 우리는 즉시 도로의 양쪽으로 나뉘어 산개하여 추격사격을 행했다. 그러자 적은 도로 양쪽 고지를 의지하여 우리에게 저항했고 우리는 공격으로 전환했다. 적은 저항하지 못하고 남쪽으로 퇴각했다. 우리가 그들을 맹추격했지만 비가 억수같이 퍼붓고 날도 저물어 마침내는 그 종적을 잃고 말았다.

이 전투에서 적의 사망 5, 부상 20, 우리 쪽 손해 없음.

노획품은 총 3, 군도 1, 기타 잡품 약간.

울산 수비 보병 제14연대 제10중대의 1소대
옹현[翁峴, 언양(彦陽) 동북쪽 약 4리] 부근 전투

3월 1일 은편(銀片, 옹현 북쪽 약 1리) 부근에 적도가 출현한다는 보고를 접하고, 하사 7명, 순사 2명을 이끌고 같은 날 오후 1시 반 중리(언양 북쪽 약 3리)를 출발하여 행진 중 장천(長川)에서 마을 사람에게 오늘 아침 지기(至機) 서쪽 산중에 적도가 배회하고 있다는 정보를 얻었다. 옹현을 거쳐 지기를 향해 급히 가던 중 오후 6시 40분에 옹현 동북방 약 1,300m 고지에서 약 20명의 적을 만나 즉시 그들을 공격했다. 적은 동남쪽으로 도주했다. 계속하여 약 2시간을 추격했지만 어두운데다 숲이 가로막고 있어서 마침내 종적을 잃었다.

적이 버리고 간 사체 3, 부상 미상. 우리 쪽 손해 없음.

노획품은 총 5, 화약 5, 탄약 약간, 기타 잡품 약간.

포항 수비대 보병 제14연대 제10중대 하야시(林) 상등병 이하 7명의 토벌대
물율(勿栗) 부근 전투

하야시 상등병 이하 7명의 토벌대는 3월 2일 흥해군 파계면(把溪面) 세가[笹枷, 인비(仁庇)와 파계의 중간]를 출발하여 폭도의 소굴이라 일컬어지는 고통(古通) 및 물율로 향했다. 오전 10시 30분 고통 동쪽 고지에 도착했을 때 적의 보초인 듯한 자가 물율 남쪽 고지에 나타나는 것을 보았다. 적은 우리가 도착하는 것을 알자 즉시 정동(亭洞) 방향으로 퇴각하기 시작했다. 적의 병력은 약 150명이며 그중에 검은 옷을 입은 자가 50명, 총을 휴대한 자(화승총) 70명으로, 순사용 총 5개를 휴대했다. 우리는 즉시 그 고지에서 일제사격을 한 후 추격 전진했다. 물율에 도착했을 때 병졸 2명, 통역 2명에게 그 부락을 수색하게 했지만 적은 이미 퇴각했다고 한다. 부근에 옷과 꾸러미가 많으므로 이를 검사해보니 폭도들이 약탈하여 가져간 것들이었다. 따라서 각각 촌민들에게 돌려주었다.

오후 0시 20분에 퇴각한 적은 다시 묘법리(妙法里) 남단을 점령하여 저항했다. 우리는 점점 맹렬하게 공격했다. 20분간 교전하자 적은 마침내 퇴각하기 시작했다. 그래서 우리는 추격사격으로 북쪽 죽장면(竹長面) 방향으로 몰아냈다.

이 전투에서 적의 사체 7, 부상자 약 30명 이상. 우리 쪽 손해 없음

함창(咸昌) 수비대 보병 제14연대 제3중대 진견(津堅) 토벌대(병사 수 불명) 용화(龍化) 부근 전투

진견 토벌대는 3월 5일 오후 5시에 신용암(新龍岩)에서 송면장에 도착하여 적정을 정찰했는데, 전날 와서 교묘하게 행동을 감추는 적 48명의 근거지가 용화[신흥리(新興里) 서쪽 2,000m 도상 신촌] 부근에 있다고 판단했다. 그날 밤은 송면장 남쪽 약 2,000m의 송중리(松中里)에서 숙영하고 당일 밤은 적정을 탐구했다. 이튿날인 6일 오전 7시에 숙영지를 출발하여 용화(송면장 서남 1리 반)를 향하여 전진하여 오후 0시 15분에 그곳 입구에 도착하자 마침 사담(沙潭) 방면에서 전진하는 적도 30~40명과 마주쳤다.

그래서 도로 양쪽 능선에 은폐하여 교묘하게 근접하여 갑자기 사격을 개시했다. 그 중 27명을 죽이고 부상자 5명을 추격하여 거의 전멸시켰다.

우리 쪽 경상 1명.

노획품은 총22, 칼 1.

파견 기병 제3중대[도리이(鳥居) 중위 이하 15명]
오산리(烏山里, 인천 동쪽 1리) 부근 전투

3월 6일 오전 8시 고산에서 연군(連郡) 오산리(인천 동쪽 1리)는 폭도의 근거지로서 현재 몇 명의 폭도가 현재 그곳에 있다는 정보를 얻어 즉시 그곳을 향해 출발했다. 오후 0시 50분 서부 오산리에 도착했다. 우선 부락을 포위하려고 했을 때 동부 오산리에서 도주하는 총을 휴대한 적도를 발견하여 약 1시간 정도 추격하여 몰아냈다. 적의 수괴는 노송암(盧松庵)이며, 당시 그 부락에 집합한 사람들은 약 40명이었다.

이 전투에서 적의 사체 12구. 우리 쪽 손해 없음. 노획품은 총 9, 잡품 수십 점.

오후 4시에 토벌대는 인천에 도달하여 숙영했다. 오후 9시 30분에 그곳에서 폭도의 밀정 오만년(吳萬年)을 체포하여 다음 정보를 얻었다. 지금 막 노송암이 이끄는 폭도 23명이 다시 오산리에 침입하여 숙영한다는 것이다. 따라서 오후 11시에 토벌대는 5명을 죽이고 일진회원과 함께 오만년을 길잡이로 하여 7일 오전 0시 30분에 동부 오산리에 도착하여 즉시 적의 숙사를 포위 돌입하여 그들을 전멸시키고 적괴 노송암을 생포했다.

이 전투는 약 1시간 정도 걸렸는데 적의 사망자 22, 포로 1. 우리 쪽 손해 없음. 노획품은 총 19, 서류, 인감, 기타 잡품 수십 점.

개성수비 보병 제47연대 제7중대의 사카모토(坂本) 토벌대
두문리(斗文里, 임진강 동북쪽 약 1리) 부근 전투

3월 8일 오전 11시 20분 다수의 적(숫자 불명)이 두문리(임진강 동북쪽 약 1리) 소나무숲에서 숙영하고 있는 것을 발견하여 즉시 포위 공격했다. 적은 교묘하게 표고 242 산 위의 암석 및 소나무숲을 이용하여 완강하게 저항했다. 대치 3시간만인 오후 2시 20분에 마침내 적의 중앙부에 돌입하여 파평산(坡平山) 방면으로 격퇴했다.

이 전투에서 적의 사상자는 90명, 우리 쪽 손해 없음.

노획품은 총 91, 탄약 및 화약, 기타 잡품 약간.

온정원(溫井院) 수비 보병 제47연대 제7중대 신도(信藤) 특무조장
강현[江峴, 누천(漏川) 서남쪽 약 3km] 부근 전투

3월 8일 오전 7시 누천을 출발하여 높은 산골짜기를 향해 전진 중 강현(누천 서남쪽 약 3km) 북쪽 고지 기슭을 통과했을 때 갑자기 그 고지에서 60~70m 거리에서 약 30발의 사격을 당했다. 그래서 토벌대는 즉시 산개하여 응전한 후 돌격했다. 이때 100여 명의 폭도는 500~600m 지점을 서남쪽을 향하여 퇴각 중이어서 추격사격을 가했다. 적은 또한 세곡 부근 일대 고지를 점령하여 저항했으므로, 기사키(木崎) 상등병에게 졸 2명을 붙여 적의 좌익을 향하여 전진시키고 주력은 군도(軍都)의 고지에서 전진하여 적진을 점령했다. 적은 매우 완강하게 저항했으나 결국 사방으로 흩어져 도주했다.

이 전투에서 적의 사체 16구를 목격했으며, 부상자 13. 우리 쪽 손해는 부상 1.

노획품은 총 12, 탄약 200발, 기타 잡품 약간.

광주 수비 보병 제14연대 제8중대 이마무라(今村) 토벌대
박산(朴山, 광주 서북쪽 약 4리) 부근 전투

3월 8일 이마무라 중위 이하 10명의 토벌대는 오후 7시 30분 선암시장(仙

巖市場, 광주 서쪽 약 3리 반)에 도착하여 다음과 같은 정보를 얻었다. 약 20명을 이끄는 김태원(金泰元)은 전날인 7일에 능주(綾州) 방면에서 와서 선암에서 1박 하고 본인은 날이 저물 무렵 탑동 방면으로 향했다고 한다. 그래서 길가의 여러 부락을 수색해가며 3월 9일 오전 1시에 박산에서 약 10명의 적을 추급하여 그들을 격파하고 급진하여 상박산(박산 북쪽 1,000m)에 이르렀다. 나아가 도주 중인 약 30명의 적에게 대타격을 입히고 그들 전부를 괴멸했다.

이 양 전투에서 적의 사망 5, 포로 1, 부상 10 이상. 우리 쪽 손해 없음.

노획품은 총 2, 탄약, 의류, 기타 잡품 다수.

신천 수비 보병 제52연대 제5중대 달천(達泉) 분견대[가와모(川面) 소위] 달천 부근 전투

3월 9일 오후 4시 30분 의요동(蟻腰洞) 부근에 폭도 약 150명이 내습하여 금품을 약탈 중이라는 보고를 접하고 가와모 소위 이하 13명이 정찰을 위하여 그곳으로 급행했다. 폭도는 흰옷을 입은 자 40명, 푸른 옷을 입은 자 약 80명으로서 그들은 600~700m의 원거리에서 우리를 보고 흩어져 고지 위로 기어올라 우리를 향하여 발사했다. 우리 또한 이에 응사하면서 접근했다. 적은 갑자기 도주하기 시작했다. 오후 5시에 그들을 추격하여 그중 21명을 죽이고 1명을 포로로 잡았다. 그 부근을 더 수색했지만 지형이 매우 험준한 고지이고 해가 질 무렵이어서 전진하는 것이 늦어져 결국은 폭도의 종적을 잃어버렸다.

우리 쪽 손해 없음.

노획품은 총 12, 기타 화약, 탄환 약간.

보병 제51연대 제1중대 안흥(安興) 정지척후[미즈노(水野) 군조 이하 11명] 두원리(斗元里) 부근 전투

일진회원의 보고에 따르면, 약 60명의 적이 두원리[창촌(倉村) 동쪽이자 문치산(門峙山) 속에 있다]에 침입했다고 한다. 따라서 3월 9일 오후 1시 40분에 병졸 10명(그중 한국군 3명 포함)을 이끌고 출발하여 두원리로 향했다. 오후 4시 10분에 영랑리(永浪里) 북쪽 도항(島項)에 도착했다. 그런데 잠시 전 적의 밀사가 와서 촌민에게 명하기를, "병사들이 오면 두원리로 급히 보고하라"고 했다고 한다. 이에 따라 그들이 아직 두원리에 있다고 생각하여 그쪽을 향해 급진했다. 도중에 적의 척후가 고지 위에 나타나는 것을 보고서 그들이 보고하기 전에 먼저 접근할 필요가 있다고 생각하여 점점 급진하여 마침내 두원리 남쪽 고지 기슭에 도착했을 때 그들은 그 동쪽 고지(약 200m)에서 난사격을 퍼부었다. 즉, 먼저 두원리에 들어가 적의 좌익에 육박했으나 사면의 진흙이 녹아서 뜻대로 움직이지 못했다. 이때 적은 맹사격을 퍼부었지만 탄환이 신변에 와 닿는 것이 매우 적다는 것을 깨달았다. 간신히 100m에 근접하여 동요하지 않고 사격을 개시하자 근거리라서 명중률이 높아지면서 갑자기 적이 달아났다. 이에 급진하려고 애썼지만 눈이 녹은 진흙은 쌓인 눈의 몇 배나 더 뜻대로 움직이는 데 방해가 되었다. 그러나 사격이 가능한 한 추격하여 많은 손해를 입히자 적은 모두 사방으로 흩어졌다.

이 전투에서 적의 사체 32, 부상자 미상, 포로 1명. 우리 한국군인 1명 경상. 노획품은 총 20, 탄환 78발, 기타 잡품 약간.

원주 수비 보병 제51연대 제1중대 횡성 분견대
전촌(荃村, 횡성 동북쪽 약 4리) 부근 전투

3월 12일에 와서 폭도를 추격하여 횡성 북쪽 토동(土洞)에서 김치영(金致永)·한상설(韓相說) 무리에게 많은 손해를 입히며 추격 중이던 이토(伊藤) 분대는 다시 하사동(下土洞, 토동의 동남쪽 약 4리)에서 약 40명의 폭도를 물리치고 추격하며 동진하여 전촌(횡성 동북쪽 약 4리)에 이르렀다. 이때 패한 적도들이 집합 중이라는 것을 탐지하고 잠복하여 밀사를 보내 잠입을 기하여 몰래 근접했지만 결국 그들이 알아차렸다. 적이 낭패하여 도주를 기하는 상황이어서 가까이 접근하여 압박하며 맹사격을 퍼부으며 2시간 동안 교전하여 마침내 물리쳤다.

이 전투에서 적에게 입힌 손해는 사망 32, 부상자 19, 우리 쪽 손해 없음.

노획품은 소총 18, 칼 2, 탄약과 기타 다수.

삼등(三登) 분견대 보병 제52연대 제3중대의 1소대
중동(中洞, 상동에서 약 반 리) 부근 전투

3월 14일 성천군(成川郡) 금촌(金村, 삼등 북동 약 3리)에 폭도 76명이 침입했다는 보고를 접하고 그들을 토벌할 목적으로 병졸 7명에 통역 겸 길잡이로 한국 순사 1명을 붙여서 오후 2시에 출발하여 10시에 중동에 도착했다. 마을 사람 말에 따르면, 폭도는 중동(상동에서 약 반 리)에서 오늘 밤 숙박한다고 한다. 그래서 분대를 둘로 나누어 일부로 퇴로를 요격하게 하고, 나머지는 정면에서 정숙행진으로 그 마을 입구에 이르렀다. 적의 보초인 듯한 자가 우리를 보고 도주했으므로 사살했다. 더욱 전진하여 숙영지의 정황을 정찰하자 적이 저녁을 먹는 중이라는 것을 알게 되어 그 틈을 타서 습격했다. 적은 낭패하여 큰 소리를 지르면서 산 위로 도주했는데 그 중 2명을 죽였다. 그리고 중동 제일의 부호인 모씨 집에 약 30명의 적이 숙영하고 있다는 보고를 접하고 집안으로 침입하려 했지만 적이 안팎의 두 문을 폐쇄하고 집 안에서 사격했으므로 할 수 없이 그 집에 불을 질러 포위했다. 적은 화재 때문에 흙담을 부수거나 문을 열어 남전동(南田洞) 방면으로 도주했다. 우리 병사들이 그들을 사격하여 그중 4명을 죽였다.

   이 전투에서 적의 사망 7, 부상 4, 우리 쪽 손해 없음.

   노획품은 총 5.

사료 20

제1호 한주군 전투상보 제20호 제출 건(1908. 5. 12)

자료명	第1号 韓駐軍 戰鬪詳報第20号提出の件
생산자	韓國駐箚軍參謀長 牟田敬九郎
생산시기	1908年 5月 12日
소장기관	日本 防衛省 防衛硏究所
문서정보	陸軍省-密大日記-密大日記-M41-5-8(C03022925300)

密受 제238호 韓參報 제62호

1908년 5월 12일

한국주차군 참모장 무타 게이쿠로(牟田敬九郎)

육군 차관 남작 이시모토 신로쿠(石本新六)

한국 내 각지의 전투상보 제20호, 1부를 다음과 같이 제출합니다.

제20호

평강 분견대 보병 제50연대 제6중대 하사관 이하 7명
초리(哨里, 평강 서쪽 약 1리) 부근 전투

3월 5일 첩보에 따라 단지(丹治) 오장 이하 7명을 상상현리(上霜峴里, 평강 남쪽 1리 반)에 파견했으나 이미 도주했으므로 그들을 추격하여 마침내 초리

(평강 서쪽 약 1리)에서 따라잡을 수 있었다. 그들을 야습하여 물리쳤다. 적은 15명으로 사체 5, 부상자는 자세히 알 수 없지만, 거의 모두에게 손해를 입혔다. 우리 쪽 손해 없음. 노획품은 화승총 7, 탄약 약간.

함경남도 고산 분견대 출병 제50연대 제12중대
약수포[삼방동(三防洞)에서 약 2리 거리. 방위 불명] 부근 전투

총기를 휴대한 폭도 약 40명이 위익사(衛益社) 삼방동(고산 남쪽 7리)에 잠복해 있다는 보고를 접하고 즉시 상등병 이하 5명을 파견했다. 척후는 삼방동에 이르러 폭도 약 10명이 성황당 부근(회양 동남쪽 약 5리)을 배회하고 있다는 정보를 접하고 이튿날인 15일 오전 6시 30분에 약수포(삼방동에서 약 2리 거리. 방위 불명) 서쪽 끝에 도착했다. 적도 2명이 총기를 휴대하고 산기슭으로 도주하는 것을 발견하여 즉시 사격을 개시하여 1명을 죽였다. 척후는 더욱 전진하여 평강군 수동으로 통하는 산고개(지도상 점선 길)를 넘어 쌓인 눈을 무릅쓰고 힘을 다해 적을 추격했지만 마침내는 종적을 놓치고 말았다.

공주 수비 보병 제47연대 제6중대 미나미(南) 중위의 토벌대
채약동[採藥洞, 한산(韓山) 북쪽 약 1리 반] 부근 전투

3월 5일 미나미 중위 이하 7명 및 일진회원 1명은 당일이 한산 북쪽 약 1리에 있는 신장대(新場岱) 장날이어서 적도가 침입한 것을 탐지했다. 한산 순검 부근의 동장 등 6명을 시켜서 시장을 정찰하게 하고 일진회원 1명을 폭도에게 붙여 신장대 북쪽 약 2,000m의 채약동 부근을 몰래 정탐하게 했다. 그 일진회원은 오후 2시에 채약동 면장 집에 돈을 강탈하러 온 폭도 2명을 탐지하여 교묘하게 이를 유인하여 심문했더니 적의 수괴 배석준(裵錫俊)이 부하 약 40명을 이끌고 풍동(楓洞, 신장대 서쪽 약 1리)에 집합해 있다고 한다. 이에 붙잡은 적 2명을 길잡이로 삼아 오후 2시 30분에 신장대 시장에서 돌아가는 한인 사이에 섞여서 따라갔다. 오후 3시 50분 풍동 남쪽 소나무 숲에 도달하여 동네 안을 정찰해보니 약 40명의 적도가 풍동 북부에 집합해 있었다. 즉시 이토나가(糸永) 상등병 이하 3명을 그곳 북쪽 고지로 급행 우회시키고 병졸 2명을 서쪽 고지로 우회시켰더니, 풍동 북쪽 고지 위에 있는 적의 망보는 보초가 신호를 보내면서 북쪽으로 도망가는 것과 동시에 그 마을 안의 적도 5~6명이 동북 및 서북쪽 산등성이를 향하여 도망치기 시작했다. 즉시 사격을 개시하자 적도 불규칙적으로 응사를 했지만 순식간에 무너졌다. 풍동 북쪽 산등성이를 향하여 도망치는 적도는 그 산등성이에서 점점 혼란에 빠져 거의 전멸당했다. 이 전투에서 적의 시체 24, 우리 쪽 손해 없음. 노획품은 군총 1, 엽총 1, 화승총 10, 화약 6, 납탄 약 2되, 기타 잡품 약간.

공주 수비 보병 제47연대 제6중대 상등병 이하 4명
산동(山洞, 판교 서쪽 약 3,000m) 부근 전투

3월 16일 야마구치(山口) 상등병 이하 4명, 순검 1명은 판교 부근에서 적도 약 10여 명이 산동(판교 서쪽 약 3,000m) 부근에 잠복하고 있다는 것을 탐지하여 즉시 급히 가서 산동 동쪽 약 700m의 산등성이에 있는 적의 망보는 보초를 발견하게 되었다. 약 15~16명의 적은 도망치기 시작했다. 절벽 때문에 추격이 뜻대로 되지 않았지만 마침내 500m 거리로 따라잡아 사격을 개시하여 그중 2명을 죽였다. 나머지는 마침내 그 종적을 잃고 말았다. 우리 쪽 손해 없음.

경주 수비 보병 제14연대 제10중대 도우시마(遠嶋) 상등병 이하 8명 가사리(嘉土里, 위치 불명) 부근 전투

3월 16일 오장 근무 상등병 도우시마 쇼이치(遠嶋庄市) 이하 8명을 한국인으로 변장시켜 경주를 출발하게 했다. 17일 오전 1시 홍동(경주 북쪽 약 5리)에 도달했을 때 8명의 적도를 발견하여 그들을 추격하게 했으나 어두워서 마침내 종적을 잃고 말았다. 같은 날 인비(仁庇)에서 아침을 먹은 후 비가 내리는 것을 무릅쓰고 가사리(嘉土里)를 향하여 전진 중 약 40명의 적도가 안심하고 숙영 중인 것을 탐지했다. 오전 9시 그 마을 끝에 도달하자 적은 담장을 방패삼아 완강히 저항했으나 교전 2시간 후 북쪽 산속으로 도주했다. 마침 비가 억세게 내려 길이 수렁이 되고 짙은 안개 때문에 지척을 분간하기 어려웠다. 때문에 추격은 효과를 보지 못하고 종적을 잃고 말았다. 그래서 다시 인비에 가서 숙영했다. 이 전투에서 적의 사망 9, 포로 2, 우리 쪽 손해 없음. 노획품은 화승총 3, 탄약 기타 잡품 약간.

포로의 말에 따르면, 이 적은 지난밤에 가사리에서 이곳으로 왔으며 가사리에는 약 200명의 적도가 집합하여 총기 약 180을 가지고 있다고 한다. 따라서 오후 7시 포항 수비대에서 파견된 하야시(林) 상등병 이하 7명의 토벌대와 협의하여 가사리의 적을 포위 공격하기로 결의했다. 3월 18일 오전 3시 인비를 출발하여 행진 중에 오전 6시 10분 밀정의 보고에 따라 약 120~130명의 적도가 산현(山峴)에 집합해 있는 것을 알고 급히 그 마을에 도달했다. 적도는 동북쪽 고지를 향하여 도주를 꾀했으므로 즉시 양 대가 사격을 개시했지만 추격 약 2시간 30분만에 마침내 산림 속에서 그 종적을 놓치고 말았다. 이 전투에서 적의 시체 8, 노획품은 화승총 2, 탄약 기타 집품 약간. 우리 쪽 손해 없음.

3월 18일 오후 3시 30분 가사리에 도착했을 때 적 약 10여 명이 그곳 동남쪽 산맥을 넘어가는 것을 발견하여 즉시 진격하여 덕동(德洞)에 이르렀지만 그 종적을 놓쳤다. 이 전투에서 적의 사망 1, 우리 쪽 손해 없음.

31일 밀정의 보고에 따르면, 성법리(省法里)에는 약 30명의 적도가 숙영하면서 마을 사람에게 망을 보게 했다고 한다. 그래서 도우시마대가 오전 3시에 출발하여 성법리를 향하여 전진하자 약 30명의 적이 그곳에 있다가 우리가 도착하는 것을 보고 동쪽 산속으로 도주하기 시작했으므로 즉시 사격을 개시하여 약 2시간 추격했다. 때는 마침 눈이 흩날려 지척을 분간하기 어려웠으므로 마침내는 그 종적을 놓치고 말았다. 이 전투에서 적의 사망자는 6, 포로 1, 우리 쪽 손해 없음. 노획품은 화승총 1, 탄약과 서류, 기타 잡품 약간.

영평 수비 보병 제50연대 제5중대의 화물 호위병 4명 및 연천 수비대의 오모리(大森) 오장 이하 7명
고문리(연천 동남쪽 약 3리) 부근 전투

연천행 화물 호위병인 영평 수비대의 병졸 4명은 3월 20일 공이재(公李在, 연천 동남 약 1리) 서쪽 언덕에서 적 약 30명(그중 총을 휴대한 자가 10명)과 마주쳐 이들을 서쪽으로 격퇴했다. 이러한 정보를 접하고 파견된 연천 수비대의 오모리 오장 이하 7명은 섬향리(纖香里, 공이재 동남쪽 약 1리)에서 적의 일부가 고문리(섬향리 동쪽 약 1리)로 간 것을 알고 그곳으로 급히 가서 정찰한 결과, 약 20명의 적이 누각 터에서 숙영하고 있는 것을 알고 오후 6시 10분에 그 마을을 급습하여 그중 10명을 죽였다. 이 전투에서 1등 졸 다카하시 세이키치(高橋淸吉), 2등 졸 와다 고사쿠(和田耕作), 1등 졸 가타야마 이치사쿠(片山市作) 3명은 적과 싸워 1명을 포박했다. 우리 쪽 경상 1명, 노획품은 총 2,

기타 잡품 약간.

춘천 수비 보병 제52연대 제12중대
거림촌(巨林村, 가평 서북쪽 약 4리) 부근 전투

춘천 수비대장 이하 56명, 기병 중위 이하 8명, 박 참위(朴 參尉) 이하 4명 및 일본인 순사, 통역 3명은 3월 21일 정오에 출발하여 거림촌(가평 서북쪽 약 4리)의 적도 토벌을 위하여 22일 오전 10시 30분에 거림촌에 도착했다. 그런데 사는 사람이 1명도 없어서 간신히 적의 소재가 거림촌 동쪽 산속인 것을 알게 되었다. 오전 11시에 거림촌 동쪽에서 보병은 표고 555를 향하고 기병은 동쪽 골짜기로 움직이기 시작했다. 그들은 거림촌과 표고 555의 중간 고지 일대를 점령하고 빈번하게 발사했으나 중대가 계속 전진했으므로 적은 동요하여 퇴각하는 자도 있었다. 이에 추격 전진했지만 계곡이 깊어서 충분히 목적을 달성할 수 없었던 것이 매우 유감이었다. 적의 숫자는 약 200명이며 사망자는 18, 부상자는 미상, 우리 쪽 손해 없음.

단양 분견대 보병 제51연대 제3중대 나라사키(楢崎) 군조 이하 7명
도기(道基, 위치 불명) 부근 전투

단양 분견대 나라사키 군조 이하 7명은 3월 24일 오후 5시 도기 동쪽 고지에서 진지를 점령한 폭도 약 70명과 충돌하여 약 1시간 30분간 교전한 후 그들을 서쪽 및 서남쪽으로 격퇴하고 그 주력을 추격했으나 날이 저물 때여서 산속에서 종적을 잃고 말았다. 그들 적도는 이명상(李明相)이 이끄는 조직으로, 총기가 많고 양식 단발총 및 22년식 기병총을 사용하며, 화승총은 5개 이하이다.

1대가 한복에 검은 외투를 배낭처럼 지고 모자는 이명상만 쓴다. 적의 사망자 2, 부상 미상. 노획품은 22년식 기병총 1, 탄약함 1, 화승총 1, 기타 잡품 약간.

지례(知禮) 분견대 보병 제14연대 제2중대 하사 이하 6명
송천(松川, 지례 서남쪽 약 4리) 부근 전투

지례 분견대장 오카무라(岡村) 군조는 3월 24일 적도 약 20명이 평촌(지례 남쪽 약 3리)에 집합해 있다는 보고를 접하고 야습할 목적으로 병졸 5명을 이끌고 오후 8시 30분에 출발하여 오후 11시 30분에 송천 북단에서 약 40명의 적도와 마주쳐 총검 돌격하여 그들을 평촌 방향으로 몰아냈다. 적의 사망자 4, 부상자 몇 명. 노획품은 화승총 8, 우리 쪽 손해 없음.

고창 수비 보병 제14연대 제6중대 스스무(進) 중위 이하 14명
대평리(고창 동북쪽 약 2리 반) 부근 전투

3월 27일 장성행 우편호위병 상등병 이하 3명이 평리(坪里, 고창 동쪽 약 1리) 서쪽 약 500m에 도착했을 때 돌연 좌측 소나무숲 속에 잠복해 있던 적도에게 맹렬한 사격을 당했지만 즉시 응전하여 그들을 동북쪽으로 격퇴했다. 이 전투에서 2명이 중상, 2명(배달 한인 1)이 경상을 입었다.

이러한 보고를 접하자 스스무 중위 이하 14명은 그곳으로 급히 가서 부상자를 응급처치하고 소나무숲 속을 점검하여 교묘하게 은폐해둔 무릎쏴를 위한 산병호(散兵壕)[1] 안에 적도 1명이 즉사해 있고 그 퇴로인 소나무숲 안에는

---

1 보병을 위한 호.

혈흔이 뚝뚝 떨어져 있는 것을 확인했다. 오후 8시 30분에 적의 흔적을 쫓아 대평리(고창 동북쪽 약 2리 반)에 도착하여 그 마을 안에 폭도 5명이 잠복해 있는 것을 탐지하고 그 집을 포위하여 급사격한 후 돌격하여 적을 죽였다. 이 양 전투에서 적의 사망자는 6, 우리 쪽 부상 3, 노획품은 화승총 4, 기타 화약과 잡품 약간.

야로 분견대 보병 제14연대 제5중대 상등병 이하 4명
몽석동(夢石洞, 해인사 서쪽 약 3리) 부근 전투

야로 분견대장 하지(羽地) 상등병 이하 4명은 3월 31일 오후 1시에 해인사(야로 서북쪽 약 3리)에서 차은포(車隱浦)가 이끄는 적도 약 70명이 몽석동(해인사 서쪽 약 3리)에 나타난 것을 확인했다. 오후 5시에 그곳 동쪽 약 1,500m에 도달하자 적도는 도주하기 시작했다. 그래서 약 600m 급히 추격하여 적의 일부가 근거지로 지키는 고지를 공격하여 20분간 교전한 후 거창 및 수도사(修導寺, 지례 남쪽 약 5리) 방향으로 격퇴했다.

4월 1일 다시 적을 추격하여 봉기(鳳基, 몽석동 동북 약 1리) 부근 산 위에 있는 적의 수괴 이하 30명을 쫓아 10분간 교전하고 수도사 방향으로 물리쳤다. 이 이틀간의 전투에서 적의 사망은 11명, 우리 쪽 손해 없음. 노획품은 화승총 4, 창 3, 기타 탄약 잡품 약간.

성주 수비 보병 제14연대 제12중대의 상등병 이하 6명
거구리[巨勾里, 지소(紙所) 남쪽 약 반 리] 부근 전투

4월 2일 약 200명의 적도가 평촌(지례 남쪽 약 3리)에 있다는 보고를 접하고 상등병 이하 6명을 이끌고 오후 7시에 출발했다. 적의 상황을 정찰하면서 3일 오전 4시에 지소(紙所, 평촌 동쪽 약 반 리)에 도달했을 때 수괴 박봉래(朴鳳來)가 이끄는 약 30명의 한 무리가 거구리(지소 남쪽 약 반 리)에서 숙박하는 것을 탐지하고, 오전 5시 30분 샛길에서 그 마을 남측 고지로 진출하여 척후를 파견하여 수색하게 하자 폭도는 사방으로 흩어져 달아났다. 이어서 40분간 추격 끝에 수괴 박봉래 및 부장(部將) 최지(崔地) 이하 13명을 죽이고 약간 명에게 부상을 입혔다. 노획품은 화승총 5, 칼과 창 각 1, 탄약 및 잡품 약간. 우리 쪽 손해 없음.

경주 수비 보병 제14연대 제12중대
칠동(七洞, 경주 서남쪽 약 4리) 부근 전투

4월 3일 폭도 토벌대 무라타(村田) 오장 이하 14명은 경주 군내 칠동(경주 서남 약 4리)에서 적의 수괴 권 모가 이끄는 약 100명과 충돌하여 1시간 동안 격전을 벌였지만 적은 쉽사리 퇴각하지 않았다. 그래서 즉시 돌격으로 전환하여 마침내 그들을 무찌르고 약 2,000m까지 추격했지만 암흑 속에서 종적을 놓치고 말았다. 이 전투에서 적이 버리고 간 사체 26. 노획품은 군도 2, 화승총 24, 삼베옷 32, 화약과 납탄 약간. 우리 쪽 손해 없음.

4월 4일 하야시다(林田) 토벌대는 내칠동(內七洞)을 출발하여 오전 7시에 신원동(新院洞, 내칠동 북쪽 약 반 리)에서 4명의 우측 척후를 장임대동(長任大同, 내칠동 동북쪽 약 1리)으로 보내고 본대는 현개동(硯介洞, 내칠동 북쪽 약 1리)을 향하여 전진하는 중에 오전 7시 15분 우측 척후 방면에서 총성을 들었는데, 장임대동 서쪽 고지 위에서 마침 그 척후의 기습에 낭패한 적도 약 50명이 우리가 점령한 고지를 향해 도망해오는 것을 만났다. 그리하여 약

30m까지 접근하다 갑자기 일어나 이들을 요격하여 그중 3명을 찔러 죽이고 20명을 사살했으며 군 장교들을 생포하여 거의 전멸시켰다. 노획품은 엽총 1, 화승총 18, 우리 쪽 손해 없음. 이어서 적을 추격하여 오후 2시 장소우아동(長沙禹我洞, 경주 서쪽 약 5리)에 이르렀을 때 5명의 적도를 따라잡아 이들을 모두 무찔러 죽였다.

광주 수비 보병 제14연대 제8중대 요시다(吉田) 특무조장 이하 16명 이치(梨峙, 광주 동북쪽 약 1리 반) 부근 전투

4월 3일 오전 5시 적도 약 50명이 창평(광주 동북쪽 약 4리) 방향에서 무동촌(無東村, 광주 동쪽 약 3리) 방행으로 갔다고 하는 보고를 접하고 그날 오후 11시 제8중대 요시다 특무조장 이하 16명은 그곳으로 급히 전진시켰다. 4일 오전 4시 이치(광주 동북쪽 약 1리 반)에서 그 적도가 지곡(芝谷, 이치 동북쪽 약 1리)에 있다는 것을 정탐하여 어둠과 폭우를 무릅쓰고 급히 그 마을에 도착했다. 하지만 무등촌(無等村) 방향을 떠난 후였으므로 추격하여 오후 6시 연천(지곡 동쪽 약 반 리)에서 따라잡아 약 40분에 걸쳐 교전한 끝에 이들을 무찔렀다. 적의 사망자는 10, 부상자 미상, 우리 쪽 손해 없음. 노획품은 화승총 4, 탄약과 잡품 약간.

사료 21

제5호 한주군 전투상보
제21호, 제22호 제출 건(1908. 5. 15)

자료명	第5号 韓駐軍 戰鬪詳報第21、第22号提出の件
생산자	韓國駐箚軍參謀長 牟田敬九郎
생산시기	1908年 5月 15日
소장기관	日本 防衛省 防衛研究所
문서정보	陸軍省-密大日記-密大日記-M41-6-9(C03022933900)

密受 제247호

1908년 5월 15일

한국주차군 참모장 무타 게이쿠로(牟田敬九郎)

육군 차관 남작 이시모토 신로쿠(石本新六)

한국 내 각지에서의 전투상보 제21호, 제22호 각 1부를 다음과 같이 제출합니다.

제21호

파견 기병 제2중대

용단동(龍丹洞, 청양 서남쪽 약 2리 반) 부근 전투

와다(和田) 중위 이하 9기가 금강 오른쪽 기슭 지구를 수색 중이던 3월

16일 오후 3시 우구(牛口, 청양 서남쪽 약 2리) 남쪽 약 1,000m의 용단동에 도달했을 때 약 15명의 폭도가 그 마을에서 도망치는 것을 발견하고 그들을 급습하여 그중 5명을 죽였다. 그러나 나머지 적은 서쪽 산지로 도망쳤다. 상등병 이하 5기에게 추격하도록 했지만 적은 험준한 산지 안으로 숨어들면서 종적을 감추었다. 우리 쪽 손해 없음. 노획품은 화승총 7, 잡품 약간.

파견 기병 제1중대 구루마다(車田) 척후
해안리(海安里, 함평 서북쪽 2리) 부근 전투

3월 17일 오후 2시 영광 분견대장 스가이(菅井) 중위의 명을 받아 함평군 신선동(新仙洞, 영광 서남쪽 4리 반) 부근에 있는 약 10여 명의 적도 토벌에 종사하는 구루마다 상등병 이하 6명은 그날 오후 7시 신선동에 이르렀지만 적의 그림자도 보지 못했다. 적이 해안리(함평 서북쪽 2리)에 있다는 것을 정탐하여 급히 오후 8시에 그곳에 도착하니 적 약 12~13명은 척후가 오는 것을 알고 도주를 꾀했으므로 즉시 도보로 공격하여 그중 2명을 죽였다. 나머지 적은 산속으로 도망쳐서 마침내는 종적을 감추었다. 노획품은 화약과 기타 잡품 약간. 우리 쪽 손해 없음.

파견 기병 제1중대 미사와(三澤, 담양) 분둔대
전야리(田夜里, 담양 북쪽 약 6리 반) 부근 전투

3월 21일 미사와 군조 이하 6명은 담양을 출발하여 사창 부근에서 폭도 약 100명이 지난 19일 담양 북쪽 약 5리에 있는 신평(新坪)을 통과했다는 정보를 얻었다. 즉시 이를 추격하여 그 마을에 이르렀으나 적은 20일 아침에 그곳을 출발하여 태인 방향으로 갔다고 한다. 따라서 토벌대는 태인 방향으로 전진했다. 이튿날인 22일 밀정의 보고에 따르면, 적 약 50명이 전야리에 있다고 한다. 이에 급히 그 마을로 향하여 그곳 부근에 이르자 2~3명의 적이 우리 토벌대가 오는 것을 알고 낭패하여 동쪽으로 도주했다. 따라서 즉시 병력을 둘로 나누어 공격을 개시했다. 적은 가옥의 담장을 방패 삼아 완강히 저항했으나 2시간 반 교전한 후 우리가 마침내 돌격으로 전환하자 순창 방향으로 달아났다. 토벌대는 이어서 화암리(花岩里, 순창 서북쪽 약 2리) 부근을 수색했으나 그 종적을 찾을 수 없었다. 이 전투에서 적의 사망자는 12, 부상자는 미상. 노획품은 한국 총 3, 칼 1, 화약과 탄약 약간. 잡품 수십 점. 우리 쪽 손해 없음.

파견 기병 제1중대 고다이라(小平, 태인) 분둔대
사돌치(四突峙, 태인 동남쪽 약 3리 반) 전투

3월 25일 오전 태인 동남쪽 약 2리에 있는 우현면(右縣面) 동변(東邊)에 폭도 약 60명이 습격해왔다는 보고를 접하고 고다이라 군조 이하 7기는 즉시 출발하여 동변에 이르렀다. 적도들이 아침을 먹은 후 남진했다는 것을 알고 급히 이를 추격했다. 동변 남쪽 약 1리 반에 있는 사돌치에서 적도를 발견하자 결연히 이들을 향해 말을 달려 습격했다. 적은 우리가 접근하는 것을 알고 즉시 사돌치 동쪽 고지 산허리로 산개하여 맹렬히 우리에게 사격을 하면서 전진을 막았다. 그래서 도보 공격으로 전환하여 큰 비가 내리는 가운데 약 1시간 반을 교전한 후 마침내 이들을 물리쳤다. 이어서 추격에 나섰으나 약 1,000m에서 결국 종적을 놓치고 말았다. 이 전투에서 적의 사망자 7, 부상 미상. 적의 수괴는 순창군 김태근(金泰根)이라고 한다. 우리 쪽 부상자 1명.

광주 수비 보병 제14연대 제6중대 오오타(太田) 1등졸 이하 7명 대교(공주 동북쪽 약 2리) 부근 전투

　3월 29일 정오 무렵에 대교(공주 동북쪽 약 2리)에서 점심식사 준비를 하던 중에, 약 100명의 적도들이 어은동(漁隱洞) 방향에서 온 듯했는데, 대교 동남쪽 고지(표고 54) 부근에 도달했을 때 마침 그곳 부근에 있던 철도측량반이 이를 확인하여 총을 잡으려 하자 적도는 즉시 산개하려는 상황이었다. 그들은 우리가 대교 안에 있는 것을 모르는 듯했으므로 오오타 1등졸 이하 7명이 몰래 대교 남단의 강물 제방을 기반으로 급사격을 가했다. 적도는 불시에 당하자 낭패하여 즉시 우리를 향해 난사를 퍼부었으나, 약 10분 후 적은 혼란을 일으키며 서쪽을 향해 패주하기 시작했다. 때마침 우리 기병(고부로 이전하는 기병대의 일부) 약 40기가 대교에 도착하여 우리 우익에 붙어서 사격을 개시했으므로 적은 점차 흩어져 춘곡(椿谷) 방향으로 도주했다. 이에 쓰보우치(坪內) 1등졸 이하 3명을 표고 123의 고지에서, 나머지는 춘곡 남쪽 고지에서 포위하며 진격하도록 하여 마침내 신성리(新城里) 동쪽 표고 145의 고지에 도달하여 맹렬한 사격을 가했다. 적이 사방으로 흩어지는 상황에 빠져서 서쪽 방향으로 도망쳤으므로 즉시 추격 전진하여 표고 277에 도달했지만 마침내 적의 그림자를 잃고 말았다. 적이 사방으로 흩어져 도주했기 때문에 자세히 알 수는 없으나 청양 동쪽 산지 방향으로 도주한 자가 많으며, 그 복장은 붉은 바지를 입은 자가 약 20명, 그 밖에는 모두 흰 바지저고리를 입었으며, 총의 숫자는 약 40이다. 이 전투에서 적의 시체 27, 부상 약 20 이상, 우리 쪽 손해 없음. 노획품은 화승총 13, 칼 2, 기타 잡품 약간.

파견 기병 제1중대 고바야시(小林, 태인) 분둔대
상례동(上禮洞, 태인 동남쪽 5리) 부근 전투

주소(舟所) 부근 포위 소탕을 위하여 태인에서 분견된 고바야시 상등병 이하 4명은 4월 2일 오전 6시 30분 태인을 출발하여 정오에 운조니에 도달하여 상례동 방향에서 온 마을 사람에게서 적 약 30명이 지금 상례동에서 휴식 중이라는 것을 탐지하고 분견대는 급히 상례동에 이르렀다. 적은 이미 우리가 전진해오는 것을 알아차린 듯 그 마을 서쪽 삼림 속으로 집합 중이어서 즉시 도보 공격을 결행하여 약 1시간 교전한 후 마침내 이들을 정읍 방향으로 몰아냈다. 이 전투에서 적의 사망자는 7. 노획품은 화승총 1, 탄약함 2, 탄약 약간. 잡품 여러 점. 우리 쪽 손해 없음.

파견 기병 제1중대 다카마쓰(高松) 중위 이하 9기
단곡(丹谷, 정읍 서남쪽 3리) 부근 전투

4월 4일 오후 3시 다카마쓰 중위 이하 9기는 정읍 부근 적의 상황 정찰을 위해 천원(川原)역(정읍 서남쪽 2리 반)에서 단곡(정읍 서남쪽 3리)을 향해 행진 중에 단곡 남측 고지를 질주하는 수많은 적도를 발견했다. 그래서 중위가 졸 2명을 이끌고 이를 추격하는 중에 서남단에서 약 40명의 적도가 그 서측 산중으로 도망하는 것을 발견했다. 그래서 부대에 명하여 즉시 이를 추격했다. 그러나 그 전진하는 길이 도로의 바깥쪽인데다 비가 온 후라서 밭에서는 말 발굽이 깊이 빠지고, 계단을 이룬 논은 물이 차서 말을 타고 가는 것이 매우 어려워서 산기슭에 도달했을 때는 말들의 피로가 극도에 달했다. 게다가 경사가 급하여 100여 m에 도달했을 때 마침내는 따라잡는 것이 불가능했지만,

더욱 추격하여 오후 4시 30분에 이들을 모두 무찔렀다. 이 전투에서 적의 사망자는 11, 우리 쪽 손해 없음. 노획품은 총 9, 탄약과 화약 약간.

진부 수비 보병 제49연대 제4중대(장 이하 13명)
봉두혼(鳳頭混)고개 동쪽 기슭(진부 남쪽 약 5리) 부근 전투

진부 수비대장 후지사키(藤崎) 특무조장 이하 13명의 토벌대는 4월 6일 오전 8시 40분 진부 남쪽 약 5리에 있는 봉두혼 고개 동쪽 기슭에서 최돈호(崔敦鎬)가 이끄는 폭도 약 300명과 마주쳐 교전한 후 이들을 동쪽으로 격퇴했다. 적의 일부는 여량(餘糧) 방향으로, 주력은 임계 방향으로 퇴각한 듯하다. 이 적은 지난 2월 25일 정선을, 27일에 임계를 불태웠다고 한다. 적의 사상자는 적 수괴 이하 57명, 우리 쪽 손해 없음. 노획품은 총 17, 군도 1, 탄약 250발, 화약 약간. 기타 도장 문서, 쌀 약간.

영광 수비 보병 제14연대 제8중대 하사 이하 14명
매답(梅沓, 영광 동남쪽 약 4리) 부근 전투

4월 7일 영광 수비대는 그곳 경찰관에게서 마을 사람을 통해서 들었다는 다음과 같은 정보를 얻었다. 폭도 약 100명이 8월 6일 영광에서 동남쪽으로 약 3리 떨어진 외서면(外西面) 관동(冠洞)에 숙영하고 있다고 한다. 이에 인도(安藤) 군조에게 구로사와(黑沢) 상등병 이하 13명을 붙여주고 경관(일본 순사 1, 순검 2)을 길잡이로 삼아 그날 오전 9시에 출발하여 그곳으로 급히 갔다. 관동에 도달했지만 적을 보지 못했다. 그래서 그 주변 일대의 촌락을 수색하니, 매답(외서면 관동 동쪽 약 5km)의 북쪽 고지에서 적의 망보는 보초인

듯한 자를 발견하여, 야가자키(矢ヶ崎) 상등병 이하 3명의 척후를 파견하여 계속 수색하게 한 결과, 폭도 약 100명이 그 고지에 있는 묘지를 이용하여 공사 중이라는 것을 알게 되었다. 이에 오후 4시 30분부터 이들을 공격하여 오후 6시에 거의 그들 대부분을 죽이고 일부를 사방으로 몰아냈다. 이 전투에서 적의 사망자는 43, 부상자 미상. 우리 쪽은 경상 3명. 노획품은 모젤식 총 3, 화승총 20, 칼 2. 피복 및 잡품 10여 점. 화약 약 2관.

함양 수비 보병 제14연대 제5중대 야마다(山田) 소위 이하 18명
매학동(梅鶴洞, 거창 북쪽 약 5리 반) 부근 전투

함양 수비대장 야마다 소위는 적장 이순진(李舜珍)이 이끄는 약 120명의 적도가 안의 북쪽 45리 부근에서 출발하여 횡포를 부리면서 머잖아 거창을 무찌르겠다고 큰소리치고 있다는 것을 정탐하고 부하 17명을 이끌고 4월 6일 오후 3시에 출발했다. 8일 오전 6시 30분에 석우(石隅, 거창 북쪽 약 5리)에서 지난 7일 그 적도 집단이 매학동(석우 동북쪽 약 반 리)에서 숙박하고 지금도 체재하고 있다는 알게 되었다. 그래서 5명의 척후를 파견하여 그 마을 동쪽으로 우회하여 퇴로를 차단하고 주력은 남동쪽에서 이들을 공격하기로 결정했다. 아침 호풍을 이용하여 아군의 움직임을 숨겨서 오전 8시 30분 마을 남쪽 약 300m에 도달했지만 그때 적이 이를 알아차리고 북쪽을 향해 도주를 시작했다. 그래서 즉시 사격을 개시하고 십자포를 집중시켜 이들을 모두 무찌르고 그 마을의 북쪽 2리를 추격했으나 그 종적을 잃고 말았다. 적이 버리고 간 시체 9, 부상자는 20명 이상. 우리 쪽 손해 없음. 노획품은 화승총 4, 탄약과 잡품 약간.

공주 수비 파견 기병 제4중대 미야자와(宮澤)대 민목치(民牧峙, 공주 동남쪽 약 4리 반) 및 난당리 (蘭堂里, 공주 동남쪽 약 2리) 부근 전투

4월 9일 미야자와 군조 이하 15기가 민목치 북단에 도달하자 적도 약 15명이 그 마을 서쪽 고지로 달아나려 하는 것을 목격했다. 이에 병사 일부를 촌락 남쪽 고지로 향하여 급진시키고 적에게 몇 발의 사격을 가하여 양 방향에서 공격 약 30분 만에 그중 9명을 죽이고 그들을 물리쳤다. 우리 쪽 손해 없음. 노획품은 화승총 4, 탄약 외 잡품 약간.

이 토벌대는 수색을 계속하여 4월 12일 오전 9시 30분에 난당리에 도달했을 때 적도 17명이 그 마을 동쪽 고지를 향해 도망 중이라는 것을 알고 급진하여 적과의 거리 약 300m에 달하여 세 방면에서 사격을 가했다. 적은 모두 절벽 아래로 몰려 퇴로를 잃었으며 간신히 절벽 사이를 기어올라 탈출을 시도했으나 교전 약 1시간 후 수괴 김대장(金大張) 이하 모두 섬멸했다. 우리 쪽 손해 없음. 노획품은 화승총 7, 탄약 잡품 약간.

진주 수비 보병 제14연대 제9중대 이세(伊勢) 척후 천황치(天皇峙) 부근 전투

4월 8일 정오에 50명의 적이 협천을 습격하여 교전 약 1시간 후 관민이 삼가(三嘉)로 물러났다는 보고를 접하고, 그들을 토벌하고자 4월 9일 진주 수비대에서 이세 상등병 이하 6명이 변장하고 그곳으로 향했다. 날마다 비가 내려서 행군하기가 어려웠지만 서로 격려하고 힘을 내면서 적의 흔적을 추궁하며 4월 11일 오후 3시에 삼거리에서 부상한 적도 1명을 체포했다. 심문한 결과, 적이 법물(法勿)에 있다는 것을 확인하고 조용히 법물로 급히 가서 도착했을 때 그 서쪽 600m 고지 위에 적의 척후인 듯한 자 3~4명이 낭패하여 법물로 달아나려는 것을 확인하고 즉시 구보하여 법물로 돌입하려 하니 적 약 40명이 그 후방의 국사봉(國土峰)을 향하여 흩어져 퇴각하기 시작했다. 이에 즉시 추격하며 맹렬히 사격했다. 적은 퇴각하느라 정신이 없다가 산 중턱에서 멈춰 응전했는데, 마침 비가 점점 거세게 내리고 짙은 안개가 몰려와서 적을 놓치는 것을 우려하여 즉시 돌격으로 전환하여 모두 물리쳤다. 나머지는 국사봉·천황치를 넘어 동북쪽으로 달아난 듯하지만 날이 이미 저물어 따라잡을 수 없었다. 이 전투에서 적의 사망자는 6, 부상 10여 명. 우리 쪽 손해 없음. 노획품은 화승총 6, 군도 1(산청 주재소를 습격했을 때 순사의 칼을 약탈한 것이다. 따라서 그곳 경찰에 인도했다), 탄약 기타 잡품 약간.

경주 수비 보병 제14연대 제10중대의 토벌대
[이시무라(石村) 특무조장 이하 7명]
기림사(祇林寺, 경주 동쪽 약 5리) 부근 전투

이시무라 특무조장 이하 7명은 4월 10일 오전 10시 30분 어일장(於日場, 경주 동남쪽 약 5리 반)에서 통행하는 사람들에게 오늘 아침 기림사(경주 동쪽 약 5리) 방향에서 장시간 총성을 들었다는 얘기를 듣고, 절을 향하여 행진하는 도중에 오후 2시 화이곡(火以谷, 경주 동남쪽 약 4리) 북쪽 약 1,000m에서 약 10명의 적과 마주쳐 20분간 교전한 후 이들을 북쪽으로 몰아내었다. 적의 사망자 5명, 부상자 8명. 우리 쪽 손해 없음.

문경 수비 보병 제47연대 제3중대 상등병 이하 7명
내생달(內生達, 문경 동북쪽 약 4리) 부근 전투

　정보에 따르면, 적 약 30명이 4월 12일 오전 서쪽에서 갈성에 왔다가 동쪽으로 갔다고 한다. 또한 적성동(문경 동북쪽 약 6리 반) 부근에는 45명의 적당이 배회하고 있다고 한다. 에토(惠藤) 상등병 이하 7명(그 밖에 통역 1명)을 변장시켜 12일 오후 7시에 출발하여 중평리(中坪里, 문경 동북쪽 3리)에 도달했을 때 그곳 사람에게서 다음 정보를 얻었다. 즉, 적 19명이 12일 오전 8시경 서쪽에서 와서 아침을 먹었으며, 또한 약 60명의 적이 정오경에 서쪽에서 와서 점심을 먹고 적성을 향하여 전진했다고 한다. 그래서 적성으로 향하여 급히 갔는데 도중에 적성 방향에서 오는 한인 1명을 잡아 정보를 얻었다. 적 약 70명이 이날 밤 내생달에서 숙영하고 있다고 한다. 그 사람은 관음원(觀音院) 사람으로서 적에게 잡혀 있다가 지금 탈출해 온 것이라고 한다. 그 사람을 안내자로 삼아 내생달을 향해 급히 갔다. 내생달 남쪽 고지에 보초인 듯한 자 6명을 발견했다. 그래서 내생달에 근접하여 3시간 잠복하다가 오전 5시에 적의 숙영지에 돌입했다. 적은 낭패하여 단양 방향으로 달아났는데 그곳 부근에서 적의 종적을 잃었다. 이 전투에서 적의 시체는 17, 포로 2. 노획품은 모젤총 1, 구라총 1, 화승총 20, 탄약과 화약, 잡품 약간. 우리 쪽 손해 없음.

문경 수비 보병 제47연대 제3중대
상도곡촌(上島谷村) 부근 전투

　4월 16일 오전 10시에 온정동(溫井洞, 문경 북쪽 약 4리)에 도달했을 때 다음과 같은 정보를 얻었다. 15일 밤 적 45명(반수는 총기를 휴대)이 동쪽에서 와서 마을 사람 2명을 납치하여 서쪽으로 갔다고 한다. 그래서 이 적을 추격했다. 16일 오후 3시 광석(廣石, 온정동 북쪽 약 1리 반)에 도달했을 때 다음 정보를 얻었다. 16일 아침에 적 약 50명이 남쪽에서 와서 마을 사람 1명을 납치하여 조곡(鳥谷, 광석 서남쪽 1리) 방향으로 갔는데 아마도 적은 조곡에 머물러 있을 것이라고 한다. 따라서 즉시 그곳으로 급히 갔다. 오후 4시 20분에 그곳에 도착하여 저녁식사 준비 중인 적 약 50명[적의 수괴 윤선봉(尹先鋒)]을 습격했다. 적은 북쪽으로 도망쳐 조곡 북쪽 400m 고지에 집합하여 우리를 향해 난사를 퍼부었다. 그래서 다시 공격하니 동북쪽으로 달아났다. 이 전투에서 적의 사망자 12, 부상자 미상. 우리 쪽 손해 없음. 노획품은 화승총 6, 화약과 기타 잡품 약간.

진안 수비 보병 제14연대 제5중대 오쿠하라(奧原)대
대촌(진안 서남쪽 약 4리) 부근 전투

4월 21일 오전 7시 염북(念北, 진안 서남쪽 약 4리)을 출발하여 구선[求仙, 내동산(來東山) 남쪽 기슭]에서 마을 사람에게서 다음 정보를 얻었다. 20일 밤이 지나 다수의 적이 내동산(염북 동남쪽 1리)에서 내려와 남쪽 표고 521고지로 올랐다고 한다. 이에 정탐을 계속하며 오전 8시 50분에 그 고지 동쪽 400~500m 고지 위 적의 숙영지에 이르렀을 때 약 80명의 적이 그 숙영지를 동북쪽으로 퇴각하는 것을 보았다. 이에 급행하여 100m로 접근하여 사격하여 물리쳤다. 마침 비가 심하게 오는데다 소나무숲이 너무 울창하여 추격을 중지했다. 이 전투에서 적의 부장(副將) 최덕일(崔德一), 윤정오(尹正五, 전 한국군 병사 상등병) 이하 25명이 부상. 자세히는 모름. 포로 2, 우리 쪽 손해 없음. 노획품은 한국 총 21, 칼 2, 탄약 약간. 병기 수리구 및 수리 재료 약간. 도장 1, 양산 4, 모포 2, 잡품 약간.

보은 수비대 보병 제47연대 제6중대 하사 이하 9명
지경촌(地境村, 옥천 북쪽 2리) 부근 전투

보은 수비대 하사 이하 9명은 4월 22일 오전 8시 30분 용촌 서남쪽 고지에서 적의 보초인 듯한 자를 발견했다. 우리는 즉시 1등졸 이하 3명의 척후를 파견하여 그 보초가 있는 것을 확인할 수 있었다. 그래서 본대도 이어서 출발했다. 오전 9시 20분에 약 300m에 접근하자 적은 일찍이 무너졌다. 그래서 우리는 사격을 개시하고 추격으로 전환하여 10시 20분에 그 종적을 잃고 말았다. 적의 병력은 약 50명이며, 적의 사망자 20명. 우리 쪽 손해 없음. 노획품은 화승총 4, 탄약 기타 약간.

강경 수비 파견 기병 제4중대의 1소대 호사카(保坂) 토벌대
신촌(은진 동쪽 약 4리) 부근 전투

4월 9일 오후 8시 30분 은진 순사주재소에서 포획한 폭도의 자백을 강경 경찰서에서 통보받은 바에 따르면, 폭도 10여 명이 그날 밤 안심동(은진 남쪽 1리) 부근을 습격할 예정이라는 것이다. 토벌을 위하여 오후 9시에 강경을 출발한 호사카 오장 이하 9명(통역 1)은 은진에서 앞에서 말한 포로를 길잡이로 삼아 오전 2시 40분 그들의 집합지인 신촌에 도달하여 길잡이의 지시에 따라 폭도 9명이 비밀회의를 하는 집을 포위 돌진하여 6명을 죽이고 3명에게 부상을 입혔다. 노획품은 모젤총 1, 화승총 7, 군도 1, 잡품 약간. 우리 쪽 손해 없음.

군산 수비 파견 기병 제3중대의 1소대 아쿠츠(阿久津) 토벌대
우산[牛山, 서천(舒川) 동북쪽 1리] 부근 전투

4월 16일 아쿠츠 토벌대(군조 이하 8명)는 노오리[老五里, 한산 서북쪽 2리 반, 금복당(金福堂) 동쪽 부락. 지도상에 없음]의 마을 사람에게서 그저께인 14일 적도가 판교 방면에서 한산 가도를 한산 방향으로 통과했다는 정보를 얻었다. 그래서 즉시 이를 수색하기 위하여 한산 가도 서쪽 부락을 수색해가면서 오후 6시 서천군(舒川郡) 초동에 도달했다. 그 마을 면장에게서 14일 밤 1시 경에 적 약 50명이 그 부락에 와서 난폭한 행동을 하고 그날 밤 우산(牛山, 서천 동북쪽 1리)에 도달했다는 보고를 접하고 즉시 급히 우산으로 향했다. 오후 7시 10분 선동(仙洞) 고지에서 우산 방향에서 온 한인을 심문한 결과 현재 우산에는 다수의 폭도가 있다는 것을 알게 되었다. 그래서 토벌대는 두 방향에서 공격을 개시했으나 적은 집 밖의 담장을 방패 삼아 저항했다. 1시간 동안 전투하여 이들을 모두 몰아내고 즉시 추격으로 전환했지만 산골짜기 또는 소나무숲 때문에 종적을 잃고 말았다. 이 적은 이도사(李道士)가 이끄는 약 50명이다. 이 전투에서 적의 사망자는 10명, 부상자는 미상. 우리 쪽 손해 없음. 노획품은 한국 총 5, 창 1, 화약과 탄약, 잡품 약간.

안동 수비 보병 제47연대 제1중대 아오키(靑木) 토벌대
청송군 고와곡(高臥谷, 청송 서남쪽 약 7리) 부근 전투

아오키 토벌대는 4월 16일 폭도 100여 명이 청송군 현북면(縣北面) 부근을 배회한다는 보고를 접하고 밤낮으로 달려가 다음 날인 17일 오전 3시 고와곡에 도달하여 그곳에 집합중인 적 약 100명을 포위하고 공격을 개시했다.

적은 완강히 저항했지만 약 1시간 정도 교전한 후 돌격하자 무너졌다. 이어서 약 20m를 추격했으나 산골짜기라서 종적을 잃고 말았다. 적의 수괴는 서원식(徐元植)이며 그 부하는 100여 명(그중 총을 휴대한 자는 70명)이다. 이 전투에서 적의 사망자는 18, 부상자는 약 20명 이상. 노획품은 총 14, 칼 2, 화약과 탄약 다수. 우리 쪽 손해 없음.

양덕(陽德) 수비 보병 제50연대 제11중대의 반 소대
남산리(南山里, 양덕 서북 약 6리) 부근 전투

4월 17일 오전 11시 병졸 8명(그 밖에 순사 3, 통역 1)으로 구성된 척후는 평양 가도를 전진하여 오후 5시 오가동[五柯洞, 양덕(陽德) 서북쪽 약 4리]에 도착했다. 성천(成川)에서 온 여행자에게 들으니, 당일 성천 동쪽에서 일본 순사와 폭도가 전투를 벌였다고 한다. 그래서 그 척후는 18일 오전 7시에 오가동을 출발하여 평양 가도를 다시 서쪽으로 약 2리 전진하여 남산리 부근에 도착했다. 그리고 마을 사람에게 물으니 이곳 서쪽 약 1리 반에 있는 대평리(남산리 북쪽 약 2,000m)에서 현재 화재가 일어났다고 한다. 그래서 척후는 폭도가 한 짓이라고 추측하고 그 부근을 계속 가다가 파읍촌(破邑村) 부근에 이르렀다. 성천 방향에서 온 여행자의 말에 따르면, 대평리(양덕 서북 약 6리)에 방화를 한 28명의 적은 현재 남산리를 향해 배회 중이라고 한다. 척후는 급히 가서 그 퇴로를 우회하여 남산리 북쪽으로 진출했을 때 그 부락 남쪽 고지를 퇴각 중인 적을 발견하여 즉시 사격을 개시하자 적은 남쪽으로 도주했다. 맹렬히 추격했지만 마침내 그 종적을 잃고 말았다. 적의 사망자는 3, 부상자 미상, 우리 쪽 손해 없음. 노획품은 화승총 2.

가평 분견대 보병 제51연대 제8중대
단암리(博岩里, 가평 남쪽 약 3리 반, 홍천강 오른쪽 기슭) 부근 전투

가평 분견대의 병졸 3명, 순검 2, 밀정 4명은 4월 17일 단암리 부근 적의 상태를 수색할 목적으로 그곳으로 출발했다. 이 토벌대는 단암리 부근에서 그날 밤 경계중에 적도의 차장(次將)인 이봉관(李鳳觀)을 포획했다. 21일 이봉관의 말에 따르면, 적의 수괴 송호영(宋鎬榮)은 부하가 100명이며 홍천군 구만리(驅蠻里)에 있다고 한다. 이에 그날 오후 0시 20분에 우에구치(植口) 상등병 이하 4명이 그곳을 향해 출발했다. 그 척후는 가평 동쪽 약 4리에 있는 수계(水溪)에 도달하여서 창촌에 적 약 10명이 있다는 보고를 접하고 그곳으로 급히 갔으나 적은 척후가 근접하는 것을 발견하고 도주했다. 그래서 적을 급히 추격하여 폭도 박춘우(朴春尤)를 붙잡고 다음 날인 22일 오전 4시 20분에 구만리로 우회했으나 적을 발견하지 못했다. 면장 말에 따르면, 송호영은 전날 그곳에 와서 귀순할 마음이 있었다고 한다. 척후는 송호영의 실체인 송 자신을 붙잡아서 저녁에 가평으로 귀환했다.

강릉 수비 보병 제49연대 제1중대
장천(長川) 부근(강릉 서북쪽 7리) 토벌 상황

4월 20일 강릉에서 서북쪽으로 약 7리 떨어진 장천 부근에 폭도 약 200명이 집합하여 강릉을 습격하겠다는 성명이 있었다는 정보를 접하고 오후 2시에 마에하라(前原) 중위에게 하사 16명을 이끌게 하여 그곳으로 파견했다. 그들이 오후 6시에 무일리(無日里)에 이르러 정황을 정찰하고 적이 지난밤에 와서 사기막(砂器幕)에 숙영했다는 것을 알게 되었다. 즉시 그 방향으로 전진하여 그 서북쪽 고지에 병력을 집결시키고 달이 뜨기를 기다려 돌입하여 섬멸하기로 했다. 그래서 정황을 확실히 하기 위해 한복으로 변장한 척후를 보내었더니 큰소리가 나고 사방이 시끄러워 혹시 적이 도망가는 것인지 우려하여 즉시 그 마을로 돌진했지만 적의 그림자도 발견하지 못했다. 마을 사람을 힐문해보아도 쉽게 진실을 말하지 않았다. 겨우 오후 7시에 장천 방향으로 물러난 것을 알게 되었다. 즉시 이들을 추격했으나 길이 험하여 행진이 뜻대로 되지 않았다. 21일 오전 6시에 이윽고 장천에 도달했다. 그곳에서 아침을 먹은 후 적을 쫓아 송천 방향으로 급히 행진하여 오후 1시에 송천에 도착하여 다음과 같은 적의 상황을 알게 되었다.

1. 적은 수괴 박하사(朴下士)가 이끄는 1대로서 전원 400명 안팎, 화승총 179, 단발총 60, 화포 3문, 한국군 병사 60명 정도가 포함되었다고 한다.
2. 이 적은 21일 오전 10시경 부연(釜淵), 송천(松川)의 중간지구에서 미산(米山) 방향으로 전진했다고 한다.
3. 박하사는 말을 탄다고 한다.

위의 정보를 접하여 일부를 북진시키고 주력은 먼저 미산으로 전진했다. 도중에 적이 미산의 동북쪽 약 1리에서 점심을 먹은 후 즉시 양양군 월천(月川) 방향으로 전진했다는 것을 탐지했다.

토벌대는 즉시 이를 추격하여 오후 5시 월천에서 적을 따라잡을 수 있었다. 즉시 하사 이하 8명에게 적의 우익으로, 나머지는 대장이 지휘하여 적의 좌익에서 전진하도록 정했다. 먼저 적의 감시 초소가 우리 시야에 들어오자 적도 처음으로 우리가 쫓아온 것을 알게 된 듯했다. 월천 동남쪽 표고 약 300m의 고지에 이르러 다음과 같이 진지를 점령했다.

제1선은 고지 중턱에서 정면 약 700m 사이에 포를 배치하고, 제2선은 제1선 후방 약 50m 고지 능선 위 정면 약 200m로 산병선(散兵線)을 형성했다.

이 부근의 지형은 산지가 늘어서 있고 사면이 험준해서 올라가는 것도 내려가는 것도 쉽지 않다. 전부 튀어나온 암석으로서 특히 적이 근거지로 삼은 고지는 우리가 장악할 만한 장점이 있다. 오후 6시 30분에 우리 주력은 적의 앞쪽 약 200m의 작은 언덕에 도달했다. 즉시 고지 위로 산개하여 당면한 적을 향하여 사격을 개시했다. 실제 거리 200m에 있는 적은 우익에서 전진하는 우리 일부에게 현혹되어 모두가 그 방면에 주의를 빼앗긴 듯하다가 불시에 우리 주력이 사격을 하자 매우 낭패한 듯했다. 그러나 적의 사격은 정확하여 우리 진지 부근에 떨어지는 것이 헤아릴 수 없을 만큼 많았다. 이렇게 약 1시간 반을 교전하다 해가 저무는 것과 동시에 피아 간에 총성이 점차 멈추고 밤이 되었다. 그러나 야습을 하려 해도 경사가 급하고 돌출된 바위산이 많아 마음대로 되지 않았다. 여기에 가랑비까지 내려서 좀처럼 결행하지 못했다. 피아 간에 드문드문 사격을 교환하면서 마침내 날이 밝아왔다.

22일 오전 3시경부터 적이 퇴각하기 시작했다. 즉시 추격 사격하며 점차 전진하여 월천에 도달했다. 토벌대는 전날 낮부터 적도를 추격하느라 한 번도 밥을 먹지 못했고, 저녁부터 비에 젖어서 밤을 새웠다. 할 수 없이 잠시 월천에 멈추었다가 오전 7시에 월천을 출발하여 적을 쫓아 어성전(漁城田)을 향하여 전진했다. 거리는 겨우 3리 밖에 되지 않았지만 산이 험하여 행진에 시간이 걸려서 오후 1시에 간신히 어성전에 도달했다. 정찰 중 전면 고지 약 800m에서 뜻하지 않은 일제사격을 당했다. 아마도 적은 우리의 추격을 예상하고 이미 진지를 점령하여 거리 측정을 마친 듯 그 사격 탄이 정확하고 매우 맹렬했다. 즉시 산개하여 그들을 향해 공격 전진하자 전투 3시간 후 적은 홍우치(洪宇峙)에서 내면(內面) 방향으로 도주했다.

우리 쪽 손해 없음. 사격 소모탄 1,273발.

마을 사람 말에 따르면, 적은 월천에서 주력이 밤 12시경부터 퇴각하기 시작하고 일부는 날이 밝기 조금 전부터 주력의 퇴각을 엄호하면서 퇴각한 듯하다고 한다.

이 이틀간에 걸친 전투에서 적의 사상자는 적어도 70명 이상이며, 적이 가진 포는 한국 구식포로 길이 1m가 안 되며, 적은 마을 사람들 사이에 한국군 병사를 투입하여 마을 사람은 일상복, 한국군 병사는 검정색 저고리에 바지를 입혔다.

적의 이번 행동은 매우 성실하며 항상 완강한 저항을 꾀하면서도 전술적 움직임을 보이는 것은 참으로 의외이며, 일찍이 본 바가 없을 정도이다.

토벌대는 둔내면(屯內面) 방향으로 적을 몰아낸 후 양양으로 방향을 돌려 탄약 및 양식 보급을 받은 후 다시 둔내면으로 전진하여 적을 따라잡고자 하여 밤 12시 양양으로 방향을 돌렸지만 그곳 수비대도 현재 교대 준비 중이어서 이를 다른 날로 미루고 해안을 따라 수색해가면서 24일에 귀대했다.

무산 수비대(보병 제49연대 제5중대)
무산 남쪽 전투

4월 23일 오전 5시 30분 모치즈키(望月) 중위, 나가이(永井) 소위가 이끄는 토벌대는 적도가 농내동[農來洞, 20만 분의 1 백두산호(白頭山號) 동남쪽 구석에 있음]에 이르렀다는 것을 탐지하고 즉시 공격하여 약 2시간 교전한 후 적을 농내동 서북쪽 적암 방향으로 몰아냈다. 적의 사망자는 19. 그중 수괴인 남의대장(南義大將) 및 중대장 2(대장 및 중대장은 일본식의 자칭). 부상자 약 20. 우리 쪽 손해 없음.

준양 수비대(보병 제50연대 제7중대의 일부) 백암산(白岩山) 부근 전투

준양 수비대장은 화천(化川, 준양 동쪽 약 4리) 부근에서 불온한 첩보를 접하고 4월 29일 오후 11시 오장 근무 상등병 이하 7명을 그곳으로 파견했다. 이들 척후가 30일 오전 6시 30분에 화천에 도착하여 정탐한 바에 따르면, 29일까지 추동리에 집합해 있던 적은 이대장[이두순(李斗順, 55세)], 김훈장[김보을(金甫乙, 35세)]이 이끄는 약 250명(그중 한국군 병사가 약 반 수 이상)으로서, 29일 오후 6시 방목동(方目洞, 화천 남쪽 1리)에 와서 숙영하고 부근 마을 사람을 협박하여 화천 촌락에서 돈 50원, 목면 다수를 약탈하여 방목동으로 간 흔적이 있었다. 그래서 토벌대는 즉시 그 방향으로 급행하여 오전 7시에 그곳에 도달했다.

적은 방목동 서쪽 고지(백암산이라 부름)에 망보는 보초를 배치하여 우리 토벌대가 오는 것을 알자 즉시 백암산 동쪽 고지 일대 땅을 점령하고 매우 맹렬하게 저항했다. 약 6시간 싸운 끝에 적은 산속으로 달아났으며 토벌대는 오후 1시 20분 그곳을 모두 점령했다. 적의 사망자는 40명, 부상자는 30명 이상.

적은 백암산(白岩山)에서 백암산(百菴山, 지도상에는 없으나 철광을 생산하는 높은 산으로, 화천 남쪽 약 9km, 표고 1157의 산지이다)으로 통하는 골짜기로 도주한 흔적이 있으므로 즉시 추격했으나 오후 5시에 이르러 그 종적을 알 수 없게 되었다. 백암산(百菴山)이 적의 근거지라는 것을 정탐하여 어두운 밤에 정찰하고 오전 3시에 그 근거지를 습격해보았지만 결국 그 목적을 달성하지 못했다. 돌아가는 길에 차로동[次蘆洞, 회현(灰峴) 동북 약 2리 반] 부근을 정찰하고 5시 15분에 귀대했다.

노획품은 군의 깃발 1, 총기 35정, 화약 약간, 서류 및 잡품 약간. 우리 쪽 손해 없음. 사격 소모탄 320발.

사료 22

제7호 한주군 전투상보 제23호 제출 건(1908. 6. 11)

자료명	第7号 韓駐軍 戰鬪詳報(第23号)提出の件
생산자	韓國駐箚軍參謀長 牟田敬九郞
생산시기	1908年 6月 11日
소장기관	日本 防衛省 防衛硏究所
문서정보	陸軍省-密大日記-密大日記-M41-5-8(C03022925900)

密受 제308호 韓參報 제77호

1908년 6월 11일

한국주차군 참모장 무타 게이쿠로(牟田敬九郞)

육군 차관 남작 이시모토 신로쿠(石本新六)

한국 내 각지에서의 전투상보 제23호, 1부를 다음과 같이 송부합니다.

제23

강계 수비대 후주(厚州) 고읍(古邑) 부근 토벌 상황

4월 10일 폭도 약 180명이 삼수(三水) 방면에서 후주군(厚昌郡) 후주 고읍에 침입했다는 급보를 접하고 이를 토벌하고자 강계 수비대장은 하사 이하 31명(통역 1명 포함)을 그곳으로 파견했다. 이들은 4월 13일 후창에 도착하여 그곳의 정지 척후 및 경찰관에게서 약 400명 이상의 적이 부산동(富山洞)을 기반으로 후창에서 동북쪽으로 약 3리의 떨어진 영저(嶺底) 부근까지 전진하여 13~14일경 후창을 습격할 계획이라는 정보를 얻고 14일 오전 8시 일본과 한국 순사 9명과 더불어 후창을 출발하여 하산령(河山嶺)을 넘어 급히 부산동으로 향했다.

14일 오후 0시 30분에 창평에서 약 30명의 폭도와 마주쳐 즉시 이를 격퇴하고 오후 1시 하산포(河山浦)에 도착했을 때 약 400명으로 구성된 폭도는 하산포 남쪽 일대의 고지 능선을 방패 삼아 우리를 향해 사격을 개시했다. 토벌대는 즉시 응전했으며, 오후 4시 30분에 적은 고지선(같은 남쪽 표고 963 및 1,021)을 따라 퇴각하기 시작했다. 토벌대는 즉시 추격으로 전환하여 오후 7시 막종동(莫從洞) 동쪽 소지령(小岐嶺)을 점령하고 그날 밤 부산동에서 경급사영(警急舍營)했다.

폭도의 수령은 양봉규(梁鳳奎)이며, 올해 1월 하순 장진군(長律郡) 운산동(雲山洞)에서 우리 토벌대와 싸웠을 때는 양봉익(梁鳳翊)이라는 이름 없는 사람 행세를 했다. 한때 삼수 방면으로 가서 차(車)모 아래 들어가 수령인 차에게 귀순하고 도당 200명 이상을 모았다. 이번 달 6일 전지령(田地嶺)을 넘어 후창군에 침입하여 양민을 협박하여 금품과 양식을 약탈하고 사냥꾼을 모아 12일경에는 동시에 400명에 달하는 집단으로 13~14일경 후창을 습격하고 이어서 강계로 침입할 계획이었다고 한다.

포로의 말에 따르면, 폭도의 주력은 후창 고읍 방면으로 퇴각하고 그 수령 양봉규는 부하들을 일시 해산하고 단독으로 전지령으로 향했다고 한다.

폭도의 과반수는 총기를 휴대하며, 그 대부분이 화승총이라고 한다. 포로의 말과 폭도에게 남은 약탄과 총성으로 판단해보면, 일본의 30년식 보병총 및 모젤총 약 1,000정 정도를 가진 듯하다. 포로의 말에 따르면, 일본총은 북청 부근의 연락병 및 화물호위병을 살해하고 얻은 것이라고 한다.

이 전투에서 즉사한 폭도는 50명 이상, 포로 2[참모 박태원(朴泰援), 중대장 장종태(張宗泰)]. 부상 다수. 우리 쪽 전사자 2, 부상 1, 전리품은 화승총 30, 기타 화약 및 군수품 약간.

15일 토벌대는 폭도 주력이 퇴각한 후주 고읍 방면으로 전진하여 동사동에서 패잔병 약 15명을 격퇴했다. 이 추격 전투에서 폭도의 사상자는 불명. 우리 쪽 손해 없음.

16일 오전 8시 죽하리를 출발하여 오후 2시 후주 고읍에 도착하여 그 지역 주민에게서 얻은 정보에 따르면, 약 80명의 폭도가 중리(中里)에서 진지를 점령한 듯하다. 즉시 후주 고읍 남쪽 산길을 거쳐 가을동(加乙洞) 서쪽 고지로 나가 일부를 그곳에 남기고 나머지는 중리 서쪽 표고 1147에서 공격하여 이를 격퇴했다. 토벌대는 즉시 추격을 행하여 오후 6시에 장항리(獐項里)에 도달했다.

간첩의 보고에 따르면, 적은 우리의 진격이 갑작스러웠기 때문에 몹시 전력을 소모하고 간신히 전지령을 넘어 삼수군으로 갔으며 이 전투에서 폭도의 사상자는 불명.

17일 토벌대는 교대 시기가 긴박했으므로 행동을 중지하고 강계를 향하여 귀대 길에 올랐다.

파견 기병 제1중대 야마구치(山口) 분둔대
통계(洞溪) 부근 전투

4월 15일 적도 약 30명이 곡성군(谷城郡) 숙곡면(竹谷面) 봉정리(鳳亭里)를 습격했다는 보고를 접하고 분견대는 16일 오전 8시 상등병 이하 3명을 도보로 곡성 주재 순사 2명과 함께 그곳으로 출발시켰다.

이 토벌대는 도중에 비봉리(飛鳳里, 곡성 남쪽 3리 반) 나루터에서 뱃사공으로부터 적도 26명이 그곳에서 동남쪽 대흥사(大興寺, 구례 서남쪽 2리 반) 방향으로 갔다는 것을 듣고 즉시 이들을 추격하여 오후 6시 30분 상계리(相溪里, 비봉리 동쪽 2km)에 도달했다. 이때 동쪽 1,000m 고지 위에 적이 숨어 있는 것을 발견했다. 토벌대는 즉시 병력을 둘로 나누어 일부는 그 남쪽 고지의 옆과 뒤에서 접근하고, 주력은 정면에서 공격하여 교전 1시간 만에 이들을 물리쳤다.

이 전투에서 적의 사망 6, 우리 쪽 손해 없음.

마을 사람의 말에 따르면, 이 적도는 총 24명이고 그중 13명이 총을 휴대하고 있으며, 수괴는 황인선(黃仁先)이라고 칭하는 자라고 한다.

파견 기병 제1중대
하조동[下槽洞, 약수정(藥水亭) 동북쪽 2리] 부근 전투

4월 18일 장성군 약수정 부근을 수색 중인 장성 분견대장 이시다(石田) 중위 이하 10명(보병)은 적도 약 70명이 복흥면(福興面) 하조동 동쪽 고지에 있다는 보고를 접하고, 마침 그곳 주변을 수색 중이었던 담양 분견소의 미사와(三澤) 군조 이하 5기와 협력하여 이들을 공격하기로 결정했다. 미사와 분대에게 본도상에서 적을 견제하도록 하고, 이시다 부대가 배후에서 적을 덮칠 계획으로 전진했다.

오후 5시 반에 미사와 분대는 적과 충돌하여 1시간 반 동안 교전했는데, 장 이하 3명이 부상을 당하면서 한때 위태로운 지경에 빠졌지만 완강히 그 위치를 사수했다.

이시다 부대는 지형이 불리하여 예상보다 시간을 소모했지만 간신히 적의 배후로 통할 수 있어서 불시에 사격하여 적을 물리쳤다. 이 전투에서 적의 사망자는 12, 부상자는 불명, 우리 쪽 손해 부상 3.

원산 수비대(보병 제50연대 제3대대)
수산동(秀山洞) 부근 전투

폭도 약 250명이 4월 18일 밤 문천군(文川郡)에서 일본인 1명을 참살하고 전봇대 1개를 파괴한 후 관아를 소각하고 서쪽으로 달려갔다는 정보를 접했다. 원산에서 파견된 이시카와(石川) 중위가 이끄는 보병 하사 이하 20명, 헌병 시카쿠(四角) 경부 이하 6명으로 구성된 토벌대는 23일 동이 트기 전에 수산동(秀山洞)에 도달했다. 그런데 폭도의 잔당이 아직 부근에 있다는 것을 발견하여 그중 1명을 죽이고 다른 사람들을 몰아냈다.

종종 참담한 피해를 입으면서도 마을 사람들은 폭도의 종적에 대해 말하지 않았다. 엄밀한 탐색 결과 수산동 서쪽 약 4리 하죽전리(下竹田里) 부근에 적도의 소굴이 있다는 것을 탐지하고 25일 고원 분견대에서 파견된 상등병 이하 4명 및 순사 2명을 합쳐 하죽전리에서 적도 토벌을 했다.

토벌대는 그날 오후 3시 20분 험준한 산지를 점거한 약 150명의 적과 충돌하여 약 3시간 교전한 후 대야리(大野里) 방향으로 격퇴했다.

26일 오전에 여전히 부근에 적의 잔병이 출몰하는 것을 발견하여 널리 소탕했다. 이 이틀간의 전투에서 적도의 사망자는 6, 부상자는 미상이지만 20명 이상일 것이다.

노획품은 화승총 1, 탄약 약 200발, 서류 약간.

26일 이후의 토벌에서 몰아낸 적도가 하죽전리 북쪽 약 6리 장재동(長財

洞) 부근에 집합해 있다는 정보를 접하고, 토벌대는 양독 분견대에서 파견된 하사 이하 10명, 순사 1명을 합쳐 28일 밤에 행군하여 관평리(舘坪里, 영흥군 고원 서쪽 약 15리)에 도달했다. 그런데 적도는 우리의 추격을 탐지하여 도중의 다리를 파괴하는 등의 수단으로 그 종적을 끊었다.

파견 기병 제1중대
사천장(沙川場) 분둔대 계동(桂洞) 부근 전투

4월 22일 오오이(大井) 상등병 이하 5기는 수색을 위해 분견대가 있는 사천장(영광 남쪽 4리)을 출발하여 나산(羅山) 방향으로 전진하다가 오후 0시 30분에 수행하는 일진회원의 보고에 따라 폭도 약 40명이 나산 북쪽 약 1리 축동(丑洞)에 있다는 것을 알게 되어 그곳을 향해 도보 급행했다.

그곳에 도착했을 때는 적이 이미 북쪽을 향해 도주한 후여서 즉시 그들을 추격하여 오후 4시 30분 성벌산(城伐山) 북쪽의 이름 없는 부락에 도달하여 계동(桂洞) 서쪽 고지 위에 있는 폭도 약 40명을 발견했다.

그래서 각자 한복으로 변장하고 그곳에서 즉시 서쪽 산정을 기어올라 공격을 개시했다. 적이 완강히 저항했지만 약 2시간 교전한 후 그 수괴인 이진옥(李振玉)을 생포했으며, 나머지를 북쪽 불갑산 방향으로 물리쳤다. 이 전투에서 적의 사망자는 16.

파견 기병 제2중대
유황동(柳黃洞, 나주 서쪽 7km) 부근 전투

고오리야마(郡山) 대위가 지휘하는 가토(加藤) 군조 이하 14기는 4월 22일 오후 5시에 나주의 서쪽 7km에 있는 유황동 부근에서 약 20명의 적과 마주쳤다. 토벌대는 2부로 나누어 1부는 적의 좌측으로 보내고 주력은 정면에서 공격을 개시했다. 적은 자연의 험준함을 이용하며 완강히 저항하여 쉽게 퇴각할 기미가 없었지만, 좌측으로 접근한 1부의 신속하고 용감한 돌격에 심한 공포를 느끼게 된 듯 갑자기 퇴각하기 시작했다. 토벌대는 즉시 전부 추격으로 전환하여 동북쪽으로 적을 몰아냈다. 이 전투에서 적의 사망자는 5, 우리 쪽 손해 없음.

파견 기병 제1중대
사이토(齊藤) 토벌대 마지(馬池) 부근 전투

4월 24일 오전 11시 파견 기병 제1중대 사이토 오장 이하 5기는 광주 경찰서원 및 순사대와 협력하여 광주군 마지면(馬池面, 광주 서북쪽 2리) 부근 폭도 토벌을 위해 광주를 출발할 때 중대 명령에 의거하여 다음과 같이 구분했다.

순사대는 선석(仙石) 가도를, 경찰대는 죽림도(竹林道)를, 기병대는 장성도를 맡아 함께 마지면으로 향한다.

도중에 약 10명의 폭도가 지금 마지면에 있다는 보고를 접하고 급히 전진하여 그곳에 도달하자 마지면 서쪽 고지에서 적에게 사격을 당해 즉시 도보로 응전하고 약 1시간 30분간 교전하여 물리쳤다. 적의 사망 15, 우리 쪽 손해 없음.

보병 제14연대 제5중대 야마다(山田) 토벌대
마곡[馬谷, 무풍장(茂豊場) 동쪽 1리] 부근의 전투

무풍장 부근의 적도 토벌을 위해 파견된 야마다(山田) 소위 이하 17명은

4월 26일 수비지 함양을 출발하여 안의를 거쳐 그 북쪽 4리에 있는 황산에서 1박하고 이튿날인 27일 오후 2시 30분에 무풍장 서남 1리 한치(寒峙)에 도달했다. 그때 약 30분 전에 적도 140명이 무풍장 동쪽 1리 금척(金尺)에서 점심을 먹었다는 정보를 접하고 그곳 방향으로 급히 전진하여 오후 4시에 금척에 도달했다. 그때 적 약 140명은 그곳 밭에서 둥글게 모여앉아 뭔가 의논하는 중이었던 듯했다. 소대가 즉시 이 적을 공격하자 적은 허둥지둥 낭패하여 대덕산(大德山) 방향으로 도망쳤다. 이 전투에서 적의 사망자는 37, 부상자는 50명 이상. 우리 쪽 손해 없음.

파견 기병 제2중대
생촌(生村) 부근 전투

이이즈미(飯泉) 소위 이하 16기는 4월 28일 오전 10시가 넘어서 사창 부근에서 고창으로 향하여 북진하는 도중에 고창 남쪽 약 12km에 있는 생촌[무장군(茂長郡) 원송면(元松面) 동부]에 도달했다. 그때 그 마을 서쪽 약 2km 고지에서 120~130명의 폭도를 발견했다. 즉시 다음과 같이 역할을 나누어서 공격에 착수했다.

군조에게 졸 4기를 붙여 적의 좌측과 배후로 움직이게 한다.
상등병에게 3기를 붙여 적의 우측면으로 움직이게 한다.
나머지는 정면에서 공격한다.

적은 천연의 험준한 지리적 조건을 이용하여 약 50~60개의 화승총을 배열하고 우리가 약 200m에 접근할 때까지 완강히 저항하며 쉽게 퇴각하지 않았다. 마침내 상등병이 지휘하는 방면의 공격이 크게 진척되고 우측과 배후에서 나카지(中路) 중위 이하 5기의 협력을 얻을 수 있어서 결국 이들을 격퇴했다. 그러나 각 방면 모두 절벽이 가로막고 있어서 추격이 뜻대로 되지 않았으므로 이들 대부분을 놓치고 말았다. 이 전투에서 적이 버리고 간 사체는 17, 우리 쪽 손해 없음.

하동 수비대
악양면(岳陽面) 부근 전투

4월 30일 하동군 악양면 정자촌(亭子村, 하동 서북 3리 반)에서 적 14명이 배회한다는 보고를 접하고 이들을 토벌하려고 하동 수비대에서 파견된 가이(甲斐) 상등병 이하 7명은, 그날 오후 3시에 악양면 등촌(登村)에서 약 20명의 적과 마주쳐 1시간 동안 교전한 후 이들을 북쪽으로 몰아냈다. 이 전투에서 적의 사망자는 10명.

이 전투 후 돌아가는 길에 정자촌에 갔을 때 그 남쪽 약 10m 신대촌에 약 40명의 적이 있다는 것을 탐지하고 이튿날 새벽 동이 트기 전에 공격하기로 결정하여 정자촌 남단에서 노숙했다. 적은 그 남쪽 고지에서 밤새도록 우리를 향해 사격했다.

5월 1일 오전 5시에 야영지를 출발하여 고지 위의 적을 공격했다. 적은 우리의 공격을 받자 즉시 신대촌 방향으로 도주하기 시작했으므로 토벌대가 즉시 추격했다. 적은 가옥을 방패 삼아 다시 완강히 저항했다. 그 숫자는 80명으로서 약 1시간 동안 교전했으나 쉽게 퇴각하지 않았다. 이때 가이 상등병은 머리에 맹관총창(盲管銃創)을 입었지만 굴하지 않고 부하를 독려해가면서 전투를 계속했다. 오전 10시에 이르러 적은 마침내 가옥에 불을 지르고 도주를 꾀했으며, 토벌대는 즉시 돌격으로 전환하여 이들을 모두 무찔렀다. 이 전투에서 적의 사망자는 28, 부상은 20명 이상. 우리 쪽 부상은 겨우 3명.

평안남도 성천(成川) 수비대
지창(岐倉, 성천 북쪽) 부근 폭도 토벌 경황

4월 30일 지창(성천 북쪽 약 3리) 부근의 불온한 상황을 접하고 성천 수비대는 그날 오전 7시에 오장 이하 4명을 그곳으로 파견했다. 그 대는 오전 9시에 지창에 도착하여 그곳의 재원조사국이 폭도 때문에 소실된 것을 보았으며, 일본인 남성 1명, 한인 2명의 시체를 발견했다. 마을 사람 말에 따르면, 약 30명의 폭도는 그날 아침 오전 3시경에 지창 북쪽 반 리에 있는 신덕리(新德里) 방향으로 퇴각했다고 한다.

토벌대는 부근 정황을 정찰하는 중에 성천 경찰서에서 파견된 6명의 순사와 협력하여 오전 11시에 지창을 출발하여 오후 4시에 용연리(龍渕里, 지창 동북쪽 약 3리 반)에 도착했을 때 마을 사람을 통해 다음 정보를 얻었다.

약 30명의 폭도가 오늘 아침 용연리를 거쳐 심곡리(深谷里, 용연리 동쪽 약 2,000m) 방향으로 퇴각했다고 한다.

토벌대가 오후 4시 50분 용연리를 출발하여 밤에 행군하면서 5월 1일 오전 3시에 동창(東倉, 용연리 동쪽 2리)에 도달했을 때 동창 동쪽 약 반 리에 있는 소상리(召上里)에서 폭도 30명이 숙영하고 있다는 정보를 접했다.

토벌대 일행이 급행하여 오전 5시에 소상리에 도달하여 폭도가 숙영하고 있는 것을 발견했다.

토벌대가 순사대와 협력하여 즉시 공격을 개시하자 폭도는 소상리 북쪽 고지로 산개하여 우리를 향해 사격했다. 공격 약 1시간 만에 폭도는 소상리 북쪽 고하리(古下里) 방향으로 퇴각했다.

이 전투에서 적의 손해는 사망 4, 부상 6~7명.

삼등(三登, 평양 동남쪽) 수비대
수안군(遂安郡) 두밀(斗密, 삼등 동남쪽 약 2리 반) 폭도 토벌 경황

5월 1일 오전 9시 삼등 동남쪽 약 1리에 있는 성천군 흑수리(黑水里) 부근을 폭도가 습격했다는 보고를 접하고 즉시 상등병 이하 5명을 그곳으로 파견했다. 토벌대는 그날 오후 4시 흑수리에 도착하여 그곳에서 폭도가 현재 수안군 두밀(삼등 동남쪽 약 2리 반 대동강 기슭) 및 조두치(鳥頭峙) 사이의 황대동(黃岱洞, 면 위에 없음)에 있다는 마을 사람의 정보를 접하고 즉시 황지동(萬池洞)을 거쳐 전진하여 오후 5시 30분에 만지동(萬池洞) 남쪽 약 1,500m의 삼거리에 도달했다. 이때 황대 부락 방향으로 2~3발의 총성이 울리는 것을 듣고 즉시 고지 위에서 그 마을 방향을 탐색하자 폭도 수십 명이 마을 사람을 협박하여 물자를 징발하고 있는 중이었다. 그리고 두밀 남쪽 고지(표고 276)에 망보는 보초 3명을 발견하고 토벌대는 즉시 망보는 보초 및 황대의 폭도를 향해 사격했다. 폭도의 대부분은 황대 마을 끝에서 일부는 250 고지로 기어올라 사격했다. 전투 약 1시간 만에 토벌대가 결의를 굳히고 돌격하자 적은 고지를 넘어 도망쳤다.

이 전투에서 적의 사망자는 16명이며, 부상자 수는 불명확하지만 몇 명 있는 듯하다. 우리 쪽 사상자 없음.

이천 수비대(보병 제50연대 제8중대)
광북동(廣北洞) 부근 전투

이천 수비대장 이이(井伊) 중위가 이끄는 토벌대(순사 1, 통역을 포함)는 5월 2일 명덕리(明德里, 이천 북쪽 약 5리)에서 약 400명의 적이 광북동[가려주(佳麗州) 동남쪽 약 2리 반]에 있다는 것을 듣고, 그날 밤에 용천동(龍川洞, 가려주 남쪽 약 3리)에서 숙영하고 12시를 기하여 야습하기로 결정했다.

토벌대는 예정대로 2일 밤 12시에 출발하여 일부는 북진하여 선동(蟬洞, 가려주 남쪽 1리)을 거쳐 광북동으로, 주력은 광북동을 넘어 이를 습격했다. 주력은 오전 4시 55분에, 일부는 광북동 서북쪽 고지 부근에서 약 250명의 적과 충돌했다. 약 3시간 교전한 후 적은 많은 시체를 버리고 산정을 지나 남쪽으로 퇴각하기 시작했다. 토벌대는 맹렬하게 이를 추격했지만 정오에 광북동 남쪽 고지(표고 978)에서 적의 그림자를 놓치고 말았다.

이 전투에서 적이 버리고 간 사체는 30, 부상자는 100명 이상. 노획품은 총 13, 돈 128원 80전. 우리 쪽 손해 없음.

인제 수비대
오세암(五歲菴, 인제 동쪽) 부근 전투

폭도 200~300명이 창암점(窓岩店) 남쪽 2리에 있는 백담사(百潭寺) 및 오세암 등의 절을 근거지로 종종 양양군 및 인제군 남부에 와서 금품과 양식을 약탈하고 양민을 살해한다는 보고를 접했다. 적의 상황 및 지형 정찰을 목적으로 인제 수비대에서 가력(加歷, 창암점 서쪽 1리), 우와리(牛臥里, 인제 동남쪽 4리) 및 귀둔리(貴屯里, 인제 남쪽 7리)에 하사 혹은 상등병을 장으로 하여 병졸 7에서 10명에 순사 1명, 일진회원 1명을 붙여 잠복 척후로 삼거나 또는 양양 분견대에서 1 부대를 파견하여 그 방면의 요충지인 신흥사(神興寺)를 점령하여 적의 도망을 예방하고 주력은 5월 4일 영세암(靈歲庵) 서쪽 약 2리에 있는 대승령(大勝嶺)을 넘어 전진했다. 산허리에서 마을 사람 한 명을 잡아 심문해보니, 적은 병사 일부에게 영세암 부근을 맡기고, 주력은 오세암 부근을 점령하게 했으며, 백담사도 적의 거점이 되지 않을 수 없었음을 확인했다. 이에 중대가 급한 걸음으로 전진하는 중에 오후 2시 영세암 동쪽의 요지에서 적의 사격을 받았다. 토벌대가 즉시 공격하자 적이 무너졌고 이들을 즉시 추격하여 오세암으로 향했다.

토벌대는 절벽과 같은 급사면을 우회해가면서 전진하여 오후 4시에 고개에서 약 200m 거리에 도달했다. 이때 적의 맹렬한 사격을 당하여 토벌대가 즉시 응사했으나 부근 일대가 깎아지른 듯한 사면인데다 나무가 울창하여 사격의 효과가 없었다. 이에 즉시 전력을 다하여 돌진했지만 도로 밖은 험한 돌산이어서 뜻대로 걷기도 힘들었다. 겨우 200m의 직거리를 걷는데도 10여 분을 요했고, 정상에 달했을 때는 이미 적이 고지를 세 방향으로 나누어 퇴각 중이었다. 토벌대는 진격 사격을 가했으나 그들의 종적을 잃고 말았다.

5월 5일 오전 5시부터 적을 수색하고 물자를 은닉한 장소를 정찰하기 위하여 봉정암(鳳頂菴)에 1조, 신흥사에 1조, 송암산 방향에 1조의 척후를 파견했다. 이들 척후는 골짜기 아래 혹은 바위 아래 등에 잠복해 있는 적의 잔당(다수는 부상을 입음)을 소탕하면서 목저 지점에 도달하여 정오까지 모두 귀환했다.

부상사 및 잔당인 승려의 말에 따르면, 적장은 이강년(李康秊)·이준명(李準明) 및 정원팔(鄭元八)이며, 총 인원은 350여 명, 그중에 50명은 영세암에, 200명은 오세암에 있으며 무기를 휴대한 자는 그중 약 80명으로서 20여 정은 단발식 군용 총으로서 구 한국군 병사 20~30명이 있다.

지난 17일경부터 이 지역에 체재하며 기계체조장(器械體操場)을 만들고 수많은 고지대 및 집 앞에 초소를 만들었으며, 주류를 양조하고 많은 미곡을 저장하여 약간 영구적 설비를 갖추는 듯하다.

이강년은 아무 것도 하지 않으면서 방 안에서 누웠다 일어났다 하면서 일본병은 결코 이곳에 오지 않는다고 단언하고 있으며, 때때로 부하를 교대로 양양 또는 인제 군내로 보내 물자를 징발하고 안에서 화약과 탄환을 만들면서 척후 보초의 근무를 하며 항상 일본 병사가 오면 한 명도 남김없이 죽여야 한다고 큰소리 쳤다고 한다.

이 전투에서 적의 사망 42, 부상 불명. 노획품은 백미 20석 9말 5되, 기타 잡품 다수. 우리 쪽 손해는 부상 1명.

파견 기병 제2중대 야마구치(山口) 토벌대(준사관 이하 9기)
오룡촌(五龍村, 태인 남쪽 4리) 부근 전투

5월 10일 야마구치 토벌대는 수비지인 고부를 출발하여 갈담 방향으로 전진하는 도중에 지난 7일 밤에 약 50명의 적도가 운두암(雲頭庵, 정읍 동쪽 약 2리)에 와서 습격하고 금품을 약탈했으며, 8일 아침에 동북쪽으로 갔다는 성보를 접했다. 토벌대는 즉시 그 방향으로 추격했다.

토벌대가 정읍 동남쪽 약 3리 용암 북쪽 약 2,000m 지점에 도달했을 때 그 북쪽으로 퇴각 중인 적 약 50명을 발견하여 즉시 말을 달려 습격하고자 했으나 적은 오룡촌 서북쪽 고지로 기어올라 완강히 저항했다. 그래서 도보전으로 전환하여 약 1시간 반을 교전한 후 돌격을 실시하여 그들을 북쪽으로 몰아냈다. 이 전투에서 적의 사망자는 13, 부상은 미상. 우리 쪽 손해는 졸 1명이 가벼운 부상을 당함.

파견 기병 제2중대 정읍 정지 척후
운암리(雲岩里, 정읍 동쪽 약 1리) 부근 전투

고부 수비대에서 정읍으로 파견된 상등병이 지휘하는 정지 척후는 5월 8일 오전 11시 정읍 주민에게서 지난 7일 밤 12시경에 적도 약 50명이 운암리(정읍 동쪽 약 1리)를 습격하여 금품을 약탈하고 다음 날을 위해 두 끼 분의 준비를 명했다는 급보를 접하고, 척후장은 변장 졸 3명을 이끌고 오후 1시 30분 그 적도를 토벌하기 위하여 정읍을 출발했다.

토벌대가 오후 4시경에 칠보산(정읍 동쪽 약 1리) 산기슭에 도달했을 때 그 동남쪽 약 300m의 고지 위에서 폭도 약 40명을 발견하여 즉시 이를 공격했으나 적이 우리의 변장을 수상하게 여겨 약 150명에 근접할 때까지 한 발의 응사도 하지 않았다. 좀 더 전진하자 갑자기 약 150정으로 이뤄진 소총의 일제사격에 이어서 맹렬한 급사격으로 완강히 저항을 시도했으나 약 2시간 반의 응전 후 우리는 돌격으로 전환하여 마침내 이들을 무찔렀다. 이 전투에서 적의 사망자는 9. 부상자는 미상. 우리 쪽 손해 없음.

사료 23
한국 내 각지에서의 전투상보 제출 건(1908. 7. 2)

자료명	韓國內各地に於ける戰鬪詳報提出の件
생산자	韓國駐箚軍參謀長 牟田敬九郎
생산시기	1908年 7月 2日
소장기관	日本 防衛省 防衛硏究所
문서정보	陸軍省-密大日記-密大日記-M41-1-80(C06031077200)

密受 제334호 韓參報 제84호

1908년 7월 2일

한국주차군 참모장 무타 게이쿠로(牟田敬九郞)

육군 차관 남작 이시모토 신로쿠(石本新六)

한국 내 각지에서의 전투상보 제24, 1부를 다음을 위하여 참고로서 제출합니다.

제24

파견 기병 제1중대

박산(朴山, 장성 서남 4리) 부근 전투

 4월 24일 김태원(金泰元)이 이끄는 폭도 80명이 광주군 마지(광주 서북 약 2리)에 왔다는 것을 탐지하고 장성 이시다(石田) 중위 이하 9기 및 월평(月

坪) 분견대[구니토모(國友) 상등병 이하 순사까지 13명]가 협력하여 25일 오전 4시에 월평을 출발하여 나주 장성 가도 연선의 부락을 수색해가면서, 오전 9시에 월평 서남 2리의 광곡(廣谷)에 도달했다. 그때 김태원이 이끄는 폭도 약 40명이 24일 장성 서남 4리 두동(斗洞)에서 점심을 먹고 있다는 것을 탐지하여 그곳 방향으로 전진했다. 정오에 두동에 도착한 이시다 중위는 마침 그곳에 집합한 사창[와시오(鷲尾) 상등병 이하 순사까지 12명의 도보대 및 평림(平林), 이토(伊藤) 상등병 이하 순사 12명의 도보대] 양 분둔대를 셋으로 나누어 두동·평림·사창을 연결하는 삼각형 안의 각 부락을 수색하기 위해 오후 1시에 각 분견대가 두동을 출발했다.

오후 3시에 이시다 분진대가 북창(北昌, 장성 서남쪽 4리)에서 폭도 이운선(李云善)을 붙잡아 심문한 결과, 김태원이 이끄는 폭도 약 40명은 지난밤에 북부 박산(朴山, 장성 서남 4리)에 숙영하고 지금 그곳에 체류 중인 것을 알게 되었다. 이를 정찰하여 적의 감시병인 듯한 자를 여러 곳에 배치한 정황이 확실하다는 것이 확인되므로 즉시 다른 두 분진대에 통보하여 협력하여 적을 포위 공격하기로 결정했다. 평림 분진대는 멀리 남쪽으로 우회하여 헤보구리[1]를 향하고 사창, 월평 양 분진대는 산막곡에서 적의 배후로 다가가 양쪽이 박산 동쪽 고지에 도달하기를 기다려 장성 분진대는 정면에서 적의 본거지를 향해 공격을 실시했다.

오후 4시 각 분진대의 우회활동은 짙은 안개 때문에 예정대로 비밀로 행해져 3면에서 함께 돌격하여 그들을 사방으로 쫓았다. 마침 선암(仙岩) 남쪽 지구를 수색 중이던 서창(西倉, 광주 서남쪽 약 2리) 분둔대 고다이라(小平) 군조 이하 7기는 총성을 듣고 즉시 와서 원조했다. 각 분진대가 추격에 참가한

---

1 원문은 가타카나. 실제 마을 이름은 불명.

이 전투에서 적의 사망자는 수괴 김태원 이하 23명, 포로 3, 노획품은 화승총 17, 칼 1, 쌍안경 1, 화약 기타 약간. 우리 쪽 손해 없음.

파견 기병 제1중대 담양 분둔대
만수동(萬水洞, 담양 북쪽 6리) 및 석현(石峴, 담양 북쪽 4리) 부근 전투

4월 28일 담양 분둔대 미사와(三澤) 군조 이하 6기는 수색활동 중에 사창(담양 북쪽 약 4리)에서 폭도 약 50여 명이 순창군 상치등면(上置等面) 방산(芳山, 정읍 동쪽 2리)에서 숙영하고 있는 것을 탐지하여 그곳 방향으로 전진하여 그날 밤 신성리에서 숙영했다. 그날 밤 적이 같은 면의 만수동(담양 북쪽 6리)으로 이동한 것을 알고 이튿날인 29일 오전 4시에 출발하여 그곳으로 급행했으나 오전 7시 30분에 적이 이미 이들이 오는 것을 탐지하여 만수동 동북쪽 산속으로 도주한 것이 확인되었다. 즉시 사격을 개시하여 그중 4명을 죽였으나 적은 응전하는 일 없이 임실 방향으로 퇴각했다.

토벌대는 추격을 속행하여 오후 9시 태인군 고현면(古縣面) 반곡(盤谷, 태인 동남 3리)에 적이 숙영하고 있으며, 정찰 결과 적이 그날 밤 고현면 광덕리(廣德里)에 숙영하고 있는 우리를 야습할 계획이라는 것을 듣게 되었다. 우리가 먼저 이들을 공격하기 위하여 30일 오전 3시에 숙영지를 출발했다. 도중에 적이 밤에 광덕리를 출발하여 순창군 상치등면 오룡촌(五龍村, 정읍 동쪽 4리)에 집합하여 새롭게 임실 방면에서 온 적과 합류하여 총 숫자는 120~130명의 한 무리가 되어 남행해가고 있다는 것을 탐지했다.

토벌대가 즉시 그곳 방향으로 전진하여 오전 7시에 상치등면 석현(담양 북쪽 4리)에 도달했을 때 적이 이미 동쪽 산중턱을 기어오르고 있는 것을 발견하여 즉시 공격하여 그중 2명을 죽였다. 적은 산정을 넘어 달아났다. 그 병력은 약 60명.

상치등면 석현 서쪽 준반(俊盤)에 나누어 숙박한 적의 반은 마침 그곳 동남쪽 밭으로 진출하여 우리 쪽 말을 향하여 급사격을 했다. 즉시 이에 응사하여 교전 몇 분 만에 적을 그곳 북쪽 고지로 몰아냈다. 토벌대가 그 적을 향하여 추격 전진하는 도중에 홀연히 약 20명의 적이 준반 서쪽 고지에 나타나 우리를 측면에서 사격했다. 동시에 또한 석현에서 퇴각하던 적도 다시 야전미(夜戰味) 서쪽 고지에 나타나 세 방향에서 협공하여 지형적인 유리함에 의거하여 완강히 저항했다. 전투는 거의 4시간에 걸쳐 계속되었다.

토벌대는 우선 가장 우리에게 근접한 준반 서쪽 고지의 적을 향해 돌격하여 이들을 서북쪽으로 격퇴한 후 다른 방면의 적을 향해 제2면의 돌격을 행하여 이를 물리쳤다.

이 전투에서 적의 총 숫자는 약 120~130명으로서 그중 서양 총이 약간 있었다. 수괴의 성명은 알 수 없지만 그 부하들은 일반적으로 전투에 익숙하고 매우 침착했으며 부상자의 수용도 매우 교묘했다. 적의 시체는 앞에서 설명한 대로 합계 11. 노획품은 한국 총 7정, 기타 잡품 약간. 우리 쪽 손해 없음.

파견 기병 제1중대 미사와(三澤) 토벌대
월평리(月平里, 담양 서북쪽 1리) 부근 전투

5월 6일 오후 6시 폭도 수십 명이 담양 서북쪽 약 1리에 있는 월평리(月平里)에 와서 그날 밤 남양을 습격할 계획을 세우고 있는 중이라는 보고를 접하고, 담양 분견대는 하세가와(長谷川) 상등병 이하 4명에게 담양 주재소 순사 2명과 더불어 그곳을 정찰하게 한 결과, 적이 이미 약수정 방향으로 갔다는 것을 알게 되었다.

따라서 척후는 즉시 적을 추격하여 7일 오전 2시 상약수정 동남쪽 약 2리에 있는 월송리(月松里)에 도달하여 정황을 시찰하기 위하여 우선 일진회원을 그 마을로 진입시켰는데 적은 우리가 도착하는 것을 알아차리고 이미 산꼭대기를 향하여 도주하기 시작하고 우리를 향하여 사격을 개시했다. 척후는 일진회원에게 정황을 담양에 있는 미사와 군조에게 보고하게 하고, 동이 트기 전에 군조가 도착하기를 기다려 적을 공격하여 교전 20분 만에 고창 방향으로 몰아냈다. 토벌대는 즉시 이들을 추격하여 상약수정 남쪽 1리 반에 있는 용흥사(龍興寺) 부근에서 마침내 그 종적을 놓치고 말았다. 이 전투에서 적의 사망자는 7, 노획품은 기구 등 잡품 몇 점.

파견 기병 제1중대 오카(岡) 토벌대
단양[능주(綾州) 서남쪽 1리 반] 및 도압동[道庄洞, 능주(綾州) 서남쪽 2리] 부근 전투

폭도 약 40명이 능주 서쪽 1리의 월곡(月谷) 부근에 있다는 보고를 접하고 그들을 토벌하기 위하여 광주 수비대의 오카 군조 이하 6기는 순사대 순사 7명 및 광주 경찰서원 5명과 더불어 4월 30일 오후 11시 30분 광주를 출발했다. 토벌대는 5월 1일 오전 1시 30분 화순에서 동복(同福) 헌병대 및 광주 경찰대 일부와 합류하여 오전 5시 10분에 월곡에 도달하여 그 마을을 포위 수색했으나 적은 전날 밤 8시에 이미 보성 방향으로 도주한 후여서 아무 것도 얻지 못했다.

토벌대는 오전 7시에 월곡을 출발하여 도대치(途大峙)를 넘어 보성 방향으로 전진하는 중에 오전 9시 30분 점곡(點谷, 능주 서남쪽 1리 반)에서 폭도 약 40명이 단양(능주 서남쪽 1리 반)에 있다는 것을 탐지했다. 헌병 7명에게 경찰 순사 5명을 합류시켜 진곡(眞谷)에서 서남쪽으로 전진하여 단양 서남쪽 고지 위로 진출시키고 나머지는 본도 위를 남하하여 도중에 그 주력으로 단양 동북쪽 고지를 향했으며 일부를 나누어 그 우측으로 병진함으로써 헌병경찰의 일부와 연락하게 하여 이와 같이 당당히 단양의 촌락을 포위했다.

그리고 순사 2명을 촌락 안으로 진입시키자 폭도 약 40명이 화약을 제조하는 중이었는데 우리가 진입한 정황을 보자 일부는 동쪽 고지를 향하여 도주하기 시작했다.

그래서 우선 북쪽 고지 위에서 사격을 개시하고 헌병대 일행도 그 서쪽 고지에 도달하여 사격을 개시하여 약 1시간 교전한 후 물리쳤다. 수괴 이학삼(李學三) 이하 9명을 죽였다.

토벌대는 적도의 뒤를 쫓아 수색을 속행하여 덕치(德峙)·신정(新井) 등을 거쳐 오후 5시 사가리(단양 서쪽 3km에 있는 이름 없는 부락)에 도착했다. 그곳에서 폭도 약 10명이 도압동(道庄洞, 능주 서남쪽 2리)에서 쉬고 있다는 밀정의 보고를 접하고 급행하여 일부는 동쪽에서, 주력은 서남쪽에서 공격하여 그중 7명을 죽였다.

적의 사망은 전후 합쳐서 26명. 노획품은 화승총 7, 화약 기타 잡품 약간.

파견 기병 제3중대 아와이하라(粟飯原) 하사 척후
노정산(老正山, 정읍 동쪽 1리) 부근 전투

5월 8일 오전 1시 폭도 약 50명이 남존면(南村面) 은석리(銀石里, 태인 남쪽 2리)에 와서 그곳의 부호 모씨를 구타 압박한 후 두 아들을 포박하여 서쪽으로 갔다고 하는 보고를 접하고, 마침 태인 갈담 부근에서 토벌 중이었던 도리이(鳥井) 중위가 이끄는 토벌대는 아와이하라 군조 이하 8명, 통역 1명을 그곳 방향으로 파견했다. 아와이이하라 토벌대는 그날 오전 7시 30분에 태인을 출발하여 오전 8시 40분 은석리에 도달했다. 그곳 마을 사람의 말에 따르면, 폭도 약 50명이 그날 아침 4시 그곳에 와서 약 30분 쉰 후에 서쪽으로 갔다고 한다. 척후는 그들을 추적했다.

오전 11시 노정산(老正山, 정읍 동쪽 1리) 동쪽에 도달했을 때 노정산 서쪽 고지 위를 폭도 약 50명이 검은 옷을 입고 서진하는 것을 발견했다. 즉시 대를 둘로 나누어 고이케(小池) 상등병 이하 5명에게 도로의 남쪽에서 우회하여 그 퇴로를 차단하게 하고, 나머지는 부락 안에서 멈추었다. 폭도는 퇴로를 차단당했기 때문에 즉시 두 무리로 나뉘어 일부는 북쪽 산 위로, 다른 일부는 노정산 방향으로 도주하기 시작했다. 따라서 서부대는 즉시 급사격을 한 후 말을 달려 추격으로 전환하여 약 1시간의 전투 후 적에게 많은 손해를 입히고 그들을 물리쳤다. 척후는 추격을 계속했으나 지형이 험준하고 적도들이 사방으로 흩어졌기 때문에 목적을 충분히 달성할 수 없었다. 오후 5시 태인으로 돌아와 주력에 합류했다.

이 전투에서 적의 사상자는 버리고 간 시체 20. 노획품은 화승총 6, 군도 1, 기타 잡품 약간. 우리 쪽 손해 없음.

함천 수비대(보병 제52연대 제11중대)
용담리(龍潭里) 부근 전투

5월 8일 함천 남쪽 약 2리 반에 있는 용담리 부근에서 폭도가 우회했다는 보고를 접하고 토벌을 위해 그날 오후 1시 40분 함천 수비대에서 나카무라(中村) 중위 이하 10명을 용담리에 파견했다.

토벌대는 오후 4시에 용담리에 도착하여 다음 정보를 얻었다.

오늘 오전 5명의 폭도가 이곳에 와서 물품을 약탈하고 점심을 먹고 옥정리(玉井里) 방향으로 갔다고 한다.

따라서 즉시 옥정리 부근을 수색했으나 아무 것도 얻지 못하고 그날 밤 옥정리에서 숙영했다. 5월 9일 오전 6시 옥정리를 출발하여 오후 0시 30분에 동창(東倉) 부근에서, 약 50명의 폭도가 지난 밤 동창에서 숙영하고 오른 아침 남쪽으로 갔다는 정보를 접했다. 이에 3리를 추격하여 거인리(居仁里)에서 폭도 5명을 죽이고 그날 거인리에서 숙박했다. 그날 밤 12시 우리 보초는 폭도의 간첩 2명을 포박하여 심문한 결과, 폭도가 회춘리(回春里, 거인리 서북쪽 약 2리 반)에 있다는 것을 탐지했다.

5월 10일 오전 4시 30분에 거인리를 출발하여 전날 밤에 붙잡은 간첩을 길잡이로 삼아 오전 6시에 회춘리 남쪽 구석에 도달했을 때 이 마을 북쪽 고지를 퇴각 중인 인원 숫자 불명의 적을 발견하여 즉시 사격하여 동북쪽으로 물리쳤다. 적의 사망자 10. 노획품은 화승총 10, 단도 1, 화약 기타 잡품 약간. 우리 쪽 손해 없음.

보병 제14연대 제5중대
추성(楸城, 함양군 남쪽 약 4리 지리산맥 안) 부근 전투

니시하라(西原) 중위 이하 32명은 추성(楸城) 부근 폭도 도빌을 위해 5월 12일 오후 4시에 수비지인 함양을 출발했다. 이보다 앞서 야마다(山田) 소위 이하 10명의 장교 척후에게 한국 옷을 입혀서 추산(楸山)을 향하여 출발시켰다. 그 척후는 오후 9시 의중촌(衣中村, 추싱 북쪽 1리)에 달하여 다음과 같은 정보를 얻어서 보고했다.

추산에는 약 100명의 폭도가 숙영하며, 그 동남쪽 골짜기 안에 이름 없는 부락에도 폭도의 한 집단이 있는데 의중촌에서 그 보초병인 듯한 자를 발견했다.

위 정보를 접하고 토벌대는 즉시 추성 방향으로 전진했다. 야마다 척후가 의연하게 앞장서서 오후 12시에 추성 북단에 도달하여 마을 사람에게 심문하니 60여 명의 폭도는 그 마을 남단에서 숙영했지만 토벌대가 쳐들어오는 것을 알고 현재 도주 중이라고 한다. 야마다 척후는 즉시 그 적을 추격했으나 도주 중인 적 5명을 죽인 것 외에는 무엇 하나 얻지 못했다. 토벌대는 그날 밤 그 마을에서 숙영했다. 이 전투에서 적의 사망자는 8, 부상자 미상. 노획품은 화승총 5, 벼 10석 8말, 기타 잡품 약간.

13일 오전 8시부터 추성 남쪽 1리 반 산간지방을 수색하는 중에 추성 남쪽 약 3,000m 지점에서 적의 잔당 10여 명을 발견하여 그중 2명을 죽였다. 토벌대는 당흥(堂興, 추성 서쪽 2리)에 이르러 실상사(實相寺)에서 숙영하고 설봉(雪峰) 동쪽 지구에 밀정을 파견 수색했으나 수확은 없었다. 14일 상인월(上引月)을 거쳐 오후에 함양으로 돌아갔다.

파견 기병 제1중대 하라사와(原澤) 척후
소론실(小論實, 남원 동북쪽 4리) 부근 전투

5월 11일 오후 1시 현재 남원 동북 약 4리에 있는 하번암면(下番岩面) 대론실(大論實)에 폭도 약 30명이 있다는 정보를 접하고 이들을 토벌하기 위하여 남원 분둔대 하라사와 상등병 이하 5기가 즉시 남원을 출발했다.

이들 척후는 오후 4시 40분에 대론실에서 남원에서 온 한(韓) 순사 일행과 합류하여 함께 정찰한 결과, 이 적이 그곳 동쪽 약 2,000m에 있는 소론실

(小論實)에 잠복하여 화약을 제조 중이라는 것을 확인하고 그곳을 향하여 전진하는 도중에 소론실에서 1,000m 떨어진 곳에 도달하자 적이 그 마을 동쪽 고지 위를 향하여 도주해가는 것을 발견했다. 이에 척후는 순사대와 함께 급히 가서 소론실에 도착하여 그들을 공격했다. 적은 산꼭대기 능선을 점령하여 완강히 저항했지만 약 1시간 반 교전한 후 우리는 그들을 동북쪽으로 몰아내고 추격 약 1시간 후 마침내 그 종적을 놓치고 말았다.

이 전투에서 적의 사망자는 17. 노획품은 화승총 5, 화약 기타 약간. 우리 쪽 손해 없음.

보병 제47연대 제5중대
아베(安部) 토벌대 상임계 부근 전투

5월 12일 오후 4시 토벌대(보병 제47연대 제5중대)는 적 약 130명이 상임계에서 숙영 준비 중이라는 것을 탐지하고, 즉시 이 적을 급습하여 그들을 물리쳤다. 마침 그곳 동남쪽 부락에 있던 적은 우리를 향하여 사격을 개시했다. 또한 그곳 서남쪽 부락에도 적이 있는 것을 발견했다. 그래서 2명의 병졸에게 서남쪽 부락의 적을 사격하게 하고 주력을 써서 동남쪽 부락의 적을 공격하게 하여 이를 삼척 방면으로 몰아냈다. 그곳 서남쪽 부락의 적은 그 부락 남쪽 고지를 방패 삼아 완만한 사격을 했으나 동남쪽 부락의 적이 퇴각을 시작하자 그 적도는 하임계 방향으로 달아났다. 그래서 삼척 방향으로 퇴각하는 적을 격퇴했으나 지형이 복잡하여 마침내 그 종적을 놓치고 말았다. 이 전투에서 적이 버리고 간 시체는 32, 부상자는 불명. 노획품은 모젤총 3, 화승총 14, 칼 2정, 탄약 기타 잡품 약간. 우리에게 손해 없음.

파견 기병 제2중대 영광 수비대
송산[무장(茂長) 동남쪽 약 2리 반] 부근 전투

5월 18일 오전 8시 30분 나카지(中路) 중위 이하 8기는 원송면[元松面, 무장(茂長) 동쪽 약 2리] 부근에서 활동 중 송산촌(무장 동쪽 약 2리 반)에서 폭도 약 20명이 우리 활동을 알고 그 마을 동남쪽 고지로 도주하고 있는 것을 발견했다. 즉시 이를 공격하여 그중 5명을 죽이고 동남쪽으로 몰아내었다. 토벌대는 즉시 그들을 40분간 추격했으나 결국은 그 종적을 놓쳤다. 이 전투에서 적의 사망 5, 노획품은 화승총 3, 화약 기타 잡품 약간. 우리 쪽 손해 없음.

삼등 수비대[보병 제52연대 다카하시(高橋) 군조]
방화동(芳化洞, 삼등 동남쪽 약 1리) 부근 전투

5월 21일 오전 6시 삼등에서 동남쪽으로 약 1리 떨어진 수안군 방화동에 적도 약 30명이 습격해 왔다는 보고를 접하고 삼등 분견대장 이하 3명이 즉시 출발하여 토벌에 나섰다.

토벌대가 오전 7시 방화동에 도착하여 마을 사람 말을 들어 보니, 폭도는 함천군 광탄(삼등에서 동남쪽 3리 대동강 오른쪽 기슭) 및 삼등군 만지동 사이의 격선동(謫仙洞, 지도상에 없음)에 있다고 한다. 만지동을 거쳐 전진하여 오후 4시 30분에 표고 348 고지 기슭에 도달했을 때 폭도 수십 명은 마을 사람들을 위협하며 물자를 징발하는 중이었다.

토벌대는 즉시 공격하여 약 1시간 교전한 후 이를 동쪽으로 물리쳤다. 적의 사상자 불명. 노획품은 엽총 1, 화승총 2, 기타 잡품 약간.

파견 기병 제3중대 제2소대
태인군 사내동(寺內洞) 부근의 전투

태인군 부근 적도 토벌을 위해 5월 13일 군산 수비대장 데라우치(寺內) 군조 이하 10기(그 밖에 통역 1)를 그곳에 파견했다. 이 토벌대는 5월 16일 오전 산내면 사내동(태인 동남쪽 3리)의 동쪽에서 정읍 방향으로 사내동을 거쳐 북진 중인 16명의 적도를 발견하여 즉시 공격하여 그들을 순창 방면으로 몰아냈다. 이 전투에서 적의 사망자는 11명.

파견 기병 제1중대 순창 분둔대
용운동(龍雲洞, 태인 동남쪽 3리)

복흥면(福興面, 순창 서북쪽 7리)에서 갈담 부근에 이르는 사이의 적을 수색하기 위하여 5월 10일 순창을 출발한 와타나베(渡邊) 군조 이하 7기는 13일 오후 3시 10분에 태인군 용운동(태인 동남쪽 약 3리) 북쪽 600m의 산속에서 적도 약 20명을 발견하고 즉시 공격하여 약 1시간 반 교전한 후 이들을 북쪽 및 서북쪽으로 격퇴했다. 토벌대는 즉시 병력을 2분하여 맹렬하게 이들을 추격하여 적도를 태인, 장성 및 담양의 오른쪽 방면으로 물리쳤다. 이 전투에서 적의 사망자는 9명. 노획품은 탄약과 잡품 약간.

거창 수비 보병 제14연대 제7중대
무풍장 부근 백련사 전투

폭도 80명이 안의군 북상면(北上面) 삼벌촌(三伐村, 안의 북쪽 5리)으로 들어갔다는 보고를 접하고 거창 수비대는 5월 24일 오후 2시 반에 그곳으로 출발했다.

오후 6시에 같은 면 탑동에서 폭도가 전라도와 경상도 양 도의 분수령인 달외동(達隈峴)을 넘은 것을 알고 다시 이들을 추격했다.

25일 오후 3시에 전라도 무주군 홍천면에서 폭도가 산꼭대기에서 서쪽 산고개를 따라 종적을 감춘 것을 알고 즉시 백련사(무풍장 서남 구석 표고 1617 동남쪽 1,000m 지점)로 향했다.

오전 5시 그곳에 도착하여 즉시 이를 포위하려 하자 폭도는 우리가 오는 것을 알고 도주하려 했으므로 즉시 돌입하여 약 15분간 접전을 벌인 후 무찔렀다. 적을 추격하여 거의 섬멸하고 오후 6시에 추격을 종료했다.

폭도의 수괴는 문태익(文泰翼)이며, 그 병력은 100명 이상인 듯하다. 버리고 간 사체는 76명, 부상자는 불명확하지만 연속된 혈흔으로 판단하건대 적지는 않다. 노획품은 러시아식 총 1, 화승총 61, 관인(官印), 서류 기타 잡품 약간. 우리 쪽 부상 2(중상이지만 생명에 지장은 없음).

사료 24
제6호 한주군 전투상보(제25호) 제출 건(1908. 7. 17)

자료명	第6号 韓駐軍 戰鬪詳報(第25号)提出の件
생산자	韓國駐箚軍參謀長 牟田敬九郎
생산시기	1908年 7月 17日
소장기관	日本 防衛省 防衛研究所
문서정보	陸軍省-密大日記-密大日記-M41-5-8(C03022925800)

密受 제356호   韓參報 제89호

1908년 7월 17일

한국주차군 참모장 무타 게이쿠로(牟田敬九郞)

육군 차관 남작 이시모토 신로쿠(石本新六)

한국 내 각지의 전투상보 제25호, 1부를 다음과 같이 제출합니다.

파견 기병 제3중대 가와바타(川端) 토벌대
순창군 삼암리(三岩里) 부근 전투

전라남도 정읍 서남지구 토벌을 맡은 기병 제2중대와 협동하기 위해 5월 15일에 가와바타 소위 이하 10기는 군산 수비지를 출발하여 19일 오후 2시 사창(순창 서북 4리)에 도착했다. 마을 사람 말에 따르면, 18일 밤 11시경에 적 약 30명이 사창의 석추(石湫)에 와서 저녁을 먹고 그 북쪽 산속으로 갔다고 한다. 즉시 수색하여 통행하는 마을 사람들을 심문한 결과 삼암리(三岩里,

순창 서북 4리)에 약 50명의 적이 있다는 정보를 얻었다. 이에 산개하여 고지 위로 전진했더니 폭도의 한 무리가 이미 태인 방향으로 퇴각하고, 그 주력이 삼암리 부근에서 몇 발의 사격을 가한 후 뒤쪽을 향해 퇴각하기 시작했다. 가와바타 소위는 군조 이하 6명을 이끌고 삼암리를 거쳐 주력을 치고, 히라이(平井) 상등병 이하 4명은 태인 방향으로 퇴각한 무리를 추격하여 무찔러 수괴 이하 8명을 죽이고 1명을 붙잡았다. 노획품은 한국 칼 1, 화약 기타 잡품 약간. 우리 쪽 손해 없음.

파견 기병 제1중대 사이토(齊藤) 분견대
전라남도 서봉[栖鳳, 능주 동남쪽 4리 화산현(花山峴)
서쪽 이웃 마을 위에 있음] 부근 전투

5월 18일 폭도 약 100명이 동산(東山, 능주 동쪽에서 3리가 좀 안됨)에서 사평장(능주 동쪽 3리) 방향으로 갔다는 것을 알고 동복에서 숙영 중이던 사이토 오장은 상등병 이하 5기 및 순사대 순사 18명을 이끌고 오후 1시에 동복을 출발했다. 토벌대는 사평장에 도착한 후 적이 대원(大院, 사평장 동남 1리)으로 향한 것을 탐지했다. 그들을 추격 중에 대원에서 그들이 그곳에서 점심을 먹은 후 오후 3시 넘어 그 서남쪽 산지로 들어간 것을 알게 되었다. 그래서 토벌대를 둘로 나누어 그곳 부근을 수색했지만 적의 그림자도 찾지 못했다.

오후 11시 50분에 2대가 다시 합쳐서 그곳에서 저녁을 먹는 도중에 폭도 약 70명이 서봉에서 숙영한다는 것을 확인하고 그들을 향해 전진하여 19일 오전 3시에 서봉 서북쪽 약 반 리 지점에 도달했다. 마침 송산에서 그들의 길 안내를 맡은 한인 2명이 돌아오는 것을 마주쳐 이들을 이용하여 오후 4시 20분에 서봉을 포위했다.

오전 5시 15분에 세 방향을 제어하고 공격을 개시했다. 약 20분 만에 적약 10명이 동쪽을 향하여 도주를 꾀했으므로, 사이토 오장이 지휘하는 1대가 이를 사격하여 그중 5명을 죽였다. 이어서 약 15명이 능주로 통하는 도로를 서쪽으로 향했으므로, 다카하시(高橋) 상등병이 지휘하는 1대가 즉시 사격하여 그중 7명을 죽였다.

오전 8시 30분에 각 부대는 세 방면에서 촌락 안으로 돌입하여 모두 13명을 죽이고 5명을 붙잡았으며, 더욱 추격하여 40명을 죽였다.

노획품은 30년식 보병 총 2, 동 총검 1, 32년식 군도(칼 손잡이 없음), 포 1, 개 잡는 총 4, 화승총 23, 헌병모 2, 화약과 기타 잡품 약간. 이 폭도는 일찍이 보성 부근에서 헌병대와 충돌했으므로 노획품 가운데 보병 총, 동 총검 및 모자는 그 대가 소지했던 것이다.

파견 기병 제1중대 오카(岡) 군조 토벌대
전라남도 융흥사(隆興寺, 장성 동쪽 2리) 부근 전투

5월 29일 오후 7시 약간 명의 적도가 담양 서남쪽 2리 반 대치(大峙) 부근에 있다는 것을 알게 되어 이들을 토벌하기 위하여 오카 군조가 상등병 이하 4명을 이끌고 순사 12명과 함께 광주를 출발했다.

이 대가 4시 30분에 목적지에 도달하여 수색한 결과, 적 약 40명이 27일 이곳에 와서 이튿날인 28일 저녁을 먹은 후 북쪽으로 갔다는 것을 탐지했다. 이를 추격했으나 신기(남양 서북쪽 1리)에 이르러서 마침내 그 종적을 놓쳤다.

그러나 이곳에서 적 18명이 그날 아침 북쪽에서 와서 융흥사(隆興寺) 방면으로 향했다는 것을 탐지했다. 그들을 추격하여 30일 오후 장성 서북쪽 약 2리의 죽림동[담양 서북 1리 반, 덕동(德洞) 서쪽 2km에 있는 이름 없는 마을]에서 이 적이 이 마을 서남쪽 약 2km의 융흥사에 있다는 것을 확인했다.

31일 오전 2시 30분에 융흥사를 포위 공격하기 위해 일행은 오카 군조가 지휘하는 기병이 절의 동남쪽 두 방향을, 순사대가 서북 두 방향에서 포위하여 날이 밝기를 기다렸다.

적이 우리가 포위하고 있는 것을 모르고 삼삼오오 세수를 하거나 밥을 하는 것을 보고 오전 4시에 사격을 개시했다. 적은 낭패하여 매우 소란을 일으키더니 약 30분 후 우리에게 응사했는데 그 숫자는 약 70명 이상이었다.

당시 기병대가 점령한 지점은 절에 접근하는 절벽 위에 있어서 몸을 감추기도 좋지만 사격 효과를 발휘하기도 어려운 곳이어서, 할 수 없이 절까지 겨우 50m 거리에 있는 의지할 데 없는 절벽 위로 진출하여 적을 사격했는데 전투 개시 직후 에비하라(海老原) 상등병이 왼쪽 다리에 총창을 맞았지만 의연히 위치를 지키며 전투를 계속했다.

전투 1시간 만에 우리의 맹렬한 총격 때문에 적의 다수는 집안에 잠복했다. 순사대는 갖고 있는 탄약이 얼마 없었기 때문에 급사를 담양으로 파견했는데, 당시 절의 서남 구석에서 갑자기 두 발의 폭발소리가 들리고 화재가 일어났다(생각하기로는 적이 갖고 있는 화약이 폭발한 듯하다). 그와 동시에 절 안의 적은 점점 낭패하기 시작하여 우리 사격 때문에 사상자가 나서 매우 혼란스러웠다.

따라서 오카 군조는 이 기회를 틈타 돌격하기로 하고 솔선하여 스스로 적의 폐쇄해둔 문을 파괴했으며, 경찰대를 불러 돌입했으나 적탄을 맞아 왼쪽 흉부에 관통 총창을 입고 문 밖 몇 m의 위치에서 혼절하여 쓰러졌다.

당시 약간의 적도는 다시 입구를 점령하고 문 밖 약 60m에 있는 경찰대와 싸우고 있었을 뿐 아니라 미야자와(宮澤) 1등 졸은 위험을 무릅쓰고 돌진하여 간신히 오카 군조를 200m 후방으로 데려갔다. 그 후 에비하라 상등병의 지휘

아래 전투를 계속하며 융흥사 전투와 더불어 마침내 적도를 전멸시켰다.

이 적도는 전날 밤 각 방면에서 집합하여 그 총 숫자는 71명이며 그 대장은 조기송[趙基宋, 일명 조정용(趙正龍)] 및 부수괴는 유상렬(劉相烈) 및 다른 한 명이다.

이 전투에서 적의 사망자는 70, 노획품은 총 3(총기가 없는 것은 융흥사가 전부 불타면서 함께 타버렸기 때문).

우리 쪽 손해 오카 군조(왼쪽 흉부 관통 총창), 에비하라 상등병(왼쪽 다리 총창).

예안 수비 보병 제47연대 제9중대 고우노(河野) 소대
중신동(中新洞, 봉화 동쪽 6리) 부근 전투

봉화 이북 지구에서 활동중인 영천 수비대 및 히사마(久間) 토벌대와 호응하기 위하여 예안(禮安) 수비대 보병 제47연대 제9중대의 좌익 호위대로 활동하는 고우노(河野) 중위 이하 20명은 6월 3일 오전 5시에 봉화를 출발하여 도천(刀川, 봉화 동쪽 약 2리), 장동시(樟洞市, 봉화 동쪽 약 3리), 내장동(內樟洞, 봉화 동북쪽 4리)을 거쳐 수기(水基, 봉화 동북쪽 5리 이상)에서 6월 2일 이강년(李康秊)이 이끄는 약 1,000명의 적도가 그곳에서 숙영하고 3일 아침에 재산(才山, 봉화 동쪽 5리)로 갔다는 것을 탐지하고 이를 추격하여 다음 날인 4일 중신동(中新洞, 봉화 동쪽 6리) 북쪽 약 3,000m의 산등성이에서 중신동 부근을 시찰했으나 이상을 발견하지 못했다. 계속 행진하는 가운데 갑자기 중신동 북쪽 800m의 골찌기 동측 고지에서 100여 명의 적이 우리를 향해 맹렬한 편제 사격을 했다. 토벌대는 즉시 서축 고지를 점령하고 응전했으나 이미 적이 점차 병력을 증가시키며 우리를 포위하려는 상황이었으므로 토벌대는 맹렬한 공격으로 그들을 영양군 방향으로 격퇴했다. 이 전투에서 적은 진지 후방 혹은 산병선(散兵線) 위에서 산포(山砲)와 같은 폭발 소리를 내는 경우가 종종 있었다. 아마도 우리의 사기를 저하시키기 위해 공포를 발사한 것이 아닌가 한다. 적의 시체는 약 40, 부상자 30.

서벽리(西碧里) 수비 보병 제47연대 제1중대
니나가와(蜷川, 소위) 토벌대 상천평(上川坪) 부근 전투

봉화 동북쪽 지구 고직령(古直嶺) 및 대백산(大白山) 산지에 이강년(李康秊)이 이끄는 수백 명의 적도가 배회한다는 보고를 접하고 영천 수비대장 고토(後藤) 대위는 2종대를 이끌고 봉화군 동부에서 토벌에 참여했다. 이와 호응하기 위하여 서벽리 수비 보병 제47연대 제1중대 니나가와 소대(장 이하 16명)는 고직령에서 대백산 북쪽 기슭을 따라 행동하도록 명받고 6월 7일 수비지를 출발했다. 그날 오전 8시 삼척군 천양(川洋)에 이르는 이강년 선봉군의 장교인 박상보(朴相甫)가 이끄는 약 150명이 봉화군 도화동에서 와서 세고령(世古嶺) 남쪽 기슭으로 갔다는 정보를 얻고 즉시 이를 따라잡아 상천평(上川坪) 서북쪽 골짜기에서 이들을 포위 공격하고 약 1시간 전투를 벌인 후 영월 방향으로 물리쳤다. 약 6리 정도 추격했으나 시형이 험익하고 날이 저물었기 때문에 마침내는 그 종적을 잃고 말았다.

이 전투에서 적의 사망자는 48(박상보는 부상을 입었다고 함). 노획품은 서양총 30, 화승총 24, 화약 기타 잡품 약간. 우리 병졸 미미한 부상 2.

〈정정〉

5월 15일 韓參通[1] 제167호 한국 내 각지에서의 전투상보 제21호 제5조 표제 중 제10행 표제 가운데 '영광 수비 보병 제14연대 제8중대 하사 이하 14'는 '영광 수비 파견 기병 제2중대 아다치(安達) 군조 이하 14명'의 오기(誤記).

---

1 원문에 韓參通라고 적혀 있으나, 韓參報의 오기인 듯 함.

찾아보기

ㄱ

고광순(高光洵) 128
국영환(國永煥) 54
권정위(權正尉) 81
기병 제1중대 265, 300, 302, 304, 331, 332, 334, 351, 354, 355, 364, 366~368, 372, 375, 379
기병 제2중대 202, 330, 354, 356, 362, 363, 374
기병 제3중대 220, 231, 263, 267, 314, 342, 369, 377
기병 제4중대 337, 341
기병 제17연대 244
기병 제17연대 제3중대 54
김경문(金敬文) 209
김군심(金君心) 93
김대장(金大張) 337
김만주(金萬珠) 61
김보을(金甫乙) 348
김주묵(金湊黙) 190
김주영(金朱榮) 217

김창호(金昌鎬) 93
김치영(金致永) 306, 318
김태근(金泰根) 332
김태원(金泰元) 267, 316, 364, 365
김흥보(金興浦) 61

ㄴ

남경숙(南敬叔) 209
노송암(盧松庵) 314

ㄹ

류시영(柳時榮) 244

ㅁ

문태익(文泰翼) 376
민급신(閔及申) 270
민긍호(閔肯鎬) 190, 224

ㅂ

박래봉(朴來鳳) 294
박래승(朴來乘) 202

박병재(朴秉材) 211
박봉래(朴鳳來) 328
박상보(朴相甫) 382
박순가(朴順加) 215
박연박(朴渕泊) 211
박준성(朴準成) 42
박처사(朴處士) 61
박태원(朴泰援) 351
박하사(朴下士) 345
배석준(裵錫俊) 322
보병 제14연대 26, 27, 29, 33, 56, 67, 77
보병 제14연대 5중대 123
보병 제14연대 제1중대 168, 170
보병 제14연대 제2중대 199, 203, 326
보병 제14연대 제3중대 26, 54, 170, 203, 313
보병 제14연대 제4중대 144, 150, 151, 155, 157, 170, 177, 178, 188, 204, 205, 217~219, 241, 257, 264
보병 제14연대 제5중대 38, 43, 72, 78, 220, 227, 262, 268, 297, 327, 336, 340, 371
보병 제14연대 제6중대 90, 132, 154, 214, 241, 303, 326, 333
보병 제14연대 제7중대 139, 167, 177, 259, 269, 375
보병 제14연대 제8중대 127, 253, 255, 256, 267, 315, 329, 335
보병 제14연대 제9중대 29, 337
보병 제14연대 제10중대 180, 243, 266, 311, 312, 323, 338
보병 제14연대 제11중대 60, 87, 95, 124, 137, 179, 243, 264

보병 제14연대 제12중대 268, 327, 328
보병 제15연대 제5중대 212
보병 제47연대 56, 58, 77, 305
보병 제47연대 상주 수비대 134
보병 제47연대 제1대대 98
보병 제47연대 제1중대 68, 69, 99, 102, 147, 171, 226, 233, 234, 244, 247, 250, 303, 342, 382
보병 제47연대 제1중대 254
보병 제47연대 제2중대 99, 100, 206, 215
보병 제47연대 제3대대 62
보병 제47연대 제3중대 93, 99, 101, 103, 145, 194, 216, 339
보병 제47연대 제4중대 73, 83, 91, 103, 122, 158, 160, 242, 249
보병 제47연대 제5중대 159, 160, 174, 186, 193, 219, 274, 276, 278, 281, 285, 288, 289, 291, 373
보병 제47연대 제6중대 30, 125, 196, 197, 238, 246~248, 251, 252, 257, 299, 301, 321, 322, 341
보병 제47연대 제7중대 46, 218, 221, 235, 258, 261, 272, 276, 284, 293, 295, 314, 315
보병 제47연대 제8중대 92, 96, 136, 156, 192, 225, 277
보병 제47연대 제9중대 90, 94, 104, 119, 169, 179, 249, 381
보병 제47연대 제10중대 21, 86, 138, 158
보병 제47연대 제11중대 63, 84, 150
보병 제47연대 제12중대 48, 76, 87, 98, 112, 116, 221, 251

보병 제49연대 167, 175
보병 제49연대 제1중대 287, 344
보병 제49연대 제4중대 213, 271, 274, 335
보병 제49연대 제5중대 347
보병 제49연대 제11중대 229
보병 제50연대 38, 282
보병 제50연대 제1중대 187, 309
보병 제50연대 제2중대 225, 300, 308
보병 제50연대 제3대대 353
보병 제50연대 제4중대 55, 57, 119, 142, 143, 162, 163, 165
보병 제50연대 제5중대 114, 115, 117, 118, 232, 235, 245, 283, 290, 324
보병 제50연대 제6중대 71, 107, 228, 232, 320
보병 제50연대 제7중대 65, 106~109, 117, 183, 198, 348
보병 제50연대 제8중대 149, 161, 162, 165, 174, 195, 227, 236, 266, 294, 295
보병 제50연대 제9중대 130, 214
보병 제50연대 제10중대 275
보병 제50연대 제11중대 42, 129, 164, 166, 286, 343
보병 제50연대 제12중대 139, 321
보병 제51연대 46, 135, 141, 169
보병 제51연대 제1중대 39, 45, 57, 80, 82, 143, 203, 216, 239, 292, 306, 317, 318
보병 제51연대 제2대대 22, 23
보병 제51연대 제2중대 79, 124, 146, 168, 222
보병 제51연대 제3대대 164
보병 제51연대 제3중대 122, 163, 288, 325
보병 제51연대 제4중대 120, 133, 144, 196

보병 제51연대 제5중대 31
보병 제51연대 제6중대 107, 108
보병 제51연대 제8중대 25, 34, 55, 75, 344
보병 제51연대 제9중대 53, 130, 131
보병 제51연대 제10중대 197, 234, 256, 258, 280
보병 제51연대 제11중대 20, 28, 55, 66, 84, 110, 152, 172, 173, 202, 223, 224, 228, 245, 282, 294
보병 제51연대 제12중대 195, 240
보병 제52연대 51, 69, 374
보병 제52연대 제1중대 33, 148
보병 제52연대 제2중대 22, 23, 141
보병 제52연대 제3중대 318
보병 제52연대 제5중대 131, 152, 166, 185, 189, 192, 217, 233, 270, 273, 278~281, 290, 305, 316
보병 제52연대 제6중대 298, 307
보병 제52연대 제9중대 35
보병 제52연대 제11중대 121, 147, 154, 158, 370
보병 제52연대 제12중대 50, 113, 140, 146, 184, 196, 199, 224, 230, 272, 325
보병 제53연대 제13대대 298

ㅅ

서원식(徐元植) 343
송호영(宋鎬榮) 344
신돌석(申乭石) 13, 60, 61, 233, 303

ㅇ

아다치(足達) 지대(支隊) 21
안흥천(安興千) 209
양봉규(梁鳳奎) 350
양봉익(梁鳳翊) 350
오만년(吳萬年) 314
우재룡(禹在龍) 209~211
윤기영(尹起榮) 173, 176
윤정오(尹正五) 340
이강년(李康秊) 44, 170, 361, 381, 382
이경하(李兢夏) 55
이구채(李求蔡) 99, 101
이도사(李道士) 342
이두순(李斗順) 348
이명상(李明相) 325, 326
이봉관(李鳳觀) 344
이순진(李舜珍) 336
이시환(李詩煥) 278
이언용(李彦用) 99, 101
이완채(李完蔡) 99, 101
이운선(李云善) 365
이준명(李準明) 361
이진옥(李振玉) 354
이춘양(李春陽) 234
임봉준(林鳳俊) 194
임성준(任成準) 93
임시 파견 기병 제2중대 140, 164
임시 파견 기병 제3중대 153
임형순(任馨順) 228

ㅈ

장종태(張宗泰) 351
장태순(張泰順) 168
전봉기(全鳳基) 83
정관여[鄭寬(官)汝] 89, 208
정완생(鄭完生) 209~211
정원팔(鄭元八) 361
정환직(鄭煥直) 14, 207, 211
조인환(曹仁喚) 80, 81
조재술(曹在述) 209
주기준(朱基俊) 222
진해만 요새 중포병대대 126, 128, 129

ㅊ

차은포(車隱浦) 327
최덕일(崔德一) 340
최돈호(崔敦鎬) 335
최성필(崔聖必) 123
최지(崔地) 328

ㅍ

파견 기병 제3중대 205, 215

ㅎ

한갑복(韓甲福) 199, 201, 224
한상설(韓相說) 318
황윤(黃潤) 218
황인선(黃仁先) 352

한반도주둔일본군 사료총서 ②

군대 해산과 한국주차군의 독립운동 탄압

제1판 1쇄 발행 2020년 5월 26일

편　　역 김영숙
감　　수 안자코 유카, 황선익
펴 낸 이 주혜숙

펴 낸 곳 역사공간
등　　록 2003년 7월 22일 제6-510호
주　　소 03996 서울특별시 마포구 월드컵로100 4층
전　　화 02-725-8806
팩　　스 02-725-8801
전자우편 jhs8807@hanmail.net

ISBN　979-11-5707-405-1　93910

- 책값은 뒤표지에 있습니다. 잘못된 책은 바꾸어 드립니다.
- 이 도서의 국립중앙도서관 출판예정도서목록(CIP)은 서지정보유통지원시스템 홈페이지 (http://seoji.nl.go.kr)와 국가자료공동목록시스템(http://www.nl.go.kr/kolisnet)에서 이용하실 수 있습니다.(CIP제어번호: CIP2020020362)
- 이 저서는 2016년 대한민국 교육부와 한국학중앙연구원(한국학진흥사업단)의 한국학 분야 토대연구지원사업의 지원을 받아 수행된 연구임(AKS-2006-KFR-1220001).